M. BOTTE,

PAR

PIGAULT-LEBRUN.

ÉDITION ILLUSTRÉE DE 25 VIGNETTES PAR BERTALL.

PRIX . 95 CENTIMES.

PARIS
GEORGES BARBA, LIBRAIRE-ÉDITEUR
JULES ROUFF, SUCCESSEUR
7, RUE CHRISTINE, 7
— Tous droits réservés —

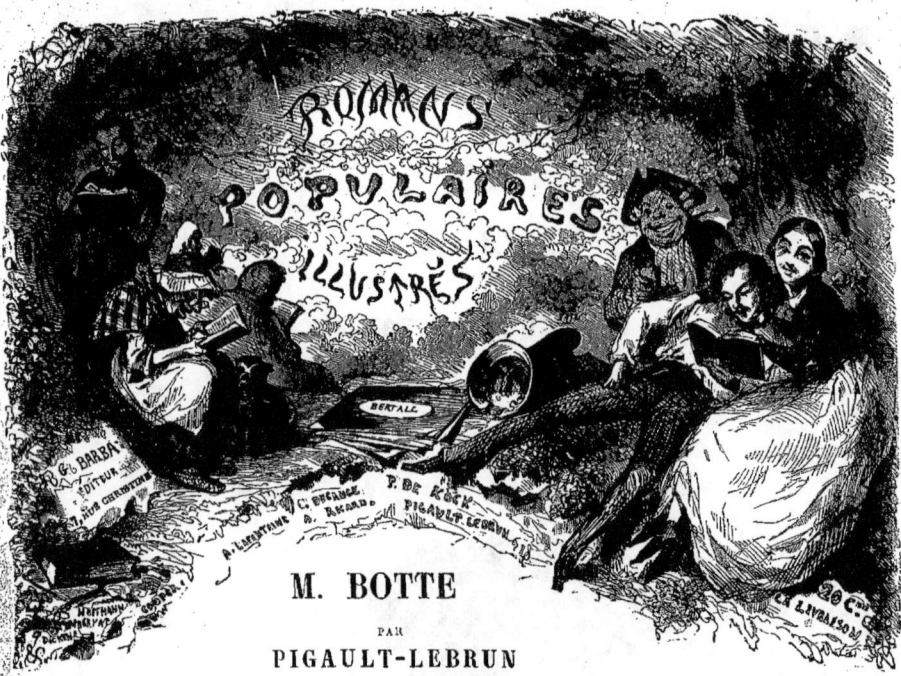

M. BOTTE

PAR

PIGAULT-LEBRUN

M. Botte.

I. — Demi-exposition.

— Je ne le veux pas. — Et la raison ? — Je n'en veux pas donner. — C'est un peu fort. — Je suis comme cela. — Mais pensez donc.... — J'ai pensé à tout. — Même aux dangers ?... — Ils ne me regardent pas. — Auxquels vous exposez... — Un fou. — De la plus jolie figure. — Bel avantage, vraiment ! — Plein d'esprit. — Il en abuse. — D'un cœur excellent. — Qu'il me le prouve. — Et comment voulez-vous, lorsque vous blâmez tout ce qu'il fait ?... — C'est qu'il fait tout de travers. — Vous êtes trop rigoriste. — Et vous trop indulgent.

— Ah çà ! mon cher Botte, raisonnons de sang-froid. — Monsieur Moreau, vous allez m'excéder. — J'espère au moins que vous n'avez point à vous plaindre de moi ? — Non, pas trop. — Que vous me regardez comme votre meilleur ami ? — On n'en peut trouver de plus parfait. — Je suis au moins ce que vous avez rencontré de mieux ? — J'en conviens. — Et vous m'aimez ? — Beaucoup. — Eh bien, monsieur, on a quelque condescendance pour ceux qu'on aime. Écoutez-moi. — Soit, monsieur, j'écoute. — A la bonne heure. Votre neveu a mangé mille écus. — Il s'est endetté de mille écus. — C'est la même chose. — Pas du tout. — Ah ! j'entends ; vous n'êtes point obligé de payer, et.... — Comment, morbleu ! je ne suis point obligé de payer ? je déshonorerais mon neveu ! je l'exposerais aux reproches des honnêtes gens dont il a surpris la confiance ! Je payerai, monsieur, je payerai. — Qu'importe alors qu'il ait mangé cet argent, ou qu'il ait emprunté ? Je ne vois pas quelle différence.... — Ah ! vous ne la voyez pas ? la voici. Quand on a un bon parent, qu'on a cent fois éprouvé son cœur, on lui ouvre le sien, on déclare ses besoins, et même ses fantaisies : ne sais-je pas que tous les jeunes gens en ont ? Se taire et emprunter, c'est douter de moi, c'est me faire injure, et me contraindre à payer par honneur ce qu'on craignait de ne pas obtenir de mon amitié. Je payerai, monsieur, mais je ne le verrai plus.

— Vous ne le verrez plus ! le fils de cette sœur chérie... — Je ne le verrai plus. — Pour qui vous avez renoncé aux douceurs du mariage... — Qui vous a dit cela ? — Je le présume. — Et vous avez tort. Ce n'est pas en faveur de mon neveu que j'ai renoncé au mariage ; je ne me suis point marié, parce que je n'ai pas trouvé de femme

dont j'osasse être le mari. — Ah! ah! ah! — Riez tant qu'il vous plaira.
— Exagération, mon cher ami, exagération marquée. Votre mère n'avait que des vertus. — Et je chérirai toujours sa mémoire. — Votre sœur élevée par elle... — Lui ressemblait à bien des égards; mais, que diable! je ne pouvais épouser ni ma mère ni ma sœur. — Si je vous parlais de mon épouse... C'est une femme unique. — Du moins en voilà trois. — Mais vous l'aimiez, vous lui plaisiez, et je ne désire jamais ce qu'on n'obtient qu'au prix du repos des autres.

— Et vous croyez que dans toute une génération il ne s'en trouverait pas une quatrième qui fût digne du cœur d'un galant homme? J'en connais vingt qui sont charmantes; mais qu'ai-je vu à l'examen? De la futilité dans l'une, de la coquetterie dans l'autre, de la prodigalité dans celle-ci, de l'indifférence dans celle-là; un amour-propre démesuré dans toutes; et par-ci par-là la manie du bel esprit. Mariez-vous donc à une fille qui fait des vers, qui ne sort de son cabinet que pour aller se faire applaudir dans des lycées, et qui, en prenant un mari, ne serait fidèle qu'à sa muse! j'aimerais autant épouser mon écritoire.

— Eh! mon ami, si vous aviez poussé plus loin les recherches, la vingt et unième peut-être n'aurait eu aucun de ces défauts. Mes yeux se sont ouverts aussi dans les bras de la plus tendre mère; elle a partagé son cœur entre mon fortuné père et moi. Tendres soins, indulgence, sages conseils, voilà ce qu'elle m'a prodigué jusqu'à l'âge où de nouveaux besoins m'ont fait chercher un bonheur nouveau, et ce bien suprême, je le dois encore à une femme. Ah! que de reconnaissance mérite un sexe qui élève notre enfance, qui développe notre cœur, qui nous crée des organes nouveaux, qui double nos sensations, notre existence; qui, dans l'âge de la maturité, partage nos peines ainsi que nos plaisirs; qui nous plaint, qui nous soulage dans nos infirmités, et dont la main, après avoir semé de fleurs le cours d'une longue vie, daigne encore nous aider à mourir! Soyez vrai, mon ami, et convenez que vous vous êtes sacrifié au bien-être de votre neveu. — Je n'en conviendrai point, parce que ce n'est pas. — Il est bon du moins qu'il le croie. — Et pourquoi, s'il vous plaît? Pour qu'il se persuade que j'ai tout fait pour lui, lorsque je n'ai cédé qu'à ma raison. Imposer de la reconnaissance à qui ne nous en doit point, en exiger des marques et en jouir, c'est duplicité, c'est bassesse. Je ne me suis point marié, parce que je ne l'ai pas osé; j'ai pris soin de mon neveu, parce que je le devais; je le bannis de ma présence, parce qu'il m'a manqué; rien n'est plus simple que cela. Je ne veux pas qu'on croie autre chose : brisons là, je vous prie, et ne me rompez plus la tête davantage.

— Ah! vous ne pouvez plus le voir! c'est-à-dire qu'un jeune homme vif, aimable, sans expérience, qui eût formé sous vos yeux sa raison et son cœur, va se trouver livré à toutes les inconséquences de son âge; qu'il s'abandonnera librement à tous ses goûts, à toutes ses passions; qu'il commettra, sans contradiction, des fautes légères qui le conduiront insensiblement à des égarements condamnables; qu'il en sera puni par le mépris et l'abandon des honnêtes gens, et cela parce qu'il a craint de demander à son oncle une somme que sa faiblesse lui rendait nécessaire? Et vous, monsieur, que répondrez-vous à ceux qui vous ayant estimé jusqu'alors, et qui vous reprocheront d'avoir perdu ce jeune homme sur un prétexte aussi léger? Ne seront-ils pas fondés à croire que vous avez cherché l'occasion de vous défaire d'un parent qui vous était à charge? — A charge, à moi, mon neveu, mon Charles! on pourrait le penser! — Tout l'annoncera. Mon cher Botte, vous prouvez qu'un honnête homme peut vivre sans femme; mais il ne peut se passer de l'estime publique. Vous la possédez, et vous ne la sacrifierez point à une opiniâtreté aussi mal entendue. Charles, Charles! — Que prétendez-vous? — Vous épargner l'embarras de revenir de vous-même, et le désagrément d'une explication. Charles, Charles! Voyez-vous son air triste, repentant? — Eh! oui, je le vois bien; mais parlez-lui. — Approchez, Charles, approchez. Vous avez des torts envers votre oncle, et vous méritez des reproches dont il veut bien vous faire grâce. Il vous pardonne. — Je n'ai pas dit cela. — Ah! mon cher oncle! — Mon cher oncle! mon cher oncle! Apprenez, monsieur l'étourdi, que votre cher oncle a fait pour vous donner l'argent dont vous avez un légitime besoin; qu'il ne vous appartient pas de douter de son cœur, de me donner un ridicule aux yeux des étrangers à qui vous vous êtes dressé de préférence, et de me faire courir de porte en porte, suivi d'un laquais chargé de sacs, pour payer vos extravagances.

— Mais, mon ami, vous pouvez mander ici les créanciers. — Non, monsieur, je ne les manderai pas ici. Je ne donnerai pas ces gens pour les faire courir après ce que leur doit ce joli monsieur-là. — Ma foi, mon ami, des gens qui prêtent à un jeune homme... — Je n'ai pas ce reproche à leur faire, et je ne suis pas trop sûr qu'il soit fondé. D'abord, ils n'ont prêté qu'à la loi. — C'est rare aujourd'hui. — Ensuite ils n'ont prêté que des sommes modiques, cent écus au plus; et à qui croira-t-on pouvoir prêter une bagatelle avec sûreté, si ce n'est à ce drôle-là? Je ne dis pas cela pour vous excuser, au moins, monsieur; vous êtes inexcusable. Emprunter mille écus à dix personnes différentes; emprunter quand on a tout en abondance, quand on sait qu'on n'a qu'un mot à me dire... — Mais, mon cher oncle, je n'osais vous flatter... — Comment, monsieur, vous n'osiez vous flatter!... En voici bien une autre! Eh, qui visite tous les six mois votre garde-robe, et ce n'est moi? qui la renouvelle sans que vous vous en mêliez? qui vous envoie le bijou à la mode? qui s'informe à votre laquais si vous avez

encore de l'argent, et vous glisse un rouleau dans la poche? qui remplace dans mes écuries les chevaux que vous me crevez à la chasse? qui s'empresse de fêter vos amis? qui va brûler vos romans, et leur substituer de bons livres? qui enfin vous apprend à penser et vous prouve, en pédantisme, que la portion de bonheur à laquelle on peut prétendre sur ce misérable globe ne peut être que le fruit d'une bonne conduite? Ah! vous n'osiez vous flatter?... Jolie manière de me répondre!... — Mais, mon ami, vous intimidez ce pauvre enfant. — Je l'intimide! je l'intimide! Il ne lui manque plus que de me craindre pour être tout à fait joli garçon. Venez ici, monsieur, plus près, plus près encore, et répondez-moi : je vous ai donné deux cents louis cette année, et trois mille livres que je vais payer pour vous, font bien un total de sept mille huit cents livres. Que diable avez-vous fait de cet argent-là? — Ce que j'en ai fait, mon oncle? — Oui, monsieur, oui, je vous demande ce que vous en avez fait. Auriez-vous la vile passion du jeu? fréquenteriez-vous ces repaires que la police laisse ouverts, comme elle tolère les filles publiques? Il faut des abîmes aux forcenés; il est bon qu'ils s'y jettent tête baissée; ils cessent ainsi de troubler l'ordre moral. Mais vous, monsieur, mais vous, osez-vous vous mêler à cette écume que la société voudrait pouvoir vomir de son sein? Répondez, répondez donc, monsieur, jouez-vous? — Non, mon cher oncle. — Que diable avez-vous donc fait de tout cet argent-là? — Vous savez, mon cher oncle, que la chasse a été jusqu'à présent ma seule passion. — Eh bien! monsieur, vous n'avez pas dépensé sept mille huit cents livres à la chasse, puisque j'en fais tous les frais : que diable me contez-vous là! — Vous vous rappelez, mon cher oncle, ce jour où le renard nous conduisit à sept lieues de votre terre?... — Oh! vous ne revintes que le lendemain soir; je m'en souviens, monsieur : j'ai eu assez d'inquiétude pour que ce jour ne soit pas effacé de ma mémoire. — Mais, mon cher Botte, laissez-le donc parler. — Je crois que vous avez raison. Asseyons-nous tous trois; car une histoire qui commence à une si date et qui ne finit qu'hier ne doit pas être courte. Au fait, monsieur, et point de détails superflus, s'il vous plaît. — Mon oncle, je serai bref. — Tant mieux, commencez.

— La nuit nous surprit près du château d'Arancey; vous le connaissez, mon oncle? — Beaucoup. J'ai même connu le propriétaire, homme entiché de sa noblesse et chargé de dettes, selon l'usage. — Nos chevaux étaient rendus, nous étions fatigués, il faisait froid, et je crus que nous n'avions rien de mieux à faire que de chercher un asile assez de château. — Après? — Nous passons, ou plutôt nous sautons un pont-levis vermoulu; nous traversons des cours encombrées de gros meubles et de vieux bois de charpente : nous avançons sous les portiques en ruines; nous parcourons les appartements : des salles transformées en étables, en bergeries; vingt tableaux de famille convertis en râteliers; dans le haut, des vitres brisées, des chambres dont on soupçonnait encore la première magnificence, servant de retraite aux oiseaux nocturnes, aux corneilles, aux pigeons errants; enfin... — Enfin, qu'a de commun cette description romanesque avec les sept mille huit cents livres que vous avez dissipées? — J'y viens, mon oncle, j'y viens. — C'est fort heureux.

— Je m'informe et personne n'est resté pour veiller aux intérêts du maître, et j'apprends qu'un fermier aisé a un domicile agréable et commode à cinquante toises du château. Je remonte sur mon cheval, qui pouvait à peine se soutenir; je le presse de l'éperon... — Pauvre animal, que tout ceci ne regardait pas! il en est mort, monsieur, et voilà l'équité de la plupart des hommes. Que diable aviez-vous besoin de vous mêler des affaires de ce marquis d'Arancey, qui croyait me faire beaucoup d'honneur quand il me donnait à dîner, à moi dont les vaisseaux parcouraient les mers des deux mondes, qui avais, des facteurs dans l'Inde, sur les côtes d'Afrique, et jusqu'au fond du golfe du Mexique; à moi qui faisais vivre dix fois plus de monde qu'il n'a ruiné de créanciers! Enfin, vous crevez mon meilleur cheval; mais vous arrivez à la ferme. Poursuivez. — Le cœur navré de l'état déplorable où j'avais trouvé le château, je me proposais d'adresser des reproches que je croyais mérités : une figure patriarcale m'intéresse; les soins touchants de l'hospitalité me désarment; point de mots recherchés, rien de ces manières qu'on nomme politesse; un langage simple, organe d'un cœur pur et toujours l'expression du sentiment. Oh! vous verrez qu'il ne finira point. — Malgré l'espèce de vénération que m'inspirait le digne fermier, je hasardai quelques mots sur le délabrement du château. — Au fait, monsieur mon neveu, au fait.

— J'apprends que le marquis est émigré, comme beaucoup d'autres. — C'est ce qu'il a fait de plus sage en sa vie : s'il ne se fût réfugié là-bas, on lui aurait probablement coupé la tête ici. Couper des têtes pour des opinions, exiger que les autres voient et pensent comme nous, et prétendre qu'ils dient la même organisation, le même caractère, et que le hasard les place dans les mêmes circonstances. Il ne serait pas plus absurde que les canards coupassent les nez aquilins, que les hommes à grandes oreilles fissent la guerre aux petites, que les bruns aux blonds, et les mélancoliques aux gens gais. Enfin!... — Le fermier, pour qu'on ne brûlât pas le château, y mit son bétail; pour conserver au marquis les portraits de ses ancêtres, il en fit des râteliers, et cette idée fut trouvée dans le temps très patriotique et très plaisante. Enfin, quand les biens de M. d'Arancey furent mis en vente, son fermier se rendit acquéreur du domaine, et ne s'en considéra que comme le dépositaire. — C'est

un brave homme ce fermier-là. — Il paya la plus grande partie du prix en papier-monnaie, et au moment où je le vis on l'inquiétait pour ce qui restait dû, et qui devenait exigible en espèces. On le menaçait de revendre ce bien à sa folle enchère; il s'affligeait de son impuissance; il regrettait sincèrement de ne pouvoir conserver au marquis cette unique et faible ressource, et le lendemain je lui portai ce que j'avais d'argent. — Tu as fait cela? — Oui, mon oncle. — Bien, mon ami, bien, très-bien. Faire un tel usage de sa fortune, c'est la mériter. — Je vis les receveurs des domaines, je leur demandai du temps pour le surplus; je fis valoir la belle action du fermier; je priai, je conjurai, je persuadai. Ils me promirent d'attendre, et je leur portai exactement ce que je recevais de votre bienfaisance. Cependant ils me déclarèrent, il y a trois jours, qu'ils ne dépendait plus d'eux d'accorder des délais. Vous m'aviez donné cinquante louis huit jours auparavant, et je n'avais nul prétexte pour vous demander de l'argent. — Jamais de prétexte, monsieur; la vérité, toujours la vérité, surtout quand elle honore celui qui la dit. — J'avoue, mon oncle, que je mettais aussi quelque gloire à terminer seul une bonne action. Je portai à la régie les mille écus que j'avais empruntés, et j'obtins que pendant six jours encore on suspendrait toutes poursuites. — C'est-à-dire que la totalité n'est pas payée?
— Le digne Edmond doit encore quatre mille francs. — Va trouver mon caissier, demande-les-lui de ma part, et donne-les en ton nom. — Ah! mon oncle!... — Oui, oui, je veux que tu aies la gloire de terminer seul la bonne action. D'ailleurs, tu l'as traité durement; je m'impose une amende, et je te demande pardon. — Comment, mon oncle, vous daignez.... — Cela m'étonne, hein? je t'en demande pardon, et c'est tout naturel. Ma qualité d'oncle n'autorise point la morgue et ne me donne pas le droit de te brusquer. D'ailleurs, j'ai eu raison au fond de bonnes raisons; je me repentirai quand j'aurai tort. Allons, ta main, et pas de rancune... Tu m'embrasses, cela vaut mieux. Dans une heure nous irons tous trois diner chez ton vieux Edmond: c'est un honnête homme; ils ne sont pas communs, et je veux connaître celui-ci. — Mais, mon oncle... — Qu'est-ce? — Il n'a rien de ce qu'il faut pour vous recevoir dignement. — Eh, croyez-vous, monsieur, que je ne puisse pas, comme vous, me contenter d'un mauvais dîner? Des légumes, des œufs, du laitage, de la gaieté, de la franchise, et je dîne fort bien avec cela. — Mais, mon oncle... — Mais, je le veux ainsi, et je n'aime pas qu'on me contredise. Allez à vos affaires; Horeau et moi nous allons suivre les nô res.

II. — Suite de l'exposition.

Je ne vous dirai rien du caractère de M. Botte; je me flatte que vous le connaissez. Je vous apprendrai seulement qu'il s'était retiré du commerce avec la réputation du plus probe négociant de l'Europe, comme il passait pour en être le plus riche. On se plaindrait moins de la fortune, si elle favorisait toujours des hommes tels que celui-ci.

Il avait avantageusement placé d'immenses capitaux. Il tenait l'hiver une excellente maison à Paris; l'été, il rappelait les plaisirs dans une superbe terre, où ses convives lui passaient, en faveur de ses belles qualités, des boutades assez orageuses parfois. Ceux qui ne savaient pas l'apprécier se fâchaient et partaient. M. Horeau, sans lequel il ne pouvait vivre, et qui le contrariait sans cesse, était à peu près le seul qui eût résisté à ses brusqueries. A force de douceur et de patience, il avait insensiblement pris un empire sur M. Botte loin de soupçonner. Cet empire s'étendait même sur Charles. C'était Horeau qui modérait son impétuosité, qui lui faisait sentir ses fautes; mais aussi c'était Horeau qui faisait valoir son mérite quand il fallait calmer le mécontentement, quelquefois fondé, du cher oncle. C'était encore Horeau qui faisait rentrer en grâce un domestique coupable d'une maladresse ou d'une négligence; c'était lui qui, sans rien demander directement, obtenait des grâces pour ceux qui lui en paraissaient dignes. Des jeunes gens indifféremment de l'affaire, il animait, il stimulait le cœur de son ami, et le laissait persuadé qu'il avait prévenu des sollicitations qu'il eût peut-être rejetées. Horeau, enfin, était bon par caractère, d'un sens droit, d'un esprit peu brillant; mais il était du très-petit nombre de ceux dont on ne craint pas de se faire des amis.

Charles coulait dans cette maison la vie la plus heureuse. Léger, vif, inconsidéré, mais honnête au fond, toutes ses occupations s'étaient bornées jusqu'alors à aimer, à craindre son oncle, à jouir de son opulence, et à lire, lorsqu'il était las de la chasse, les livres dont M. Botte garnissait la bibliothèque. Il en saisissait facilement l'esprit; il en faisait le mémoire des extraits qu'il parait de la chaleur de son imagination, et alors le cher oncle ressitait à table dans s'en apercevoir; il écoutait avec émotion; il s'attendrissait, se penchait sur l'épaule d'Horeau, et il disait bien bas : — Ce garçon-là fera un grand sujet.

Cependant notre faiseur d'extraits n'était pas sans inquiétude. Le dîner arrangé pour le lendemain l'embarrassait furieusement. Il avait de petites raisons pour éloigner M. Botte de chez son vieux fermier, où il s'était bien gardé de les déclarer. Il est des secrets qu'un jeune homme ne confie jamais ni à ceux de qui l'âge et une certaine conformité de caractère lui font attendre de l'indulgence; et M. Botte, avec sa morale austère, ne pouvait manquer de blâmer hautement ce qu'il devait considérer comme une pure étourderie.

Si on remontait à la source des belles actions, en trouverait-on beaucoup, en trouverait-on deux qui fussent dépouillées de tout motif humain? Celle de Charles, je le dis à regret, mais je vous dois la vérité, celle de Charles était loin d'être désintéressée.

En descendant de la ferme d'Arancey, il fut frappé de l'aspect d'une jeune fille, au point d'oublier le château, les portraits de famille, et même les usages les plus ordinaires. Il était debout devant la jeune personne, le chapeau sur la tête, une main, une jambe et le haut du corps en avant; il la regardait, rougissait, balbutiait, et ne pouvait lier deux idées. Qui donc lui en imposait à ce point? une simple robe de toile, un bas de coton blanc, un petit soulier noir, un chapeau de paille? Hélas! le pauvre enfant n'avait rien vu de tout cela. Mais sous ce chapeau brillait un front modeste. De grands yeux languissants, certain air de tristesse répandu sur une figure où une légère teinte de rose se mêlait à une blancheur éblouissante, voilà ce qui l'attachait, ce qui faisait battre son cœur, ce qui le rendait muet, ce qui lui donnait l'air d'un sot.

La jeune personne lui demanda enfin ce qu'il désirait; Charles lui répondit qu'il n'en savait rien. Elle lui demanda s'il voulait qu'elle appelât M. Edmond; Charles lui répondit que ce serait comme il lui plairait. La jeune personne sortit, et Charles remarqua un faible sourire qui vint agiter ses lèvres auxquelles ce mouvement paraissait étranger.

Guillaume, le plus adroit de ses piqueurs, l'avait suivi dans la maison, et avait laissé les chevaux aux soins de ses camarades. — Guillaume, lui dit Charles, je crois que tu viens de me conduire comme un imbécile. — Cela ne se peut pas, monsieur. — Rester immobile et muet devant une fille charmante! — Quel défaut, monsieur, car il est rare. — Et répondre tout de travers aux questions les plus simples! — C'est de l'adresse cela, monsieur. — Tu par exemple, je ne me serais pas douté. — Comment donc! marquer de l'embarras, beaucoup d'embarras à la vue d'une jolie femme, c'est lui faire un aveu dans les formes, et lui sauver le désagrément de s'en fâcher. — Oh! je t'assure que je n'ai rien joué. — Ce sera encore plus flatteur pour la petite paysanne. — Dis-moi, Guillaume, qui t'en a tant appris? — Mais, monsieur, je n'ai pas toujours été piqueur. — Ah! ah! — Non, monsieur; j'ai été aussi propriétaire. J'avais à vingt ans une jolie terre et mon petit train de chasse tout comme un autre; voilà pourquoi je suis assez bon piqueur. — Diable! et qu'est devenue la terre? — La bouillotte m'en a enlevé la moitié, et une figurante m'a débarrassé du reste, mais avec une manière si polie et si aimable que je n'ai pas permis de lui en vouloir. — Manger son bien à la bouillotte! le jeu le plus bête!... — Voilà pourquoi il est à la mode. — Et avec une figurante! — Elles sont aussi très-en vogue. — Et tu ne t'es pas brûlé la cervelle? — Fi donc, monsieur! le sort m'a trente ans, et la bouillotte peut me rendre ce qu'elle m'a emprunté : j'ai de la figure, et la veuve de quelque nouvel enrichi peut me juger très-digne de remplacer son époux. — Et faire ainsi rentrer dans la circulation ce que le défunt en a ôté? — C'est le sort des riches veuves qui font une sottise. — Malheureux! tromper une femme! — Hé, monsieur, tous les hommes passent leur vie à tromper. Les gens en place cachent leur nullité sous des dehors imposants; les femmes caressent l'époux qu'elles trahissent; un directeur de conscience prêche la vertu au prêtre d'une adolescente qu'il va suborner au confessionnal; la jeune fille ment à sa mère pour échapper à sa surveillance; le père de famille sert tout clandestinement de chez lui pour voir une grisette qu'il entretient; des jeunes gens signent dix promesses de mariage à dix filles qu'ils trompent à la fois; un rapporteur reçoit mille écus pour faire perdre une bonne cause; un procureur occupe pour le demandeur et le défendeur; un marchand fait banqueroute, et achète un palais; le journaliste, qui flagornait Robespierre et Marat, et les comités et le directoire, adore aujourd'hui Bonaparte et Jésus-Christ... Je ne finirais pas, monsieur, si je voulais passer en revue tous les états de la société. — Monsieur Guillaume, vous ne me parlez plus que de fripons. — Ma foi, monsieur, quand on connaît un peu le monde, il est difficile de parler d'autre chose. — Tais-toi, voici sans doute M. Edmond. — J'espère qu'il vous embarrassera moins que la petite paysanne.

En effet, Charles raconta avec facilité au vieillard comment il s'était éloigné de chez son oncle; il lui fit sentir l'espèce d'impossibilité d'y retourner sans que les chevaux fussent reposés; il allait enfin lui demander l'hospitalité, quand Edmond la lui offrit avec cordialité, et vous jugez du plaisir avec lequel Charles se rendit à l'invitation. Edmond le fait passer dans une petite salle très-propre, et une servante allume un grand feu; une autre apporte du pain assez blanc, la tranche de fromage, du vin passable, et Charles est invité à prendre quelque chose en attendant le souper. — Un chasseur, dit Edmond, a toujours une faim dévorante. Mais Charles, préoccupé, ne mangeait que pour avoir l'air de faire quelque chose. Il regardait qui ouvrait la porte, qui la fermait; il attendait, il appelait en secret la jolie villageoise : tous les gens de la maison lui rendaient des soins; elle seule ne paraissait pas.

Il sentit enfin le ridicule de sa conduite envers le fermier, et il chercha à engager la conversation. Il est rare que des gens qui ne se connaissent pas aient quelque chose à se dire s'ils ne sont pas naturellement bavards. Charles parla de la pluie et du beau temps, de la semaille, de la récolte; enfin il pensa aux hibous, et aux râteliers du château, et le premier mot qu'il dit au fermier mit celui-ci à son aise.

La vieillesse est verbeuse; Edmond raconta dans le plus grand détail l'émigration de M. d'Arancey et ses suites funestes. Charles n'était pas toujours attentif; mais à travers une foule de choses inutiles, il avait saisi ce que depuis il raconta à son oncle et ce que vous avez lu.

La jeunesse est compatissante. La générosité du fermier avait intéressé Charles; la pénurie du digne vieillard le toucha. Soit que l'aimable jeune homme cédât uniquement à un mouvement de bienfaisance, soit qu'il saisît l'occasion de se montrer sous un jour favorable à celle qui déjà faisait une impression profonde sur son cœur, il s'empressa d'offrir et le peu qu'il possédait, et ses bons offices auprès des régisseurs.

Edmond connaissait le plaisir d'être utile, et il ne crut pas devoir le faire acheter à Charles par une résistance simulée; il accepta franchement ce qu'on lui offrait de même, et il ne parut pas mettre plus d'importance aux services de Charles qu'il n'en attachait à ceux qu'il avait rendus lui-même à M. d'Arancey.

On ouvre la porte; le jeune homme se tourne précipitamment... Ce n'est encore qu'une servante qui déploie du linge très-blanc sur une table de noyer. Charles est sur les épines; il brûle de connaître celle qu'il a entrevue; il brûle d'interroger Edmond, et il lui semble qu'un mot, un seul mot décèlera le trouble de son âme. Il prend un détour pour arriver à son but.

— Êtes-vous marié, monsieur? — Je l'ai été, et tous les jours je regrette ma bonne femme. — Sans doute des enfants vous consolent de l'avoir perdue? — J'ai un fils que Dieu bénira, car il me respecte et il m'aime. — Vous n'avez qu'un fils? — Non, monsieur. — Mais j'ai cru... il me semble... oui, j'ai aperçu en entrant une jeune personne. — Elle n'est pas de ma famille. — Ah! elle n'est pas de votre famille?

Ici Charles se tait, et Edmond ranime le feu.

— Ah! elle n'est pas de votre famille? — Non, monsieur. — Pardon, monsieur Edmond, mon séjour ici peut être un secret, et de nouvelles questions seraient déplacées. — Nous n'avons pas de secrets, monsieur, et nous tâchons de nous conduire de manière à n'en avoir jamais. La jeune personne dont vous me parlez est mademoiselle d'Arancey. — Mademoiselle d'Arancey, Dieu! mademoiselle d'Arancey chez vous, chez son fermier! — Cet habit grossier cache de bien grands malheurs; il est le seul qui ait compati à sa misère. — Elle n'avait qu'à se faire connaître pour les voir tous voler au-devant d'elle. Mais, par grâce, monsieur Edmond, expliquez-moi, racontez-moi par quelle suite d'aventures... Parlez, parlez, je vous en supplie.

Le ton, la vivacité de Charles, l'expression de sa figure, auraient suffi pour éclairer tout autre qu'Edmond. Le vieillard avait hérité de ses pères les vertus simples des premiers âges, et il ne vit dans les instances passionnées du jeune homme que l'intérêt que doit toujours inspirer le malheur. Il poursuivit :

Mademoiselle d'Arancey avait six ans lorsque son père quitta la France. Il avait prévu les peines, les fatigues, les privations qu'il a souffertes, et il confia sa fille à une parente âgée, mais sans fortune, qui en prit soin pendant huit ans. Elle mourut. Tous les biens, excepté celui-ci, étaient passés en des mains étrangères. Plus de parents, plus d'amis; oubliée, abandonnée de ceux qu'avait nourris son père, Sophie allait entrer dans un hôpital. — Dans un hôpital, mademoiselle d'Arancey! quelle infamie! — Je ne l'ai pas souffert. — Oh! digne et respectable homme! — Mon fils avait alors dix-huit ans. Georges, lui dis-je, notre maître était fier; mais jamais il ne nous a fait de mal. Sa fille est délaissée : crois-tu, Georges, qu'on s'appauvrisse jamais en faisant du bien? prenons notre demoiselle avec nous. Nous avons racheté cette ferme; nous la payerons petit à petit; quand mademoiselle sera en âge d'être mariée ce domaine sera sa dot; elle nous en rendra le prix quand elle pourra; en attendant, nous redeviendrons ses fermiers, et le bon Dieu bénira nos travaux. Georges me répondit en me pressant contre son sein. Je montai dans notre carriole d'osier, et je me rendis à la ville. Mademoiselle, dis-je à Sophie, nous ne sommes que de bonnes gens; mais ne refusez pas de venir avec nous; j'espère que vous nous porterez bonheur. Elle pleura en montant dans notre carriole; je pleurais avec elle, et cela parut la soulager. Elle a trouvé ici le nécessaire, du respect et de l'amitié, et sa gaieté est revenue. Elle nous aide dans les travaux qui sont à sa portée, elle nous récrée par son esprit, elle nous charme par sa résignation; et, depuis deux ans qu'elle est chez nous, elle n'a eu de chagrins que ceux que me font les régisseurs. Ces chagrins-là, monsieur, elle les sent vivement, non qu'elle soit intéressée, mais parce qu'elle voit qu'ils prennent chaque heure de l'amitié. Vous n'en aurez plus, cher et vénérable vieillard. Je ramènerai la sérénité dans cette âme pure et dans celle de mademoiselle d'Arancey. Mais, dites-moi, monsieur Edmond, n'aurai-je pas l'honneur de souper avec elle? — Voilà sa place, monsieur; c'est celle qu'occupait ma pauvre femme : je ne pouvais lui en offrir de plus honorable.

Edmond ne parlait plus, et Charles écoutait encore. Il était debout devant la cheminée; ses yeux étaient fixés sur ceux du vieillard, et il semblait lui dire : Encore quelque chose de mademoiselle d'Arancey. Parlez-m'en encore, parlez-m'en toujours.

Le vieillard, recueilli, courbé sur le devant de son grand fauteuil, oubliait et Charles et les pinces dont il agitait machinalement le feu.

Sophie seule occupait alors le bonhomme, quand la porte s'ouvrit pour la dixième ou douzième fois : c'était l'intéressante demoiselle.

Elle se présenta avec aisance; elle salua Charles avec politesse, et fut embrasser le vieux Edmond. En la revoyant, Charles s'élança avec la prestesse de son âge, et le respect le cloua sur la planche où il était tombé. Il suivait les mouvements de Sophie; il n'avait la force ni de l'aborder ni de détourner ses yeux de dessus elle.

Sophie ne lui marquait aucune attention particulière; mais elle s'occupait de lui en prévoyant les besoins de tous. Elle donna des ordres pour que les gens de Charles ne manquassent de rien, et elle fit les honneurs du souper avec grâce, mais sans affectation. Une place n'était pas occupée, et notre jeune homme se douta bien que c'était celle de Georges.

— Il ne vient pas, mon père, dit Sophie. — Il ne tardera pas, mon enfant. — Il est tard, et il travaille depuis la pointe du jour. — Mademoiselle paraît s'intéresser fortement à ce qui touche M. Georges?— Mon père, réservons-lui ce morceau; c'est celui qu'il préfère. — Mademoiselle ne me fait pas l'honneur de me répondre? — Pardon, monsieur, vous me faites sentir mon impolitesse; mais... — J'étais loin, mademoiselle, d'avoir cette intention, et...

Une chanson rustique se fait entendre : mademoiselle d'Arancey sourit, Edmond se frotte les mains, Georges paraît, et Charles s'attriste involontairement. C'est que Georges est grand, bien taillé; il est un peu voûté par l'habitude d'appuyer sur le soc; mais ses grands yeux noirs sont pleins de vivacité, et font ressortir un teint mâle et basané; ses lèvres vermeilles laissent voir des dents blanches comme l'ivoire; ses cheveux bruns tombent par boucles sur ses épaules carrées, et le plaisir anime tous ses mouvements.

Il fait à Charles une inclination de tête, prend la main de son vieux père, la secoue avec cordialité; il s'approche de Sophie, qui lui présente la joue en rougissant. Georges l'embrasse d'aussi bon cœur qu'il a serré la main de son père.

Pourquoi cette rougeur, se disait Charles, si elle n'a pour lui que l'amitié qu'elle lui doit à tant de titres? Elle a été, pour ainsi dire, élevée avec lui, elle n'a vu que lui; il est le fils de son bienfaiteur, elle l'aime, elle doit l'aimer, et cette rougeur est la preuve de son amour.

Cette conclusion n'avait rien de satisfaisant pour Charles. Aussi éprouva-t-il le sentiment le plus pénible qui l'ait jamais affecté; plus d'appétit, plus même d'attention. Accablé sous une foule de réflexions plus tristes les unes que les autres, il ne s'aperçoit pas de l'intérêt avec lequel Sophie écoute le compte que rend Georges à son père des travaux de la journée.

La voix de la jeune personne le tire enfin de la plus fatigante rêverie. — C'est égal, dit-elle à Georges, il fallait rentrer au déclin du jour, on se serait vu, on se serait parlé; vous m'auriez chanté votre romance, et quand je l'entends j'oublie que j'ai du chagrin. — Mais, notre demoiselle, c'est demain dimanche. — Eh bien, ne pouvais-je vous entendre demain et ce soir? — Mais, notre demoiselle, c'est aussi demain la fête du village. — Qu'importe, mon ami? — Vous nous faites tous les honneurs de danser avec nous sous le grand tilleul. L'an passé un caillou vous blessa le pied : eh bien! mordienne! je viens de passer une heure à chercher sous l'herbe tout ce qui pourrait vous gêner, et vous trouverez demain la pelouse unie comme un parquet. Sophie ne répondit rien; elle prit la main de Georges entre les siennes, et la regarda avec une expression qui fit un mal à Charles, mais un mal!...

— Je ne danserai pas demain, reprit-elle tristement. — Vous danserez, mon enfant, dit le vieux Edmond : ce bon jeune homme a des moyens de finir toutes vos peines. — Monsieur? demanda Sophie en fixant Charles pour la première fois. — Je serai trop heureux, mademoiselle, si vous daignez accepter mes services. — Monsieur, c'est à mon bon père à répondre; il est prudent, et je ne fais rien que d'après ses conseils. — J'ai accepté, mon enfant. J'assure votre sort; et je ne crois pas que les secours d'un honnête homme puissent faire rougir ceux qui lui ressemblent.

Georges était placé entre Charles et Sophie. Il prit une main à notre jeune homme et la lui serra de façon à le faire crier : c'était sa manière de remercier.

— Eh bien, notre demoiselle, dit-il ensuite à Sophie, vous danserez demain, puisque les affaires s'arrangent. — Je danserai, si notre bon père me promet de n'être plus triste. — Je ne le serai plus, mon enfant; mais aussi promettez-moi... — Je ne souffre que pour vous : votre gaieté me rendra la mienne. — Fille céleste! s'écria Charles en se levant...

Confus de ce mouvement inconsidéré, il se laissa retomber sur sa chaise et baissa les yeux sur son assiette; Sophie rougit encore, Georges fronça le sourcil; Edmond dit grâces à haute voix; il bénit son fils et sa fille adoptive, et prononça la prière du soir : il salua Charles, et une servante se présenta pour conduire ce dernier à la chambre où il devait coucher.

En sortant de la salle, Charles tourna la tête. Il vit Georges et Sophie se rapprocher du foyer en causant familièrement, et il se retira pénétré de douleur.

Guillaume l'attendait pour suppléer son valet de chambre. — Ah!

mon ami ! lui dit Charles. — Qu'est-ce encore, monsieur? comme vous voilà agité! — Quelle découverte, Guillaume ! — Et qu'avez-vous donc découvert? — Elle aime Guillaume. — De qui me parlez-vous? — De mademoiselle d'Arancey. — Mademoiselle d'Arancey? — Oui, cette paysanne qui m'a frappé, étonné, séduit, est mademoiselle d'Arancey, dont ces bonnes gens prennent soin. — Tant mieux, cela rendra l'aventure plus piquante. — Une aventure, Guillaume ! Hé, quoi donc ? — Avec mademoiselle d'Arancey ! — Hé, pourquoi pas? — Penses-tu à ce que tu dis?—Pensez-vous à ce que vous allez faire? Semblable à tous les jeunes gens qui entrent dans le monde, vous êtes capable de parler d'abord de mariage. — Oh! si je croyais être écouté! — Si vous le serez, monsieur ! — Impossible, mon ami. — Une fille qui n'a rien. — Elle a tout. — Qui s'ennuie certainement au village. — S'ennuie-t-on près de ce qu'on aime? — Elle aime, qui? ce jeune rustre assez bien bâti? Elle a pu s'y attacher par désœuvrement. — C'est ce que j'ai pensé. — Mais si vous lui montriez dans la perspective l'abondance, le luxe, la considération, au milieu desquels elle est née, croyez-vous qu'elle balançât un moment? — Il ne serait pas flatteur de ne devoir la préférence qu'à ces motifs. — A la bonne heure; mais ce n'est pas de cela dont il s'agit. Écoutez-moi, monsieur : un homme de vingt ans ne se marie pas, on le sait. Il prend une maîtresse ; il la quitte pour en quitter deux, six, vingt, et à trente ans il se marie pour doubler sa fortune ou rétablir ses affaires. Voilà la morale du jour, tout le monde la suit, tout le monde s'en trouve bien, et je vous conseille de vous conformer à l'usage. — Mais, Guillaume... — Mais, monsieur, vous aimez mademoiselle d'Arancey, et vous avez raison ; elle est fort jolie; vous l'aurez, c'est tout simple ; vous vous en lasserez, c'est tout naturel, et alors nous verrons. — Je n'entends rien à ces systèmes de séduction; ils me révoltent, ils m'indignent. — Je me chargerai que des détails. — Et de quoi te chargeras-tu, malheureux! de troubler la paix d'une famille estimable? de tourmenter, d'affliger la beauté, l'innocence? Et je le permettrais, moi qui prodiguerais mon sang pour l'arracher à un ravisseur! — Ce sont des mots que tout cela, monsieur ; raisonnons. Dans votre position, vous avez à choisir de trois choses. — Lesquelles? — La première et la plus sage, c'est d'oublier mademoiselle d'Arancey. — Je ne le puis. — Vous le pouvez si vous voulez : soyez quinze jours sans la voir, et vous n'y penserez plus. — Je la verrai demain, je la verrai après-demain, je la verrai aussi souvent que je le pourrai. — Ah ! vous ne voulez pas l'oublier! Revenons au second moyen, la séduction. — Jamais! jamais! — Parlons donc du troisième, le mariage. — Oui, parlons de celui-là. — Vous êtes sans fortune ainsi que votre belle. — Hé, je le sais bien. — Vous attendez tout de votre oncle; il est intraitable, et il n'est pas amoureux. Il hait M. d'Arancey, et il jettera les hauts cris au premier mot que vous lui direz de la demoiselle. — Je le crains. — Moi, je vous en réponds; et vous savez que, quand il a prononcé, il ne revient jamais. — Il est trop vrai. — Voyez, monsieur, si vous trouvez un quatrième parti. Pour moi, je n'en connais point, et j'ai l'honneur de vous souhaiter le bonsoir.

Charles passa la nuit à se tourner, à se retourner, à faire des projets, à les abandonner, à soupirer, à invoquer le ciel, et, au retour de la lumière, il était irrésolu, il était pâle, défait, comme doit l'être quelqu'un qui n'a pas dormi, et pendant sept à huit heures s'est tourmenté la cervelle de toutes les manières. Pauvre jeune homme ! Et nous avons tous été comme cela !

Charles s'habille lui-même, Guillaume commençait à lui déplaire ; il arrange ses cheveux devant un petit miroir posé sur un coin de la cheminée, et il se fait vraiment peur. Il descend; tout le monde était levé, tout le monde agissait avec cet air libre et content que donne un sommeil paisible. Il rencontre Sophie et Georges. Georges! toujours Georges lui disait-il entre ses dents. Cependant il salue mademoiselle d'Arancey, mademoiselle d'Arancey lui rend très-poliment sa révérence, elle prend le bras de Georges et entre avec lui dans la laiterie. Oh ! Georges ! toujours Georges ! répète Charles à demi-voix.

Edmond a vu son hôte, et vient s'informer de sa santé. — Je ne me porte pas bien, monsieur Edmond. — Vous n'avez pas dormi? — Fort peu. — Déjeunons, cela vous remettra. — J'en doute, monsieur Edmond. — Georges, Georges! — Oh! Georges, Georges!... là-bas, dans la laiterie avec mademoiselle d'Arancey !—C'est que le dimanche, voyez-vous, Georges, au lieu de se reposer, partage avec notre demoiselle les petits soins du ménage, et il dit que cela lui fait plaisir. — Je le crois bien, parbleu... ils paraissent s'aimer beaucoup? — Oh! comme s'ils étaient frère et sœur. — Peut-être quelque chose de plus. — Hé! peut-on s'aimer davantage? — Que sais-je?.. si... l'amour... — Jeune homme, vous nous faites injure. Mon fils oserait lever les yeux sur la fille de notre maître ! et je le souffrirais! je permettrais qu'elle descendît jusqu'à nous ! je lui ferais payer l'asile que je lui ai donné! Non, monsieur, jamais! D'ailleurs Georges n'a rien de caché pour son père, et, s'il était tourmenté de cet amour-là, il me le confierait, pour que je l'aidasse à le combattre. — Déjeunons, déjeunons, monsieur Edmond. Je pense comme vous que cela me remettra.

En effet, les fruits que servit mademoiselle d'Arancey lui parurent délicieux. Rassuré par ce que lui avait dit le vieillard, il se dédommagea de la diète de la veille. Il fut aimable, gai, spirituel : plus d'une fois il s'aperçut que mademoiselle d'Arancey souriait à ses saillies, et, sans apprêt comme sans efforts, il devenait charmant. Bientôt la jeune personne se mêla à la conversation. Modeste, comme devraient l'être toutes les femmes, elle parlait peu, mais elle s'exprimait avec justesse, et un mot de Sophie amenait un nouveau trait de Charles. Le temps s'écoulait avec rapidité pour lui, pour la demoiselle et pour le vieillard, qui écoutait et qui souriait aussi à propos. Georges était froid, silencieux; il examinait attentivement la physionomie de son hôte, qui se développait à mesure qu'il se livrait davantage, et qui s'embellissait à chaque instant. Il soupira et dit à Sophie: — Nous dansons ce soir, et il nous reste encore bien des petites choses à faire. — Vous avez raison ; mon cher Georges; je m'oublie en causant, et je vous remercie de m'en avoir fait apercevoir. Elle sort avec le jeune laboureur, et avec elle disparaissent l'esprit et l'enjouement de Charles.

Guillaume s'était ingéré de venir servir à table. L'air mécontent avec lequel son jeune maître l'avait plusieurs fois regardé lui fit sentir que sa morale avait déplu. Le drôle était trop adroit pour ne pas trouver à l'instant un moyen sûr de se rétablir dans les bonnes grâces de Charles. La conversation était tombée depuis que mademoiselle d'Arancey était sortie, et M. Guillaume, usant du privilège des confidents, prit sans façon la parole. — J'ai fait un tour dans le village, dit-il à Edmond; j'ai vu les apprêts de la fête; elle sera vraiment jolie. — Oh! répondit le bonhomme, vous n'en avez pas encore d'idée. Quand le tambourin animera notre jeunesse, le coup d'œil sera superbe. — Et vous n'invitez pas monsieur à jouir de l'allégresse générale ? — Monsieur est accoutumé aux plaisirs brillants des grandes villes : les nôtres sont simples comme nous. — Ils nous conviennent parce qu'ils nous suffisent. — Monsieur Edmond, reprit Charles, vos plaisirs sont ceux de la nature. Heureux les cœurs qui savent les goûter ! et je vous assure, sans chercher à me faire valoir, que j'en ai toujours fait le plus grand cas. — Eh bien ! monsieur, accordez-nous cette journée, et partagez la petite fête avec de bonnes gens. — J'en profiterai, et de tout mon cœur. — Vite, Guillaume, monte à cheval, cours au bourg voisin, et rapporte tous les rubans que tu trouveras. J'espère, monsieur Edmond, qu'il me sera permis de en orner les chapeaux des jeunes gens et les corsets des jeunes filles. — Jamais, monsieur, on ne refuse ici qu'à ce qui est mal, et cette marque de prévenance plaira sans doute à tout le monde.

Charles hâte, pousse Guillaume ; il ne peut seller assez promptement son cheval ; il ne peut être assez tôt de retour. — Oh ! se disait le jeune homme en suivant de l'œil son piqueur, qui va, qui va.... oh ! se disait-il, j'offrirai un ruban vert à mademoiselle d'Arancey; elle ne le refusera pas, lorsque je l'en présenterai à toutes, et peut-être daignera-t-elle faire attention à la couleur.

Il rentrait dans la salle lorsque Georges et Sophie revinrent. — Il m'a semblé voir, dit Georges, plusieurs hommes à cheval, et je croyais monsieur parti. — Non, répondit le bon père, monsieur reste. — Ah ! monsieur reste ! reprit Georges, et il soupira.

La matinée fut employée à des choses différentes. Sophie allait et venait. Georges ne la quittait pas d'une minute, et Charles soupirait à son tour : il s'approchait de la demoiselle quand les convenances le permettaient; il s'arrêtait quand il craignait de paraître indiscret ou importun : un sourire qu'obtenait Georges ranimait ses soupçons; une caresse innocente rallumait sa jalousie ; un mot affable que Sophie lui adressait le calmait aussitôt, et, lorsque midi sonna, il avait passé cent fois de l'espérance à la crainte et de la crainte à l'espérance.

A la fin du dîner, Guillaume parut chargé de rubans de toutes les façons et de toutes les couleurs. Georges s'échappe, il court, il vole, il revient : il a aussi son ruban à la main. — Celui-ci, notre demoiselle, n'est pas aussi beau que ceux de monsieur; mais vous ne me refuserez pas l'offrande de l'amitié. Je l'ai pris blanc pour figurer la pureté de votre âme. — Oh ! s'il aime, pensait Charles, il n'a pas moins moi la présomption d'espérer, et cependant il a des droits... Oh ! quelle leçon il me donne !

Sophie prit le ruban de Georges d'un air satisfait, elle l'attacha à sa collerette, et Charles jeta sur une chaise le paquet que Guillaume venait de lui remettre. — Aurai-je au moins l'honneur, dit-il à Sophie, de danser la première contredanse avec vous ? — Je ne puis, monsieur, m'engager que pour la seconde, la première est toujours avec Georges. — Oh ! Georges, Georges, et toujours Georges ! dit Charles en se tournant vers la croisée, où il fut ronger ses ongles, les yeux fixés sur un vieux colombier.

Au village, on travaille le jour et on dort la nuit. Les fêtes les plus solennelles ne changent rien à l'ordre établi. On y danse également le jour, parce qu'il faut reposer pour être en état de reprendre le travail le lendemain au point du jour, et puis les jeunes villageoises n'ont pas besoin de flambeaux pour paraître fraîches, et donner de la vérité au rouge de crépon ou de vinaigre ; les femmes s'embarrassent peu qu'on voie leurs rides naissantes : leurs maris ont vraiment les années, elles n'ont pas le temps de chercher à plaire à d'autres. A une heure donc, à une heure après midi, le tambourin, le flûtet et un mauvais violon se font entendre dans les rues du village.

Et vite Georges tire ses gants de fil blanc, et vite Charles présente la main à Sophie. Il est trop tard, Georges. Mademoiselle d'Arancey ne pouvait sans impolitesse refuser le bras de l'étranger. Georges soupire en marchant à côté d'elle. Sophie le regarde ; Georges la regarde aussi, et d'un air si triste ! Sophie passe son autre bras sous celui de Georges; Georges sourit, et Charles soupire à son tour.

Le bon vieillard les suit appuyé sur son bâton noueux. Il a pris l'habit de drap d'Elbeuf marron, à grands paniers et à parements qui couvrent l'avant-bras, et s'arrondissent en descendant jusqu'aux hanches; il a la veste de basin blanc brodée en coton rouge, dont les basques avancent et reculent alternativement, d'après le mouvement des genoux; ses bas de laine grise sont roulés sur une culotte de velours d'Utrecht noir, et ses petites boucles de cuivre attachent des souliers carrés. Il marche d'un air prépondérant, parce qu'il a été marguillier, et bien qu'il n'y ait plus de fabriques, on n'en doit pas moins des égards à un ancien dignitaire.

Ils arrivent sur la place. Le cabaretier du lieu y a porté ses tables, ses bancs, ses pots, ses verres, et une feuillette de son petit vin du pays. Le pain blanc, les jambonneaux, les andouillettes flattent la vue et caressent l'odorat des sobres habitants. Sur deux tonneaux vides sont juchés les deux ménétriers, dont les accords provoquent la gaieté. Sous d'humbles toiles soutenues par des perches, le marchand de pain d'épices, de joujoux, le petit mercier et Polichinelle appellent les chalands que retient le gobelet. Les vieillards s'entretiennent à table, le verre à la main; l'un parle de ses campagnes, l'autre de ses jeunes amours. Les mères observent leurs filles; une agacerie, un coup d'œil lancé à la dérobée leur font pressentir un mariage qui pourra se faire après la récolte prochaine. Les jeunes filles, les jeunes garçons se disposent à sauter, non pas pour qu'on les regarde, mais pour se divertir.

Lorsque les quatre personnages s'approchèrent du grand tilleul, les vieillards se levèrent et offrirent une place à monsieur le marguillier. Les jeunes gens des deux sexes entourèrent, pressèrent Sophie. Point de révérences, point de compliments; des marques d'intérêt, de déférence exprimées par des bouches naïves, organes de bons cœurs. — Ah! disait Sophie à Georges, qu'il est doux d'être aimée ainsi! — Ah! mademoiselle, répondait Charles, qu'il est doux de le mériter !

Mademoiselle d'Arancey se place avec Georges : trois couples se présentent aussitôt. On danse, on se croise, on s'embrouille, on rit, on recommence. Charles, appuyé contre le gros tilleul, suivait tous les mouvements de Sophie : on le tire par l'habit. C'est Guillaume chargé de ses rubans, dont il ne sait que faire. — Hé, parbleu ! lui dit Charles, distribue-les toi-même.

Guillaume, très-connaisseur, commence par les plus jolies; toutes refusent. Il passe aux mamans, aux jeunes gens, aux vieillards; partout même refus; quelquefois même des marques de dédain. Sophie, à qui rien n'échappe, quitte précipitamment son danseur. — Monsieur, dit-elle à Charles, on n'a pas ici la sottise d'avoir de l'orgueil; mais on s'estime ce qu'on vaut, et je vois qu'on n'a pas cru devoir accepter du valet ce que le maître a dédaigné d'offrir. — Vous êtes un ange, lui répond Charles; vous instruisez comme vous savez plaire.

Il saute sur la table, et demande à être entendu. Un cercle se forme autour de lui. Le nez en l'air, les bouches ouvertes, les yeux fixés sur lui, on écoute et on attend. — Le zèle de mon piqueur, dit-il, lui a fait commettre une faute que je n'avais pas prévue. J'avais demandé à M. Edmond s'il me serait permis de parer de ces rubans ces jeunes gens et ces demoiselles. Encouragé par sa réponse, je me proposais de les placer moi-même ; et Guillaume n'a pas réfléchi qu'en cherchant une jouissance il m'imposait une privation. Permettez, mes amis, que je vous offre ces bagatelles comme une légère marque de mon estime.

Charles mentait en accusant son piqueur; mais il avait une bévue à réparer; la réparation indiquée par Sophie lui paraissait d'une nécessité absolue, et on se tire d'un mauvais pas comme on peut.

A peine a-t-il cessé de parler, que les fillettes se présentent l'une après l'autre, les yeux baissés, les joues vermeilles et les mains croisées sur le devant du corset. Un petit marchand d'épingles avait saisi l'occasion. Monté sur une pierre, il allongeait le bras, et tenait son papier élevé à la hauteur de Charles. Charles prenait une épingle, déroulait une pièce de ruban, l'attachait, il adressait à toutes des paroles flatteuses, et pas un mot qui pût alarmer la pudeur : Sophie était là, Sophie le voyait, il fallait être pur commeelle.

Aux jouvencelles succédèrent les garçons. Ils ont un air décidé, et le chapeau à la main. Tous eurent part aux largesses de Charles, tous le remercièrent, et, la contredanse finie, mademoiselle d'Arancey s'approcha à son tour appuyée sur le bras de Georges. — Tout le monde peut faire des fautes, dit-elle à Charles; il est beau d'avoir le courage de les réparer. N'aurai-je pas aussi mon ruban? — Il ne m'en reste que deux, mademoiselle; un vert.... — Et un souci; c'est ce dernier que je choisis : la couleur convient à ma situation. Monsieur, donnez l'espérance à Georges : dans son état on en a besoin. Georges entr'ouvrit sa chemise. — Voici, notre demoiselle, celui que vous me donnâtes l'an passé; permettez que je n'en porte pas d'autre.

Ah ! pensait Charles, l'amour ne se cache point; elle a lu dans mon âme. Si je n'ai rien à espérer, pourquoi m'avoir fait sentir mon impolitesse envers ces paysans? Pourquoi me louer quand j'ai réparé une bévue? Pourquoi me demander elle-même un ruban, et l'attacher à côté de celui de Georges? Une jeune personne de seize ans donne-t-elle des conseils et des récompenses à quelqu'un qui ne lui inspire aucun intérêt ! Mais la couleur de l'espérance dont elle voulait que je parasse ce garçon!... Ah ! l'espérance d'une vie moins laborieuse, d'une aisance plus marquée ; voilà sans doute ce qu'elle souhaite à Georges; et, tout bien examiné, elle n'a pas d'amour pour lui.

Plein de ces idées flatteuses, Charles prend la main de mademoiselle d'Arancey, et se dispose à commencer la seconde contredanse. A l'instant on abandonne la piquette, et les petits gâteaux, et Polichinelle, et le marchand de pain d'épices. — Voyons, disaient les jeunes filles, comment danse ce beau jeune homme qui donne de si jolies pièces de ruban.

Charles n'était pas ce qu'on appelle à Paris un beau danseur, mais il avait de la précision et beaucoup de grâce naturelle. Le désir de plaire et le rayon d'espoir qui l'animait en ce moment devaient donner à sa danse une expression dont l'art n'approcha jamais. Il part, et on s'étonne ; léger comme Zéphire, à peine effleure-t-il le gazon. Tous ses mouvements respirent l'amour qui se peint dans ses yeux, et un murmure d'admiration se fait entendre.

Mademoiselle d'Arancey ne se livre d'abord qu'avec timidité; mais, électrisée elle-même par une manière de danser qu'on ne connaît pas au village, elle se laisse aller au charme qui l'entraîne. Ses yeux n'expriment que la gaieté, mais sa bouche daigne sourire, et Charles est ivre de plaisir.

Leurs bras s'enlacent, se détachent, se cherchent, se reprennent et se caressent encore. Cent passes voluptueuses font valoir les contours de deux corps parfaits. Quelquefois ils sont à dix pas l'un de l'autre, mais c'est pour se rapprocher avec la promptitude de l'éclair, s'unir et ne paraître qu'un. Dans une de ces passes, la bouche de Charles touche presque celle de la belle Sophie. C'est son haleine qu'il respire, c'est sa gorge naissante qu'il presse contre son sein... Un cri se fait entendre; la danse est suspendue. On regarde, on cherche..... On trouve Georges étendu au pied d'un arbre. La pâleur de la mort couvre ses joues; ses lèvres décolorées sont agitées de mouvements convulsifs.

Sophie s'élance, court, prend la tête du malheureux jeune homme et la pose sur ses genoux. Aidé du vieux Edmond, elle le relève, elle lui aide à marcher ; elle s'éloigne de la pelouse sans adresser un mot d'excuse à Charles, sans même paraître penser à lui.

— Oh ! répétait alors celui-ci, pourquoi l'espérance à Georges; dans son état on en a besoin ! Quelle espérance elle voulait que je confirmasse ! Celle de voir combler un jour l'intervalle qui les sépare... Elle l'aime, elle l'aime, je n'en saurais douter. Guillaume, rassemble nos gens; que dans cinq minutes les chevaux soient à l'entrée de cette place. Tu m'excuseras auprès de M. Edmond : tu lui diras que je crains de le déranger dans les soins qu'il rend à son fils... Tu lui diras... Tu lui diras ce que tu croiras convenir... Je ne veux plus la voir, je ne la verrai plus.

Charles se dérobe à la multitude, il marche au hasard. Il regrette sa première tranquillité, il maudit l'amour qui s'est si rapidement emparé de toutes ses facultés. — Oui, ajoutait-il, oui, je serai malheureux, parce que Georges l'a connue avant moi. Il n'a pu supporter l'abandon avec lequel elle dansait; il a succombé à sa jalousie; et pour le secourir elle m'a consulté que son cœur, elle a oublié cent témoins qui l'environnaient, elle a dédaigné les bienséances..... Ah ! Sophie ! Sophie !

Il monte à cheval; il enfonce ses éperons dans les flancs de l'animal, il laisse ses gens bien loin derrière lui. Il arrive chez son oncle couvert de sueur, de poussière; il dissipe l'inquiétude de M. Botte en attribuant à la fatigue le désordre qui a dérangé tous ses traits. Il se renferme chez lui, et se jette sur son lit; il y passe une partie de la nuit.

La fraîcheur du matin calme son sang enflammé. Il se met au lit, et le sommeil, qui l'avait fui la nuit précédente, vint malgré lui fermer ses paupières. Il se réveille assez tranquille, et l'idée de Sophie est la première qui s'offre à son imagination. — Je l'ai promis, dit-il, et je la servirai. Je lui donnerai tout ce que j'ai, tout ce que me donnera mon oncle. Elle sera propriétaire d'un bien qu'elle brûle de partager avec Georges. Je serai malheureux toute ma vie; mais elle ne m'ôtera pas la consolation d'avoir contribué à son bonheur.

Il se lève; il court chez tous ceux qui peuvent être utiles au bonhomme Edmond ; il les persuade, il les gagne ; il rassemble quelques bijoux que son oncle n'a plus l'habitude de lui voir porter ; et en joint le produit à ce qu'il possède d'argent comptant. Il appelle Guillaume, il lui donne ses instructions; car pour lui, il ne verra plus mademoiselle d'Arancey, il ne veut plus la voir.

Le jour passe sans qu'il ait rien changé à ses résolutions. La nuit vient, il se trouve seul avec son cœur. — Ne plus la voir, disait-il, ne plus la voir ! Hé ! le puis-je, hé! Dieu ! l'effort est impossible. Il sonne, son valet de chambre rentre : — Qu'on m'envoie Guillaume.

— Guillaume, rends-moi le paquet que je t'ai remis dans la journée, et demain, de grand matin, mon équipage de chasse. — Mais, monsieur... — Point de mais. — Cette demoiselle d'Arancey vous fera devenir fou. — Oui, tu me l'as dit. Sors, et obéis.

III. — Autre suite de l'exposition.

Au point du jour la trompette sonne. Les valets, les chevaux, les chiens, tout est prêt. On part, on arrive au lancer. — Guillaume, dit Charles, je vais à la ferme d'Arancey. Quand on s'apercevra de mon absence, tu feindras de croire, comme les autres, que je me suis égaré; tu me chercheras avec eux, et tu me chercheras jusqu'à ce que je reparaisse.

Il parcourt rapidement six à sept lieues de chemin, et à mesure qu'il se rapproche de Sophie, il jouit du plaisir de la revoir, il éprouve le malaise d'une jalousie qui se rallume à chaque pas. Partout il a vu mademoiselle d'Arancey; partout, hélas! elle a donné à Georges des marques du plus vif attachement.

Il met pied à terre dans la cour de la ferme. La grosse Marguerite, celle qui l'a conduit dans cette chambre d'où l'amour a chassé le sommeil, la grosse Marguerite lui apprend qu'Edmond et son fils sont aux champs. — Au moins, se dit-il, je ne verrai pas aujourd'hui ce monsieur Georges pour qui on affecte de tout oublier.

Il apprend que mademoiselle d'Arancey est seule. La trouver seule était ce qu'il désirait avec ardeur, et maintenant il craint de se trouver tête à tête avec elle. Quel maintien prendre? Que dire qui ne décèle un secret qu'il voudrait cacher à tout l'univers, qu'il voudrait surtout cacher à Sophie? Parler de Georges, chercher à pénétrer le secret de mademoiselle d'Arancey ne serait pas délicat. Se déclarer, lorsque la jeune personne est évidemment prévenue en faveur d'un autre, serait un acte de démence; et le moyen de parler désormais à Sophie, sans lui parler de son amour?

Mademoiselle d'Arancey a été avertie de l'arrivée de Charles; elle s'est avancée au-devant de lui; elle l'invite à entrer. Il la suit: elle lui montre un siége, il s'assied près d'elle, timide, muet comme il l'était le jour où il la vit pour la première fois. Combien de belles dames eussent voulu être à la place de Sophie! Quel parti une femme usagée tire d'un cœur absolument neuf, et qui se donne tout entier! Sophie a les mœurs pures du village, mais Sophie est clairvoyante: tant de signes d'une passion violente ne peuvent lui échapper; mais cette passion même lui fait partager l'embarras de Charles; elle est muette comme lui.

Assis l'un à côté de l'autre, ils levaient alternativement les yeux, et les baissaient aussitôt. Charles roulait et déroulait l'oreille d'un gros chien de basse-cour, qui s'était couché près de lui. Sophie avait son joli pied appuyé sur les barres d'une chaise qui se trouvait devant elle, et elle en arrachait la paille brin à brin. Quel maintien ils avaient tous deux! Comme on s'en serait moqué à Paris! Mais à Paris, comme ailleurs, on a quelquefois tort.

Cette position ne pouvait toujours durer. Si l'un disait un mot, la conversation ne manquerait pas de s'engager. Mais qui le dira, ce mot? Le premier est si difficile à trouver! On s'observe, on est sur ses gardes, on craindrait de se compromettre. — Monsieur ne voudrait-il pas se rafraîchir? dit enfin Sophie. Et Charles tressaillit, comme s'il n'eût jamais entendu cette voix. — Oui, monsieur doit avoir besoin de prendre quelque chose. A cette question si simple, Charles ne répondait rien. Il était pourtant bien facile de dire oui ou non.

Les servantes sont occupées, et c'est Sophie elle-même qui lui verse un verre de vin. — Mademoiselle, je vous remercie. — Il n'est pas très-bon, monsieur. — Excellent, quand c'est vous qui l'offrez. — Vous êtes trop poli. — Peut-on l'être trop avec vous? — Vous me flattez, monsieur. — Je suis vrai, mademoiselle; quoi qu'on vous dise de flatteur, on sera toujours loin de la vérité.

Mademoiselle d'Arancey arrache encore deux ou trois brins de paille, et levant ses beaux yeux sur Charles: — Je ne présume pas, monsieur, que vous soyez venu de si loin pour me faire des compliments trop exagérés pour que j'y sois sensible. J'apporte à M. Edmond le peu d'argent dont je peux disposer. — C'est à M. Edmond que vous l'apportez! — Il n'ose rien, monsieur, il est votre conseil, il a été accepté pour vous... — Et je vous remercie pour lui. — Je n'ai encore rien en propre; mais j'espère, avec du temps et de l'économie, assurer cette propriété à M. Georges. — Pourquoi à lui, monsieur? ne puis-je pas aussi, avec du temps et de l'économie, rembourser mes bienfaiteurs, et rentrer dans le bien de mes pères? — Pardon, mademoiselle, il vient de m'échapper une expression déplacée, désobligeante peut-être; mais j'avoue que je ne saurais m'empêcher de parler de M. Georges. J'en parle aussi avec plaisir, quand je ne le vois pas, et quand involontairement je lui donne du chagrin, je me fais un devoir de le lui faire oublier. — Avant-hier, par exemple, n'est-il pas vrai, mademoiselle? — Oui, monsieur, avant-hier; avant-hier et hier. — Oh! beaucoup, mademoiselle. — J'en ai assez, monsieur, pour qu'il soit inutile de me rappeler mes torts. — Je ne vous entends plus. — Il est certaines danses que l'usage peut autoriser dans les capitales, et qui paraissent ici déplacées, libres même; je tranche le mot. — Qui paraissent telles à M. Georges, surtout. — Oui, à Georges. — Il a osé vous faire des reproches? — Il n'ose rien, monsieur; mais l'état où vous l'avez vu disait tout. — Oui, tout, mademoiselle. — Tout le monde fait des fautes, vous disais-je un instant auparavant; vous avez effacé la vôtre; je me suis empressé de réparer la mienne. — Ah! vous êtes comptable de votre conduite à M. Georges? — Non, monsieur; je ne dois de compte qu'à moi; mais Georges souffrait... — Il n'est pas le seul qui souffre, mademoiselle, et vous ne faites rien que pour lui. — Vous me faites souvenir moi-même, monsieur, que je vous dois des excuses. — A moi, mademoiselle? — De l'impolitesse avec laquelle je vous ai quitté au milieu d'une contredanse. — Des excuses, des excuses à hé, non, mademoiselle, ce ne sont pas des excuses que

— C'est pourtant tout ce que je puis, c'est tout ce que vous pouvez attendre de moi. — Je n'attends rien... Je ne demande rien... Georges pour vous... Le désespoir pour moi. — Remettez-vous, monsieur, vous oubliez les égards... — Je suis perdu, égaré, hors de moi.... Et sans pouvoir ni me maîtriser, ni même réfléchir, Charles tombe aux pieds de mademoiselle d'Arancey.

— Relevez-vous, monsieur, et écoutez-moi. Je crois devoir à mes malheurs une raison prématurée, et j'ai pris ici beaucoup de la franchise de nos bons habitants. Je vous connais peu, mais je vous connais par des actions louables, et si je vous ai si légèrement jugé... — Non, mademoiselle, non, je vois trop que je n'ai de droits qu'à votre estime; mais cette estime est fondée; j'ose vous l'assurer. — Je ne m'armerai donc pas contre vous d'une fierté inutile; je descendrai bien moins à la dissimulation: je vais vous parler avec franchise. Je me suis aperçue de l'impression que j'ai faite sur vous, et j'en ai été affligée. — Affligée, mademoiselle! vous prononcez mon arrêt. Je vous salue, et je n'aurai l'honneur de vous revoir que lorsque vos intérêts l'exigeront. — Monsieur voudra bien, avant de partir, m'écouter encore un moment. — Hé, qu'entendrai-je, mademoiselle?... — Rien de bien satisfaisant pour vous, monsieur; mais il ne suffit pas à une jeune personne d'être irréprochable; il faut qu'on la juge ce qu'elle est, et vous êtes du petit nombre de ceux dont je compte l'opinion pour quelque chose. Écoutez-moi sans m'interrompre, je vous en prie. — Mademoiselle, il ne m'échappera pas un seul mot.

— Vous savez comment je suis entrée dans cette maison, comment j'y suis traitée: il est inutile de vous parler de mes sentiments envers ces deux hommes respectables; puisque vous avez un cœur sensible. Georges et moi nous avons crû ensemble, nous avons partagé les mêmes plaisirs, et ces jeux de la première adolescence ont établi entre nous une intimité à laquelle le temps a chaque jour ajouté. Mais Georges, plus âgé que moi, avait un sentiment naturel des bienséances, et ses égards, ses respects même, m'ont toujours garantie de toute espèce de danger.

Depuis un an, Georges est devenu triste, pensif, distrait, et voilà pourquoi je ne le laisse jamais à ses réflexions: le travail l'occupe seul aux champs; ici, je m'efforce d'éloigner de lui des idées affligeantes bien affligeantes sans doute, puisqu'il refuse de me les confier. Son père n'a nul soupçon de son état, et moi je respecte son secret; je me suis chargée seule du soin, du devoir de le consoler. Il m'écoute avec douceur, avec reconnaissance; et souvent, assez souvent, j'y ramène le calme dans son cœur et la gaîté sur son front.

Voilà, monsieur, l'unique cause de mes attentions soutenues pour Georges, de ces attentions qui vous ont donné de la jalousie, et vous me permettrez de vous faire observer que vous n'avez pas le droit d'être jaloux. — Il est trop vrai, mademoiselle; mais M. Georges peut-il être sans vous déplaire? — L'amitié, monsieur, connaît aussi la jalousie. — Hé! mademoiselle! avez-vous pu vous y méprendre? L'autre jour, à souper, vous avez paru applaudir à quelques saillies que vous aviez m'inspirées, et M. Georges est devenu froid, mais d'un froid affecté. Il n'a pu cacher son mécontentement quand il a su que je restais à la fête; enfin il s'est trouvé mal, très-mal, lorsque j'ai dansé avec vous.

— Voilà à peu près, monsieur, ce qu'il m'a dit ce matin. — Le jeune homme que nous avons reçu vous aime, votre demoiselle. — Ah! il a vu cela, et il a ajouté: Selon le rapport de ces gens, le jeune monsieur sera immensément riche; mais il dépend d'un oncle qui calculera sans doute à quelle fortune son neveu doit prétendre. Voilà, mademoiselle, des craintes bien obligeantes et bien prématurées. — Cet oncle, c'est toujours Georges qui parle, cet oncle est opiniâtre, dur même, et le jeune monsieur paraît violent. Les obstacles irriteront un amour qui ne fait que de naître. — Et qui est extrême, et qui décidera du reste de ma vie. — Le jeune monsieur ne ménagera rien; il se brouillera avec son oncle, et vous joindrez au chagrin de vous être inconsidérément attachée à lui le regret de lui faire perdre sa fortune. — Et comment M. Georges, qui n'ose rien, disiez-vous, prononce-t-il que mon oncle ne veut pas de moi; sensible à tant de mérite, qu'il ne s'empressera pas de réparer les torts de la fortune envers vous? — Cela n'est pas probable, monsieur. — Probable... Non, mademoiselle. — Georges a donc eu raison de me parler ainsi? — Georges a ses motifs pour m'éloigner de vous. — Nous avons ensuite parlé de la danse, et Georges a cru voir que vous me respectiez peu. — Je vous respecte peu! L'insolent! Voyez-vous, voyez-vous, mademoiselle, comme il cherche à me perdre dans votre esprit? — Vous m'avez promis, monsieur, de ne pas m'interrompre. — Pardon, mille pardons, mademoiselle. — Si le jeune monsieur, a poursuivi Georges, vous respectait comme il le doit, vous aurait-il fait faire, en dansant, ce que jamais personne n'eût imaginé ici, et ce que jamais aucune fille n'osera se permettre? Toutes se sont insensiblement éloignées, et quand j'ai vu cet éloignement, remarqué ce silence d'improbation, il m'a semblé que mon cœur se brisait, et j'ai perdu l'usage de mes sens. Voilà, monsieur, ce que m'a dit Georges, et je ne trouve là que le langage de la vraie, de la solide amitié. Il est certain que, si j'étais moins connue ici, si j'étais moins aimée, cette malheureuse contredanse me ferait un tort irréparable. Je me suis excusée près des bonnes gens. — Près des villageois, mademoiselle d'Arancey! — Il n'y a plus qu'une pauvre Sophie qui ne trouve qu'ici

des amis, des compagnes ; les détails mêmes dans lesquels j'entre avec vous vous prouvent, monsieur, combien je suis jalouse de l'estime de tout le monde.—Ah! mademoiselle, qui pourrait vous refuser la sienne?
— Ceux dont je ne respecterais pas les usages. J'ai tout attribué de votre part à la liberté qu'autorisent les villes ; je me suis prévalue de l'impossibilité de vous laisser au milieu d'une contredanse ; j'ai fait remarquer que je n'ai pas balancé quand je me suis vue l'objet du blâme public. Il est pourtant vrai que je dansais avec plaisir, avec assez de plaisir pour ne rien remarquer, et que je n'ai cessé que pour secourir Georges.
— J'avoue, mademoiselle, que ces éclaircissements, que vous ne me deviez pas, et que j'étais loin d'attendre de vous, me paraîtraient satisfaisants, convaincants même, si je pouvais les concilier avec le ruban rose que M. Georges porte sur son cœur, avec le ruban vert que vous lui destiniez. — Eh! monsieur, ceci est aussi facile à expliquer que le reste. En lui présentant le ruban vert, je lui donnais à entendre que j'espérais ou qu'il me confierait son secret, ou qu'il surmonterait son chagrin. Il porte le petit ruban rose, parce que c'est moi qui le lui ai donné ; je porte aussi le ruban blanc que j'ai reçu de lui ; si vous mettiez trop d'importance à cela, vous vous tromperiez étrangement sur la nature de mes sentiments pour Georges. — Est-il bien

— Mon neveu? que diable avez-vous fait de tout cet argent-là?

vrai, mademoiselle, est-il bien vrai que vous ne l'aimez pas? — Dans le sens que vous attachez à ce mot, non, monsieur, je ne l'aime pas.
— Vous ne l'aimez pas! ah! répétez-moi, répétez-moi encore que vous ne l'aimez point. — Si je l'aimais, monsieur, je le dirais à son père, à vous, à toute la terre, et je ne serais blâmée ni de ceux qui ne connaissent pas la reconnaissance. Nous avons épuisé, monsieur, tout ce qui peut avoir rapport à Georges ; je vais maintenant vous parler de vous.
— Je m'estime assez pour penser qu'on ne peut avoir sur moi que des vues honorables ; mais je suis très-jeune encore, et ma situation ne me permet pas de penser à un établissement. — Tout, mademoiselle, tout, au contraire, semble vous presser de reprendre votre rang dans la société. — Personne ne peut me le rendre, monsieur. Vous-même, qui vous efforcez de trouver tout facile, vous oublier le juste ascendant qu'a sur vous un oncle qui très-probablement, vous en conviendrez tout à l'heure, n'entrera point dans vos vues, et je vous avoue que je me trouverais très-humiliée d'être rejetée par le chef d'une famille dans laquelle je ne prétends pas entrer. C'est ce qui m'arriverait cependant si vous ne maîtrisiez une impétuosité qui vous fait prendre l'exaltation de la tête pour les douces émotions du cœur. — Ah! par grâce, ne calomniez pas ce cœur où vous régnez la première, et où vous régnez sans retour. — Vous ne me persuaderez pas, monsieur, qu'un amour de quarante-huit heures ait jeté de profondes racines, et qu'il soit difficile de le vaincre. — Mademoiselle, vous vous jugez comme une femme ordinaire. Malheur à qui vous connaît comme moi, et qui cesserait de vous aimer! — Promettez-moi du moins, monsieur,

de ne pas compromettre envers monsieur votre oncle et ma tranquillité et une sorte d'orgueil qui peut-être n'est pas déplacé. Pour vous déterminer à m'accorder ce que je vous demande, je vous prie de bien entendre, de vous souvenir que le consentement même de votre oncle ne changerait rien à mes résolutions : elles sont fondées sur le respect filial, et je veux que vous les jugiez. J'ai mon père, monsieur ; il est fugitif, malheureux. Depuis longtemps je n'en ai plus de nouvelles ; mais je n'en suis pas moins sous sa dépendance. Il a quitté la France par attachement à des préjugés héréditaires que j'apprécie maintenant à leur juste valeur ; mais ces préjugés sont l'unique bien qui lui reste, ils peut-être sa consolation, et je n'ajouterai pas à ses chagrins en faisant un choix qui ne s'accorderait pas avec sa façon de penser. Je vous engage donc, monsieur, à cesser des poursuites absolument inutiles ; mais je ne renonce pas aux services que vous rendez à Edmond, et dont par la suite je profiterai seule. Mon amitié en sera le prix ; vous la méritez ; n'attendez rien de plus.

Qui ne croirait, en entendant parler ainsi mademoiselle d'Arancey, qu'elle a reçu de la nature une énergie (osons nous servir du mot), une roideur de caractère qui fait quelquefois des femmes estimables, mais qui est loin de les faire aimer. Notre Sophie, au contraire, douce, bonne, sensible, incapable de résister dans les choses indifférentes, notre Sophie n'avait pas la présomption de croire qu'elle pût résister toujours à un jeune homme charmant qui disputait, avec Edmond et son fils, de soins, de prévenances et de bienfaits. Elle avait développé à Charles les obstacles réels qui s'opposaient à leur union ; elle s'était armée d'une certaine fierté, parce qu'elle désirait sincèrement alors que le jeune homme l'oubliât.

Cependant elle n'avait pas d'amour pour Georges, et il devenait indifférent que Georges en eût ou n'en eût pas pour elle. Elle ne marquait pas d'éloignement personnel pour Charles ; elle paraissait seulement effrayée des difficultés que lui présentait sa raison ; elles disparaîtraient à mesure qu'elle serait moins indifférente, et il est très-ordinaire qu'un homme aimable aime une jolie fille de seize ans.

Tels étaient les petits calculs que faisait Charles en revenant avec son Guillaume, ou plutôt telles étaient les vraisemblances que le drôle lui faisait adopter. Il sentait que l'unique moyen de se maintenir auprès d'un maître à principes est de flatter sa passion : c'est ainsi qu'on mène tous les hommes, et Guillaume n'était pas sot.

Charles s'était engagé sans peine à être discret avec son oncle ; si la jeune personne paraissait le craindre, Charles le redoutait bien davantage. Mais s'en tenir avec Sophie à la douce mais froide amitié, c'est plus qu'il ne pouvait tenir ; c'est aussi ce qu'il n'avait pas promis. Il était mal partout où il n'était pas avec elle, et il la voyait presque tous les jours. Il fallait des prétextes : chez lui, c'était un goût pour la chasse qui augmentait à chaque instant, et mademoiselle d'Arancey commençait à ne plus trouver extraordinaires ces voyages si répétés. Tantôt il venait rendre compte de ses démarches officieuses ; tantôt il venait annoncer un nouveau payement ; une autre fois il était indispensable qu'il se concertât avec la jeune demoiselle sur les moyens de gagner encore un mois, une décade, un jour. Pouvait-elle sans injustice se plaindre d'un jeune homme qui lui consacrait tout son temps, tous ses soins? On commençait par raisonner affaires ; c'est dans l'ordre ; mais, sans qu'on s'en aperçût, la conversation prenait une tournure sentimentale : Sophie ne laissait rien échapper de positif ; mais elle écoutait, elle n'interrompait point ; elle rougissait quelquefois.

Charles arrivait toujours à l'heure où Georges était aux champs. Il avait cessé de le considérer comme un rival dangereux ; mais il évitait un témoin incommode, un ami sévère, qui, de l'aveu de mademoiselle d'Arancey, conservait toute son influence sur ses esprits... Pauvre petite! sur ton esprit!... Et ton cœur, qui te fait battre avec cette douce chaleur? Qui excite ces soupirs que tu dérobes encore à l'amant trop passionné pour être observateur? Les lui déroberas-tu longtemps?

Le gouvernement venait de changer de forme. Il était permis d'avoir un château ; on n'était plus obligé de jeter au feu des portraits de famille, uniquement parce que ceux qu'ils représentaient avaient été nobles : on respirait enfin. M. Botte et l'ami Horeau étaient allés à Paris poursuivre des recouvrements ; Charles était resté maître absolu chez son oncle. Il pouvait s'absenter deux jours, quatre jours, huit jours, sans rendre de compte à personne, et cette occasion est de celles qu'un jeune homme amoureux ne laisse point échapper. Il part pour la ferme d'Arancey, et il a pris avec lui les ouvriers nécessaires.

Les moutons, le gros bétail sont rétablis dans leurs étables, où ils doivent se trouver mieux que dans des salons et des boudoirs : le château est nettoyé, réparé, et les portraits de famille sont honorablement remis à leur place. Tout cela a occasionné des frais ; mais ce qui reste de bijoux au jeune homme les acquitte. Le cher oncle peut remarquer qu'on ne s'en pare plus ; il peut faire des questions embarrassantes ; il peut se fâcher sérieusement ; mais on est auprès de mademoiselle d'Arancey, on ne doit revoir cet oncle redoutable que dans quinze jours au plus tôt, et dans quinze jours on avisera.

Les réparations urgentes n'avaient pu se faire en moins d'une semaine. Une semaine toute entière passée auprès de Sophie! Charles dirigeait tout, et il avait tant de goût qu'il faisait recommencer ce qui était très-bien : il craignait qu'on ne finît trop tôt. Sophie ne se mêlait de rien parce que M. Charles ordonnait à merveille; mais elle était bien aise de suivre les travaux, et rien de plus naturel : c'est dans ce château qu'elle est née, c'est ce château qu'elle espère habiter un jour, et elle se disait tout bas, bien bas : c'est à M. Charles que j'en aurai l'obligation. Peut-être nommait-elle intérieurement celui avec lequel il lui serait doux de l'habiter.

Dès le matin, elle prenait d'une main son sac à ouvrage; elle portait de l'autre une corbeille d'osier dans laquelle était le déjeuner commun. Elle s'asseyait sur l'appui d'une croisée, sur un bout de planche, sur une poignée de paille. Elle était toujours à portée de tout voir, de bien voir; et en travaillant très-attentivement elle ne perdait rien de ce que faisait M. Charles.

L'ami Horeau.

On revenait dîner, et la soirée s'écoulait comme la matinée; on voyait le beau jeune homme, on était contente; on désirait bien encore quelque chose, quoiqu'on n'en convînt pas avec soi-même : on se rappelait ces conversations expressives auxquelles on se livrait en toute liberté lors des premières visites de M. Charles; mais Georges le censeur trouvait le temps détestable depuis qu'on travaillait au château; ses chevaux avaient le plus grand besoin de se reposer; et comme il fallait qu'il s'occupât, alternativement maçon, couvreur, ou menuisier, il se mêlait de tout, il gâtait tout; mais il était là, toujours là, et son ton glacial effarouchait les amours.

Charles éprouvait des mouvements de dépit qu'il avait peine à réprimer. Dans toute autre circonstance, il eût brusqué mille paysans : mais celui-ci est le bienfaiteur de mademoiselle d'Arancey; il est son ami, son ami vrai; Charles ne peut se le dissimuler, et les amis de mademoiselle d'Arancey ont droit à ses égards.

Que résoudre cependant? Passer des jours entiers auprès d'elle, c'est bien doux; mais ne pouvoir lui parler que de choses indifférentes, oh! c'est bien dur! Il y a du papier, deux plumes, une écritoire chez M. Edmond, et tout cela est renfermé dans la grande armoire de noyer! En demander la clef?... Il faut mieux qu'un prétexte avec Georges, et une gaucherie peut l'éclairer... Nous y voici; le menuisier a de la pierre noire; les murs d'un corridor sont chargés d'écussons dont le papier est à demi rongé par l'humidité; mais on peut en faire sécher un lambeau. Charles fait ses petites provisions sans être remarqué : Georges ne le suit jamais quand il s'éloigne de Sophie. On rentre, on soupe. Charles s'enferme dans sa chambre, et pour la première fois il ose écrire à mademoiselle d'Arancey.

Comment lui remettre la lettre? la présenter?... Charles s'aperçoit bien qu'il ne déplaît pas; il espère; mais il n'ose encore compter sur rien, et la jeune personne est rigoureusement attachée à ses devoirs. Si elle rend la lettre en présence de Georges, ce qui est à peu près certain, celui-ci ne manquera pas d'observer qu'on n'écrit point à une demoiselle qu'on respecte; et bien que cette opinion soit exagérée, mademoiselle d'Arancey ne pourra se dispenser de s'y rendre, et peut-être éloignera Charles sans retour.

Cependant cette lettre est si bien tournée, elle est si persuasive, et une jeune personne pardonne si aisément les démarches hasardées que fait faire son mérite! et puis en amour comme en guerre, il faut bien risquer quelque chose. Le lendemain matin, en allant au château, Charles se glisse du côté de la corbeille, et Georges se saisit du bras qui porte le sac à ouvrage. Georges ne se défie de rien, et Charles n'attend qu'une occasion. Un taureau, qui ne voulait de mal à personne, marchait lourdement au milieu du chemin ; Charles tourne vivement la jeune personne, et la tire derrière un buisson. La promptitude du mouvement a obligé Sophie à quitter le bras de Georges ; la lettre est au fond de la corbeille, et personne ne s'est aperçu de rien.

Mademoiselle d'Arancey rit de la frayeur qu'elle a fait éprouver à Charles; Georges remarque très-judicieusement que le plus mauvais office qu'on puisse rendre à quelqu'un, c'est de lui inspirer des terreurs chimériques; Charles convient bonnement qu'il a eu tort; on arrive au château; on travaille une heure ou deux, on se rassemble pour déjeuner. Sophie, sa corbeille sur ses genoux, se dispose à faire les honneurs du modeste repas; Georges, assis sur ses talons, devant elle, attendait que sa main blanchette lui présentât sa portion; Charles rougit, pâlit; il détourne la tête, il est sur les épines. Il reçoit d'un air gauche son croûton et son petit fromage à la crème. Les ouvriers s'approchent à leur tour, et bientôt il ne reste dans la corbeille que la lettre d'amour.

Charles, inquiet, presque tremblant, s'éloigne, et aussitôt Georges se lève, et va dans un coin de la chambre se faire une table d'une vieille escabelle; Sophie retourne sa corbeille, la secoue; le papier tombe, Charles frémit. Les yeux de la fille charmante se portent par hasard sur le beau garçon; il est rouge comme l'écarlate, il indique du bout du doigt le billet, que Sophie aperçoit à la fin. Elle se rappelle la pirouette que lui a value la rencontre du taureau et la frayeur de Charles, qui n'était pas naturelle; elle devine aisément comment le papier est entré dans sa corbeille, et l'embarras du jeune homme ne lui laisse aucun doute sur le sujet qu'a traité l'écrivain.

Charles à la ferme du bon Guillaume.

Jamais jeune fille sans art, sans finesse, ne fut en pareille circonstance plus irrésolue que mademoiselle d'Arancey. Laisser le billet à terre, c'est se livrer à la curiosité, aux mauvaises plaisanteries du premier venu; le relever, c'est encourager Charles à de nouvelles tentatives... Le relever et le déchirer?... Ah! que cela serait fier! que cela serait beau! mais aussi ne serait-ce pas une marque de mépris que ne mérite pas une imprudence; car, enfin, quoi de plus simple que d'écrire quand on ne peut parler? Il faut pourtant prendre un parti... On laisse échapper la corbeille; elle tombe précisément sur la lettre, et la lettre et la corbeille sont ramassées à la fois. Charles tressaille de plaisir; mais la jolie main passe derrière le dos, montre le papier en 'air, et un coup d'œil impératif ordonne à Charles de venir le reprendre. Charles répond par un autre coup d'œil si douloureux, si suppliant! Sophie est émue; elle l'est au point de ne plus réfléchir; le papier se roule entre ses doigts, elle rougit, elle baisse la vue, et la lettre est dans la pochette du tablier.

C'était beaucoup de l'avoir gardée; aussi l'aimable fille ne pensa point à y répondre. Charles était trop satisfait de ce premier succès pour ne pas continuer. Tous les soirs il écrivait, et tous les matins on ne rencontre pas de taureau; mais on remarquait le linot sur la branche, la pêche se voit si colorée, un ciel pur : Georges levait la tête; Sophie, je crois, se prêtait un peu, l'officieuse corbeille recevait le dépôt précieux.

Charles se flattait qu'enfin mademoiselle d'Arancey daignerait écrire aussi, et il se plaignait intérieurement de voir chaque jour cet espoir trompé. Il se plaignait, l'ingrat! on lisait, on relisait ses lettres; on les savait par cœur. Un entretien, quelque vif qu'il soit, ne laisse qu'un souvenir; des lettres restent, et la beauté naïve n'en soupçonne pas le poison. Le jour, elle les porte sur son sein; la nuit, elles reposent sur son oreiller, et toujours, toujours on s'occupe d'un homme qui écrit comme il aime. Fillettes, qui voulez conserver votre repos, votre gaieté, votre fraîcheur, brûlez, déchirez les lettres de l'amant qui vous poursuit; ne les lisez jamais, surtout si l'écrivain vous paraît aimable.

Sophie ne résistait plus au charme qui l'entraînait. Son amour était sa vie, et l'aveu si tendrement sollicité ne s'échappait point encore. Si Charles peut l'entretenir, elle dira sans doute ce que la pudeur lui défend d'écrire. Mais Georges ne la quitte pas, et quelquefois elle le trouve bien importun, bien fatigant; mais elle est incapable de l'éloigner par une feinte, et Charles est parti sans savoir combien il est heureux.

On ne peut pas toujours conter ses plaisirs et ses peines à l'écho; il est d'ailleurs très-commode d'avoir quelqu'un qui vous console, qui se réjouisse avec vous, qui vous conseille, qui vous aide dans vos entreprises amoureuses, et depuis que Guillaume ne prêchait plus la séduction, l'inconstance, il s'était rétabli dans son emploi de confident. Charles, à son retour, s'empressa de lui raconter très-longuement les moindres particularités de son voyage. Semblable au Géronte de Gresset, qui ne fait pas grâce d'une laitue, Charles n'oubliait pas un soupir et il n'était pas ennuyeux. C'est qu'une imagination ardente rend éloquent, qu'elle communique à tout ce qu'elle peint une véritable vie, et que ce qui est vrai et exprimé avec grâce intéresse toujours.

Guillaume, très-familier avec les confidents de tragédie, qui n'interrompent jamais le roi tant qu'il lui reste quelque chose à dire, et qui ne lui adressent quelques vers insignifiants que pour l'exciter à ajouter quelque chose aux belles choses qu'il a déjà dites, Guillaume, lorsque Charles eut cessé de parler, se recueillit, et dit dans le *medium* de sa voix : Je conclus deux choses de votre récit, monsieur. La première, c'est que vous êtes aimé. — Tu le crois, mon ami? — Vous le croyez bien aussi. La seconde, c'est que vous vous êtes conduit comme un enfant. — Et en quoi donc; s'il vous plaît? — Partir sans obtenir un aveu d'une fille qui reçoit cinq à six lettres, qui rougit en les recevant, et qui pour les recevoir fût balancée pas à tromper la vigilance de cet ami qu'elle chérit, qu'elle estime tant! Vous n'aviez qu'à vouloir, croyez-moi, monsieur, si les femmes n'aiment pas les libertins déclarés, elles n'aiment pas non plus un respect sans bornes, parce qu'il ne mène à rien, et que toute femme sensible veut arriver à quelque chose. Savez-vous ce qu'on gagne à trop les honorer? On flatte plus l'orgueil que le cœur, et on les met bien à l'impossibilité de se rendre jamais. — Mais qu'aurais-tu fait à ma place? — J'aurais été deux plus sans écrire, et le troisième on m'eût écrit; je n'aurais reçu peut-être qu'une de ces lettres qui ne disent rien ou pas grand'chose; mais le dépit aurait percé à travers ce celui-là qui calcule. — Oh! avec mademoiselle d'Arancey !... — Mademoiselle d'Arancey est très-sage; je le crois; mais elle a le cœur tout comme une autre, et je vous en convaincrai si vous voulez suivre mes conseils. — Eh, que puis-je faire de mieux? Depuis quelque temps je n'ai plus ma tête à moi; oui, conseille-moi, Guillaume! voyons, que faut-il faire? — Soyez huit jours sans paraître à ses yeux et sans donner de vos nouvelles : allez-y ensuite, ne vous livrez pas, voyez venir, et tout ira à merveille. — Être huit jours sans la voir! — Eh, qu'avez-vous gagné à les passer auprès d'elle? — Huit jours sans lui écrire! — A quoi vous ont mené ces lettres si tendres et si respectueuses? — Oh! à rien, je l'avoue. — Eh bien, inquiétons les femmes, c'est le moyen le plus sûr de les faire parler. — Troubler le repos de mademoiselle d'Arancey! — Eh! a-t-elle craint de vous tourmenter? Depuis que vous la connaissez, vous êtes dans un délire continuel : qu'a-t-elle fait pour vous rendre la tranquillité? — Et si cette supercherie me brouillait avec elle? — N'ayez pas peur, monsieur, on a plus de peine à se défaire des femmes qu'à les avoir. — Oui, des figurantes, des. — Tout ce qui vous plaira, à la bonne heure; mais l'amour tient bien autrement dans un cœur de seize ans et aime pour la première fois. Essayez de ma recette, vous dis-je, vous en verrez l'effet. — Mais que ferai-je pendant cette semaine-là? — Vous boirez, cela dissipe. — Fi donc! — Vous chasserez. — Je n'aime plus la chasse. — Vous en conterez aux fillettes du village. — Il n'est plus qu'une femme pour moi. — Eh, parbleu! allez passer cette semaine à Paris; vous pourrez

l'employer utilement. Vous persuaderez à M. Botte que vous n'avez pu rester ici plus longtemps sans le voir : il est toujours bon de cajoler un oncle qui est d'âge à se marier encore. — Mentir à celui-là, le meilleur, le plus généreux, le plus... — Jugeons toujours les choses par leurs résultats. Ce petit mensonge-là fera beaucoup de plaisir à M. Botte. — Jusqu'ici il n'y a pas grand mal. — Il vous glissera un rouleau en vous disant une dureté, et ce sera autant de payé sur la ferme d'Arancey. Vous voyez bien que rien n'est plus innocent que mon stratagème; tout le monde y gagne. Allons, monsieur, en carrosse. — En carrosse donc, dit faiblement Charles, et l'astucieux confident le conduit à sa voiture.

Cette semaine si redoutée s'écoula comme les autres. De grands repas, des spectacles, des thés, l'insipide bouillotte, des femmes agaçantes, qui flattent au moins l'amour-propre, quand elles n'intéressent pas le cœur; de l'ennui, quelque dissipation; à travers le chaos, l'image de Sophie, qui quelquefois embellit tout; son absence, qui fait soupirer au milieu du cercle le plus brillant; tel est en quatre phrases l'historique de cette semaine.

Le neuvième jour, Charles comptait bien partir pour la ferme. M. Botte, qui ne fait rien comme les autres, s'avise tout à coup de vouloir retourner à sa terre. La bienséance ne lui permet pas de laisser voyager seul un oncle qu'on a été trouver à Paris par excès d'attachement. On avait pris péniblement son parti pendant les huit jours précédents; celui-ci devait être un jour de fête !!. Ah! qu'ils paraissent longs, les jours perdus pour le bonheur!

On espère au moins jouir du dixième. Nul obstacle, rien de contrariant qu'une nuit éternelle. La répétition a sonné vingt fois, et le soleil ne se montre point. Ah! pourquoi les amants n'ont-ils pas à leur disposition les éléments, les astres et les étoiles!

Un faible crépuscule éclaire l'appartement de Charles, et il est debout. Il court à la chambre de Guillaume : — Tu dors, malheureux! tu dors, et le jour paraît! Il le prend par une oreille, il le tire de son lit; celui-ci va prendre le palefrenier par une jambe, et le jette au milieu de la maltairde. Le palefrenier s'habille en jurant, et se venge à grands coups sur les chevaux de la manière désagréable dont on l'a réveillé; les chevaux, pleins de feu, sauvent, rompent leurs longes et galopent à travers la cour; deux gros chiens qu'on lâche en aboyant. Le palefrenier frappe sur les uns et sur les autres en hurlant plus haut que les chiens. Le concierge se réveille en sursaut et crie au feu. Les chevaux, plus effrayés que jamais, fuient et s'élancent au hasard. L'un se casse le nez contre un mur, un autre se jette dans une salle basse, dont il enfonce la porte d'un coup de tête; la porte tombe avec fracas, et renverse une table chargée de bouteilles vides qui se trouvait aux environs. Les éclats des bouteilles hachent les pieds du cheval; le cheval, furieux, enfonce une autre porte, et va rouler le long de l'escalier d'une cave ouverte; des cris terribles partent de ce côté; c'est partout un tumulte, un vacarme épouvantable.

Charles et Guillaume accourent; M. Horeau se met à sa croisée, et dit avec son sang-froid ordinaire : — Voyez, arrangez cela. M. Botte ne sait rien de ce qui se passe, et il descend bravement en bonnet de coton, en manteau de lit et une vieille épée de deuil à la main. Il s'informe, et le palefrenier, qui est encore de l'humeur, lui apprend que ce désordre n'a eu lieu que parce que M. Charles veut aller à la chasse avant le jour. M. Botte tempête, s'emporte contre un drôle qui ne respecte pas son sommeil; il jure qu'il se défera de son équipage de chasse, et il proteste au chasseur qu'il le reléguera dans ses héritages du Calvados; le chasseur n'entend rien; et les efforts incroyables pour reprendre les chevaux; M. Botte le voit exposé aux ruades, et s'écrie : — Ce cruel enfant va se faire tuer!

Il oublie sa colère; il ne voit pas le danger auquel il va s'exposer; il s'avance au milieu de douze à quinze chevaux, prend son neveu par un bras; il l'entraîne, il le conduit à son propre appartement, l'enferme, met la clef dans sa poche, et revient donner ses ordres.

Les palefreniers, les piqueurs, les domestiques sont rassemblés. On saisit un chien par son collier, un autre par la queue, on les rattache. Le malheureux palefrenier auteur de ce tumulte a jeté sa cravache dans un coin; les chevaux s'apaisent; on les prend, on les rentre dans l'écurie, on les compte, il en manque un.

Que diable est-il devenu ? La porte cochère, la grille des jardins, sont fermées, il est donc dans le château. On regarde, on cherche, on écoute; des plaintes se font entendre; elles paraissent venir du côté des caves. On allume des flambeaux; M. Botte en prend un, et veut descendre le premier. M. Horeau le retient par son manteau de lit. — Ne vous exposez pas, mon ami; laissez descendre vos gens. — Hé! pourquoi mes gens, monsieur ? Pour quelle raison faut-il qu'ils s'exposent plus que moi? D'ailleurs pourquoi faire ici l'empressé? Vous entendez bien que c'est tout simplement un malheureux qui se plaint, et il serait plaisant que quelqu'un disputât au maître de la maison l'avantage du pas!

M. Botte descend, tirant après lui le prudent M. Horeau, qui n'lâche pas le manteau de lit. M. Botte trouve son jardinier renversé, les deux jambes prises sous un flanc de cheval. Il s'afflige, il s'écrie, il ordonne : on apporte des leviers, des cordes; et, après bien des efforts infructueux dirigés par M. Botte, qui prétend, d'après Archimède, qu'avec un levier et un point d'appui on doit soulever l'univers, après vingt tentatives inutiles, on parvient à mettre sur pied l'homme et le quadrupède. Tous deux ont eu beaucoup de peur et fort peu de mal; ce qui me dispense heureusement d'entrer dans des détails dramatiques, tragiques, épopétiques, soporifiques, etc.

Au moyen du fumier dont on garnit l'escalier de la cave, on en fait une pente douce que le coursier parcourt sans difficulté. Le jardinier, qui est bien aise qu'on sache comment il se trouve là, était accouru, dit-il, pour savoir la cause de tout ce bruit, et il avait été rencontré par le maudit cheval, qui l'avait entraîné dans sa chute. M. Botte, qui veut être bien servi, et qui aime à bien payer, n'entend pas que le zélé jardinier reste sans récompense; mais ce qui prouve incontestablement une Providence qui permet que tous les crimes se découvrent, à l'exception pourtant de ceux qu'elle ne découvre pas, c'est que M. Botte, en plaçant son flambeau entre deux tonneaux, pour prendre sa bourse et démêler quelques louis d'une poignée d'argent blanc; M Botte sent quelque chose de très-limpide et d'assez froid qui coule en abondance dans une de ses pantoufles de maroquin vert. Il reprend son flambeau, il se baisse: un robinet fiché à une excellente pièce de Bourgogne, une grande bouteille de grès sous le robinet, le vin qui n'a pu contenir la dame-jeanne répandu dans la cave continuant de couler, une porte épaisse qui devait être fermée, et que, toutes réflexions faites, le cheval n'a pu enfoncer, tout dépose contre le jardinier. — Vous aviez raison de m'empêcher de descendre, dit à voix basse M. Botte à l'ami Boreau. Je n'aurais rien vu, ces drôles-là ne m'auraient rien dit, et je ne serais pas obligé de faire justice. — Viens çà, fripon; pourquoi voles-tu mon vin? — Ah! monsieur!... ah! monsieur!... — N'as-tu pas de bons gages? — Oui, monsieur. — Ne vends-tu pas à ton profit l'excédant de mes légumes et de mes fruits? — Oui, monsieur. — Pourquoi donc me voles-tu, coquin? Sors de chez moi à l'instant. — Pardon, mon bon maître... pardon... — Oui, pardon, mais à la négligence, à la faiblesse; pardonner le vol, c'est l'encourager; sors de chez moi, te dis-je, toi, ta femme et tes enfants. Ce n'est en leur faveur que je ne te ferai point à la justice.

M. Botte remonte en jetant à droite et à gauche des regards furieux; il avait l'air de dire à ses gens: Voyez comme je sais punir, et tremblez! Il va ouvrir à son neveu, désespéré de n'être pas déjà à moitié chemin de la ferme. — Vous ne savez pas, monsieur, vous ne savez pas tout le mal qu'a produit votre équipée? — Je me repens bien sincèrement, mon oncle, d'avoir troublé votre sommeil. — Mon sommeil, mon sommeil! c'est bien de cela qu'il s'agit! — Quoi donc, mon oncle? un cheval tué? — J'aimerais mieux qu'ils le fussent tous, entendez-vous, monsieur? — Hé, bon Dieu, mon cher oncle, qu'est-il donc arrivé? — Vous êtes cause que je suis descendu dans mes caves, où je ne vais jamais. — Jusqu'ici, mon oncle, je ne vois rien d'alarmant. — Hé! qui vous dit, monsieur, qu'il y ait de quoi s'alarmer? — Qu'y a-t-il donc, mon oncle? — Ce qu'il y a, ce qu'il y a, monsieur; j'ai trouvé mon jardinier qui me volait mon vin, et il a bien fallu le chasser. Sans votre algarade, cet ivrogne m'eût bu une feuillette ou deux, que mon sommelier m'eût portées en coulage, et il faut que je chasse toute une famille, parce que monsieur veut courir les bois avant le jour. Que vont devenir ces gens-là? Répondez-moi, s'il vous plaît. Une femme, des enfants déshonorés, manquant de tout, traîneront-ils dans ce canton leur misère et leur infamie? Parlez, monsieur, parlez donc... Voyez s'il répondra! — Mais, mon oncle, je ne sais que vous dire... — Tu ne sais que dire, malheureux, quand j'interroge ton cœur, quand je l'excite à la sensibilité? — Si mon oncle voulait porter la bonté jusqu'à donner à ces infortunés les moyens de s'éloigner et d'attendre qu'ils trouvent de l'ouvrage... — Hé! oui, bourreau, voilà ce que je voulais que tu me disses, ce que je te demande depuis un quart d'heure! — Mais, mon oncle, vous êtes d'une violence qui ne permet pas qu'on ose vous dire ce qu'on pense. — Je suis violent, parce que je sens avec force, parce que je m'exprime comme je pense. Est-ce à mon ton qu'il faut s'en rapporter, monsieur? c'est à mon cœur. Prends cet argent; que ton Guillaume le porte de ta part, de ta part, entends-tu? qu'il le porte à la pauvre femme, comme un dédommagement que tu accordes, toi, à une épouse, à des enfants innocents, et qu'il ne s'avise point de prononcer mon nom, ou je le chasse aussi. Allons, monsieur, venez déjeuner. — Je n'ai besoin de rien, mon oncle.

Pardonnez-moi, monsieur, vous avez besoin, et vous déjeunerez. Charles n'avait en effet aucun besoin aussi pressant que celui de revoir mademoiselle d'Arancey, et chaque instant de retard ajoutait à son supplice. — Quoi, monsieur, maintenant que tous est dans l'ordre... — Quoi, monsieur, voyons? — Me permettre de partir pour la chasse... — Pour la chasse, vous pensez à la chasse, quand vous avez sous les yeux une famille dans les larmes!... La chasse! je vous l'interdit pour huit jours; je vous défends de monter pendant huit jours aucun de mes chevaux. — Mais, mon ami, dit le flegmatique Boreau, que voulez-vous que fasse à la campagne un jeune homme découvré?... — Ce que je veux qu'il fasse, monsieur, ce que vous devriez lui conseiller vous-même, au lieu de me contredira. Qu'il prenne Buffon, qu'il lise, qu'il compare mes plantes aux gravures, qu'il travaille dans votre jardin de botanique. — Mais il n'a pas de goût-là, mon ami. — Qu'il le prenne, monsieur, ou, s'il a de l'ambition, qu'il acquière les connaissances qui mènent aux grandes places. Qu'il étudie,

par exemple, l'*Esprit des lois*, qu'il ne connaît point. — Et qui vont être changées. — Et où est le mal de connaître les anciennes? — Faudra-t-il qu'à cinquante ans ce joli monsieur-là ait l'air d'être né de la veille? Au surplus, vous me rompez la tête tous les deux. Qu'il fasse ce qu'il voudra; mais j'ai prononcé: point de chevaux pendant huit jours; aussi bien faut-il au moins ce temps-là pour les guérir des écorchures qu'ils se sont faites contre les murs. — Ah! mon ami, si c'est là le motif qui vous détermine. — Je n'ai point de raisons à donner, je n'en donnerai point, je n'en dois à personne. Allons, et qu'on déjeune sans bouder, entendez-vous, monsieur mon neveu? — Moi, je ne boude pas, mon oncle. — Je vous dis, moi, que vous boudez, monsieur. Mais, corbleu! vous n'y gagnerez rien; vous déjeunerez, parce que je le veux ainsi.

Il fallait céder, et faire au moins semblant de manger et de boire, sans quoi cette scène se fût prolongée jusqu'au soir. A dix heures, Charles était libre, sans en être plus avancé. Il avait encore plus de temps qu'il ne lui en fallait pour galoper à la ferme et revenir; mais point de chevaux! La défense est positive, et on ne désobéit pas à M. Botte. Le pauvre enfant se désolait. A toute force, il se soumettrait à huit jours de privations encore; mais laisser croire à mademoiselle d'Arancey qu'il a pu être aussi longtemps sans s'occuper d'elle, qu'il n'aime que faiblement, et armer sa fierté contre le penchant que peut-être elle nourrissait en secret, c'est à quoi Charles ne peut se déterminer. Il écrit avec la chaleur d'une passion trop longtemps renfermée, et il s'exprime avec la franchise d'une âme bonne et pure. Il avoue le stratagème qu'il a employé pour s'assurer des sentiments de Sophie; il s'accuse, il se repent, il demande grâce.

Il remet sa lettre à Guillaume, il lui répète naïvement ce qu'elle renferme, il lui ordonne de partir à pied, et de lui rapporter une réponse, telle qu'elle puisse être. — Vous voulez donc, monsieur, perdre en un instant tout le fruit de la contrainte que vous vous êtes imposée! Céder une fois aux femmes, c'est vouloir être mené toute sa vie. — N'importe, elle doit m'accuser d'inconstance, de mauvais procédés: si je ne suis pas aimé, qu'au moins je ne sois pas haï. Pars, te dis-je. — Je ne partirai point. — Que signifie cette résistance? — C'est vous qui partirez. Votre oncle ne vous a pas traité militairement, il ne vous a pas mis aux arrêts. — Hé, tu as raison, mon cher Guillaume, je pars, je pars à pied. — Non, monsieur, à cheval. — Et la défense de mon oncle? — Et la poste voisine? — Et moi qui ne pensais à rien de tout cela! ce que c'est que d'être préoccupé! Mon cher Guillaume, je ferai ta fortune un jour, — Oh! j'espère bien le faire avant. J'ai tâté la déesse pendant notre séjour à Paris. — Et tu as gagné? — J'ai perdu tout ce que j'avais. — Ce n'est pas là le moyen de t'enrichir. — Hé, monsieur, pour gagner il faut jouer, et je ne serai pas toujours malheureux; mais revenons à notre affaire. D'abord déchirez-moi cette lettre, qui ne signifie rien du tout. — Oh! bien volontiers. — Rappelez-vous le petit plan que nous avons concerté. — Je ne l'ai pas oublié. — Du courage dans l'exécution! — Je crois que j'en aurai. — Il faut me le promettre. — Soit. — Ne vous rendez point à quelques larmes. — Des larmes, dis-tu, des larmes! — Oui, monsieur, c'est le grand moyen des femmes, et il n'est pas de petite fille qui ne le sache cela. — Et je les verrais couler de sang-froid! — Vous en ferez semblant. — Oh! jamais, jamais! — Restez donc ici. — Je veux partir. — C'est renoncer à tous vos avantages. — Je veux la voir, l'adorer, le lui dire, tomber à ses pieds, attendre mon arrêt. — Allez, monsieur, rangez-vous dans la classe de ces amants vulgaires que le sexe traîne pieds et poings liés à son char. Allez, monsieur, partez; je ne ferai jamais rien de vous.

Tout en discourant, ils ont traversé le jardin, ils sont sortis par une petite porte qui ouvre sur les champs, et ils vont arriver par un détour à la poste, qui est à l'extrémité du village. Guillaume entreprend de nouveau de ramener Charles à ce qu'il appelle les *vrais principes*. Charles ne discute pas; il proteste qu'il ne poussera pas l'épreuve jusqu'aux larmes, et il oppose son cœur aux subtilités de son confident. Il enfourche le bidet, et Guillaume le suit des yeux en plaignant sincèrement un jeune homme à qui tout ce qu'il faut pour *rouer* les femmes, et qui s'en tient platement à un amour honnête.

Ce n'est pas que Guillaume fût un très-méchant homme. Né de parents aisés, il avait cependant reçu une éducation vicieuse, et il avait abusé de tout, parce qu'il fut maître de lui à un âge où les passions sont à peine développées. Les lois nouvelles l'ont voulu ainsi.

Ah! si ces faiseurs de lois, au lieu de flatter et d'étendre leur pays par des décrets absurdes, eussent rendu celui-ci: *Nous n'entendons rien à tout cela*, et nous levons le siège, on eût dit: Ces gens-là ne sont pas si sots, puisqu'ils en conviennent, et au moins ils ne sont pas méchants.

Pourquoi Montesquieu, avec autant de génie, se trompe-t-il aussi souvent? Pourquoi affirme-t-il, par exemple, que les monarchies sont fondées sur l'honneur, et que les républiques sont fondées par la vertu? Les républiques fondées par la vertu! Nous en savons quelque chose, citoyens républicains.

La nature de l'honneur, dit Montesquieu, chapitre VII du livre III, *est de demander des préférences, des distinctions; l'honneur est donc, par le fait même, placé dans le gouvernement monarchique*. Hé! je vois tous les jours solliciter des places au conseil d'État, au sénat conservateur, une préfecture, une ambassade ; certes, ce sont bien là des distinctions dont on peut s'enorgueillir, lorsqu'on les obtient après les avoir méritées, et je souhaite que, dans tous les gouvernements possibles, on ne nomme aux grands emplois que ceux qui savent au moins se bien conduire eux-mêmes.

Pourquoi Montesquieu... mais pourquoi Montesquieu plus qu'un tre ? L'homme de génie doit-il être exempt de l'erreur qui tient à sa ture, lorsque partout on ne voit que du mal, des contradictions, des tises ?

Pourquoi, lorsque nos plaies ne sont pas fermées encore, nous occuns-nous déjà des disputes théologiques ?

Pourquoi mon gazetier, que je paye pour m'apprendre des nouvelles, farcit-il tous les jours sa gazette de plats sermons ?

Pourquoi insulte-t-il tous les jours les déistes et les athées qui vivent tranquilles et le méprisent ?

Pourquoi les feuilles de ces imbéciles périodistes sont-elles dévorées r des béats qui prétendent à l'esprit ?

Pourquoi ces gens-là, si on les laissait aller, ne deviendraient-ils pas persécuteurs ?

Pourquoi inhumons-nous toujours nos morts en plein jour, comme si, pour honorer un cadavre, il était indispensable d'attrister les vivants ?

Pourquoi, quand je rentre chez moi à neuf heures, les vidangeurs m'infectent-ils de leur travail dégoûtant, qui devrait ne commencer qu'à minuit ?

Pourquoi, lorsque nous redevenons pieux, avons-nous l'irrévérence de tourner en ridicule le calembour, qui a une origine si respectable ? Jésus n'a-t-il pas dit : « Vous êtes Pierre, et sur cette pierre j'établirai mon Église ? »

Pourquoi y a-t-il des gens qui préfèrent le vol ou la mendicité au travail qui les ferait vivre honnêtement ?

Pourquoi tant de fripons prospèrent-ils ?

Pourquoi l'honnête homme indigent est-il méprisé de tous ceux qui sont dans l'aisance ?

Pourquoi des enragés vont-ils se faire tuer à la guerre pour des souverains qui les dédaignent ?

Pourquoi les souverains trouvent-ils des courtisans qu'ils abreuvent de dégoût ?

Pourquoi l'homme qui n'a besoin de rien va-t-il ramper à la cour ?

Pourquoi y a-t-il des filles publiques à qui leur métier ne vaut que de l'ignominie, de la misère et des coups ?

Pourquoi tant d'hommes courent-ils après ces filles, qui font semblant de les aimer pour trente sous comme pour trente louis, lorsqu'il est si facile d'avoir une femme à soi ?

Pourquoi ces filles sont-elles sujettes à une maladie honteuse ?

Pourquoi la femme la plus vertueuse est-elle exposée à la gagner d'un mari libertin ?

Pourquoi l'enfant innocent en est-il infecté dans le sein maternel ?

Pourquoi existe-t-elle, cette maladie opposée à la multiplication de l'espèce ?

Pourquoi les femmes accouchent-elles avec des douleurs affreuses ?

Pourquoi, lorsqu'elles nourrissent, ont-elles des maux de sein cruels ?

Pourquoi, lorsqu'elles ne nourrissent point, ont-elles des laits répandus, des cancers ?

Pourquoi l'enfant nouveau-né souffre-t-il pendant six semaines, pendant trois mois ?

Pourquoi périt-il en faisant des dents, dont il ne peut se passer ?

Pourquoi, s'il parvient à l'âge mûr, tient-il à la vie dont il se plaint c raison ?

ourquoi pleure-t-il sur la mort de ses enfants, qui n'étaient pas nés ur être plus heureux que lui ?

Pourquoi la terre produit-elle des poisons ?

Pourquoi ses exhalaisons produisent-elles la fièvre jaune et la peste ?

Pourquoi pleut-il dans la mer, et jamais dans les déserts de la Syrie ?

Pourquoi y a-t-il de vastes contrées stériles, lorsque souvent nous anquons de pain ?

Pourquoi la grêle détruit-elle en une heure le fruit des travaux un an ?

J'avoue humblement que je n'en sais rien. Mais adressez-vous au éologien du coin, il vous expliquera tout cela. Au surplus, de quoi is-je me mêler ? j'ai un amoureux à cheval qui court, qui court... ttendons-le à la porte de la ferme, et voyons ce qui s'y passer.

IV. — Fin de l'exposition.

Mademoiselle d'Arancey avait compté les jours, les heures, les minutes. Tous les matins elle portait des yeux inquiets sur la route ; elle y retournait à midi, elle y retournait le soir ; elle rentrait en se promettant de combattre un amour qui faisait dès sa naissance le malheur de sa vie, et tout ce qu'elle pouvait faire, c'était de cacher son ch-grin à tout le monde, et à Georges surtout, à Georges qu'elle aimait tant !

Ce jour-là, jour remarquable, puisqu'il va décider du sort de deux petits êtres à peu près parfaits, ce jour-là Sophie était allée, à l'ordinaire, sur le chemin, et elle était rentrée aussi triste que les jours précédents. Après le dîner, Edmond et Georges étaient retournés à leurs charrues ; êtres utiles et laborieux, qui toute l'année arrosent de leurs sueurs une terre dont les fruits les plus beaux ne parent jamais la table du cultivateur. Sophie les avait accompagnés jusque dans la cour où elle était restée immobile et pensive. — C'est là que je l'ai vu vingt fois ; c'est ici que j'ai remarqué son trouble naissant ; voilà les tourelles de ce château, où j'avais l'air de travailler quand je ne voyais que lui ; où ses yeux me disaient ce que j'avais tant de plaisir à croire, ce que dix jours d'abandon démentent si formellement ; voilà le chemin où il glissait dans ma corbeille ces lettres qui peignent un amour si vrai, si fortement senti. Insensée ! ah ! ce sont ces lettres qui m'ont perdue. Et en disant cela, mademoiselle d'Arancey tirait de son sein la plus passionnée de ces lettres ; elle la baisait, elle la relisait ; elle la baisait encore, et une larme de tendresse, de regrets, d'inquiétude, tombait sur le papier précieux.

Le lourd galop de deux chevaux résonne au loin sur le pavé ; le fouet du postillon se fait entendre. Sophie doute ; Charles ne vient jamais en poste. Cependant le cœur de la jeune personne est vivement agité, ses joues se colorent, la lettre est promptement remise sous le fichu discret ; la charmante fille est à la porte.

C'est lui, c'est lui... On ne peut plus s'y méprendre... On respire à peine ; les genoux ploient ; on est obligée de s'asseoir. Charles a entrevu sa Sophie, il a doublé de vitesse, il a sauté de son cheval ; il est près de ce qu'il aime. — Ah ! c'est vous, monsieur ? voilà tout ce que Sophie peut dire. — Plus tendre, plus empressé que jamais, répond Charles qui oublie toutes les finesses de son Guillaume. — Empressé, vous, monsieur ! — Et peut-être important ! — Ah ! ce n'est pas votre défaut. — Je conçois que quelques jours d'absence....... — Quelques jours, monsieur. Au reste, vous avez vos plaisirs, j'ai mes occupations : de cette manière le temps passe vite. — Mademoiselle ne s'est pas aperçue de sa lenteur ? — Monsieur m'interroge, je crois ? — Si vous saviez ce que j'ai souffert, vous me trouveriez trop puni. — Prenez garde, monsieur, vous allez me rendre compte de vos sentiments secrets. — Je le dois, je le veux. — Qu'ai-je fait, qu'ai-je dit qui vous y autorise ? — Ah ! vous ne prenez nul intérêt à ce que je pourrais vous dire ? — Aucun, monsieur, je vous assure. — Permettez-moi cependant de vous rappeler, mademoiselle, que vous m'avez permis de vous écrire. — Moi, monsieur ? — Vous avez daigné recevoir une première lettre. — J'ai reçu, monsieur ? — Vous l'avez gardée, au moins. — Qui vous l'a dit ?

Les réponses sèches de mademoiselle d'Arancey ont piqué Charles ; il commence à se rappeler les leçons de son confident.

— Je peux croire, mademoiselle, que vous avez daigné lire la première et les autres. — Parce que je n'ai pas fait d'éclat ? Pouvais-je vous les rendre sans amener entre Georges et moi des explications fatigantes ? — Toujours Georges, mademoiselle, toujours Georges ! — Ah ! s'il écrivait, lui, il n'écrirait que ce qu'il pense. — Comparer ma conduite à ce que j'ai écrit, c'est avouer que vous m'avez lu. — Vos observations sont dures ; elles sont malhonnêtes, monsieur. — Ah ! mademoiselle, je suis loin d'en avoir l'intention ! — Si vous n'aviez balbutié en m'adressant des choses que je ne devais pas entendre ; si à chaque mot votre cœur n'avait visiblement démenti votre bouche, je ne vous reverrais de la vie. — Mademoiselle... en vérité... croyez... je ne peux... — Vous ne pouvez être faux, je le vois, et je m'en applaudis. Pourquoi chercher à le paraître ? Pourquoi vous dépouiller volontairement de cette candeur, votre arme la plus dangereuse ?... Renvoyez vos chevaux, monsieur, ou appelez Marguerite. Il me semble que la conversation peut se continuer mieux qu'au milieu de la rue.

Les deux jeunes gens avaient fait jusque-là des efforts incroyables pour s'en tenir au ton froid ou piqué qu'ils trouvaient convenable à leurs petits intérêts. Ils ne pouvaient soutenir davantage ces traits mordants, plus propres à tout brouiller qu'à produire un rapprochement dont l'un et l'autre avaient le plus pressant besoin. Sophie prend Charles par la main, le fait entrer, lui montre un siège, et s'assied près de lui. — Il est inutile, monsieur, de passer le temps à dire et à entendre des choses qu'on ne pense pas ; laissons les puérils et vains détours, où l'esprit ne brille qu'aux dépens du cœur. Je n'ai qu'une question à vous faire : elle est de la plus haute importance, pour moi du moins, et je vous prie de me répondre franchement. Vous m'avez montré un sentiment trop vif pour avoir été dix jours sans me donner de vos nouvelles, si un motif que je ne démêle pas encore ne vous y eût déterminé. Je vous préviens que je ne croirai pas aux obstacles : vous n'eussiez pas manqué de m'en parler dans votre lettre. Répondez-moi, monsieur, comment avez-vous manqué, je ne dirai point à la délicatesse, mais aux plus simples bienséances ? — Mademoiselle... mademoiselle... c'est que... — Le motif ne vous fait pas d'honneur, votre embarras me le prouve. N'importe, parlez, je suis indulgente ; mais ne me trompez pas, je ne le mérite point. — Vous n'avez répondu à aucune de mes lettres. — Vous savez, monsieur, que je ne le devais pas. — J'ai cru... j'ai cru... — Qu'avez-vous cru ? — Que je vous... que je vous déplaisais... — Non, monsieur, non, je ne vous ai pas cru ; je conviens que vous n'avez pas dû le croire, et ce n'était plus le temps de m'éviter. Vous pouviez fuir quand l'amitié suffisait à mon bonheur ; cette conduite eût été louable. Mais pendant des mois entiers faire tout pour

M. BOTTE.

persuader qu'on aime; l'écrire d'un style enchanteur, poursuivre, par les lettres brûlantes, une fille estimable jusque dans le silence des nuits; chercher à exciter en elle des sentiments qu'on a feints ou qu'on ne veut partager qu'un moment, voilà un plan tracé par la perfidie la plus consommée, et ce n'est pas à vingt ans qu'on se joue froidement de la bonne foi, de la tendresse et de l'honneur : ce plan n'est pas de vous. — Mademoiselle... je suis un malheureux. Je ne peux soutenir vos reproches ni votre vue... Je pars, je m'éloigne pour jamais. — Vous ne partirez point, je vous le défends... Restez, par grâce, restez, ou rendez-moi le repos que vous m'avez ôté. — Qu'ai-je entendu, grand Dieu! — Charles, je cède au moment, à mon cœur qui m'a trahi cependant; et dans lequel vous avez craint de lire; je ne dissimule plus un sentiment honnête que moi, malgré les apparences, je me flatte que vous méritez. — Je m'en suis rendu indigne; je le mériterai, n'en doutez pas. — Ah! mon ami, quel mal m'ont fait votre éloignement et votre silence! Dix jours, dix jours entiers!... Ingrat! et personne à qui je pusse parler de mon amour; personne à qui j'osasse prononcer librement votre nom! Vos lettres, mon cœur et mes larmes, voilà tout ce que j'avais... Vous êtes à mes pieds, Charles, vous embrassez mes genoux; le repentir se peint sur votre front... Mon ami, mon cher ami, non, l'idée de me tourmenter n'est pas de vous : quel est le cruel qui vous l'a donnée?

Charles ne se possédait plus. Ivre d'un aveu formel, qu'il attendait cependant; pénétré, confus de la bonté de mademoiselle d'Arancey, il ne tenait que des discours sans suite, et elle écoutait, l'œil humide de plaisir. Il est si flatteur, ce désordre, pour celle qui l'inspire! il est si doux de le partager!

Charles parla longtemps à son tour, et la vérité que sollicitait, qu'attendait mademoiselle d'Arancey, s'échappe enfin de sa bouche : il a nommé Guillaume. — Voyez, lui dit-elle lorsqu'il eut cessé de parler, voyez à quoi on s'expose en plaçant mal sa confiance. Déjà, par une ruse indigne d'un amour vrai, vous vous êtes rendu aussi malheureux que moi. Par d'intimité, je vous prie, avec des valets sans délicatesse, dont l'attachement servile déshonore le maître qui en est l'objet. — Je le renverrai, mademoiselle. — Non, mon ami, vous ne le renverrez pas. Mais, à présent que nos cœurs s'entendent, tout doit se renfermer entre nous deux. Confiez-moi désormais vos inquiétudes, vos chagrins, vos plus secrètes pensées : cela vous sera bien facile si vous ne faites, si vous ne pensez que ce qu'un honnête homme peut avouer sans rougir. — Oui, je vous confierai tout, tout sans exception, et si je m'écartais un moment de la vertu, ce serait vous, fille céleste, qui d'un mot m'y ramèneriez. Que mon sort est heureux, qu'il est digne d'envie! Je trouve en vous la beauté, la sagesse, l'amour et le bonheur. — Le bonheur! ah! mon ami, que d'obstacles je prévois, que de peines nous nous préparons! Je renfermerai les miennes, j'adoucirai les vôtres, et si nous ne pouvons pas être époux... — Nous le serons, j'en jure par mon amour, par l'honneur, pour vous. — Jurez-moi aussi de respecter les volontés de votre oncle, de ne pas exposer ma réputation par des éclats indiscrets, de n'exiger jamais que je méconnaisse les droits d'un père malheureux. — Je le jure à la face du ciel, et je tiendrai mon serment. — Je jure, moi, de n'être jamais à personne, si je ne suis à vous; de vous aimer toute la vie, et de faire pour votre félicité tout ce que permettent la vertu et le respect filial.

En prononçant ces derniers mots, ils étaient à genoux, les bras étendus vers le ciel, et la pureté de leurs âmes brillait sur deux visages qu'embellissaient l'amour et l'innocence.

— Quel jour! mademoiselle, dit Charles en se levant. — Appelez-moi Sophie; je le permets, je le désire. — Ah! ma Sophie, quel jour! — Puissiez-vous n'oublier jamais ce qu'il a de charmes et ce qu'il nous a coûté! — Jamais, non, jamais il ne sortira de ma mémoire. — Ainsi plus de longues absences, mon ami. — Tous les jours... — Oh! non, non, ce serait trop. — Jamais assez, jamais assez. — Sept lieues pour venir, sept pour s'en retourner! — Qu'importe, ma Sophie? — Et puis, Georges et son père ne manqueront pas de remarquer que le seul désir de rendre service ne rend point aussi assidu. Ils me trouveraient déraisonnable, et le blâme de ceux qu'on estime et qu'on aime est difficile à supporter. — On peut se tromper sur le motif... — Oh! non, non, ami, ne trompons personne. — Et pour cela il ne faut pas donner lieu aux questions. — Eh bien, prononcez, réglez les jours. Vous aimer est mon bonheur, vous obéir est mon devoir. — Deux fois la semaine... — Oh! c'est bien peu. — Je le sens comme vous; je vous en prie, et vous ne me refuserez pas. — Et les autres jours? — Vous pourrez écrire. — Et vous répondrez? — Il le faut bien. — Et nous écrirons tous les jours? — Tous les jours, mon ami. — Guillaume portera mes lettres. — Je voudrais bien ne plus employer ce Guillaume. — Il faudra en chercher un autre, et Guillaume n'oubliera pas ce que je lui ai confié. — Guillaume soit. — A qui remettra-t-il mes lettres? qui lui remettra les vôtres? — Je ne sais. — Ni moi. — Ah!... — Ah!... — Pourquoi ne viendrait-il pas tout simplement à la ferme pendant qu'on est aux champs? — Tous les jours, bon ami? Et le berger, et le petit pâtre, qui ne s'éloignent jamais assez; et les filles de basse-cour, et les passants? — Ah! mon Dieu, mon Dieu, comment donc faire? Ah! ah!... Charles... — Eh bien? — J'ai remarqué... — Quoi? — Sur la route, à deux pas du château... — Achevez. — Un orme creux... — J'y suis, j'y suis. Guillaume y déposera mes lettres; il y trouvera les vôtres. — Je ne vois que ce moyen-là, mon ami. — Il n'en faut qu'un, ma Sophie.

Pendant que nos aimables enfants se livraient aux épanchements les plus doux, M. Botte pensait à la famille de son jardinier. Triste, soucieux, il faisait une partie d'échecs avec son ami Horeau, et le brusquait quand il perdait, ah! il fallait voir. Horeau s'en vengeait en le faisant de nouveau échec et mat, ce qui ne calmait pas du tout l'humeur du cher oncle. On vient délivrer le pauvre Horeau en avertissant M. Botte qu'il est servi. Tous deux en sont fort aises, parce que la table fait diversion à tout; notre oncle ne crie jamais quand il mange, et le pacifique ami jouit au moins d'une heure de repos.

M. Botte entrait dans la salle à manger; le jardinier, chargé de son modeste mobilier, sa femme, jeune encore et gentille, tenant un enfant par la main et portant l'autre à la mamelle, traversaient lentement le parterre. La mère pleurait en regardant ce château où ses enfants étaient nés, et dont elle s'éloignait pour toujours. — Ah! mon ami, dit M. Botte, que cette femme me fait de mal! partir ainsi avec cent écus pour toute ressource! — Vous m'avez donné que cela : cette fois, vous ne vous en prendrez à personne. — Hé, morbleu, monsieur, vous savez qu'un a remis cette bagatelle au nom de mon neveu, et un jeune homme de vingt ans n'a pas des monts d'or. — On pourrait ajouter quelque chose. — Et le prétexte; car enfin il en faut un qui s'accorde avec ma juste sévérité : le prétexte, vous dis-je, vite, dépêchez-vous. — Ma foi, mon ami, je n'en vois pas. — En ce cas taisez-vous donc, monsieur le conseiller.

— Grâce! grâce! crient huit ou dix domestiques qui entrent à la fois et tombent aux genoux de leur maître. — Grâce! dit aussi Horeau, qui voit son ami pressé du besoin de pardonner. — Non, s'écrie avec effort M. Botte; non, pas de grâce aux voleurs. Qu'ils partent, qu'ils souffrent, qu'ils meurent de honte et de misère. — Mais, mon ami, la femme et les enfants?... — Qu'on ne m'en parle point, qu'on ne m'en parle jamais. Sortez, sortez tous, et profitez de la leçon que vous avez devant les yeux.

Horeau reste seul avec son ami, qui se laisse aller sur un fauteuil, et qui cache son visage dans ses mains : — Ah! Charles, Charles, dit-il d'une voix altérée, si tu voyais ce tableau d'infortunes, quels regrets tu éprouverais. Allez me le chercher, monsieur, qui ne trouvez pas de prétexte; amenez-le à cette croisée, qu'il voie ces malheureux; que ce soit sa punition.

M. Horeau sort et monte à l'appartement de Charles, M. Botte court à son office, qui est à l'angle du bâtiment. Au pied du plafond est un œil-de-bœuf, uniquement destiné à renouveler l'air; aucun bâtiment en face, et la vue est bornée de tous côtés par un plan de peupliers. M. Botte monte sur une chaise, et s'appuie un pied sur un rayon chargé de porcelaines. Il s'accroche des deux mains au rayon supérieur; il s'élance pesamment : la planche sur laquelle est son pied manque sous lui, la porcelaine tombe et se brise; il reste suspendu par les mains. Il cherche avec les jambes les tasseaux qui doivent être restés dans le mur; il trouve un nouveau point d'appui. Haletant, tout en sueur, il parvient de rayon en rayon jusqu'à l'œil-de-bœuf. Il peut à peine y passer la tête et un bras, et il compte bien n'être vu de personne du château.

A l'instant où il a ouvert la petite croisée, la pauvre mère tournait le coin du bâtiment. M. Botte jette à ses pieds une bourse d'or, et veut se retirer. Sa précipitation le trahit; sa tête et son bras agissent en sens contraire, la bonne femme lève les yeux, et reconnaît son maître, qui lui fait signe de ramasser la bourse et de ne rien dire. Elle la ramasse en effet, et retourne sur ses pas, les mains élevées vers le ciel. — Ah! mon Dieu, mon Dieu! s'écrie M. Botte, vous verrez que la maladroite va venir me remercier. Il se presse de descendre mais il remarque qu'il y a trois pieds au moins du parquet à la planche qu'il a culbutée; gros et court, il n'ose risquer un tel saut. Il y a bien un marchepied dans le fond de l'office; mais il ne l'a pas vu en entrant, maintenant il ne peut y atteindre : il est forcé de rester là.

Bientôt il entend du bruit dans sa salle à manger, et, semblable à un écolier qu'on prend en maraude, il se pelotonne sur sa planche. La pauvre mère, qui connaît l'intérieur du château comme les jardins, entre dans l'office, suivie de M. Horeau et des domestiques qu'elle a instruits de l'acte de bienfaisance du maître. On trouve le parquet couvert des débris de la porcelaine, et M. Botte juché sur une file de pots de confitures, honteux et colère à la fois de se voir ainsi surpris.

— Que me voulez-vous? crie-t-il à Horeau; ne puis-je prendre l'air à ce trou sans qu'on vienne m'y tourmenter? — Cela se peut, mais je veux être singulier. — Vous seriez plus commodément ailleurs. — Que vous importe? moi, je veux être ici. — Recevez au moins les actions de grâces de cette bonne femme. — Des actions de grâces, et pourquoi? — Cette bourse que vous lui avez jetée... — Qui a dit cela? — Mais c'est elle. — Elle a menti, je ne donne rien à ceux que je chasse. — Mon ami, je n'y ai rien trouvé. — Il est sorti depuis une heure du matin, reprend Guillaume; je lui ai parlé il n'y a pas une demi-heure. — Je vous assure, monsieur... — Tais-toi, ou, par la corbleu... Au reste, la bourse ne m'appartient pas; quelqu'un la réclame-t-il? Personne ne dit mot? Allez, ma bonne, emportez ce que la Providence vous envoie, et que votre mari pense bien que c'est à vous seule, qui êtes laborieuse et honnête, qu'elle a adressé ce secours. — Oh, le bon maître! oh, le digne maître! s'écrient tous les domestiques à la fois. — Que me veulent encore ces marauds-là? Je vous répète qu'il m'a plu de venir prendre l'air ici, que je n'ai rien donné, que je ne donnerai rien, et que j'abandonne ces malheureux-là à leur triste sort. Allons, qu'on m'approche ce marchepied.

Le marchepied placé, M. Botte fait un effort violent pour se lever; un de ses pieds glisse, et il envoie un pot de gelée de groseilles directement sur la tête de la pauvre mère. Elle jette un cri, et tombe sur ses genoux. M. Botte ne pense plus au marchepied, il saute de la hauteur de l'œil-de-bœuf pour secourir la pauvre mère; le pied porte à faux; il se donne une entorse : il crie à son tour comme un enragé. Tout le monde s'empresse autour de lui. — A cette femme, marauds, à cette femme à qui j'ai cassé la tête : ne voyez-vous pas que j'ai seulement mal à un pied; et tout cela parce que M. Horeau, l'homme réfléchi, ne sait pas trouver un prétexte. — Ma foi, mon ami, il vaut mieux, je crois, n'en pas trouver, que d'en imaginer de la nature du vôtre. — En voilà assez, monsieur le raisonneur. Qu'on porte cette femme dans le lit de mon neveu. — De votre neveu, mon ami? — C'est le meilleur du château, après le mien. Ce n'est pas que je m'intéresse à cette femme, au moins; mais j'apprendrai à monsieur mon neveu à partir pour la chasse avant le jour, et à n'être pas ici quand le dîner est servi. Qu'on appelle le chirurgien du lieu; qu'il panse cette femme, qu'il la visite exactement. — Mon bon maître, dit la femme d'une voix faible, si vous vouliez permettre... — Quoi? — Que mon pauvre Jacques me soignât pendant les premiers moments? — Allez au diable, avec vos demandes impertinentes. Ne faut-il pas que je fasse guérir votre fils; n'y suis-je pas obligé en conscience; et parce que je suis en colère, ai-je le droit de séparer la femme de son mari, les enfants de leur mère? Qu'on me loge toute cette race dans l'appartement de mon neveu; mais que je n'en rencontre pas un individu sur mon passage, ou corbleu... Et vous, madame ma femme de charge, que faites-vous là, la bouche ouverte et vos grands yeux fixés sur moi? Des compresses et de l'eau-de-vie camphrée sur ce pied-là : il me fait un mal de tous les diables.

On place M. Botte dans un grand fauteuil, on glisse un coussin sous son pied; la femme de charge le déchausse, et décide gravement que le secours du chirurgien est nécessaire. M. Botte réplique qu'il a l'articulation vexée, et qu'au chirurgien est plus nécessaire à une tête cassée qu'à un pied foulé. Les domestiques, les uns par zèle, les autres pour paraître zélés, insistent sur la nécessité du chirurgien. M. Botte les envoie tous faire lanlaire; la femme de charge finit ce qu'elle a commencé, et on approche la table à manger du grand fauteuil.

Malgré sa douleur, M. Botte mange du grand appétit, et à chaque morceau il s'écrie : — Mauvais, détestable; tout est froid, tout est gâté, et cela, parce que M. Horeau ne sait pas trouver de prétexte.

Horeau prenait le seul parti qu'il y eût à prendre avec M. Botte quand il avait de l'humeur : c'était de le laisser dire, et de boire un ou deux coups de plus. — Ah çà, mon ami! dit-il à la fin du repas, où voulez-vous qu'on loge votre neveu? — Qu'il couche où il a dîné. — Vous avez raison, mon ami; un neveu qui ne fait que des bévues, involontairement à la vérité, mais dont les bévues ont des suites aussi désagréables, mérite toute votre sévérité. Je vais défendre de votre part au concierge de le laisser rentrer. — Et de quoi diable vous mêlez-vous? Est-ce à vous qu'il appartient de modifier mes humeurs? Un homme de vingt ans ne peut-il pas dîner dehors sans l'aveu de son oncle? Faut-il que je l'aie sans cesse à mes côtés, comme une fille s'accole à sa mère? et Dieu sait encore ce qu'y gagnent les mères! — Ah! mon ami, soyez donc d'accord avec vous-même : vous me brusquez quand je vous porte à l'indulgence, vous me brusquez quand je vous excite à la sévérité. — Hé, morbleu, monsieur! c'est que je suis bien aise d'avoir une opinion à moi; que je veux, que je prétends me conduire à ma manière, et que je ne suis pas, ne vous en déplaise, un homme à mener par le nez! Au reste, j'en veux à Charles plus que jamais; j'ai été pris au trébuchet quand j'ai dit que la bourse venait de son appartement, personne n'a été ma dupe, et voilà ce qui me fait enrager. — Enrager, quand on a fait une action louable!... — C'est bon, c'est bon. — Une action qui vous honore dans l'esprit de vos gens!... — Je ne veux pas qu'on m'honore, entendez-vous, monsieur; je ne veux pas que ces gens-là me croient bon : ils abuseraient bientôt de ma bonté; et après tout, je n'ai besoin ni de leurs éloges ni des vôtres.

— Revenons à votre neveu. — Eh bien, mon neveu? — Que décidez-vous à son égard? — Je n'en sais rien; ne m'en parlez plus, et sonnez, s'il vous plaît.

Un domestique entre. — Eh bien! le chirurgien est-il venu? — Oui, monsieur. — Qu'a-t-il dit? — Rien, monsieur. — Qu'a-t-il fait? — Il a pansé Javotte. — Après? — Il est parti. — Comment, morbleu, il est parti sans me voir! — Vous nous avez dit à tous que vous ne vouliez pas. — Eh, non, maraud! je ne veux pas être pansé; ai cette femme, cette femme... — Si nous avions su l'intérêt que ... prenez... — Je ne m'intéresse pas à elle, je le répète; je l'ai blessée par inadvertance; mais que venait-elle chercher dans mon office, lorsqu'elle devait être sur le grand chemin? Aussi je ne m'en inquiète guère, et je ne parle que du chirurgien; car enfin, quand je paye un homme, je veux savoir s'il gagne son argent. Qu'a-t-il fait? voyons. A-t-il coupé des cheveux? — Non, monsieur. — Il n'y a pas de plaie à la tête! — Non, monsieur. — A-t-il saigné? — Oui, monsieur. — Il craint donc un contre-coup? — Je ne sais, monsieur. — Et il n'a rien dit? — Non, monsieur. — Et le nourrisson? — Il ne cesse de pleurer. — Le chirurgien l'a-t-il visité? — Non, monsieur. — Imbécile, pourquoi ne le lui as-tu pas dit? — Monsieur, je n'entends rien à tout cela. — Animal! un enfant qui tombe avec sa mère ne peut se briser un membre, n'est-il pas vrai? — Cours chez ce frater, ramène-le à l'instant, et fais le courir devant toi.

Le domestique sort. M. Botte, appuyé sur sa canne et sur l'épaule d'Horeau, gagne la chambre à coucher, après avoir mandé son concierge, et lui avoir ordonné de l'avertir au moment où son neveu rentrerait.

En l'attendant, il eut le petit plaisir de gronder pendant une heure le pauvre chirurgien : le chirurgien répétait, jusqu'à s'enrouer, que l'accident de la mère était peu de chose, et que l'enfant qu'il venait de voir n'avait rien. Le chirurgien parti, M. Botte querella Horeau qui, faute de trouver un prétexte, avait failli causer mort de femme; il querella sa femme de charge qui, en humectant ses compresses, s'était avisée de dire un mot de son bon cœur; enfin il s'endormit, las de bourru, se lassa de gronder comme d'autre chose.

A minuit, on vient lui apprendre que M. Charles est rentré. — Qu'il paraisse! dit M. Botte. Charles, prévenu par Guillaume, s'attendait à une explication orageuse qu'il eût bien voulu s'épargner. Il restait en dehors de l'appartement, et quand il avait avancé d'un pas il reculait de deux. Horeau, qui avait réussi en proposant de faire coucher le neveu à la belle étoile, se promettait bien de suivre son thème, et ne disait mot.

M. Botte, ennuyé d'attendre, répéta d'une voix terrible : — Qu'il paraisse, qu'il paraisse donc, ou, corbleu! je l'irai chercher en dépit de mon entorse... Il fallut s'exécuter; Charles parut, très-embarrassé de sa personne. — Ah! vous venez de vous promener, monsieur! — Oui, mon cher oncle. — Et en vous promenant, avez-vous récapitulé vos hauts faits de la journée? — Qu'ai-je donc fait, mon oncle? — Ce qu'il a fait! le malheureux! vous vous êtes levé avant le jour, et à trois heures après midi voici ce qui était arrivé : tous mes chevaux estropiés, mon jardinier, ma famille chassés, mes porcelaines brisées, une femme assommée, mon pied presque démis, et un dîner mangé froid : voilà ce que vous avez fait ou causé, monsieur. — Je suis au désespoir, mon oncle. — J'espère que votre accident n'aura pas de suite. — Je ne vous ai pas mandé, monsieur, pour vous parler de moi; c'est de vous dont il s'agit. Où avez-vous passé le reste de la journée? — Près de quelqu'un que je considère beaucoup. — Ah diable! et quel est cet quelqu'un? — C'est... mon cher oncle, rassurez-moi, je vous prie. Votre accident... — Paix! Quel est ce quelqu'un que vous considérez assez pour m'abandonner au milieu de mes embarras?... — Mais, mon oncle, votre pied?... — Paix, paix! quel est ce quelqu'un? Un homme de poids? — Non, mon oncle. — Ah! c'est une femme peut-être? — Mon oncle... — Oui, c'est une femme que monsieur considère. Quelque amourette, sans doute? — Ah! mon oncle, de quel mot vous vous servez! — Comment, monsieur, de quel mot je me sers! Avez-vous aviseriez-vous d'aimer sérieusement? Avez-vous étudié les femmes? Vous flattez-vous de connaître le cœur féminin, que personne ne connaît encore? Vous auriez la présomption de croire que vous ne serez pas dupe de votre profonde considération? — Hélas! mon cher oncle, je ne me suis pas fait toutes ces questions. — Et vous avez eu tort, monsieur; c'est par là que doit commencer tout homme prudent qui rencontre femme un peu trop jolie. Au reste, celle-ci est honnête ou elle ne l'est pas. Si elle est sage, il serait affreux de chercher à la séduire; si elle ne l'est pas, vous avilissez de la fréquenter, et, dans tous les cas, monsieur, je vous défends de penser à l'amour, et surtout au mariage, jusqu'à ce que j'aie prononcé, et je ne prononcerai que quand je connaîtrai les avantages auxquels vous devez prétendre.

Ah ça! dites-moi donc à quel jeu vous avez joué avec cette femme que vous considérez tant? — Moi, mon oncle? — Vous, monsieur. Vos cheveux en désordre, votre front couvert de sueur, vos habits chargés de poussière... Elle a de singulières goûts, cette femme-là. — Mais, mon oncle, votre pied... — Mon pied va bien, bourreau. — A-t-il joué? réponds. — Eh, mon ami, à quel jeu? — Qui vous l'a dit, monsieur Horeau? — Regardez ce poil collé à l'intérieur de ces bottines; monsieur descend de cheval, et vous lui aviez défendu d'y monter. — Je lui ai interdit mes chevaux et la chasse. — Et il a éludé votre défense. — Que vous importe, à vous? — Pour courir, Dieu sait après qui. — Monsieur Horeau, mon neveu ne me respecte, et je ne conçois pas d'acharnement avec lequel vous le poursuivez aujourd'hui. — Je ne conçois pas davantage votre extrême indulgence. — Monsieur Horeau, il est allé dîner chez une femme qu'il considère, et je n'interdirai pas, pour flatter votre caprice inconcevable, la société du sexe à mon neveu. Ne sont-ce pas les femmes estimables qui forment la jeunesse, ou, l'avez-vous pas répété jusqu'à satiété? — A la bonne heure, reprit Horeau qui voyait Charles se remettre, et par conséquent en état de mentir; mais, mon ami, vous ne connaissez seulement pas cette femme estimable. — Ai-je besoin de la connaître? Est-ce moi qui vais dîner chez elle? Au reste, Charles, et pour en finir, son nom? — Mon cher oncle, c'est madame Duport. — T'y voilà pris, mon pauvre Horeau. Une femme de cinquante ans, qui a été belle comme le jour, à qui jamais on n'a connu d'amants, et qui jamais n'a perdu un ami. Charles, madame Duport mérite en effet toute la considération; va dîner tous les jours chez elle; mais couche-toi à l'instant, tu as besoin de repos. — Eh, où voulez-vous qu'il couche? vous avez mis cette famille dans son appartement. — Je n'en ai pas dix encore où il n'y a personne, n'est-ce pas? — Et qui n'ont pas été ouverts depuis trois mois. A la vérité, un peu d'humidité, la privation de ses commodités habituelles, ne sont rien pour un homme de vingt ans. — Et pourquoi un homme de vingt ans ne prendrait-il pas ses aises quand il peut se les procurer? Qu'on donne demain de l'air à tous mes appartements, et que ce soir l'on rétablisse mon neveu dans son lit. — Et la famille du jardinier? — La femme n'a qu'une légère contusion, on les reconduira chez eux. — Et comme une légère contusion n'empêche point de marcher, demain de bon jour ils s'éloigneront d'ici. — Demain... demain... Mais qu'a-t-il donc ce chien d'homme-là? Mon jardinier a commis une faute; je l'ai puni. — Et vous avez raison. — J'ai failli casser la tête de sa femme... — Oui, vous avez failli. — J'ai dû la solliciter. — Eh bien, vous l'avez fait. — Son mari n'a pas manqué depuis. — Je le crois bien, il n'en a pas eu le temps. — Le punirai-je deux fois pour une seule faute? le chasserai-je deux fois en vingt-quatre heures? — Je vous vois venir, vous allez le garder. — Et vous-même quand je vous pressiez tantôt! — La compassion m'avait saisi. — Elle me saisit à mon tour, qu'avez-vous à dire? — Bien des choses. — Horeau, je ne suis pas content de vous. Je suis brusque, je suis dur; j'ai besoin de quelqu'un qui me calme, vous l'avez fait jusqu'à ce moment, et ce soir vous cherchez à m'animer contre tout ce qui m'entoure.

M. Botte, un peu confus de revenir ainsi, donne en hésitant ses ordres à sa femme de charge; il les colore des prétextes les moins gauches qu'il pouvait trouver, et nous savons qu'il n'est pas heureux en prétextes. La femme de charge, à qui Horeau a fait signe, sort sans louer son bon maître, selon sa coutume. Le bon maître la rappelle : — Que demain toutes les clefs soient changées, et que personne n'entre ce drôle-là, il a été assez humilié. — Bonsoir, monsieur Horeau, vous venez de jouer un fort sot personnage.

Horeau et Charles se retirèrent très-satisfaits d'un double dénoûment, dont ils n'eussent osé se flatter. Horeau fit à Charles quelques représentations amicales sur l'inconvenance du moment qu'il avait choisi pour courir la poste, et finit par dormir paisiblement. Charles, moulu d'avoir couru à toutes selles, se coucha de son côté en se promettant bien de revoir à son plus tôt madame Duport. M. Botte s'endormit en réfléchissant à ce qui s'était passé pendant la soirée. Tout ce qu'avait dit Horeau lui était revenu à l'esprit, et le lendemain matin il l'envoya chercher.

— Horeau, vous m'avez joué hier au soir. — Moi, mon ami? — Vous, monsieur; vous êtes évidemment sorti de votre caractère, et vous avez affecté de toujours dire non pour m'amener à toujours dire oui. Cela ne vous réussira plus, je vous en avertis; d'abord parce que je suis sur mes gardes, et ensuite parce que je vous prie très-expressément de ne jamais user de ces petits moyens qui détruisent la confiance, déshonorent l'amitié, et me donnent, à moi, l'air d'un sot. — Ah, mon ami! — Oui, monsieur, l'air d'un sot. Que voulez-vous qu'on pense d'un homme qui ne veut plus, qui punit et qui récompense? Souffrez que je sois moi; promettez-moi d'être toujours vous, toujours calme, toujours bon, ou rompons dès ce moment. — Rompre, mon cher Botte, pour une amitié de trente ans! — Je sais ce qu'il n'en coûterait, ainsi pas d'observations. — Vous ne le pourriez pas plus que moi, mon ami, et cela ne m'arrivera plus. — Tu me le promets? — D'honneur. — N'y pensons plus, et déjeûnons.

Pendant quinze jours ou trois semaines il ne se passa rien que de très-ordinaire au château. M. Botte, en faisant par-ci par-là quelque bien, criait à son ordinaire. Horeau, fidèle à sa promesse, ne cherchait à l'apaiser qu'en combattant ses idées, et ne le faisait crier plus haut; et je crois qu'il serait mort d'ennui si on eût cessé de le contredire.

Charles, lui, n'avait plus qu'une occupation : d'écrire à mademoiselle d'Arancey ou de l'aller voir. Toujours plus chéri, parce qu'on le connaissait mieux, il s'attachait aussi tous les jours davantage. Il ne voyait, ne pensait, ne rêvait que Sophie. Il relisait, il commentait ses lettres, il les trouvait toutes charmantes, et elles l'étaient en effet, parce qu'elles étaient l'ouvrage du cœur, et que l'esprit n'y entrait pour rien. Une seule phrase lui faisait mal, et il s'y arrêtait malgré lui, bien qu'elle se répétât tous les jours. — Ah, mon cher ami! que d'obstacles je prévois! que de peines nous nous préparons!

Cependant le temps passe à travers ces petites alternatives de plaisirs, de craintes, d'espérances. On était arrivé, sans trop savoir comment, à l'époque des mille écus empruntés à dix personnes, et à la grande

colère de l'oncle, ainsi que je vous l'ai appris dans mon premier chapitre.

— Ah, mon cher ami! que d'obstacles je prévois! que de peines nous nous préparons, écrivait encore ce jour-là mademoiselle d'Arancey, et Charles jugea en soupirant que l'accomplissement de la prophétie pourrait commencer le lendemain. Que dirait, que penserait M. Botte, qui s'entêtait à aller dîner chez le bon fermier, qu'il voulait connaître; que dirait-il en trouvant là une belle demoiselle, que son neveu connaissait sans doute, et dont il ne lui avait pas parlé? A la première surprise succéderaient les questions sur le nom, la fortune, les qualités de l'esprit et du cœur; ce n'était pas le dernier article qui embarrassait Charles, mais les deux premiers et ces paroles si redoutables qui revenaient à sa mémoire : « Je vous défends de penser : à l'amour, et surtout au mariage, jusqu'à ce que j'aie prononcé, et je ne prononcerai que quand je vous aurai fait connaître les avantages auxquels vous devez prétendre... Ces mots étaient désespérants.

Le pauvre jeune homme passa une partie de la nuit à réfléchir, à imaginer et à se plaindre; enfin il écrivit à mademoiselle d'Arancey. Il lui annonçait l'étonnante visite qu'elle allait recevoir; il ne lui donnait aucun conseil, il laissait tout à sa prudence; et, quelque chose qui arrivât, il jurait amour éternel.

Il réveilla Guillaume avec beaucoup de précautions cette fois; il lui dit de sortir doucement, de prendre un bidet de poste, d'aller à toutes jambes, et de remettre directement sa lettre à mademoiselle d'Arancey, Georges fût-il encore à la ferme; car enfin, comme l'observait Charles, il fallait bien que tôt ou tard M. Georges s'accoutumât à voir mademoiselle d'Arancey être aimée et aimer à son tour.

V. — La curiosité, la pièce curieuse.

Le lendemain, M. Botte, toujours impatient, s'est levé de grand matin, c'est-à-dire à sept ou huit heures. Comme il n'est pas prudent de se mettre en route avec un estomac vide, il avait ordonné la veille un succulent déjeuner. Sa calèche, attelée de quatre chevaux, était prête dans sa cour, et bien qu'il dinât à merveille avec des œufs, de la franchise et de la gaieté, ainsi qu'il l'avait dit à son neveu au commencement de cette histoire, il avait fait remplir le coffre et la cave de la calèche de viandes froides et d'excellent vin.

Charles, très en peine de ce qui se passerait à la ferme, avait prolongé le déjeuner, ce qui n'était pas difficile en osant contredire M. Botte une fois ou deux, et Charles l'osa. Mais, comme on ne peut pousser loin la contradiction avec son oncle, et que l'oncle le plus gourmand de la plus gourmet finit par quitter la table, M. Botte se leva; il fallut que Charles le suivît, et Horeau ferma la marche avec l'insouciance d'un homme à qui il est fort égal de filer sa vie à droite ou à gauche, qui ne se trouve jamais parfaitement bien, mais qui ne se déplaît nulle part.

Comme on ouvrait la portière, M. Botte vit sortir de chez le concierge un homme chargé d'une grande caisse. Il demanda ce que c'était; on lui répondit que c'était un pauvre diable qui vivait en montrant ce qu'il appelait la Pièce curieuse, qu'il avait fait voir à tous les gens de la maison, et sa curiosité, qui ne ressemblait à aucune de celles qu'on voit sur les quais de Paris, lui avait valu de souper et un coin sur la soupente du concierge.

— Hé, voilà! se mit aussitôt l'homme à crier en faux bourdon; voilà la curiosité, la pièce curieuse! Voyez, mes bons messieurs, voyez, vous y reconnaîtrez plus d'un original. — Vraiment, nous y reconnaîtrons plus d'un original, reprit M. Botte. — J'en ai bien reconnu, moi, monsieur, poursuivit le cuisinier. — Ah! voyons cela, dit Charles qui espérait que la curiosité ferait manquer de ce bon. — Voyons cela, dit Horeau qui sentait le besoin d'être réveillé par quelque chose de piquant. — Eh bien, voyons cela, dit M. Botte; nous arriverons une heure plus tard, voilà tout.

Charles tire sa montre. Il est onze heures. La pièce curieuse peut durer jusqu'à midi; on a sept lieues à faire : on n'arrivera guère qu'à quatre heures ferrées. On aura dîné chez le père Edmond; mademoiselle d'Arancey, qui aura eu tout le temps de se consulter, sera dans le village où on aura dans sa chambre. Rien ne l'obligera à paraître, et peut-être n'en parlera-t-on pas.

En rentrant au château, l'homme à la curiosité monte pesamment l'escalier, et gagne l'appartement dont le parquet résonne sous ses souliers ferrés. D'ouvrir son pied pliant, établit dessus la précieuse caisse, démasque ses verres d'optique, enferme nos trois messieurs assis derrière son rideau tournant, et se dispose à commencer.

« Eh, regardez bien, messieurs, la curiosité, la pièce curieuse. Voilà d'abord le soleil et la terre... que le diable t'emporte! dit M. Botte cela commence comme la lanterne magique.

» — Voilà le soleil et la terre, non pas tels qu'on les a toujours vus, mais tels qu'ils doivent être désormais. Voilà le soleil gros comme un fromage de Brie, et brun-foncé parce qu'il n'est pas lumineux. Le voilà sur son char, tiré par douze chevaux au lieu de quatre, en raison de l'augmentation d'espace qu'il est condamné à parcourir dorénavant. Voilà la petite terre pour qui seule tout a été fait, qui ne ressemble pas mal à un fromage de Neufchâtel, et voilà le grand homme qui a rêvé tout cela. Le voilà arrivé au bord de son plateau,

et ne pouvant plus faire un pas sans rouler dans le vide; il attache une échelle de cordes afin de descendre en sûreté chez les antipodes.
» Passons à des sujets moins relevés.
» Regardez, messieurs, le bas du tableau. Voilà un grand homme sec, fardeau inutile de notre globule; il ne possède au monde qu'un habit râpé, mais assez propre. Il dîne où on veut le recevoir; et il se plaint quand on ne lui fait pas grande chère. Il emprunte à tout le monde, n'a jamais rendu, et se fâche quand on ne lui prête pas.
» Près de lui sont des voleurs qui cherchent à s'introduire chez un riche marchand. Plus habile qu'eux, il a volé ses créanciers. Il est parti pour Londres avec sa caisse, et n'a pas même daigné déposer son bilan.
» Cet autre, qui crève d'embonpoint, s'est prodigieusement enrichi au moyen de trois banqueroutes. La quatrième fut si scandaleuse que la justice a été forcée de s'en mêler.

Le jardinier, sa femme et ses enfants chassés par M. Botte.

» Regardez cette belle dame qui se baigne dans de l'eau de rose. Elle va courir Paris à demi nue; elle entendra sur la modestie un sermon qui ne lui fera pas mettre un fichu; elle gagnera un rhume qui ne lui fera pas mettre un jupon; elle jugera l'opéra nouveau, quoiqu'elle ne se mêlât ni de musique ni de vers à la place Maubert, et ce soir elle couchera avec son cocher, parce que son mari fait le bel esprit, et qu'elle ne sait que répondre quand on ne lui parle pas en jurant.
» Faites attention à cette autre femme qui se désespère; elle a dix-huit ans, et elle est jolie comme les amours. Son mari s'est noyé après avoir perdu au jeu sa dot, ses diamants et même ses dentelles. On croit qu'elle mourra de chagrin, non d'être ruinée, mais d'avoir perdu ce mari dissipateur. Qu'elle est bonne! n'est-ce pas, mesdames?
» Que dites-vous de cette jeune personne pleine de candeur? Elle introduit son amant chez elle, et sa conscience est tranquille, parce qu'elle-même naïvement, il lui a fait une promesse de mariage. Tant pis pour lui s'il la trompe.
» Voyez ce pauvre homme qui est tombé en apoplexie, et qu'une saignée guérirait. Il n'a jamais voulu se marier; il n'a auprès de lui que des domestiques qui le laissent mourir, qui emportent tout ce qu'il a de précieux, et qui ameuteront ensuite les voisins à force de sanglots. »
— Diable! diable! dit M. Botte en se frottant l'oreille. — Donnez de votre vivant, lui dit tout bas Boreau — Je n'ai pas besoin de vos conseils, monsieur. Poursuis l'homme à la pièce curieuse.
« Changement de tableau; suite des bigarrures de l'esprit humain. Remarquez cette vieille qui rentre chez elle, un gros sac d'écus sous le bras. Elle marie des jeunes gens ruinés à de riches veuves imbéciles, et elle fait tomber tous les bureaux qui annoncent au coin des rues les femmes lasses du célibat, que les buralistes n'ont jamais vues; mais c'est ainsi qu'en parlant de ses bonnes fortunes, aussi brillantes qu'imaginaires, on tente une beauté facile de se faire inscrire sur la liste; et c'est ainsi qu'à force de vanter son baume, on tente les passants de s'empoisonner; c'est ainsi enfin qu'en placardant l'immoralité, on espère gagner de l'argent en effaçant ce qui reste de morale.
» Voyez-vous ces braves *remplaçants* qui emmènent une femme aux crins noirs, à l'œil hagard, à la bouche écumante? C'est une tireuse de cartes qui faisait effrontément distribuer son adresse sur le Pont-Neuf, qui levait des impôts assez forts sur les cuisinières, qui les reprenaient au marché; sur les femmes galantes, qui savaient bien où les reprendre; sur les dévotes, à qui leur religion défend d'interroger les sorciers; sur les imbéciles de toutes les classes, qui sont nés pour être dupes, mais qu'il n'est pas permis de voler.
» Observez cet homme qui paraît si content de lui. Il a une femme aimable, des enfants intéressants; il les laisse mourir de faim pour entretenir une fille qui le trompe et qui se moque de lui, selon l'usage.
» Regardez cette autre fille qui trompe tout différemment. Elle vante à toutes les jeunes personnes la pureté et les avantages du célibat, et depuis quarante ans elle pleure en secret sur sa virginité, qu'elle a encore parce que personne ne lui a proposé de s'en défaire.
» Que pensez-vous de cette femme qui a essayé de tout, et qui aime tant son chien qu'elle ne conçoit pas qu'on puisse aimer les hommes?
» Et celle-ci qui n'ose pas dire qu'elle préfère son chat à son mari et à ses enfants, mais qui caresse le chat et rudoie les autres?
» Ah, ah, ah! regardez bien ce tableau-ci.
» Aux pieds de ce prêtre que vous voyez là-bas dans le coin est un homme qui ne croit pas en Dieu, et qui va publiquement à confesse par esprit de parti.
» Dans cette chambre meublée avec une simplicité recherchée, est un vieux docteur en Sorbonne qui ne peut reconnaître de gouvernement que celui qui se soumettra à la tiare. Il a rayé de l'Évangile: *Rendez à César ce qui appartient à César*, et il a substitué à ces mots: *Rendez à l'Église ce qui appartenait à l'Église*. Il est rentré clandestinement, il ne veut pas jurer; il espère obtenir la palme du martyre, et il est malade de peur d'être arrêté.

Georges, le fils du fermier, est devenu triste, pensif, distrait.

» Voyez ce troupeau de brebis saintes, ces béates qui s'empressent autour de son lit, qui remplissent son buffet de provisions et sa bourse d'argent.
» Voyez celles qui font queue à la porte, et qui ne peuvent pénétrer dans la chambre du saint homme qu'elles révèrent, parce qu'il n'y a que ses messes de bonnes, s'il y en a.
» Voyez le cher homme qui s'endort, et qui rêve voluptueusement qu'il est grand inquisiteur en France, et qu'il fait brûler à petit feu, non les ennemis de la religion, mais ceux des prérogatives du clergé.
» Cette jeune dame qui repose mollement sur l'édredon n'est pas dévote du tout. Elle est attaquée d'une insomnie, et par une profanation condamnable, elle a pris une des homélies du révérend père ***, et elle a ronflé au commencement de la troisième page.

» Près d'elle, au bout de ma baguette, est le révérend père en personne : athée ou peu s'en faut avant la révolution, bonnet rouge pendant la terreur, enfin royaliste et capucin, le voilà traduisant le Psautier de David pour la commodité de ceux qui ne savent pas le latin. C'est dommage, il avait du génie.

» Celui que vous voyez en chaire est un fameux prédicateur. Il n'annonçait que le Dieu des vengeances quand le clergé était riche et puissant ; il ne prêche que le Dieu des miséricordes depuis qu'il a besoin de tout le monde : il est toujours bon d'avoir deux poids et deux mesures.

» Celui que vous voyez sous la chaire en habit brodé d'argent est un homme sans vices et sans vertus. Affable et doux envers tout le monde, il est parvenu à la tête d'une administration sans presque s'en mêler. Il ne méconnaît aucun de ses anciens amis ; mais il ne fait rien pour eux, parce qu'il craint d'user son crédit, et il en a besoin pour se maintenir.

» Cet autre, qui est à côté de lui, va au sermon comme au spectacle : on le trouve partout. Il a la réputation de connaître particulièrement tous les gens en place. Il suit dans les bureaux toutes les affaires bonnes ou mauvaises de ceux qui ont de l'argent à perdre. Il tient aussi une maison et une bonne table, où il n'admet quelquefois des clients qui ont manqué de l'avancement, mais à qui il fera indubitablement obtenir une gratification.

» A un autre, messieurs, à un autre, hé, hé, hé !

» Voilà d'abord un plaideur qui, pour un capital de trois cents livres, compte six cents francs à l'huissier, au greffier, à son avoué, et rien aux juges, parce que la justice est gratuite.

» Regardez ce gros papa. Il a volé quatre millions à la république, et il pense sérieusement à se réconcilier avec le ciel, qui devient à la mode comme les chapeaux à trois cornes. Il va doter deux pauvres filles ; à chacune d'elles il a fait don.

» Un coup d'œil à cet imprimeur. Il s'enferme dans un cabinet dont il laisse la croisée ouverte. Vis-à-vis demeure un officier de paix, et l'imprimeur affecte de travailler avec précaution. Il est ruiné, et il imprime un libelle contre le gouvernement pour en obtenir du pain à la Guyane ou ailleurs.

» Dans ce corps de garde on retient un homme qui allait chercher l'accoucheur pour sa femme en travail d'enfant, et qui a oublié sa carte. L'officier, bas Breton entêté, prononce que la femme n'accouchera que lorsque le mari aura été réclamé.

» Dans cette prison se repose un homme qui a divorcé trois fois, et qu'on a convaincu d'avoir épousé une cinquième femme sans avoir légalement chassé la quatrième. Son voisin a très-légalement divorcé ; mais il est redevenu amoureux de sa femme. Or, comme il s'était marié à l'église, et que, selon cette sainte mère, le mariage est indissoluble, il a prétendu être toujours le mari de sa femme, et agir en conséquence. La pauvre femme s'était remariée, et pour tout concilier, elle consentait à vivre avec ses deux maris. Mais l'époux de par Dieu était jaloux de l'époux de par la loi, et lui dit un jour grossièrement qu'il n'était qu'un adultère. Celui-ci répondit par un coup de poing ; le jaloux riposta par un coup de chenet qui le délivra de son adversaire, mais qui le logea ici.

» A la porte de la prison est un honnête homme qui prête sur de bons gages, à deux et demi pour cent par mois. Je l'ai placé là d'avance, parce que la force de l'habitude lui fera continuer son trafic quand nous aurons des lois contre l'usure.

» Celle qui le tient par la basque de l'habit est une femme célèbre, qui a fait mourir de plaisir ou de remords cinq à six sots qu'elle a préalablement ruinés. Elle court de porte en porte avec cinq ou six bâtards au nom desquels elle s'empare des successions.

» A côté d'elle est une autre femme qui a entrepris le même genre de commerce, et qui se hâte, parce qu'elle craint le nouveau code civil.

» De l'autre côté du tableau est un ex-conventionnel, qui était furieux jadis quand on ne l'appelait pas citoyen, et qui se mord les lèvres aujourd'hui quand on ne l'appelle pas monsieur : il avait sa fortune à faire.

» La belle dame qui le regarde d'un air de connaissance se désolait quand une duchesse, à qui elle allait essayer une robe, lui disait : — On ne fait pas attendre une femme de ma qualité. Elle dit aujourd'hui à sa couturière : — Mon Dieu ! ma mie, que vous êtes gauche ! — Oui, madame, je suis toujours pauvre. — Vous ne saurez jamais habiller une femme comme il faut. — Vous ne savez pas, madame, comment je les habille.

» Cet homme que vous voyez si honteux vient d'être rencontré par un tribun dans une carrosse de place. Il se rengorgeait, il y a douze ans, quand le savetier de son coin le voyait dans une vinaigrette, et le savetier se donne encore des airs avec son chien.

Georges aide M. Botte à enjamber les bords du chaudron, et commence à éponger vigoureusement.

» Celui-là a déclamé douze ans contre la révolution, parce qu'il croyait aux revenants. Il croit se mettre en faveur en publiant un ouvrage où il prouvera que Hugues Capet étant un usurpateur, aucun de ceux qui lui ont succédé n'a été roi légitime.

» Changement, messieurs, changement de décoration.

» Traversons les boulevards ou les Champs-Elysées. C'est là qu'il faut se gorger de poussière, ou étouffer en levant les glaces de sa voiture quand on en a une. C'est là qu'on rencontre des mendiants à infirmités révoltantes, et dont la place est marquée aux Incurables. C'est là, comme partout, que des échoppes occupent les deux tiers de la voie publique ; c'est là que les marchands barreraient même le pavé, s'ils ne craignaient plus les chevaux que les hommes. Mais il faut se montrer sur le boulevard avant dîner, c'est le genre.

» Avez-vous vu sur ces boulevards les polichinelles, les arlequins et les poissardes du carnaval dernier ? Les avez-vous entendus vomir à tue-tête des obscénités que les filles publiques se permettent à peine dans leurs plus sales orgies ? Avez-vous vu ces mères qui croyaient procurer à de jeunes filles un passe-temps innocent, et qui ont été obligées de s'enfuir avec elles ? Pourquoi les agents de la police ne peuvent-ils être partout ?

» C'est sur les boulevards ou aux Champs-Elysées qu'on se rassemble pour aller étaler un luxe ruineux à Longchamps où on n'allait dans l'origine que pour entendre les lamentations de Jérémie, lamentations bien lamentables.

» Le boulevard nous mène droit aux spectacles. Passons les Bouffes, qui croient se soutenir, quoiqu'on n'entende que peu ou point leur langue, quoique leurs poèmes soient détestables, quoique ces musiques ravissantes aient toutes un air de famille, quoique enfin on n'aille là que par ton.

» Arrêtons-nous dans la rue Feydeau. Deux théâtres, qui faisaient d'assez mauvaises affaires, mais qui faisaient deux recettes, se sont réunis pour en partager une : c'est spéculer en artistes. Voyez sous le péristyle ce groupe d'auteurs, le cure-dent à la main. Ils veulent persuader aux passants qu'ils dînent tous les jours, lorsqu'ils sont joués moitié moins qu'ils ne l'étaient avant la réunion ; mais

Des hommes tels que nous tombent dans la misère
Et ne démentent point leur noble caractère.

» Allez entendre là les ouvrages de Grétry, que petit à petit on remet au répertoire, tant il est vrai que, malgré la mode, le bon est toujours bon.

» Un tour au foyer Montansier, la réunion la plus bizarre, la plus ridicule et la plus scandaleusement gaie qu'on connaisse.

» Nous voilà au spectacle par excellence. C'est ici que nos anciens chefs-d'œuvre sont joués par les premiers talents; c'est ici qu'on fait des recettes avec Molière et Racine : ce qui prouve que nous ne sommes pas encore si bêtes que le prétendent certains hommes d'un caractère bilieux. On pourrait jouer un peu plus souvent à ce théâtre les auteurs vivants. Mais pourquoi payer des vivants médiocres, quand on ne doit rien à des morts qui valent mieux? Que répondre à cela? Allons sous le péristyle le cure-dent à la main.

» Voulez-vous vous arrêter au Vaudeville? Ne vous trompez pas sur le mot; ce n'est plus le vaudeville des Chaulieu, des Panard, des Lattaignant : ce sont communément sept vers qui ne servent qu'à amener la pointe du huitième; ce sont des épigrammes chantées sur des airs rebattus. C'est ainsi maintenant que nous faisons le vaudeville. On fait ce qu'on peut.

» Avez-vous l'humeur atrabilaire, retournez au boulevard. Voyez sur ces théâtres, cachés entre des guinguettes et des pâtissiers, toutes les horreurs qu'a imaginées Anne Radcliff, traduites par des gens de lettres qui tiennent à la littérature comme un tambour-major tient à l'état-major de son bataillon.

» Un mot sur ces messieurs et dames que vous voyez là-bas. Le premier est un auteur qui loue sans cesse l'élégante simplicité de Racine, et qui fait des tragédies avec des métaphores et des maximes. Il se dit esclave de la rime, et il a raison ; il n'y a que cela qui distingue ses ouvrages de la prose.

» Celui-ci parle à tout le monde de son étonnante fécondité; elle n'est connue que de lui, de son libraire et de l'épicier.

» Cette actrice aujourd'hui si maigre était, il y a un mois, du plus appétissant embonpoint; mais une jeune personne a débuté dans son emploi et a réussi, quoique son ancienneté ait acheté cent billets pour la faire tomber.

» Cet acteur est persuadé qu'il est le premier homme du monde, et cependant il est modeste quelquefois : c'est quand on le siffle.

» Il serre la main à un dramaturge que le public traite plus inhumainement encore, et toujours, dit l'auteur, par les efforts d'une cabale acharnée : ils se consolent ensemble.

» Celui qui les regarde d'un air d'ironie est un travailleur infatigable. Il joue presque tous les jours, et ne se fait jamais doubler : c'est que ses doubles valent mieux que lui.

» Son camarade s'est érigé en juge suprême de la littérature. Il fait hardiment de mauvais vers; il taille, il coupe les ouvrages nouveaux; il garantit un plein succès à l'auteur docile, et la pièce ne finit pas.

» Ce petit homme que vous voyez là-bas est un petit directeur qui, les bons jours, ne joue que ses œuvres, parce qu'il est persuadé qu'il se soutiendra toujours seul. Il travaille à une petite pièce en cinq actes, où il se fait encore un petit bourgeois tracassier, parce qu'il ne sait jouer que cela.

» Voilà, messieurs, voilà mon sixième tableau.

» Passons un moment aux hôpitaux; il y arrive quelquefois par la comédie qu'on fait et par la comédie qu'on joue. Vous y verrez des tableaux cruels du bien et du mal; car il y a partout. Vous verrez, et ceci ne vous plaira pas, des gens qui pourraient se traiter chez eux, et qui sont mieux à l'hôpital que les véritables indigents, parce qu'ils sont recommandés par les médecins.

» Vous y verrez des amphithéâtres où on expose des femmes nues aux regards de deux cents jeunes gens, qui causent, qui rient, que l'habitude a rendus insensibles. Un seul de ces jeunes gens suit l'opérateur, se rend utile à son tour : c'est quelque chose ; mais la malade n'a point payé son traitement.

» Voulez-vous voir dans le même lieu le dernier degré de perfection où l'humanité puisse atteindre? Regardez ces filles qui pourraient vivre honnêtement de leur travail et jouir des douceurs de la maternité; elles se vouent au célibat pour soigner le jour et la nuit des malades dégoûtants, attaqués quelquefois de maux pestilentiels : voilà de la vraie vertu, où il n'y en a point.

» La rue des Prêtres n'est pas loin d'ici, et nous pourrions condamner cette vieille et laide église qui dépare la colonnade du Louvre, et qui mérite bien autant la démolition que le Châtelet. Mais ne passons pas là.

— Pourquoi cela? dit M. Botte.

« — Je pourrais être reconnu par cet abbé caustique qui, avec de l'esprit, de l'érudition et un style pur, n'est célèbre que par des méchancetés. Or, comme la méchanceté n'a guère qu'un langage, et que l'uniformité fatigue, pour conserver ses abonnés il dit quelquefois un peu de bien de ceux dont on en pense beaucoup. Il a même fait, il y a quelques mois, une espèce d'amende honorable à Voltaire, dont il outrageait la mémoire régulièrement tous les jours; mais le lendemain il s'est livré de nouveau à son ridicule et puéril acharnement.

» Tantôt il reproche au grand homme de trop parler Nérestan en fanatique : eh! qu'était-ce qu'un croisé?

» Tantôt il s'étend avec complaisance sur quelques invraisemblances dramatiques, et il sait bien, le taquin, qu'il y en a partout. Quel bruit il eût fait si Voltaire eût employé le moyen trivial et choquant dont se sert le roi de Pont pour tirer les vers du nez de Monime? Mais Racine a fait *Esther* et *Athalie*. Oh! le bon temps que celui où les prêtres égorgeaient les chefs dont ils n'étaient pas contents!

» Qu'a fait, à la vérité, ce pauvre Voltaire pour mériter leur indulgence? *Mahomet*, l'*Epître à Uranie*, le *Dictionnaire* et des *Mélanges philosophiques*, etc.

» L'irascible abbé se plaint de ce que Voltaire ne put pas supporter la critique des feuillistes du temps. Eh! parbleu, il est bien permis à un homme qu'une fourmi pique au talon de se retourner et d'écraser l'insecte.

» Le malin abbé nous conte, dans je ne sais quel feuilleton, que Collin est un homme très-pieux pour avoir fait les *Mœurs du temps*, et que Molière, au contraire, s'est toujours montré mauvais chrétien. Ah!... Molière a fait le *Tartufe*.

» Nous trouvons dans un autre numéro que les *Précepteurs* sont une plate bêtise. Ah! menteur, il y a dans cette pièce dix scènes que vous voudriez bien avoir faites; et que trouve-t-on dans vos feuilles qui justifie votre ton tranchant? Perfidie et lâcheté. Perfidie, parce vous dites ce que vous ne pensez pas; lâcheté, parce que vous attaquez des gens qui ne peuvent plus se défendre.

» Le drôle de corps d'abbé va quelquefois bien plus loin que tous les feuillistes, qui ne déchirent ordinairement que les ouvrages qu'ils ne peuvent pas faire, puisqu'ils ne font que des journaux. Il s'avise de diffamer des individus. Nous n'avons pas oublié ce qu'il a dit d'un des auteurs du Lovelace : on a été traduit pour moins à la police correctionnelle. »

— Oh! s'écria M. Botte, il ne finira pas sur le chapitre de l'abbé.

— Allons, allons, mes bons messieurs, passons de la rue des Prêtres aux Petites-Maisons : il n'y a pas si loin qu'on pense.

» Le premier est devenu fou parce que, comptant sur une guerre éternelle, il s'était approvisionné en conséquence de marchandises coloniales, sur lesquelles il a perdu trente pour cent.

» Son voisin avait une femme beaucoup plus jeune que lui et extrêmement jolie. Pour s'étayer d'une ancienne réputation au défaut d'autre chose, il faisait à sa moitié l'énumération des maris qu'il avait... Vous êtes bien heureux d'en avoir tant fait, lui répondit naïvement sa femme, jusqu'à présent je n'en ai pu faire qu'un. Le seul ici qui ait perdu la tête pour semblable vétille.

» Celui qui vient ensuite a été de toutes les assemblées populaires, de tous les clubs, de tous les comités; et le regret de n'avoir pu attraper seulement une petite mission lui a brouillé la cervelle. Dame, il tenait infiniment à l'égalité, il s'est imaginé être roi de France; il s'est fait une couronne de papier; il est sans fond et sans souliers, et il se promène majestueusement dans sa loge en s'écriant lui-même : *Vive le roi!*

» Cet autre général a eu la fatuité de se marier il y a six mois. Il a demandé à son apothicaire un breuvage irritant, et la future s'était fait préparer des herbes astringentes. La liqueur prolifique n'a pas fait assez d'effet, les astringents en ont fait trop, et le désespoir de son impuissance a conduit ici le nouveau marié.

» L'autre qui suit est un marchand qui a perdu la tête en étudiant les nouveaux poids et mesures. Dame, c'est que cela n'est pas aisé.

» Près de lui l'auteur de l'Art de procréer les sexes à volonté.

» Cette femme est une vieille marquise que son porteur d'eau s'est avisé d'appeler citoyenne.

» Sa voisine, après avoir régenté les enfants d'un prince, a voulu régenter ses compatriotes. On vient quelquefois l'entendre prêcher ici, et elle parle très-sérieusement que les femmes doivent être pieuses, même par coquetterie, parce que les libertins aiment beaucoup les dévotes qui cèdent et qui pleurent après.

» Celle-ci est une mère qui n'a pu supporter qu'un joli homme de vingt ans lui préférât sa fille, qui n'en a que seize.

» En voilà dix, vingt, trente qui sont devenues folles : l'une, parce que son mari, qu'elle a ruiné, lui a refusé une loge à l'Opéra, où elle allait lorgner un jeune danseur, en attendant mieux; l'autre, parce qu'une voisine, qu'elle aimait à la fureur, lui a enlevé un amant dont elle ne se souciait plus; celle-ci, parce qu'elle ne trouvait plus à emprunter pour jouer sur aucun effet, pas même sur sa personne; celle-là, parce que son mari a eu la grossièreté de se plaindre d'une galanterie qu'elle lui a donnée : ce qui a été cause qu'elle n'a pu la faire circuler davantage, etc., etc., etc.

» Eh! eh! eh! voici le laboratoire d'un chimiste. Examinons le contenu de quelques-uns de ses bocaux.

» Le désintéressement d'un homme d'affaires.

» La fidélité entre époux.

» La docilité des enfants.

» La chasteté d'une actrice.

» La froideur d'une fille de quinze ans.

» L'amitié entre acteurs.

» La bienfaisance en action.

» Les vœux satisfaits d'un avare.

» L'impartialité d'une mère pour les défauts de ses enfants.

» L'éloignement des grandes places.

» Le désir de ses mériter.

» La modestie après son élévation.

» L'affabilité d'un protecteur.

» La reconnaissance d'un grand.

» La modération des souverains.
» Les lumières d'un cagot.
» La tolérance d'un prêtre.
» La clarté d'une thèse théologique.
» Une véritable relique.
» Un miracle constaté.
» Et nombre de jolies petites choses qu'on ne trouve plus dans le monde depuis que le chimiste les a mises en bouteille.
» Voyez, messieurs, voyez pour dernière pièce, la fin du monde ou le chaos. Voyez l'Éternel qui a fait l'homme à son image, ou que l'homme a fait à la sienne; voyez-le brisant d'un tour de main son ouvrage, comme un enfant fait d'un joujou, et détruisant sans retour la haine, la fureur, l'envie, l'ambition, la perfidie, l'hypocrisie, l'intempérance, la luxure, tous les vices contre lesquels s'est vainement élevé Moïse dans ses livres, qu'il n'a point écrits, tous ces vices que n'a pu déraciner le sang de notre divin maître, qui n'a pourtant été répandu que pour cela. Voyez rentrer pêle-mêle dans le néant le potentat et le charbonnier, la princesse et la blanchisseuse, la jolie femme et la guenon, le vieillard et l'enfant nouveau-né. Voyez la poussière de tous les hommes voler, confondue dans l'espace, et vous présenter image de l'égalité absolue, la seule peut-être qui ne soit pas absolument impossible, et que je ne souhaite à personne. »

VI. — Départ pour la ferme. Ce qui s'y passe.

— Pitoyable! pitoyable! dit Charles pour engager une discussion qui lui fît gagner encore une heure. — Pitoyable n'est pas le mot, monsieur, reprit l'oncle; incomplète, à la bonne heure. Dis donc, l'homme, qui t'a fourni toutes ces caricatures? — Mon bon monsieur, c'est un marchand bijoutier qui demeure rue Quincampoix, n° 73. — Bah! un marchand bijoutier qui veut faire de l'esprit! qu'il fasse de l'or avec de la rosette. — Il ferait beaucoup mieux, mon cher oncle, car ce qu'il y a de bien là-dedans est pris du *Diable boiteux*. — Cela n'est pas vrai, monsieur. Les originaux que j'ai reconnus appartiennent au bijoutier comme certains tableaux de Le Sage n'appartiennent pas à l'auteur espagnol qu'il a imité. D'ailleurs, monsieur le critique, tout est imitation dans les arts. Il n'y a point d'idées neuves, parce qu'il n'y a rien de nouveau dans la nature, et que hors de la nature il n'y a rien. Le mérite des artistes en tout genre se borne donc nécessairement à donner un air de nouveauté à des choses rebattues. — — Mais, mon oncle... — Un moment, monsieur, je finis, et par une comparaison. Un peintre imagine-t-il de faire un chêne qu'il peint, après que mille autres ont peint des chênes? Il a donné son coloris au sien, et les peintres futurs peindront encore des chênes, qu'ils coloreront à leur manière.

Charles soutenait assez vigoureusement son opinion; M. Botte soutenait la sienne en homme qui définitivement veut qu'on lui donne raison, et l'ami Horeau disait, quand il trouvait le moment de dire quelque chose : — C'est assez drôle, cette pièce *curieuse*; allons, c'est assez drôle.

L'heure s'écoula en effet, comme Charles l'avait prévu. Quand l'homme à la pièce curieuse fut payé et parti, le jeune homme tira sa montre : — Midi et demi, mon cher oncle, et sept lieues à faire. — Qu'importe, monsieur ! — A quelle heure dînerez-vous? — Quand je serai arrivé. — Il sera l'heure de souper. — Je souperai. — Et quand reviendrez-vous? — Quand je pourrai. Finissez vos interpellations, monsieur. Si je laissais faire ce drôle-là, il me mettrait en curatelle. — Ah! mon oncle!... — Paix, et qu'on monte en voiture.

Guillaume était de retour depuis deux ou trois heures. Il avait trouvé mademoiselle d'Arancey seule avec Marguerite; il avait glissé adroitement sa lettre, et il avait amusé ensuite à faire à la grosse fille quelques contes, qu'elle avait écoutés avec avidité; car les filles qui ont passé trente ans ont l'oreille très-active; et pendant que Marguerite souriait bêtement aux platitudes impertinentes de M. le piqueur, mademoiselle d'Arancey était allée lire la lettre de Charles et y répandre.

Elle écrivait en quatre lignes qu'elle redoutait l'aspect de M. Botte, qu'elle irait dîner chez un fermier du village, et qu'elle ne rentrerait qu'après le départ de l'équipage. Elle finissait par sa malheureuse phrase : « Ah! mon cher ami, que d'obstacles je prévois! et à peines nous nous préparons! » Charles avait reçu le billet, et il le lisait, pendant que l'ami Horeau soulevait M. Botte sous les bras, et le mettait dans sa calèche.

On part au grand trot de quatre vigoureux chevaux, et on s'enfile dans des chemins de traverse, toujours détestables, parce qu'on voyage ne veut pas combler pour les autres une ornière qui l'arrêterait au plus dix minutes. On est égoïste à la ville, on l'est à la campagne, à la cour, et le *primo mihi* est le grand régulateur des actions de tous les hommes.

Nos voyageurs sont cahotés pendant une lieue ou deux; leurs épaules, leurs genoux, leurs fronts se heurtent, et Charles s'écrie à chaque secousse : — Mon cher oncle, vous souffrez; retournons chez vous. — Je suis assez de cet avis, dit enfin Horeau en passant la main sur deux bosses que l'os frontal de M. Botte lui avait faites au-dessus de l'oreille droite. — Allons donc, reprit l'homme opiniâtre, vous êtes des femmelettes : fouette, cocher !

Le cocher fouette, une roue s'engage dans une ornière plus profonde que les autres. Un ressort mal trempé s'allonge, la calèche penche; il faut s'arrêter, remonter la soupente : encore une demi-heure de perdue.

On se remet en marche; les roues de devant enfoncent jusqu'aux moyeux; deux des chevaux tombent sur les genoux et se couronnent; il faut que le postillon gagne, à travers les champs, un village qu'on aperçoit à mi-côte. Il en rapporte de l'eau-de-vie et de la grosse toile il bande les genoux de ses chevaux : encore une heure de perdue.

On repart, mais au petit pas. M. Botte pense bien qu'il ne couchera pas dans son lit, et que la franchise et la gaieté du bonhomme Edmond ne le dédommageront pas des aisances qui dans son château se multiplient à chaque pas; mais il a reproché à ses compagnons de voyage d'être des femmelettes, et il s'est imposé l'obligation de montrer du caractère. Il chante pour la première fois de sa vie, afin de prouver qu'il est au-dessus des accidents multipliés qui ralentissent sa marche; il jurerait, s'il l'osait, à faire abîmer la voiture.

Horeau ne s'occupait plus de rien, parce qu'il avait pris le parti de s'endormir; et comme son sang-froid lui permettait de penser à tout, il avait préalablement mis son mouchoir en quatre doubles entre son chapeau et son oreille pour que le crâne de M. Botte ne le réveillât pas en sautant.

Charles ne pouvait pas à dormir : il n'avait d'abord cherché à filer le temps que pour faire manquer net la partie, et il s'affligeait en silence en réfléchissant qu'on arriverait à une heure où mademoiselle d'Arancey ne pouvait plus attendre personne, et où elle serait rentrée à la ferme. Ses pressentiments n'étaient que trop fondés.

On arriva enfin, et il était huit heures du soir. La tendre Sophie avait passé la journée dans une maison d'où elle pouvait voir ce qui arrivait à la ferme et ce qui en partait. Elle était rentrée à la nuit tombante, et elle prenait le frais dans le jardin en pensant à Charles, à son amour, aux obstacles, aux chagrins prévus, et surtout à ces moments si doux où elle oubliait tout auprès du cher ami. Elle ne doutait plus que son adresse n'eût détourné le bizarre projet de l'oncle; elle s'en applaudissait; ses petites craintes étaient dissipées quand la calèche arrêta à la porte de la cour.

Charles toussait, crachait, criait après le postillon, après le cocher, pour avertir à l'intérieur de l'approche de l'ennemi. La pauvre Sophie regagna précipitamment la ferme avec un battement de cœur extraordinaire; elle dit en passant à l'ami Georges qu'elle ne se trouvait pas bien, ce qui était vrai; qu'elle ne souperait pas, et elle n'en avait pas besoin. Pendant que ce bon Georges, alarmé, attentif, lui fait dix questions de suite, auxquelles il ne lui donne pas le temps de répondre, elle le pousse doucement par les épaules et s'enferme chez elle. Elle se déshabille, elle se couche en répétant : — Ah! cher, trop cher ami, que de peines nous nous préparons !

Charles présente la main à son oncle ; il lui aide à descendre de voiture, il le conduit à la maison, et à chaque pas il tremble de rencontrer mademoiselle d'Arancey.

M. Botte salue Edmond, comme s'il le connaissait depuis vingt ans, et s'assied sans plus de cérémonie.

Ses gens vident la voiture, et chargent des provisions choisies qu'on y a mises à la table du noyer que vous connaissez; Horeau, qui a dormi assez, et qui n'a rien à dire, arrange le couvert; Charles sort, rentre, sort encore, promène partout un œil inquiet, ne voit pas la charmante fille, et ne désespère point de se tirer de ce mauvais pas. Edmond et Georges, étonnés de ce qui se passe chez eux, attendent l'explication d'une installation aussi extraordinaire.

Le cher oncle prend la parole : — Vous paraissez surpris, brave homme, de la manière dont je me présente chez vous. — J'en conviens, monsieur. — C'est ainsi que j'en use avec le petit nombre de ceux que j'estime. Touchez là ; des gens comme nous sont amis avant de se connaître, et s'aiment davantage quand ils se sont parlé. — Monsieur, vous me faites trop d'honneur. — Vous ne savez ce que vous dites. Je ne puis vous honorer; mais je m'honore, moi, en vous rendant justice. — Par où, monsieur, avons-nous mérité?... — Ce jeune homme, mon neveu, m'a raconté ce que vous avez fait contre un ancien seigneur. — Et c'est, monsieur, ce qui m'attire de ces marques d'estime? Vous n'en eussiez donc pas fait autant à ma place? — Si, parbleu, je l'aurais fait ! — Ma conduite n'a donc rien qui doive vous étonner. — Vous avez raison, brave homme ; mais les beaux traits sont si rares! — Moi, monsieur, je les crois communs. — Parce que vous jugez les autres d'après vous. — D'après qui les jugez-vous donc, monsieur? — D'après l'expérience. — Je vous plains d'en avoir tant — Je vous félicite de n'en point avoir.

Ces réponses du père Edmond avaient fait à M. Botte un plaisir singulier. Il serrait en silence les mains du vieillard ; il le regardait avec attendrissement. — Parbleu, s'écria-t-il tout d'un coup, si j'en avais cru ces messieurs, je serais retourné chez moi, et je m'applaudis d'avoir opiniâtrement voulu vous connaître; mais vous avez des chemins de tous les diables, et, entre amis on doit partager les corvées; il faut me promettre, monsieur Edmond, que vous viendrez me voir à votre tour. — Moi, monsieur, avec cet habit grossier !... — Que m'importent les habits! c'est l'homme qu'il me faut. — Mais, monsieur... — Mais, monsieur, vous dînerez avec votre habit de gros drap dans mes appartements dorés, et vous coucherez sous mes rideaux de damas. — Et les gens du bel air que vous recevez chez vous? — Je vous marquerai des égards, et les hommes sont toujours de l'avis de celui dont ils mangent la soupe. — Je vais mener une ferme, monsieur, et vous êtes fait pour conduire un château : restons chacun à la place où la Providence nous a mis. — Oh! le drôle de corps! C'est votre dernier mot? — Absolument. — Eh bien! n'en parlons plus. Horeau, le bonhomme pourrait bien avoir raison, et il est plus philosophe qu'il ne s'imagine : on ne descend jamais que pour avoir voulu monter trop haut.

Il fallait que M. Botte fût de bien bonne humeur pour se rendre aussi facilement; mais, dans quelque moment qu'on le prît, il n'était pas homme à rien céder, sans obtenir d'amples dédommagements; il proposa ses conditions, qui, après quelques observations, furent acceptées par le papa Edmond.

1° D'abord que lui, M. Botte, viendrait, quand bon lui semblerait, respirer un air patriarcal à la ferme : ce sont ses expressions. Cet article passa sans difficulté.

2° Qu'il lui serait permis d'apporter son dîner. Accordé, à condition que le dîner du vieillard serait joint au sien.

3° Que les bouteilles de vieux beaune et bordeaux qui demeureront intactes resteront à la ferme, attendu que le vin vieux est le lait de la vieillesse. Le présent article refusé net.

Et par amendement : Comme le père Edmond n'est pas fait pour recevoir des cadeaux, il lui sera loisible de donner aux gens de M. Botte autant de pintes de son cru qu'il en recevra de Saint-Émilion ou de la Côte-Rôtie. Accepté par le bonhomme, mais avec une répugnance marquée.

Enfin, pour prévenir tous les retards et accidents, des journaliers rempliront une trentaine de trous qui rendent la route impraticable, et ce aux frais de M. Botte.

A cette dernière proposition, le vieillard serra à son tour la main du cher oncle, parce que, disait-il, le bien qui en résulterait serait commun à tous les habitants du canton.

Ce petit traité arrêté et juré, M. Botte cria d'une voix de stentor : — A table, à table! Il plaça Edmond à sa droite, et fit asseoir à sa gauche M. Georges, dont il loua la figure, le maintien décent, et qu'il engagea à suivre la profession de son père et à l'honorer comme lui. S'il eût connu Georges, il ne lui eût rien recommandé.

Horeau, pour qui une conversation sentimentale n'avait rien de restaurant, et qui mourait de faim, brisa avec le manche de son couteau la croûte d'un excellent pâté : M. Botte s'était mis en devoir de découper une daube à la gelée transparente, quand il s'aperçut enfin que son neveu n'était pas là. A peine en a-t-il fait l'observation, que Georges est levé, et qu'il se met à parcourir tous les recoins. Il trouve notre pauvre Charles, l'oreille fixée au trou de la serrure de la porte de mademoiselle d'Arancey, qui l'entendait agiter la clef, qui ne savait pas que ce fût lui, et qui retenait son haleine. Georges le prend très-poliment par la main, et, le tirant après lui, il le fait entrer dans la salle, il le jette sur une chaise en lui faisant une profonde révérence.

On avait avalé les premiers morceaux; on avait bu quelques coups. Le bon cœur de M. Botte se dilatait; il disait des duretés à tout le monde, mais il les disait avec une gaieté originale, ce qui ne lui arrivait pas tous les jours. Le bonhomme Edmond se faisait à son ton, qu'il commençait à trouver drôle, et le temps il riait de tout son cœur... Tout à coup le joint ses mains avec force, et se levant : — Ah! mon Dieu! Georges, qu'avons-nous fait! — Qu'est-ce donc, mon père? — Nous voilà à table, mon garçon, et notre demoiselle, qu'on n'a pas avertie!... — Je ne l'avais pas oubliée, mon père; mais elle n'a pas voulu souper et elle s'est couchée. — Qu'est-ce que c'est que cette demoiselle? demanda M. Botte à Charles, et il avait un air sévère. Charles rougit, pâlit, baissa les yeux et ne répondit rien.

M. Botte se tourna du côté d'Edmond, et répéta son interrogation. Le bonhomme raconta simplement et avec un air modeste ce qu'il avait fait pour mademoiselle d'Arancey. M. Botte lui jeta les bras au cou, et le tint longtemps embrassé. Il regarda ensuite son neveu, mais d'un œil... Ah! quel œil! Charles tremblait; et Edmond disait, à part lui, en mâchant sa croûte de pâté : — Il y a quelque chose, il y a quelque chose.

M. Botte n'articula plus un son jusqu'à la fin du souper. Ses regards tombaient continuellement sur Charles, sur ses sourcils grisnoir; ses joues étaient enluminées et son front menaçant : le malheureux jeune homme se sentait près de défaillir. — On ne m'attendait pas par des grimaces, monsieur, dit le cher oncle en se levant de table. Pourquoi ne m'avez-vous rien dit de mademoiselle d'Arancey, que vous connaissez depuis un an? — Mon oncle... c'est que... — Pas de réponse évasive, s'il vous plaît : parlez, répondez net; vous voyez bien que je ne suis pas en colère. Pourquoi, monsieur, ne m'avez-vous rien dit de mademoiselle d'Arancey. — Je sais, mon oncle, que vous n'aimez pas le père, et j'ai craint de vous déplaire en vous parlant de sa fille. — Vous deviez bien plus craindre, monsieur, de me déplaire en la voyant. — Je crois, monsieur, répit Georges, qu'il n'est personne qui ne doive se féliciter de la connaître. — Ceci, monsieur Georges, est entre mon neveu et moi, et ne regarde que nous; souvenez-vous-en, s'il vous plaît. Charles, ordonnez qu'on mette les chevaux.

— Eh! monsieur, dit le père Edmond, où voulez-vous aller à cette heure? — Chez moi. — Vous verserez dix fois en route. — C'est le pis aller. — J'ai fait préparer pour vous et pour M. votre ami mon lit et celui de Georges. — Raison de plus pour que je parte. — Mais, monsieur... — Mais, monsieur, je ne suis pas ici prisonnier, je l'espère. — Voilà donc comment vous traitez ceux que vous estimez, que vous aimez avant de les connaître, que vous deviez aimer davantage après les avoir connus? Et une larme tomba des yeux du père Edmond. M. Botte la vit, cette larme... — Je reste, digne vieillard, je reste; mais vous garderez votre lit, je le veux, je l'ordonne. Je m'arrangerai avec Horeau de celui de votre fils. — Vous serez mal, monsieur. — Eh, vous m'excéderez à la fin. Je serais bien plus mal encore, si vous n'étiez pas bien.

Il prend un flambeau, il sort sans ajouter un mot; il marche, guidé par la grosse Marguerite, et Horeau le suit en bâillant. Georges reprend la main de Charles, il le conduit à la grange, où il s'enferme avec lui; il met la clef dans sa poche; il se jette sur un tas de gerbes, et il laisse notre jeune homme s'arranger comme il pourra.

Quelle nuit il passa, le malheureux! Si du moins il avait eu son Guillaume près de lui; mais c'est Georges qui ronfle à ses côtés : il faut souffrir et se taire.

MM. Botte et Horeau avaient l'esprit fort tranquille et le corps très-agité. — Quel lit! disait Horeau. — Plaignez-vous, je vous le conseille, quand le fils unique est couché sur la paille. — On jurerait que ses matelas sont faits avec des noyaux de pêches. — Que vouliez-vous qu'on fit que vous donner ce qu'on a de mieux? — Eh! que pouvait-on donner de pis? je ne fermerai pas l'œil. — C'est bien dommage! — Vous ne dormirez pas plus que moi. — J'ai pris mon parti, tâchez de prendre le vôtre. Bonsoir, monsieur Horeau. — Bonsoir, donc.

Le lit était dur, très-dur, et il était étroit, et il donnait au-dessus des bergeries; et le plancher était à claires-voies; et les agneaux bêlaient en tetant leurs mères, qu'ils n'avaient pas vues de la journée; et des insectes très-actifs sautaient de la bergerie aux solives, et des solives au lit : Horeau restait immobile et droit comme une planche, de peur de gêner M. Botte. M. Botte frétillait comme une anguille, et disait en grommelant : — Le bonhomme avait bien affaire de pleurer; je serais maintenant dans ma calèche, où je dormirais d'un bon somme : dors-tu, Horeau? — Eh! qui diable dormirait ici? — Puisque vous ne dormez pas, il faut que je vous communique une idée qui me passe par la tête. — Qu'est-ce que c'est, voyons? — Est-il bien sûr que madame Duport soit vraiment celle chez qui Charles va dîner si souvent? — Ma foi, je n'en sais rien. — Cette demoiselle d'Arancey, qu'il connaît depuis un an, et dont il ne m'a rien dit, ne serait-elle pas cette dame que ce drôle considère tant? — Cela peut être... aie, aie, aie! — Qu'avez-vous donc? — Cinq cents épingles m'entrent à la fois dans le corps. Quels sont donc ces animaux voraces que j'enlève à la douzaine de dessus ma poitrine? — Les mêmes sans doute que j'écrase à coups de poing sur mon estomac, mes bras, sur mes cuisses. — Et pas de lumière! — Tant mieux; c'est bien assez de sentir. — Je vais me jeter tout nu dans cette source qui est là-bas en entrant. — Certes, je n'en ferai rien. — Bah! — Je vous laisserai courir après une pleurésie, une paralysie, n'est-ce pas? et puis il n'est pas défendu de penser un peu à soi; la totalité de ces vilaines bêtes s'acharnera sur moi seul quand vous n'y serez plus. Je gagne moitié à vous avoir à mes côtés, et corbleu, vous y resterez. — Mon ami, ayez pitié de moi, je souffre le martyre. — Mon cher, monsieur, vous n'avez pas de caractère. — Eh, non, je l'avoue, mais laissez-moi sortir. — Que diriez-vous si vous étiez dans la position d'un saint Laurent, d'un Guatimozin? — J'y resterais, parce que je ne pourrais faire autrement; mais ici on m'oblige à rester ici, et je m'en vais.

Horeau roule son ami dans la couverture et dans les draps, et lui jette sur le corps les oreillers, le traversin et leurs habits communs; il ouvre la porte, et il trouve l'escalier. M. Botte se dépêtre le plus promptement possible de ses entraves, et il suit Horeau en lui disant à demi-voix, par égard pour le sommeil d'Edmond : — Le froid va te saisir, tu en mourras, malheureux!

Horeau n'entend rien; il veut noyer tous ses ennemis à la fois. Il marche toujours, et il entend M. Botte sur ses talons. Il se hâte, il arrive dans la cour au petit trot, il s'oriente vers la source par la ligne droite, qui est la plus courte en mathématiques, comme d'après la raison. Il disparait tout à coup, et M. Botte, qui s'est mis aussi au petit trot, disparait presqu'au même temps. Ils sont tombés tous les deux, d'un petit mur au niveau du sol, dans la mare, dont l'eau verdâtre ne réfléchit aucune lumière, et les voilà dans la fange jusqu'aux hanches.

— Ah! mon Dieu! dit Horeau, nous voilà noyés! — Eh, non, poltron, puisque tu parles. — Si cela n'est pas fait, cela ne tardera point. — J'ai bien autre chose que m'inquiète. — Moi, je ne vois rien de plus inquiétant. — Si mon coquin de neveu nous trouvait là l'un et l'autre? — Eh bien, il nous en tirerait. — Et les ris, et les réflexions malignes, et ma dignité compromise; car enfin, je n'ai pas l'air d'un oncle dans l'état où me voilà... Vous aviez bien affaire, monsieur, de vouloir vous lever! — Et vous, monsieur, de vouloir me suivre! — Allons, plus de jérémiades; tâchons de nous tirer de là. — Eh bien!

aidez-moi un peu. — Hé, je suis pris comme dans la poix. — C'est sûrement de la terre glaise, mon ami. — C'est le diable si tu veux, mais il faut en sortir.

Ils firent de longs efforts qui n'aboutirent qu'à enfoncer davantage deux corps des plus solides. M. Botte, qui n'avait jamais connu d'obstacles, entra vraiment en fureur; Horeau, à qui la frayeur faisait perdre la tête, criait aussi haut que son ami. Charles, qui ne dormait pas, reconnut l'organe rauque de son oncle. Il poussa rudement Georges, et lui demanda la clef de la grange; Georges, qui croyait avoir de bonnes raisons pour la garder, la refuse net. Charles s'échauffe, Georges se possède, mais il persiste dans son refus. Querelle dans la grange, querelle dans la mare.

Marguerite battait le beurre pour le marché du lendemain. Elle prête l'oreille, elle sort, portant en avant sa lampe, et faisant réverbérer d'une main. Le bruit de longs des voix la conduit vers la mare; elle s'approche, elle regarde... Elle pose sa lampe à terre, et, se serrant les côtes de ses deux bras, elle éclate de rire au nez de l'irascible M. Botte.

M. Botte tourne alors toute sa colère sur Marguerite. Il la querelle plus vivement que jamais, et Marguerite, en riant toujours, disait à mots entrecoupés : — Je vous demande pardon... monsieur; mais c'est que vous êtes si drôle!!!

Mademoiselle d'Arancey avait aussi ses raisons pour ne pas dormir. Ne sachant que penser de certains gros jurons qu'interrompaient des ris immodérés, elle saute de son lit, passe une robe, et va réveiller le père Edmond. Le père Edmond passe sa culotte, descend, voit de quoi il est question, fait la morale à Marguerite, et la lui fait longuement, bien que M. Botte l'interrompit à chaque mot pour lui dire : — Monsieur Edmond, tirez-nous d'abord d'ici.

Lorsque M. Edmond eut méthodiquement prouvé à sa servante qu'elle avait manqué aux lois de l'hospitalité, en lui répétant ce qu'il avait retenu d'un sermon de son curé, dont les auditeurs n'étaient pas dans une mare, il fut frapper à la porte de la grange, et il parla en père qui veut être obéi. Georges ouvrit sans répliquer; Charles sortit avec lui. Ils sautèrent tous les deux dans l'eau, et, commencèrent par mettre les deux infortunés à califourchon sur deux futailles vides. Ils les poussaient vers le talus pavé par où descendait le bétail pour s'abreuver, et ils riaient l'un et l'autre, bien que fortement préoccupés; mais il était difficile de ne pas rire.

Ces deux messieurs, en sortant de la mare, ressemblaient au fleuve Scamandre. Nus comme lui, crottés comme lui, grognant comme lui, il ne leur manquait, pour que la ressemblance fût parfaite, que l'élégance vigoureuse des formes et la couronne de roseaux.

— Riez, monsieur, riez, disait M. Botte à son neveu en traversant la cour. Riez, apprenez que je ne me suis englaisé ainsi que pour avoir voulu empêcher un fou de prendre un bain glacial à minuit. — Le motif est très-louable, mon oncle. — Il l'est, sans doute; et, de quelque manière que je me présente devant vous, apprenez, monsieur, que j'ai toujours droit à vos respects.

Charles suivit dans un profond silence son oncle et son ami, qu'on éclairait de manière qu'ils pussent ramasser un petit écu. Le père Edmond les consolait très-sérieusement d'une disgrâce comique, et parlait toujours, quoique M. Botte lui répétât : — C'est bon, c'est bon, en voilà assez : de l'eau chaude et une chemise.

Mademoiselle d'Arancey les croyait tous partis. Elle restait tranquillement à sa fenêtre, parce qu'elle croyait voir deux hommes en pantalons jaunes, et qu'elle était bien aise de savoir ce que tout cela signifiait. La lampe de Marguerite et les reparties de l'oncle l'instruisirent, la troublèrent, et la modestie lui parla cette fois un prétexte tout naturel pour se renfermer. Elle rentra chez elle en se demandant pourquoi ces messieurs étaient au milieu de la mare, un lieu de dormir dans leur lit; et ne pouvant résoudre une question qui, au fond, l'intéressait peu, elle se recoucha en pensant à Charles, toujours à Charles, que ma Charles, et elle répétait de temps en temps : — Ah! mon ami, que de peines nous nous préparons!

Edmond avait conduit les deux amis dans sa salle, où il avait allumé du feu; Marguerite apporte un grand chaudron, dans lequel chauffait l'eau destinée à laver les ustensiles de la laiterie; Georges arrive avec l'éponge de ses chevaux; il aide à M. Botte à enjamber les bords du chaudron; il commence à éponger vigoureusement, et son vieux père de retourner tout son armoire de noyer pour trouver ses deux chemises fines, celles où il y a des manchettes festonnées, celles enfin qu'il mettait pour tourner le dimanche les feuillets du missel lorsqu'il était marguillier et qu'il chantait au lutrin.

M. Botte souffrait impatiemment une opération nécessaire. Il regardait son neveu en grondant, en hochant la tête, et le jeune homme, qui depuis un quart d'heure n'osait plus ni rire ni parler, ne put s'empêcher de lui dire : — Au moins, mon cher oncle, vous avouerez qu'ici il n'y a pas de ma faute. — Pardonnez-moi, monsieur, c'est encore vous qui êtes cause de tout ceci. — Moi! par exemple, mon cher oncle...
— Si vous ne m'aviez pas fait un éloge emphatique de ce vieillard, je n'aurais pas été tenté de le connaître, et je ne serais pas debout dans le chaudron de Marguerite, obligé de me laisser éponger le derrière par Georges qui ne devait jamais le voir.

Pendant que ces messieurs, décrottés et passés dans des chemises blanches, attendent leurs habits, pendant que Marguerite les cherche, Edmond entreprend de leur persuader que cette foule d'insectes n'est rien du tout, qu'il ne leur manque qu'un peu d'habitude; il ajoute qu'il est indispensable que le plancher soit à claires-voies, pour que son fils entende ce qui se passe dans la bergerie et dans l'écurie, qui est contiguë. Il finit par offrir encore son propre lit, et M. Botte de s'écrier :
— Plus de lit, morbleu, je n'en veux plus : ce sont mes culottes que je demande.

Marguerite rentre chargée des vêtements de ces messieurs. Elle n'en avait trouvé qu'une partie dans la chambre; le reste avait coulé à travers les ouvertures du plancher, était tombé dans la bergerie, avait été foulé aux pieds des brebis, et était arrangé comme vous l'imaginez sans peine. M. Botte retomba encore sur le pauvre Horeau. Il lui reprocha dix fois de suite, et sans reprendre haleine, sa manie des bains froids à minuit, et enfin il observa avec beaucoup de sagacité que, les habits étant hors d'état de servir, il fallait en envoyer chercher d'autres à son château.

Cette observation guérit radicalement Charles de ses envies de rire. Il jugeait, d'après le temps nécessaire pour aller et revenir, qu'on dînerait au moins le lendemain à la ferme, et que sa tendre Sophie, qu'il plaignait avec raison, n'était pas encore sortie de sa pénible situation. Il fallut pourtant obéir au cher oncle; aller dénicher dans un grenier à foin le postillon, que les insectes laissaient fort tranquille, et qui dormait très-profondément; le faire monter à cheval, lui enjoindre d'aller à terre, au risque de se rompre le cou, et de ramener un valet de chambre et une malle garnie.

Le papa Edmond, dans son imperturbable patience, retournait encore son armoire de noyer. Il en tire, et il présente à M. Botte l'habit de drap d'Elbœuf marron, la veste de basin brodé, et la culotte de velours d'Utrecht noir : c'est ce qu'il a de plus beau. Il offre à M. Horeau le gilet et les guêtres de coutil, la blonde bleue au tour de col brodé de rouge : c'est ce qu'il a de plus propre.

Il n'y avait qu'à choisir, de passer le reste de la nuit en chemise ou de se servir de ce qui se trouvait. Ces messieurs firent ce que nous aurions tous fait à leur place, et ils ne se seraient pas mieux déguisés pour aller au bal de l'Opéra : ils étaient à faire mourir de rire. Georges n'y tint pas, ce ne fut à lui cette fois que s'en prit M. Botte : — Hé, morbleu, monsieur, au lieu de rire comme un nigaud, comblez-moi ce trou qui ne sert à rien, et apprenez que, quand on a une excellente source dans un coin de sa cour, on ne creuse pas une mare dégoûtante au milieu. Il prend Horeau par un bras, il pousse son neveu par les épaules, et marche droit à la grange. Georges va reprendre son lit, Charles se remet dans son coin; l'oncle et son ami s'arrangent sur la paille fraîche, et M. Botte disait à Horeau en bâillant de toute la latitude de sa mâchoire : — Je sais fort aise que la demoiselle ne nous ait pas vus. La considération dépend du premier coup d'œil; nous voilà fagotés de manière à n'être pas très-considérés, et je prévois que demain j'aurai un grand rôle à jouer ici. — Mais demain, mon ami, nous ne resterons pas dans la paille jusqu'à midi, peut-être que le postillon reviendra. — Avec quel sang-froid il me dit cela ! — Que gagnez-vous à vous fâcher? nous ne sommes pas moins aussi ridicules l'un que l'autre. — Hé, vous devriez l'être seul, monsieur, vous qui avez commis la faute, et qui n'avez pas à faire l'oncle. Ici les bâillements redoublent, les paupières s'appesantissent; se ferment, et le silence règne dans la grange comme dans le reste de la maison.

Il était grand jour lorsque ces messieurs se réveillèrent. Charles était sorti dès l'aurore; il avait cherché, trouvé, et saisi l'occasion de glisser quelques mots à mademoiselle d'Arancey. — Ils sont encore ici ma Sophie. — Hé, je le sais bien, mon ami. — Ils y passeront une partie de la journée. — Ah! mon Dieu ! — Qu'allez-vous faire ? — Je m'enfuis. Georges parut, et on n'osa pas en dire davantage. Sophie sortit en disant au jeune paysan qu'elle passerait encore la journée chez Claudine, qui l'aimait tant, et dont l'enfant était si mal. Georges approuva beaucoup sa demoiselle; il était fort aise de la voir sortir, par la raison que Charles était là.

Le déjeuner était servi. M. Botte avait faim. Il fallut qu'il se décidât à paraître en marguillier devant mademoiselle d'Arancey, au hasard de compromettre ses droits à la considération. Il arrangea de son mieux ses basques et ses grands parements; il inclina son bonnet de coton sur une oreille; il mit une main dans la poche de la veste, dont il ne put trouver le fond; il caressa de l'autre le jabot festonné, et il entra d'un air assez libre dans la salle, où il fut fort aise de ne pas trouver la jeune demoiselle. Il en demanda des nouvelles assez poliment pour lui : on lui répondit qu'elle ne rentrerait pas de la journée.

Il sourit d'un air plein d'amertume; il boit, il mange, il se lève, et dit à Edmond qu'il sera bien aise de voir les portraits de la famille d'Arancey. Edmond ne le fait pas répéter; il prend son bâton, Horeau le suit; M. Botte ordonne à son neveu de l'accompagner, et on s'achemine vers le château.

Mon oncle avait toujours présente à l'esprit la description que son neveu lui avait faite du délabrement du manoir du marquis d'Arancey, et il trouve tout réparé, tout en état, tout en ordre, tout de la plus grande propreté. Il oublie les portraits de famille, et, revenant à ses premières idées, il demande sèchement à Edmond qui a fourni aux dépenses des réparations. — Monsieur, c'est votre neveu. — Où avez-vous pris cet argent-là, monsieur? — Mon oncle... je... j'ai... — Ces réparations étaient-elles faites quand vous avez emprunté certains mille écus?... — Non, mon oncle. — Vous avez donc emprunté de nouveau? — Non, mon oncle. — Où diable avez-vous donc pris cet argent? — Mon oncle, j'avais... j'ai tiré parti... — Et de quoi, ventrebleu? parlez donc. — Des bijoux, mon cher oncle... — Que je vous ayais donnés? — Oui, mon oncle. — Ah! vous vendez les bijoux que je vous donne, vous les vendez quand j'ai tout fait pour exciter votre confiance; et pourquoi les vendez-vous? pour faire restaurer un château qui ne sert à personne. — Mais, monsieur, votre neveu espère bien que mademoiselle d'Arancey l'habitera un jour. — Il a dit cela, père Edmond? — Il a dit cela, monsieur. — Venez, brave homme, faisons un tour de jardin ensemble. Votre générosité est furieusement suspecte, monsieur mon neveu. Restez là, monsieur, restez avec Moreau. — Permettez, mon oncle, que je vous accompagne. — Je vous le défends. Restez là, vous dis-je, et que je vous y retrouve à mon retour.

Charles se doute bien qu'Edmond va subir un interrogatoire dans les formes. Edmond est incapable d'un mensonge, et ne soupçonnant pas l'intimité de Charles et de Sophie, il donnera sans doute dans tous les pièges qu'on va lui tendre. Ces réflexions désespérantes avaient troublé notre jeune homme à un point... Il était dans un désordre tel qu'il ne pouvait échapper à Moreau, qui ne se mêlait pas de deviner. Il s'approcha de Charles, le questionna d'un ton si caressant, il le pressa avec tant d'amitié, il lui marqua tant d'intérêt, que le malheureux jeune homme hasarda de lui confier ce que, sans doute, il eût appris de son neveu une heure plus tard, et comme il n'est pas défendu d'user d'un peu d'adresse, il se fit un mérite d'une confidence qui devait lui assurer un protecteur. Laissons Charles soupirer, raconter, supplier, et suivons Edmond et M. Botte.

M. Botte s'était persuadé que, pour avoir l'air d'un homme de poids, en dépit de son accoutrement, il fallait qu'il se possédât et qu'il prit ce ton de dignité froide qui fait distinguer l'homme de ses habits. Ah! pourquoi dira le lecteur, M. Botte ne s'habille-t-il pas toujours en marguillier? Hé, qu'y gagnerions-nous? un homme du caractère de notre oncle ne peut se contraindre qu'un moment, comment l'ancien abbé qui lui fait la grimace quand il est obligé de dire du bien, et surtout de Voltaire.

Les voilà dans le jardin; M. Botte tousse, crache en regardant Edmond; une âme pure brille dans les yeux sereins du vieillard, et notre oncle ne doute pas que la vérité ne jaillisse de sa bouche.

— Monsieur Edmond, mon neveu vient-il souvent ici? — Mais, monsieur, deux ou trois fois la semaine à peu près. — Mademoiselle d'Arancey est madame Duport, une drôle considère tant; je m'en étais douté. — Madame Duport, monsieur? — Est-ce bien vous que mon neveu vient voir? — Il le dit, monsieur. — Et vous le croyez? — Mais oui, monsieur. — Vous n'y êtes pas, brave homme, vous n'y êtes pas. Qui est-ce qui reçoit ses visites? — C'est moi, quand je suis au logis. — Et le plus souvent vous êtes aux champs avec votre fils? — Oui, monsieur. — Et alors c'est mademoiselle d'Arancey qui fait les honneurs de chez vous? — Oui, monsieur. — Diable! diable! Et pourquoi souffrez-vous, monsieur, qu'un homme de vingt et un ans vienne chez vous trois fois la semaine? — Oui, monsieur, et je le reçois comme un bienfaiteur. — Ces bienfaiteurs-là sont dangereux, monsieur Edmond.

— Dites-moi un peu, bon vieillard. — Monsieur? — Mademoiselle d'Arancey a-t-elle l'habitude d'aller passer les journées chez sa dame Claudine? — C'est la première fois que cela arrive, monsieur. — Ah! elle ne s'absentait jamais avant que j'arrivasse chez vous? — Jamais, monsieur. — Il y a connivence : diable! diable! — Quel âge a mademoiselle d'Arancey? — Bientôt dix-sept ans. — Elle est jolie? — Oh! monsieur! il n'est pas possible de l'être davantage! — Tant pis. Est-elle sage? — Je ne lui connais pas de vertus. — Tant pis! A-t-elle de l'esprit? — Je ne m'y connais pas trop. — Hé, monsieur, vous vous y connaissez comme un autre. Tous les hommes sont à peu près susceptibles des mêmes idées; leur différence essentielle est dans la manière de les rendre, et, si vous êtes incapable de bien dire, vous ne l'êtes pas de bien entendre. Trouvez-vous du plaisir dans la conversation de mademoiselle d'Arancey? — Oh! beaucoup, monsieur. — Tant pis! Est-elle aimée dans le village? — Aimée, considérée, respectée. — Tant pis! morbleu, tant pis! — Hé, monsieur, nous serions bien fâchés qu'elle fût autrement; pourquoi vos pourquoi pis, s'il vous plaît? — Cela me regarde, père Edmond. Et M. Botte se gratte l'oreille, et il frotte ses joues rubicondes et dodues.

— Vous parle-t-elle quelquefois de Charles? — Jamais, monsieur. — Tant pis! Écoutez-elle quand vous en parlez? — Oh! très-sentimentalement. — Tant pis! ventrebleu, tant pis! — En vérité, monsieur, je ne vous conçois pas. — Connivence, connivence : parlons d'autre chose. — Combien vous a coûté la ferme et le château? — Soixante et dix mille francs. — Combien croyez-vous avoir réellement payé? — Quinze mille livres environ. — Combien un fermier peut-il payer de redevance ici en faisant ses petites affaires? — Mais, monsieur, de quatre à cinq mille francs. — Vous avez fait là un bon marché, père Edmond; mais vous vous êtes gêné. — Beaucoup, monsieur, et sans votre neveu... — Ce n'est pas de mon neveu que je vous parle.

— Vous êtes, dit-on, dans l'intention de rendre ce bien au marquis d'Arancey? — Oui, si Dieu nous l'a conservé. — Il était dur, votre seigneur. — Un peu, monsieur. — Beaucoup. Orgueilleux. — On le dit. — Je le sais. Empruntant de toutes mains.,. — Oh! monsieur, toutes ses dettes ont été payées sur le produit de la vente de ses biens. — Tant mieux! s'il revient, il n'aura à rougir que de sa pauvreté; et il en rougira; ces petits grands seigneurs sont si sots! En avez-vous des nouvelles? — Non, monsieur.

— Monsieur Edmond, je n'aime pas les d'Arancey; mais votre excellent cœur mérite un bon conseil, et je vais vous le donner : vous faites votre opération tout de travers. — Comment cela, monsieur? — Le marquis est mort civilement. Vous ne pouvez rien lui donner, ni lui par conséquent à sa fille. — Mais nous donnerons à notre demoiselle. — Quand? — Quand elle se mariera, monsieur. — Et si vous mourez avant? — Mon fils pense comme moi. — Et s'il meurt aussi? — Ah! mon Dieu, monsieur, quelle idée vous vient là? — Avez-vous un notaire dans le village? — Oui, monsieur. — Qu'il dresse sans délai un acte par lequel vous ferez une donation absolue à mademoiselle d'Arancey, sous la condition que vous jouirez gratuitement de la ferme pendant six ans pour vous remplir des quinze mille francs et des intérêts que la demoiselle reconnaîtra vous devoir, et dont elle sera quitte si votre fils et vous mourez dans l'intervalle. Au moins vos héritiers ne la forceront point à revendre son bien; et, d'après ce que vous m'avez dit d'elle, elle les payera peu à peu, et elle aura du pain à donner à son père s'il en a encore besoin. — Ah! monsieur, que je vous ai d'obligation! jamais ces bonnes pensées ne me seraient venues : que je vous ai d'obligation! — Je demande une récompense, monsieur Edmond. — Hé, monsieur, que puis-je pour vous? — Défendre l'entrée de votre maison à mon neveu; cela serait d'un dur!... — Vous le devez à la réputation de mademoiselle d'Arancey. — Quoi! vous croyez?.... — Oui, monsieur, moi, je crois qu'une fille de dix-sept ans ne doit pas recevoir un jeune homme lorsque ceux qui veillent sur elle sont aux champs. Rentrons, brave homme.

Ils rentrèrent. Charles, tremblant, n'osait fixer son oncle; Moreau cherchait sur le front de son ami ce qui se passait dans ce cœur si irascible et si bon. M. Botte ne les regarda ni l'un ni l'autre, ne leur dit pas un mot, traversa les appartements, sortit du château, marcha aussi vite qu'il le permettait son gros ventre, et laissa bien loin derrière lui le père Edmond qui faisait tous ses efforts pour le suivre.

Le cher oncle n'était pas d'un caractère à s'occuper d'autre chose que de l'idée du moment. Animé par ce qu'il a dit, plein de ce qu'il veut dire encore, il oublie ses grands parements, et sa longue veste, et son bonnet de coton; il s'approche du premier enfant qui se trouve sur son passage, et il demande la demeure de dame Claudine. La maison bien désignée, bien reconnue, M. Botte poursuit son chemin; il n'est plus qu'à trente pas de la chaumière.

Mademoiselle d'Arancey s'y croyait bien en sûreté : elle eût fui au bout du village voisin, si elle savait où elle n'eût pas été poursuivie par la pensée de paraître devant cet oncle si terrible. Loin de soupçonner que M. Botte pût faire un pas pour la trouver, elle attendait avec impatience le moment où il remonterait en voiture. Elle regardait à chaque instant si la porte charretière de la ferme s'ouvrirait à la fin. Elle reconnut l'habit des dimanches d'Edmond. Il l'avait mis pour faire honneur à ses hôtes; la pauvre enfant le croyait ainsi, et, sans y faire plus d'attention, elle retourna près de Claudine. Oh! si elle n'eût pas été trompée par le déguisement, s'il eût été possible de le prévoir, le toit, la cave, le puits;... qui sait jusqu'à quel point la frayeur domine la raison, et quel bonheur, dans cette circonstance critique, que M. Moreau ait voulu se baigner à minuit!

M. Botte avait jugé, d'après ce que lui avait dit Edmond, que la jeune personne l'évitait, et il fondit comme un hussard sur la maison. Mademoiselle d'Arancey croyait voir paraître le bon fermier, et elle ne sut que penser de l'habit de drap d'Elbeuf sur le corps d'un inconnu. Elle regarde M. Botte, M. Botte la regarde à son tour, l'examine de la tête aux pieds, et j'ai su de Claudine qu'un soupire involontaire agita ses lèvres qu'il mordit aussitôt.

— Vous ne me connaissez pas, mademoiselle? — Non, monsieur. — Je m'appelle Botte, je suis l'oncle... Hé, mon Dieu, qu'avez-vous donc?... Vite, la bonne, secourez-la... coupez ces cordons... du vinaigre aux tempes... allons donc, vous n'agissez pas. Mademoiselle d'Arancey était tombée sans connaissance dans les bras de Claudine.

M. Botte, toujours bouillant, administra lui-même les secours, et quand le fichu ou le corset trahissait les secrets de l'innocence, il disait à Claudine : L'empressement d'un homme de mon âge ne peut paraître suspect. Coupons ce cordon-ci, encore celui-là... c'est du satin que cette peau!... Voyons donc, le vinaigre.

Sophie, en revenant à elle, vit M. Botte à genoux, suant à grosses gouttes, et versant du vinaigre à flots : elle crut démêler un air d'intérêt dans les yeux qu'elle redoutait tant; elle se remit, et, honteuse d'une faiblesse qui ne pouvait la mener à rien, elle résolut d'opposer une fermeté modeste à un orage inévitable.

— Elle revient, Claudine, elle revient. Vos yeux se rouvrent, ses joues se colorent, ses lèvres s'agitent, elle va nous parler. Vous me craignez donc beaucoup, mademoiselle? — Oh! beaucoup, monsieur.

— Et pourquoi me craignez-vous si vous ne vous reprochez rien? —

Je ne crois pas, monsieur, avoir de reproches à me faire. — Je suis donc un homme grossier, brutal, extravagant? — Je ne dis pas cela, monsieur. — Vous le pensez. — Non, monsieur. — Qui vous a donné de moi cette opinion? — Personne, monsieur.

Pourquoi donc l'avez-vous? — Mais je ne l'ai pas, monsieur. — Pourquoi tremblez-vous en me parlant? — Ce ton, auquel je ne suis pas faite...— Ne vous met pas à votre aise, n'est-il pas vrai? Eh bien, mademoiselle, expliquons-nous franchement, vous pensez bien d'ailleurs que je suis venu ici pour quelque chose : mon neveu vous aime. — Je n'ai pu l'en empêcher, monsieur. — Vous l'aimez? — Monsieur... — Vous l'aimez? — Je ne puis pardonner qu'à son oncle cette manière de m'interroger. — C'est répondre, cela, mademoiselle. Vous vous aimez, j'en suis fâché; mais ce n'est pas une raison pour abandonner vos foyers, pour vous évanouir à mon aspect, pour ne me parler qu'avec défiance; prenez mon bras, mademoiselle, et venez dîner chez vous.

Il ne lui donna pas le temps de la prendre, ce bras; ce fut lui qui prit le bras de la timide Sophie; il la tira de la chaumière, et fit tomber la conversation sur des choses indifférentes. Dès qu'il ne fut plus question d'amour. Sophie retrouva sa présence d'esprit; elle répondit avec justesse, avec grâce, et M. Botte ne marchait plus qu'un très-petit pas. Il s'arrêtait de temps en temps, il écoutait, et le temps en temps il avait l'adresse de tourner l'entretien sur un sujet nouveau. Mademoiselle d'Arancey se flattait qu'il prenait quelque plaisir à l'entendre; cette persuasion faisait naître sa confiance, et la pureté des expressions, et les tours heureux, et la finesse des idées, tout était employé, bien innocemment sans doute; M. Botte souriait quelquefois : c'était beaucoup.

Ils arrivèrent à la porte de la ferme. M. Botte s'arrêta, et fixant la jeune personne d'un air sévère : — Mademoiselle, qu'est-ce que la vertu? — Je ne vois pas, monsieur, à propos de quoi... — Je n'ai pas besoin d'à-propos, mademoiselle. Qu'est-ce que la vertu? — C'est, je crois, monsieur, la pratique exacte de ce qu'on doit aux autres et à soi. — N'oubliez donc jamais, mademoiselle, ce que vous devez à vous, à Edmond, à moi, et rappelez-vous sans cesse que dans votre position il n'est pas d'amour innocent.

Charles parlait avec feu à Horeau dans un coin de la salle. On ouvre la porte : c'est son oncle et mademoiselle d'Arancey. Charles est frappé de cette apparition; mais sa tendre amie paraît calme, et il espère. Il prend les mains de ce cher oncle, et il tombe à ses genoux. Que dira-t-il qui rende ce qu'il éprouve? Ses regards suppliants disent tout.

— Je n'aime pas les scènes dramatiques, monsieur, levez-vous. — Je vous prie de croire, Sophie, que je n'approuve point cette démarche de votre neveu. — Si je vous en croyais capable, mademoiselle, je vous mépriserais et je ne vous répondrais pas.

Le dîner ne fut pas gai. Tout le monde, excepté Edmond, était dans un état de contrainte qu'on ne savait pas également dissimuler. M. Botte avait juré d'être impénétrable; il le fut pour la première fois, et, peut-être pour l'ostentation. Mais Horeau était donc autant qu'il pouvait l'être; mais Charles ne tenait pas sur sa chaise; mais Sophie ne levait pas les yeux de peur de rencontrer ceux du bon ami, et de le regarder... comme on regarde ce qu'on aime. M. Bott observait tout et glaçait toutes les langues. Il y avait là un autre observateur qui n'était pas moins à craindre : c'était Georges, qui, ne sachant que penser de l'entretien particulier de leur oncle et de son père, de la visite rendue à mademoiselle d'Arancey, de la manière presque amicale dont on avait fait le trajet de la chaumière à la ferme, cherchait la vérité sur tous les visages. Il la trouvait sur celui de Charles, et ce visage ne lui disait rien qu'il ne sût déjà. Mais celui de M. Botte ne disait rien du tout, et c'était lui surtout que Georges eût voulu pénétrer. Il sentit qu'il ne lui convenait pas de prendre la parole où étaient son père et M. Botte, sans, en cédant au respect dans lequel on l'avait élevé pour la vieillesse, il ne pût empêcher les soupirs, qu'il s'efforçait d'étouffer, avec violence.

Le retour du postillon termina le dîner le plus ennuyeux, et mit fin à l'embarras général. Ces messieurs sortirent pour prendre des habits à eux, et Charles, qui comptait bien profiter de leur absence, ne put trouver mademoiselle d'Arancey seule une minute, une seconde. Toujours Georges, l'opiniâtre Georges. Il la suivait partout; il désolait nos pauvres jeunes gens : ils avaient tant de choses à se dire !

Ils se plaignaient intérieurement de l'importunité de Georges, et ils vont se trouver bien plus malheureux encore : il fallait que la prophétie de mademoiselle d'Arancey s'accomplît dans toute son étendue. M. Botte, en prenant congé d'Edmond, lui recommanda de ne pas oublier le notaire, et le prix de notifier de suite ses intentions à son neveu. Le bon vieillard ne savait comment s'y prendre pour dire quelque chose de désagréable; cela ne lui était peut-être arrivé de sa vie. Cependant il s'agissait de la réputation de sa demoiselle, et cette considération l'emporta sur sa répugnance. Il tira Charles à l'écart, et lui déclara avec tous les ménagements qu'il put imaginer, que l'entrée de la ferme lui était désormais interdite.

Charles ne se posséda plus. Il cria à l'injustice, à la tyrannie, il articula même le mot ingratitude. Georges, instruit par ces exclamations, respira avec plus de liberté. M. Botte, pour prévenir les scènes tragiques qu'il n'aimait pas, ordonna à son neveu de le suivre; glissa en passant un louis dans la main de la grosse Marguerite, il monta en voiture et partit.

Que devint la tendre Sophie à cette défense aussi extraordinaire qu'inattendue? Comment expliquer la conduite d'Edmond? Elle ne se permit pas un murmure. Mais ne plus voir l'homme qu'elle chérissait uniquement, qu'elle aimerait toute sa vie; cacher sa douleur à Georges surtout, qui n'eût pas manqué de vouloir prouver combien cette interdiction était sage et nécessaire... Quelle situation ! elle avait prévu des obstacles, des peines : elle n'en était pas moins inconsolable.

Charles, de son côté, était au supplice. Il n'osait faire éclater son dépit dans la voiture, et les efforts qu'il faisait pour se contraindre altéraient visiblement tous ses traits. — Vous ne voyez donc pas, mon ami, dans quel état est votre neveu? — Pardonnez-moi, monsieur. — Ce jeune homme m'afflige. — Et moi aussi. — Et c'est là tout ce que vous voulez faire pour lui? — Monsieur Horeau, vous allez me conseiller de l'éloigner à jamais de mademoiselle d'Arancey, afin que je les rapproche. — Vous m'aviez promis, mon ami, d'oublier ma petite ruse en faveur de votre jardinière. — Ne m'en faites donc pas souvenir. — Je ne vous conseille pas. — Et vous avez raison. — Mais vous me permettrez de vous observer... — Je ne permets rien. — Que vous devez au moins des consolations... — À un homme de vingt et un ans. S'il a du caractère, qu'il s'en serve; s'il n'en a pas, qu'il s'en fasse un. Brisons là s'il vous plaît.

Horeau leva les épaules, appuya sa tête dans l'encoignure de la calèche, s'endormit; et, à force de détours dans les terres, le cocher évita les ornières, et on arriva au château sans accident.

VII. — Fuite. Voyage.

M. Horeau trouva en rentrant une lettre de sa femme. Elle se plaignait de ses longues absences, et elle remarquait que, si on doit beaucoup à son ami, on doit plus encore à son épouse et à ses enfants. Horeau les aimait tendrement; il n'était pas fâché de garder une exacte neutralité entre l'oncle et le neveu, et il annonça son départ pour le lendemain matin.

Charles employa sa nuit à remplir sept à huit feuilles de papier, qui furent remises à Guillaume; et, comme il lui restait mille choses à dire, il passa à écrire encore toutes les heures de la journée où il n'était pas obligé de paraître devant son oncle. Il ne lui restait que cette consolation, et plus il en usait, plus il sentait qu'elle ne suffisait pas à un cœur dévoré d'amour et de chagrin.

M. Botte croyait avoir tout prévu; mais les amants ont aussi leur providence. Le cher oncle n'imaginait pas qu'un vieil orme fût l'entrepôt de la ci-devant si douce et maintenant si triste correspondance : il l'eût fait abattre indubitablement. Guillaume revint avec la lettre, la très-longue lettre que Sophie avait écrite de son côté. Jamais son style n'avait eu ce feu brûlant, cet abandon. Tel est l'effet des obstacles inattendus; ils électrisent, ils irritent; la raison se tait, la passion parle seule.

— Ah ! disait Charles à Guillaume, faut-il ne plus revoir celle qui écrit ainsi ! — Pourquoi, monsieur, ne la verriez-vous plus? — Je suis banni de la ferme. — Edmond, son fils et leurs gens dorment la nuit. — Et les chiens veillent. — On les empoisonne. — Mais mademoiselle d'Arancey... — Elle résistera d'abord, c'est dans l'ordre; elle cédera ensuite, c'est dans la nature. — Je n'oserai lui proposer... — Je la proposerai, moi. — Et comment? — J'écrirai, je vous ferai malade, je l'assurerai d'une entrevue vous rendra la santé. — Mentir à mademoiselle d'Arancey ! — C'est moi qui mentirai pour vous. — Mais ce serait moi qui l'autoriserais. Non, Guillaume, non, je ne descendrai pas à un mensonge, on ne trompe pas une femme qu'on respecte. J'ai promis d'ailleurs de ne plus suivre tes conseils.

Guillaume n'entendait rien à cette délicatesse, par la raison très-simple qu'il en était incapable. Il ne le croyait même pas sincère, et il imagina que le service le plus signalé qu'il pût rendre à son maître était de le servir malgré lui, en lui laissant la ressource du désavouer, si les circonstances l'exigeaient. Or, comme un homme malade d'amour ne cesse d'écrire que lorsqu'il n'a plus la force de tenir sa plume, Guillaume ne trouva pas d'inconvénient à remettre à l'ordinaire les lettres de Charles, et il en composa une tout à fait propre à ajouter à ce que souffrait déjà la malheureuse Sophie le tourment de l'inquiétude. Beaucoup de tendresse, l'humeur des contrariétés, et avec cela des alarmes nouvelles, il n'en fallait pas tant, selon Guillaume, pour déterminer la jeune personne à recevoir son amant en secret.

Il part avec son double paquet, et il arrive au pied de l'orme, enchanté de rendre la tranquillité à un maître tel qu'il n'en trouverait pas un second. Depuis qu'on ne chassait plus, il n'avait absolument rien à faire que ses courses à la ferme, et il serait dispensé de courir du moment où Charles prendrait la peine de courir lui-même.

Il avait déposé ses dépêches dans le creux de l'arbre, avec les précautions accoutumées, il n'y avait rien trouvé, ce qui lui paraissait extraordinaire, et il regagnait le chemin lorsqu'il vit arriver du côté de la ferme une voiture qu'il crut reconnaître. Il s'arrête, il regarde... il ne peut en croire ses yeux... c'est M. Botte seul dans un cabriolet.

Qu'a-t-il été faire là si mystérieusement? Serait-il aussi frappé du mérite de mademoiselle d'Arancey, et penserait-il à jouer le tour le plus cruel à son collatéral? Au reste, la jeune personne est sa maîtresse; elle ne consentira pas à déshériter son amant. Il est probable que M. Botte n'a pas vu cacher les lettres, et si on consent aux visites nocturnes, il est à présumer que le cher oncle se trouvera bientôt dans l'impossibilité d'épouser.

Ainsi raisonnait Guillaume, et Guillaume trompait à bien des égards. D'abord, M. Botte avait reconnu le piqueur d'assez loin, et il avait rangé son cabriolet derrière une haie pour le laisser passer sans être aperçu, et pour observer ensuite sa manœuvre. Il l'avait vu quitter la route battue, s'approcher de l'orme, descendre de cheval, tirer quelque chose de sa poche, se remettre en selle, regagner le chemin, et tourner vers son château. M. Botte ne soupçonnait pas les détails, mais il jugeait en gros que cette conduite équivoque annonçait quelque nouvelle ruse d'amour; et, sans s'embarrasser davantage d'être vu ou non de Guillaume, il résolut d'éclaircir encore cette affaire. Il s'arrêta en face de l'orme, et il signa au coureur, qui ne le perdait pas de vue, de venir à lui.

Guillaume s'approcha aussi tranquillement que s'il n'eût pas eu de reproches à se faire : ces demi-coquins sont toujours d'une sécurité inaltérable. — Que fais-tu si loin du château? — Monsieur, votre neveu ne chasse plus, les jambes de vos chevaux s'engorgent, et je les promène. — Ah! tu leur fais faire des promenades de quatorze lieues! Aide-moi à descendre, maraud.

M. Floridor chef de la troupe des comédiens de la ville de Mantes.

M. Guillaume saute à terre d'un air tout à fait gracieux; il présente le poignet, et M. Botte lui ordonne de passer son bras dans les rênes de son cheval. — C'est cela, astucieux valet; garde maintenant mon cabriolet jusqu'à mon retour. Guillaume reste bravement en sifflotant un petit air, et M. Botte marche droit à l'orme. Guillaume ne siffle plus, et M. Botte tourne autour de l'arbre, regarde en bas, en haut, et Guillaume se remet à siffloter. M. Botte voit le creux que vous connaissez bien, et il s'avise d'y allonger un bras tout entier; Guillaume éprouve quelque inquiétude. M. Botte en tire un paquet, et Guillaume fait une grimace... ah!

Le cher oncle revint d'un air triomphant en tournant et retournant le paquet. Point d'adresse ; mais pas de doute sur sa destination. L'ouvrira-t-il? Non, les secrets de son neveu lui appartiennent, et il ne doit juger que ses actions. Cependant les gouvernements se permettent souvent ces sortes de licences, et M. Botte gouverne sa maison. — Non, dit-il, non, n'imitons jamais les autres dans ce qu'ils font de blâmable ; restons purs, si nous exigeons que nos subordonnés le soient. Il remonte dans son cabriolet, et sans daigner adresser un mot au piqueur il reprend le chemin de la ferme.

Guillaume le regardait aller et ne sifflotait plus : ce n'est pas qu'il fût embarrassé de se justifier d'avoir obéi à Charles, dont il dépendait plus directement, et qui seul était comptable de ce qu'il écrivait. Mais son billet, à lui Guillaume, l'intriguait singulièrement; il n'était pas facile d'y donner une tournure innocente. Aussi incapable de s'affliger sérieusement que de se repentir, il se remit à siffler, et se proposa, en cas d'événement, de se retirer chez certaine veuve du village, très-éveillée et très-confiante, à laquelle ce qui pouvait arriver de pis était d'être ruinée un peu plus tôt si la bouillotte et la fortune continuaient de lui être cruelles.

Il rentra au château, et rendit à Charles un compte exact de ce qu'il avait vu et entendu. Pas de lettres de Sophie, premier sujet de réflexion ; une visite clandestine de l'oncle, sujet de méditation plus grave encore. Ce fut sur ces deux points que roula une conférence très-longue et très-inutile, puisqu'on ne savait pas ce qui s'était passé à la ferme. Guillaume prétendait que la présence de M. Botte avait empêché mademoiselle d'Arancey d'approcher de l'orme maudit : Charles soutenait que, pendant que son oncle causait avec Edmond ou son fils, elle avait dû trouver plus d'un moment favorable; et comme les amants ne connaissent que les extrêmes, qu'ils se désespèrent sans raison, comme ils se flattent sans motifs, Charles prononça net que Sophie n'aimait que faiblement, et qu'elle cédait aux obstacles qui se multipliaient à chaque instant. Ils défendaient tous deux leur opinion avec chaleur, lorsqu'une voiture arrêta à la porte cochère, et que cinq à six claquements de fouet se firent entendre. Charles voulait se cacher dans les entrailles de la terre ; Guillaume lui démontra que la chose était impossible, puisque le président de l'Académie de Berlin n'y avait pas réussi, et il ajouta que, lorsqu'une scène est inévitable, il est plus sage d'aller au-devant et d'en finir que de s'enterrer vif. — Je reste, moi, monsieur, pour recevoir mon congé de l'instant, si on doit me le donner, et n'y plus penser dans une heure.

M. Botte entra dans l'appartement de son neveu avec un air de dignité qui ne lui allait pas des mieux, mais qui ne laissait pas d'être imposant. Il avait jugé que, dans les grandes occasions, il faut, pour se rendre respectable, se respecter soi-même. — J'ai remis, monsieur, à mademoiselle d'Arancey deux lettres que j'ai trouvées dans un trou d'arbre, et qu'elle n'a pas fait difficulté de décacheter et de lire devant moi. — Deux lettres, mon oncle ! — Il m'est dur, monsieur, d'ajouter des reproches à ceux que vous vous faites peut-être vous-même ; mais je condamne ouvertement... — Deux lettres, dites-vous, mon oncle ! — Je condamne votre persévérance à égarer cette jeune personne, à l'avoir amenée à entretenir une correspondance que l'honneur n'approuve pas. Sa réputation est le seul bien qui lui reste au monde, et vous faites tout pour le lui ravir. — Moi, mon cher oncle ! — Vous, monsieur. Que serait-il arrivé si quelque autre que moi eût trouvé ces lettres, sans suscription à la vérité, mais dont les expressions sont tellement claires, qu'il serait impossible à quiconque connaît mademoiselle d'Arancey de n'être pas convaincu de son intelligence avec vous. — Par grâce, mon cher oncle, permettez-moi de dire un mot. — Voyons ce mot, monsieur. — Je n'ai écrit qu'une lettre. — Je le sais, monsieur ; mais avez-vous connaissance de la seconde? — Mon cher oncle, je vous jure que non. — Mademoiselle d'Arancey me l'avait juré aussi. Voici sa réponse, monsieur. — Comment, mon oncle, vous avez daigné... — Oui, monsieur, j'ai mieux aimé être votre commissionnaire que de vous voir compromis avec ce faquin qui pâlit en affectant une contenance ferme. Monsieur, qui confie ses secrets à un sot sait lui livrer l'honneur de sa maîtresse est criminel. J'ai fini, monsieur ; que je ne vous gène pas, voyez ce qu'on vous écrit.

« Votre piqueur, monsieur... » monsieur ! répète Charles en soupirant. — Lisez, lisez donc. « Votre piqueur, monsieur, a la hardiesse de m'écrire. Monsieur votre oncle me rassure sur votre santé, et s'appuie cependant d'une maladie imaginaire pour me faire des propositions indignes de moi... » Ah ! Guillaume, ah ! malheureux ! s'écrie Charles. — Poursuivez, monsieur, poursuivez. « Vous les ignorez, sans doute, ces propositions, car si je vous ai montré de la faiblesse, je n'ai pas du moins mérité votre mépris. Ce billet est le dernier que vous recevrez de moi. Monsieur votre oncle le veut ainsi, et je me soumets.

» Je vous salue.

» SOPHIE D'ARANCEY. »

— Mon oncle, je ne puis m'y méprendre ; c'est vous qui lui avez dicté ce billet. — Non, monsieur ; mais je l'ai décidée à l'écrire. — Et vous n'avez pas craint de me désespérer ! — Je crains jamais rien quand je fais mon devoir. — Votre devoir, cruel... votre devoir ! — N'oubliez pas les vôtres, monsieur. Le premier est la soumission, et mademoiselle d'Arancey vous en donne l'exemple. Insensé, vous parlez de mariage! Comment exigerez-vous de vos enfants un respect que vous êtes prêt à me refuser? Vous parlez de mariage ! et vous ne savez pas encore qu'il faut honorer avant d'aimer, si l'on veut estimer après. — Mon oncle, mon cher oncle, je suis sans excuse, je le sens ; mais ayez pitié de votre infortuné neveu, ne m'accablez pas de toutes les manières à la fois. Laissez-moi du moins la satisfaction de lui écrire, de savoir qu'elle ne m'oublie pas. Vous n'avez jamais aimé, mon oncle... — Non, jamais. — Et vous ne soupçonnez pas quel trait empoisonné vous enfoncez... — Finissons, finissons, s'il vous plaît. Est-ce un roman que nous faisons ici? Et M. Botte sonne.

Tous ses domestiques entrent à la fois. — Je vous ai fait dire de vous tenir prêts au premier signal, et je vais vous notifier mes intentions : elles sont invariables. Je défends à qui que ce soit de monter à cheval, pour quelque cas que ce puisse être, sans mon ordre positif. Je défends qu'on se charge d'aucun message, écrit ou verbal, qui ne sera point émané de moi. Je défends qu'on laisse entrer qui que ce soit au château sans m'en prévenir à la minute, et qu'on y reçoive personne en mon absence, Horeau excepté. Je veux bien vous déclarer qu'il s'agit ici d'autre chose que d'une cruche de vin volé ; et si quelqu'un transgresse mes ordres, il encourra, sans espoir de retour, toute mon indignation.

Guillaume, d'un air moitié tendre, moitié badin, embrasse madame Thomas, qui ne peut tenir à ce dernier trait.

— Guillaume, je vous chasse, et j'interdis à vos anciens camarades toute communication avec vous. L'affaire que vous savez n'est connue que de moi, de certaine dame et de vous : s'il en transpire quelque chose, c'est que vous aurez parlé, et alors malheur à vous !

Ses domestiques retirés, il dit à son neveu : — Il m'en aurait trop coûté de vous humilier devant mes gens. Je vous ai ménagé autant que je l'ai pu ; mais j'en ai dit assez pour que personne ne vous obéisse. Je vous laisse votre liberté, parce que je vous ai mis dans l'impossibilité d'en abuser : mademoiselle d'Arancey ne vous recevra plus.

— Allons, allons, se disait M. Botte en rentrant dans son appartement, il faut que j'avoue qu'il m'en a coûté pour jouer le père noble pendant un quart d'heure ; mais j'aime à me rendre justice : je n'ai, parbleu, pas mal rempli mon rôle.

Il est inutile de peindre ce que souffrait Charles privé de toute espèce de communication avec son amie. Ceux qui aiment se feront un tableau fidèle de son état : les gens indifférents ne comprendraient pas l'espèce de frénésie qui l'égarait. Il accusait et son oncle, et Sophie, et le ciel ; et ne sachant plus à qui s'en prendre, il s'accusait lui-même. Il semblait se complaire à chercher tous les raisonnements qui pouvaient éteindre jusqu'au dernier reste d'espérance. C'est ce qu'on appelle, je crois, en tragédie, en drame et en roman, nourrir sa douleur. Il la nourrissait en pure perte ; l'oncle barbare n'était pas témoin de ses transports ; il n'y avait pas seulement d'écho dans sa chambre.

Le matin il était défait, pâle, abattu comme une fleur frappée d'un coup de soleil, et il s'en applaudit : c'est ainsi qu'il faut être pour intéresser. Il descendit, persuadé que son oncle, qui ne veut pas l'entendre, le regardera du moins. Il apprend qu'il vient de partir encore dans son cabriolet. Ce nouveau coup remonte sa tête affaiblie. — C'en est fait, dit-il, elle me sacrifie à la fortune ; elle est indigne de m'occuper davantage : qu'elle s'efface de ma mémoire et de mon cœur !

Ces choses-là sont très-faciles à dire. Je ne connais pas d'homme qui n'en ait dit autant au moins une fois en sa vie ; mais l'exécution ?.... Charles, en parlant ainsi, courait de chambre en chambre, et il ne s'apercevait pas que deux ruisseaux de larmes venaient de s'ouvrir, et qu'il se donnait en spectacle aux gens de la maison qui se trouvaient sur son passage. Ils l'aimaient, parce qu'il était bon, et à cent questions différentes, dictées toutes par un intérêt vrai, il répondait : — Qu'elle s'efface de ma mémoire et de mon cœur !

Cette manière de répondre n'était pas propre à dissiper les inquiétudes. On le crut fou, et on commença hautement à déplorer son sort. On se confirma dans cette opinion lorsque Charles, qui entendait à merveille, confus du ridicule qu'il se donnait, s'enfuit à toutes jambes, et fut se renfermer chez lui. Quand le maître est absent et le neveu en démence, la femme de charge est vice-reine ; et comme l'autorité est le hochet des gens de toute espèce, la femme de charge donna amphatiquement ses ordres. On ne grille pas des croisées en une heure, mais il ne faut pas tant de temps pour les boucher avec des matelas, et pour ôter à un malade tous les meubles et les instruments qui peuvent lui être nuisibles ; voilà ce que prescrivit la dame, et sept à huit domestiques menaçaient déjà Charles d'une obscurité absolue. — Vous vous trompez, mes amis, leur dit-il avec un sourire plein de douceur, ma raison n'est pas aliénée ; je serais trop heureux de l'avoir perdue. Comme tout le monde sait qu'un homme qui sourit avec douceur n'est pas maniaque, la femme de charge, qui se piquait d'avoir du caractère, osa s'approcher de Charles. Elle lui parla, il répondit juste. Elle s'assit près de lui, le consola, l'encouragea, sans savoir de quoi il était question. Il y a un protocole qui s'applique à toutes les maladies de l'âme : c'est ainsi que ceux qui visitent, par politesse ou par intérêt, un mourant à qui ils ne savent que dire, lui répètent le mot patience jusqu'à satiété. C'est avec ce mot qu'on calme quelquefois le prisonnier qui soupire après sa liberté, le plaideur qui attend un jugement, le mari qui a une femme acariâtre, le papa devenu grand-père avant le mariage de sa fille, etc., etc.

La petite Grandval.

Quelque violents que soient nos chagrins, nous aimons à être plaints ; nous savons gré à ceux qui nous entourent d'entrer dans notre situation ; le cœur s'ouvre alors à un sentiment doux qui le soulage. Charles, dans toute autre position aurait ri des contes de la femme de charge, lui prêtait une oreille attentive ; il lui contait ses peines sans s'en apercevoir : il semble qu'on en diminue le poids en croyant les verser dans le sein d'un autre ; et le malheureux, qui n'avait plus son Guillaume, avait besoin de quelqu'un qui l'écoutât. La femme de charge savait tout, excepté le nom de la demoiselle et les vues que Charles soupçonnait à son oncle.

Les femmes sont compatissantes. On les en loue, comme on applaudit à leur beauté, sans réfléchir que ce sont deux dons de la nature où leur volonté n'est entrée pour rien. Elles sont compatissantes surtout pour les peines d'amour, parce que ce sont celles qu'elles éprouvent le plus fréquemment, et par l'impossibilité de prévenir l'aveu d'un amant, et par les combats que l'amour livre à la vertu, lorsqu'elles ne sont déclarées, et par l'inconstance des hommes, qui ne leur laisse souvent que le regret de s'être rendues. La confiance de Charles lui valut des soins plus affectueux, plus suivis. Les conseils vinrent ensuite; car nous avons tous l'amour-propre de vouloir conseiller : il semble que celui qui se rend à notre avis reconnaisse en nous une sorte de supériorité.

De mille et un conseils que reçut Charles, et auxquels on joignait tantôt un consommé, tantôt une gelée de pommes, un seul lui parut bon à suivre : c'était d'écrire à son oncle, puisqu'il ne voulait pas l'entendre. Il était à présumer qu'à travers ses fréquentes exclamations il lirait une lettre du commencement à la fin, et Charles se mit à son secrétaire.

C'est une grande affaire que d'écrire à ceux qu'on craint : il faut ménager leurs opinions, leurs faiblesses et quelquefois leur bêtise. Il faut leur dire qu'ils ont tort, sans les heurter, sans les offenser, et il faut plus que de l'esprit pour cela. Aussi Charles déchirait, recommençait et déchirait encore : ce n'est pas qu'il manquât d'esprit; mais il était très-amoureux, et nous savons ce qu'est un amoureux aux yeux de tout le monde, sa maîtresse exceptée. La journée se passa à causer, à prendre des restaurants et à écrire. Cette lettre si difficile à faire se fit enfin, et la dernière ne valut pas mieux que les autres. Mais Charles ressemblait alors à ces auteurs qui sont persuadés d'avoir fait un excellent ouvrage quand ils ont tourmenté bien longtemps une imagination bien ingrate.

La femme de charge, qui met de l'importance à tout, vient lui dire à l'oreille que M. Botte est rentré; il s'élève pour aller remettre sa lettre, et il donne en passant un coup d'œil à la glace, bien involontairement sans doute, car un amant malheureux ne doit pas s'occuper de sa figure. Il se trouve au moins aussi laid que le matin ; plus, ses cheveux en désordre, le col de sa chemise ouvert : il est presque tenté d'être content de lui.

Il se présente à l'appartement de son oncle ; le valet de chambre lui dit que monsieur s'est trouvé incommodé, qu'il s'est couché et qu'il se repose. Charles s'en retourne tristement; la femme de charge lui fait bassiner son lit, l'engage à se reposer, et Charles se laisse déshabiller, bien décidé à ne pas dormir pour être plus mal encore, s'il est possible, le lendemain. Mais la nature, qui ne se prête pas à nos petits arrangements, agit d'après ses lois ordinaires : Charles dormit, et profondément. Il était très-beau en se réveillant, et il n'en fut pas plus gai.

Il se présente à l'appartement de M. Botte. — Il est parti, monsieur. — Quand? — Au point du jour. — Comment? — Dans son cabriolet. — Pour aller où? — Il ne me l'a pas dit, monsieur.

Charles, excédé de ces contre-temps et ne sachant à quoi s'arrêter, fut consulter la femme de charge, qui, prenant aussi à un rôle qui lui donnait une certaine consistance, lui conseilla, après avoir réfléchi longtemps, de placer sa lettre sur le bureau de son oncle, qui ne manquerait pas de la trouver le soir. C'est que les bons conseillers ne sont pas faciles à trouver ; et voilà pourquoi nos rois ne consultaient leur conseil que pour la forme.

Le valet de chambre n'avait pas de raison pour empêcher Charles de déposer une lettre sur le bureau de son oncle. Le jeune homme cherche l'endroit où sa supplique sera le mieux en vue, et son nom le frappe sur ce bureau : il s'apperçoit pour mettre le sien en évidence. Il était clair que cet écrit avait rapport à lui, et, s'il y avait de l'indiscrétion à le lire, il était constant que personne n'en saurait rien. Nous connaissons bien des gens que la certitude de l'impunité a conduits bien plus loin. Charles lit :

« Envoyez-moi de suite, monsieur Horeau, mon tapissier et mon peintre. Que le premier apporte deux ameublemens de la première élégance, et l'autre des couleurs de toutes les façons : le prix n'y fait rien.

» Charles, à ce qu'on m'a dit mon valet de chambre, fait des extravagances qui me déplaisent autant qu'elles me donnent d'inquiétude. Décidément il a besoin d'une femme, et je veux le marier pour en finir. Je vais le présenter à sa future, qu'il ne connaît pas encore... »

— C'en est trop, c'en est trop! s'écrie le jeune homme; je n'obéirai pas. Il déchire sa lettre, et il écrit au bas de celle de son oncle :

« Vous n'avez pas le droit de disposer de moi. Gardez vos bienfaits; ils sont trop chers à ce prix. Soyez heureux, si vous pouvez l'être après avoir causé ma mort. »

Il sort ; il rencontre le valet de chambre, et lui applique un vigoureux soufflet pour le guérir de la manie des rapports ; et se fait ouvrir la porte ; il traverse une partie du village : Guillaume était devant la maison de sa petite veuve, lui tenait le compte de laquelle on jasait... ah !
— Hé, où allez-vous, monsieur, dans ce désordre effrayant? — Je vais me noyer. — Comment, vous noyer ! — Mon oncle veut me marier... — Je ne vois là rien de désespérant. — A une femme que je ne connais pas. — On fait connaissance. — Et que je déteste déjà. —
Il n'est pas nécessaire d'aimer sa femme; et puis, n'avez-vous pas la ressource du huitième sacrement ? — Lequel donc ? — Le divorce est le sacrement de l'adultère. — Pas de mots : tu dois aussi être las de la vie. — Moi, monsieur, pas du tout. — Vient te noyer avec moi. — Ecoutez donc, monsieur, il est toujours temps d'en venir là. Réfléchissons un peu, s'il vous plaît. — Mes réflexions sont faites. Veux-tu te noyer ? — Non, monsieur. — Adieu donc, Guillaume. Et Charles s'en allait droit à la rivière.

Le piqueur l'arrête par le bras. — Un moment donc, monsieur ! Vous avez réfléchi, c'est à merveille ; mais je suis bien aise aussi de vous communiquer mes idées. Il ne faut pas vous marier, puisque vous avez tant d'aversion pour la future; et il faut bien moins vous noyer, parce qu'il n'y a pas de remède à cette sottise-là. — Il n'y a pourtant qu'un de ces deux partis à prendre. — Bah ! Vous sentez-vous la force de résister à votre oncle en face ? — Non. — Eh bien ! partons. — Pour aller où? — Je n'en sais rien. — De quoi vivrons-nous ? — Deux jeunes gens aimables sont-ils jamais embarrassés ? — Mais tu as une maîtresse. — Nous commençons à être las l'un de l'autre. Et puis elle n'a presque plus rien ; je veux être généreux et lui laisser quelque chose. Avez-vous de l'argent? — Trente louis environ. — Avec cela et mon activité nous ferons le tour du monde.

On n'est pas très-fâché, quand on veut se noyer, de rencontrer quelqu'un qui en empêche. Par désespoir et par ostentation, Charles se fût jeté à l'eau. Gagné par des raisons qui n'étaient pas fort bonnes, mais qu'un reste d'amour pour la vie lui faisait trouver excellentes, il se laissa conduire. Guillaume le fit entrer chez sa veuve, lui fit prendre un verre de vin, mit deux ou trois chemises dans ses poches, sortit sans prendre congé de la délaissée, mena son désespéré à la poste, le monta à bidet, et fouette, postillon.

M. Botte rentra à son heure ordinaire, très-satisfait des opérations de sa journée. Qu'avait-il fait? Vous le saurez plus tard. Il ordonne qu'on lui envoie son neveu. — Il est sorti, monsieur. — Quand? — Ce matin. — Comment? — A pied. — Pour aller où ? — Il ne me l'a pas dit, monsieur.

Le cher oncle, sans s'inquiéter davantage, passe dans sa chambre pour finir son épître à Horeau, et l'expédier par un de ses gens. Il lit les deux ou trois lignes de son neveu, et il demeure anéanti. Revenant bientôt à sa vivacité naturelle, il se lève en s'écriant avec violence : — Oh ! le malheureux ! il veut se faire mourir, il court le château à son tour en répétant ; — Le malheureux! le malheureux ! Il s'en va dans le village, et laisse ses gens persuadés qu'une maladie particulière est attachée à cette famille-là.

Il entre dans toutes les maisons, il s'informe ; les uns ont seulement vu passer Charles; les autres ne l'ont pas vu du tout ; et à chaque démarche infructueuse il s'écriait : — Le malheureux me fera mourir!

Il interrogea enfin la petite veuve, dont il ignorait les petites intrigues, et là il commença à respirer. Il apprit que Charles avait voulu se noyer, que Guillaume l'en avait empêché, et qu'ils étaient allés prendre des chevaux à la poste.

— Je n'aurais pas cru, dit-il, Botte en allant à la poste, que ce coquin de Guillaume pût faire une bonne action. Ces gredins-là ressemblent apparemment à ceux qui ont la fièvre intermittente : ils ont leurs bons et leurs mauvais jours.

Il fait appeler le postillon qui a conduit son neveu. — Quelle route a pris mon drôle? — Celle de Mantes, monsieur. — Vite des chevaux, à ma chaise, et un courrier en avant!

Il se donne à peine le temps de prendre du linge, son couteau de chasse, une volaille froide et un flacon de son meilleur vin. La femme de charge, son valet de chambre lui font mille observations sur les inconvéniens de ce départ précipité, sur la fatigue qu'il doit causer, sur les accidens qui peuvent en résulter, une transpiration arrêtée...
— Je m'en moque. — Une attaque de goutte dans un cabaret de village. — Je m'en moque. — Une sciatique, une paralysie, une apoplexie. — Je m'en moque. — Si M. Horeau était ici... — Il n'y est pas. — Vous pourriez faire partir quelqu'un de sûr... — Hé ! le fugitif se moquerait de tout le monde, et il n'y a que moi qui puisse le ramener, et il faut que je le trouve. Si ce malheureux peut vivre sans moi, je sens que je ne puis vivre sans lui. Il ordonne au postillon qui court en avant de s'informer à chaque poste de la route que suit son neveu, et le voilà lui-même roulant sur le chemin de Mantes au grand galop de deux forts chevaux.

Charles et Guillaume allaient de leur côté comme des gens qui craignent d'être suivis ; et ils étaient toujours parfaitement montés, parce qu'ils payaient partout en grands seigneurs. Leur manière de voyager avait bien ses désagrémens : des bottes à la hussarde, des pantalons de velours, et à toutes selles ; mais des déserteurs n'y regardent pas de si près. Le grand air, le mouvement du cheval, la variété des objets, tout contribuait à rafraîchir le sang salpêtré de Charles; il ne disait rien à Guillaume, mais, en dépit de douleurs causées par une excoriation naissante au coccyx, il se félicitait intérieurement de ne s'être pas noyé.

En arrivant à Mantes, le piqueur, qui s'était érigé en factotum, demanda la poularde fine ; et Charles ne mangea au moitié sans trop se faire prier. Quelques verres de bourgogne, que son compagnon versait à courts intervalles, dissipèrent en partie les nuages qui embrunissaient son imagination ; et en arrivant à Vernon, c'était presque un homme comme un autre.

M. Botte payait comme eux, allait aussi vite qu'eux, et ne s'arrêtait quelle part ; mais ils avaient sept à huit heures d'avance, et probablement il ne les eût joints que sur les bords de l'Océan, ou en Angleterre, ou aux grandes Indes, sans un accident qui peut arriver à tout le monde, mais qui dérangea singulièrement les projets des uns, en servant ceux de l'autre.

Charles avait donné quelques louis à Guillaume pour payer leur dépense commune, et le reste de son or était dans une poche de son gilet. Les soubresauts continuels du précieux et lourd métal avaient enfin percé la poche. Charles en descendant de cheval à Vernon reconnut qu'il était ruiné.

Dans toutes les contrariétés qu'il éprouvait, son premier mouvement était de s'affliger, et celui de Guillaume de chercher un remède au mal. Il vide ses poches, rassemble sa grosse et sa menue monnaie, et se trouve encore possesseur de dix-huit francs. Charles se désole en contemplant ces tristes restes, et Guillaume se met à rire. — Écoutez donc, monsieur, il fallait en venir là un mois plus tard ; supposons que nous avons vécu un mois de plus. Et puis misère est mère d'industrie ! tant que j'ai de l'argent, je suis paresseux comme un maître. — Si du moins je savais un métier ! — Fi donc ! monsieur, c'est la ressource de ceux qui n'en ont point. Je joue très-bien au billard, pas mal du violon, parfaitement le piquet. et nous avons deux figures avec lesquelles on se présente partout. D'abord, monsieur, nous allons renoncer aux chevaux de poste, par la raison très-simple que nous n'avons plus de quoi les payer, et que nos postérieurs se refusent à cette manière de voyager. Nous monterons sur la galiote de Rolleboise, qui est bien la plus jolie petite voiture !... Vous ne la connaissez pas, monsieur ? — Non, Guillaume. — Vous en serez enchanté. Une diversité, une odeur, des aisances !... et, ce qui est à considérer, dix à douze sous par personne, pas davantage, pour faire dix à douze lieues. — C'est quelque chose que ce dernier article. — Et, comme les situations les plus désastreuses en apparence ont toujours un bon côté, si monsieur votre oncle fait courir après nous, ce qui est possible et même probable, ses limiers se trouveront en défaut à Vernon, parce que nous allons nous embarquer incognito.

Charles n'avait pas l'idée de cette galiote de Rolleboise, et, en y entrant, il se crut dans l'arche sainte, où s'entassaient tous les animaux que le Père éternel voulut conserver, et d'où fut exclu le serpent maudit, pour avoir tenté Eve ; ce qui fait que je suis très-embarrassé pour savoir d'où viennent ces beaux serpents à sonnettes qui font tant peur aux voyageurs, et ces Nègres, et ces Albinos, et ces Cafres, qui ne sont ni de la structure ni de la couleur de Noé. Supposons, pour tout concilier, que madame son épouse et mesdames ses brus enfantirent des monstres pour multiplier les espèces ; admettons que les controversistes et les inquisiteurs sont aussi descendants de Noé, et Dieu nous garde de toutes les espèces de monstres qu'il a mises au monde pour ses menus plaisirs.

Revenons à la galiote, aussi mal bâtie et aussi dégoûtante que l'arche. Vingt à trente nourrices, chantant chacune leur air pour apaiser le nourrisson qui crie, torchant en lui présentant un bouton couleur de suie de cheminée, et serrant précieusement sous le siège et la couche et le contenu ; des soldats fumant, buvant, jurant ; des marchands de bœufs jouant à la *quarante de rois*, avec des cartes grasses, et tout le monde parlant à la fois ; un air épais, dont les poumons repoussent en vain les impuretés ; et enfin la couche du bâtiment, qui contraint ceux qui sont assis le long du bordage à passer vingt-quatre heures les reins ployés en deux : voilà la galiote de Rolleboise. On y trouvait autrefois des capucins, dont le fumet s'alliait à merveille aux autres diverses odeurs.

— Allons, monsieur, dit Guillaume, un peu de courage. Vous n'avez jamais fait de réflexion sur les avantages d'un air doux et pur. Vous verrez demain avec quel plaisir vous respirerez celui de la campagne : il n'est pas de petite observation pour le sage. Après cette courte exhortation, Guillaume s'approcha des marchands de bœufs. Il raisonna sur les coups pour entamer la conversation ; il parla du marché de Poissy, il se récria sur l'énormité des droits qu'on y perçoit, et il prouva avec sagacité que les droits excessifs sont la ruine d'un gouvernement, parce qu'ils produisent la fraude. Il ajouta que, les droits modérés ne laissant pas au fraudeur un bénéfice proportionné aux risques, le trésor public y gagne, et par les rentrées plus considérables, et par des gages de moins à payer aux employés. Les marchands de bœufs, charmés de sa logique, posèrent leurs cartes, et, pour preuve de leur bienveillance, le régalèrent d'un petit verre de détestable eau-de-vie, que dans la galiote comme dans la maison d'arrêt on vend très-cher aux prisonniers.

A la faveur de ses gentillesses, Guillaume parvint à faire son cent de piquet, et c'est là qu'il en voulait venir. Je ne sais si la fortune lui fut favorable, ou s'il en savait plus que le jeu, mais en deux ou trois heures il gagna de quoi payer la barque, et vivre grandement le lendemain ; séance remarquable pour des gens à qui il ne restait presque rien.

Comme on n'allume qu'une chandelle dans la galiote, qu'on ne la mouche jamais, qu'on ne peut pas jouer sans y voir avec des cartes dont les signes sont couverts d'un glacis de crasse, Guillaume renonça à pousser sa chance ; il se coucha sous son banc, parce qu'il ne pouvait plus tenir dessus ; il appuya douillettement sa tête sur un paquet de couches, qui se trouva à sa portée ; et il s'endormit en répétant : — C'en est, décidément, c'en est.

Depuis longtemps Charles, à qui l'intérieur était insupportable, s'était établi sur le pont. Étendu sur des cordages, il regardait les étoiles en pensant à mademoiselle d'Arancey. Une nuit se passe de cette manière comme au bal. Qu'importe, quand le jour paraît, qu'on se soit amusé ou non la veille ? Le passé n'est plus, le présent nous flatte peu, et notre imagination nous pousse dans l'avenir.

C'est en se jetant dans cet avenir que M. Botte supportait la continuité d'un voyage dont le succès était incertain. Lorsqu'il arriva à Vernon, il avait gagné une heure ou deux sur les fuyards, et il espérait les joindre le lendemain soir ; c'est beaucoup pour d'espérer. Mais que le prophète-roi a eu raison de dire que les projets des hommes ne sont que vanité ! M. Botte se désespère en apprenant que son neveu a quitté la poste à Vernon, et qu'on ne sait de quel côté il a tourné. Il met en l'air tous les domestiques de l'auberge ; il caresse, il gronde, il promet ; il va lui-même de cabaret en cabaret ; il dépeint son déserteur et son compagnon ; ses émissaires courent à l'entrée des différentes routes : on se réunit sans avoir le moindre renseignement, et M. Botte finit par se dépiter, s'emporter, tempêter, et se mettre à table.

En faisant honneur à un copieux repas, il pensait au parti qu'il avait à prendre. Le plus court était de retourner à son château ; en effet, que pouvait-il gagner à imiter ces héros de roman, qui vont sans savoir où, et qui cherchent sur la route de Calais leur dame, qui a pris le chemin de Bordeaux ? Il interrompait ses réflexions par des imprécations énergiques contre son neveu, contre ceux qu'il venait de payer largement, et qui n'avaient rien découvert, et il se félicitait intérieurement qu'au moins Guillaume fût avec Charles pour l'empêcher de se noyer.

Il avait passé le reste de la journée à penser, à manger, à crier, comme Charles passait la nuit à compter les étoiles, et il se disposait à se coucher, lorsqu'un domestique avisé lui dit tout à coup en baissant son ton : — Monsieur, il me vient une idée lumineuse. — Voyons-la, maladroit. — Personne n'a pensé à la galiote. — Courons à la galiote, et un louis pour toi si tu me fais découvrir quelque chose. Il sort en manteau de lit, sans penser à prendre sa perruque ; le valet court après lui un falot à la main ; ils entrent au bureau ; les signalements donnés avec la plus scrupuleuse exactitude, le buraliste répond avec humeur qu'il n'est pas de son faire sa recette, et pour nous guetter au passage les enfants de famille qui font des frasques à leurs parents. M. Botte envoie le receveur au diable ; le receveur réplique sur le même ton. M. Botte lui jure qu'il le fera casser ; le receveur lui rit au nez. M. Botte vient lui couper les oreilles : il a laissé son couteau de chasse à l'auberge.

Le valet, qui veut gagner son louis, ne se rebute pas, il conduit le cher oncle chez un de ces êtres qui ne font rien de toute la journée, à l'exception de deux heures où ils attendent les voitures de terre et d'eau pour s'emparer des paquets des voyageurs, et les faire contribuer. Celui-ci se rappela très-bien d'avoir vu monter sur la galiote les deux hommes qu'on lui désignait. — Prends bien garde de le tromper. — Oui, monsieur. — Habit vert, parements, collet et poches galonnés. — Oui, monsieur. — Chapeau bordé. — Oui, monsieur. — Cinq pieds six pouces. — Oui, monsieur. — Cheveux châtains. — Oui, monsieur. — Figure heureuse. — Oui, monsieur. — Puisque tu as si bien observé, tu me diras comment l'autre est fait. — Rien de remarquable, monsieur... — Comment, maraud ! — Qu'une très-belle tête. — A la bonne heure. — Un peu de votre air. — Peut-être bien. — La taille admirable. — C'est cela, mon ami, c'est cela. Les malheureux enfant est sur la galiote.

La vérité est que le crocheteur n'avait rien observé du tout ; mais on l'avait prévenu qu'il serait bien payé, et l'argent qu'on escroque n'est pas de l'argent volé, selon le code de la canaille et de bien des gens dits comme il faut. Au reste, le crocheteur avait deviné juste, c'est tout ce qu'il fallait à M. Botte, qui paya, qui rentra, et qui se consulta ainsi qu'il suit.

D'abord il était excédé d'avoir couru en chaise et à pied ; ensuite, il y avait environ douze heures que la maudite galiote était partie ; enfin il était impossible de se trouver au débarquement. Ce qu'il y avait de mieux à faire était donc de se coucher, et c'est ce que fit M. Botte. Il s'endormit en pensant que ces hommes qui ne vont qu'à petites journées sont bientôt pris, surtout quand on a des renseignements aussi positifs que ceux du crocheteur.

Le lendemain, Charles et Guillaume étaient entrés modestement à Andelys, ville assez ignorée du vulgaire, mais très-connue des antiquaires pour un puits que Caligula, qui aimait l'extraordinaire, fit percer sur une pointe très-élevée, dont la Seine baigne la base. Or, quelque la pointe est d'un accès assez difficile, les habitants puisent tout bonnement de l'eau à la rivière, et abandonnent le puits de Caligula, ou d'un autre, qui n'est pas moins une extravagance non remarquable.

— Personne, monsieur, dit Guillaume, ne viendra nous chercher ici. — Je ne le crois pas. — Ce trou est éloigné des grandes routes. — Je le sais. — Passons-y la journée. — Soit. — Vous vous reposerez. — J'en ai besoin. — Le mari, qui ai la tête et le cœur libres, je ferai la petite partie. — Tu perdras notre reste. — Si je ne le joue pas, nous le mangerons dans deux jours, et je ne trouve encore ici qu'une très-petite différence. — Tu as raison. — Et puis, monsieur, des jeunes gens aimables comme nous se tirent toujours d'affaire. Les femmes des petites villes aiment beaucoup les étrangers, parce qu'ils emportent le secret avec eux. — Oh! ne me parle plus des femmes. — Je m'étais bien promis de ne plus manger de truffes, qui m'avaient donné une indigestion de tous les diables : deux jours après j'en étais plus fou que jamais. — Oh! j'ai du caractère. — Chanson! — Les femmes me sont odieuses. — Cela ne durera pas. — Toute ma vie! — Tarare. Et en causant ainsi, ils entrèrent à l'auberge de l'*Égalité*, où on est considéré et servi à l'égalité de ses moyens.

VIII. — Aventures.

On ne s'annonce pas fastueusement quand on a vingt ou trente francs à deux, et on prend naturellement sa place au coin du feu de la cuisine. C'est là que Charles pensait en déjeunant à sa splendeur éclipsée, aux désagréments qui l'attendaient, aux difficultés d'exister, et à l'humiliation de vivre en égal avec son valet, assez mauvais sujet. Mais lorsqu'il se rappelait les procédés affreux de mademoiselle d'Arancey, et surtout ce mariage arrêté, il sentait la nécessité de fuir, n'importe comment, et il se résignait.

Guillaume, toujours content de son sort, caressait sa bouteille à l'autre coin de la cheminée, et suivait des yeux les mouvements du cabaretier, qui allait et venait, qui arrosait son rôt sans faire beaucoup d'attention à lui. Il était pourtant nécessaire de connaître les ressources qu'offrait la ville à l'indigence adroite; et le gargotier s'obstinant au silence, Guillaume le rompit par une exclamation. — Parbleu! monsieur, c'est une bien belle ville que les Andelys! — Superbe! monsieur. — Deux mille âmes au moins? — Mais peu s'en faut. — De la société? — Brillante. — Des cafés, des billards? — Et un spectacle!... Ah! c'est cela qu'il faut voir. — Un spectacle? ..... J'entends, les marionnettes, les ombres chinoises. — Qu'est-ce que c'est, monsieur, qu'est-ce que c'est? des marionnettes, des ombres chinoises! la tragédie, monsieur, la comédie, jouées par des gens du premier mérite! la troupe de Mortagne, entendez-vous, monsieur, la troupe de Mortagne; la salle de plain-pied, tapissée dans le pourtour d'un point de Hongrie; huit pieds d'élévation du théâtre à la charpente; *Castigat ridendo mores* écrit en lettres noires sur un rideau gris, et douze sous aux premières places. Des marionnettes, des marionnettes!

— Je n'ai pas eu l'intention de vous offenser, monsieur. — Non, mais c'est que des marionnettes... — Et les actrices sont-elles un peu jolies? — Charmantes, monsieur. Il faut voir madame Floridor avec sa robe de gaze chinée, son jupon de damas jaune, son chignon retroussé, son chapeau à la libi, et sa grande mouche à côté de l'œil gauche; ses bras nerveux, son regard téméraire : la voix un peu fatiguée; mais des qualités! Point de domestiques, point de femme de chambre, faisant tout elle-même, et faisant tout bien; aimant son mari, ses camarades, son public : oh! madame Floridor est une femme accomplie. — Ce que vous m'en dites me donne la plus grande envie de la voir. Et où est ce spectacle enchanteur? — Dans mon grenier, monsieur. Guillaume, qui n'y tenait plus, s'en fut sur la porte pour ne pas rire au nez de l'impertinent louangeur.

Non-seulement le gros Thomas tenait spectacle dans son grenier, mais il logeait et hébergeait la troupe; ce qui plaisait pas du tout à madame Thomas, parce que ces messieurs et ces dames mangeaient beaucoup, buvaient de même, ne payaient pas, et que madame Floridor pinçait quelquefois les joues de son mari. Elle ne laissait échapper aucune occasion de marquer son mécontentement, et, choquée des éloges que son époux prodiguait à l'actrice, elle accourut les poings sur les hanches : — Il te sied bien de te mêler de tout cela! Fais ta cuisine, animal! — Je la fais aussi, ma femme. — Oui, et tu donnes ton bien à manger à ces gens-là. — Ils me payeront. — Jamais. — Voilà comme vous êtes, madame Thomas. Et la pièce nouvelle qu'ils donnent ce soir, où il y a du chant, de la prose, des vers, trois combats et deux empoisonnements, et madame Céphise qui débute dans cette pièce, et qui arrive de Gisors, précédée d'une étonnante réputation; et le char du roi de Maroc qu'on promène en ce moment par les rues, hein? D'ailleurs, ces messieurs m'abandonnent la recette, et je la ferai moi-même à la porte.

La contestation n'eût pas fini de longtemps si Charles, que ses réflexions ne rendaient pas sourd, ne l'eût interrompue par trois éclats. Guillaume rentra, et mit tout à fait à son aise. M. et madame Thomas, qui ne concevaient pas qu'on trouvât le mot pour rire dans ce qu'ils avaient dit, fronçaient déjà le sourcil; Guillaume, qui avait toujours un moyen prêt, demanda une seconde bouteille, et la sérénité se rétablit sur les deux grosses faces.

Guillaume, voyant Charles en belle humeur, saisit le moment en homme habile, et le tira à l'écart. — Monsieur, lui dit-il, vous vous plaignez d'être sans asile, sans moyens, sans consistance. — Oui, cela m'affecte, Guillaume. — Ayons l'air de tenir à quelque chose. — C'est là la difficulté. — Rien de si aisé, faisons-nous comédiens. — Es-tu fou? — Pourquoi donc, monsieur? les sots les recherchent, les gens d'esprit s'en amusent; et qu'a-t-on à craindre, quand on a pour soi ces deux espèces-là? — Mais des comédiens des Andelys? — N'en faites pas fi, monsieur; nous ne serons peut-être pas les meilleurs de la troupe. — Ah! Guillaume! — Vous êtes piqué, j'en augure bien. — Allons, va finir la bouteille, et fais-moi grâce de tes contes. — Je n'en démordrai pas, monsieur. Nous serons comédiens pour avoir un état; et je jouerai au billard pour vivre; car je prévois que les bénéfices sont maigres dans le grenier de M. Thomas. Vous prendrez les amants passionnés, c'est votre genre, et toutes les femmes soutiendront à leurs benêts de maris que vous êtes excellent. Moi, qui ai l'esprit vif, une gaieté inaltérable, je jouerai les valets. Je serai de plus auteur : deux talents médiocres se soutiennent mutuellement. Je mettrai en vaudevilles la chronique scandaleuse de l'endroit. — On t'intentera des procès. — Je n'ai rien à perdre. — On te mettra en prison. — On se lassera de m'y nourrir. Enfin, monsieur, nous n'avons rien, nous ne savons rien; l'oisiveté ne vous vaut rien, et il faut jouer la comédie, ou vendre des chansons, ou nous faire prédicateurs.

Et, sans attendre la réponse de Charles, Guillaume va chercher M. Thomas jusque dans son garde-manger. — Je suis touché, notre cher hôte, des scènes scandaleuses que vous fait votre femme. — Cela ne regarde personne. — Laide et vieille, elle doit être acariâtre. — Vous n'êtes pas obligé de coucher avec elle. — Mais je le suis, en conscience, de rétablir la paix dans le ménage. — Impossible, mon ami. — Pourquoi donc? Madame Thomas craint que vos acteurs ne la payent pas, et je prétends, moi, doubler, tripler, quintupler vos recettes. — Ah! parlons, monsieur, parlons. — Tel que vous me voyez, monsieur Thomas, je jouais avant-hier l'*Impromptu de campagne* à Rouen. — En vérité? — Je me suis sauvé en habit de costume, parce que le commissaire de police, dont la femme avait des bontés pour moi, voulait me faire arrêter à la sortie du spectacle par mesure de sûreté générale. Vous sentez combien il est avantageux de se sauver en habit de costume : on est toujours prêt à entrer en scène. Mon camarade n'est pas de ma force, mais il promet; et puis la figure la plus heureuse, un air si décent!... Oh! nous tournerons la tête à toutes les têtes des Andelys. Monsieur Thomas, il faut à l'instant même nous présenter à la troupe.

Madame Thomas, qui ne se souciait pas du tout que la troupe se recrutât, s'avisa d'arriver à Guillaume en le regardant sous le nez : — Que mon mari vous présente ou non, je vous déclare que je n'ai plus de place chez moi, et surtout à table. — Oh! ma femme, une place de moi! Un acteur de Rouen! — Fût-il de Paris, ils ne payent pas plus leurs dettes les uns que les autres. — Madame Thomas, voilà six francs; prenez vos deux bouteilles, et vos côtelettes de mouton... Et Guillaume, en proférant ces mots en vrai héros de théâtre, jette majestueusement et d'un bras arrondi son écu sur la table.

Rien ne touche les humains de toutes les classes comme l'argent comptant. Pendant que madame Thomas rendait, Guillaume faisait sonner les deux ou trois écus qui restaient dans sa poche, et la cabaretière lui rendit la monnaie avec assez de politesse. Guillaume osa l'embrasser d'un air moitié tendre, moitié badin, et madame Thomas ne tint pas à ce dernier trait. Elle sourit aussi agréablement que peut sourire une femme laide, et le cabaretier de s'écrier : — Eh bien, ma femme, je suis un imbécile, je suis une bête, je te l'ai dit, on ne doit borner à faire la cuisine, je ne me connais pas en hommes... Non-seulement celui-ci est grand acteur, mais il joue du violon!... Un petit air à ma femme, s'il vous plaît, monsieur. — Je n'ai rien à refuser à madame... et Guillaume reprit le violon. Madame Thomas l'écoutait avec un plaisir, un ravissement, une extase... elle lui jeta tout à coup les bras au cou, puis tournant sur un pied comme sur un pivot, elle cria à tue-tête : Baptiste! Baptiste!... Ce Baptiste était le garçon d'écurie.

— Baptiste, cours chez le tambour de la ville; qu'il fasse un bruit d'enfer dans les coins de rues, et qu'il annonce pour ce soir un vis-lon... D'où vous ferai-je venir? — Ma foi, madame, d'où vous voudrez. — De l'Opéra. — Ah! ce serait trop fort. — Mais la recette serait faite. — Mais on se moquera de moi. — Mais la recette, monsieur, la recette! — Mais je suis ridicule, madame, le ridicule! — Vous viendrez de l'Opéra, monsieur, ou mon mari ne vous présentera point. — Allons, Baptiste, le sort en est jeté; je viens de l'Opéra.

Ces derniers mots sont à peine prononcés, que M. Thomas quitte son tablier et son bonnet de coton. Il conduit Guillaume à son billard, où il était permis à ces messieurs de jouer pour rien jusqu'à l'heure où les paysans arrivaient. Madame Thomas suivait son mari et le protégé, pour ajouter son mot en cas de nécessité.

Guillaume fait d'un coup d'œil la revue de la majorité de la troupe. Un grand drôle avait une redingote de soie cramoisie percée au coude; ses cheveux retroussés étaient encore chargés de la poudre rousse de la veille, et la moitié du visage était couverte d'une brûlure qui disparaissait le soir sous le blanc d'Espagne et le vermillon. Un autre était en bottines jaunes, probablement parce qu'on raccommodait ses souliers. Le troisième avait un habit noir, un gilet blanc rayé de rouge, une culotte de lustrine, et un vieux bas de soie lui servait de cravate. La marque était tenue par une dame en petites mules vertes, en bas couleur de chair, en jupon court de piqué blanc sale; une gorge délabrée se laissait voir dans les intervalles d'un fichu de gaze éraillée; et à l'énorme mouche qui lui couvrait la tempe gauche, Guillaume reconnut madame Floridor. Il la salua très-respectueusement, et il allait commencer une harangue propre à lui concilier les bonnes grâces de la princesse, lorsque le grand homme à la joue brûlée apostropha durement M. Thomas, et priva madame Floridor des jolies choses qu'on allait lui adresser. — Il est bien extraordinaire, monsieur Thomas, que vous soyez dans l'inaction à l'heure qu'il est! — Qu'y a-t-il donc, monsieur Floridor?—Le fourgon de Gisors va arriver, et la chambre de madame Céphise n'est pas prête. — On l'arrangera, monsieur Floridor. — Allons, allons, monsieur, un peu de vivacité. Votre table de noyer, vos six chaises de serge jaune, votre fauteuil à grand dossier, et qu'on pende au plancher votre lustre de fer-blanc garni de ses quatre chandelles. Il est inouï, monsieur, il est inouï qu'un homme comme moi soit obligé de tout dire à un homme comme vous. — Vous le prenez avec mon mari sur un ton bien haut, monsieur Floridor! — C'est celui qui me convient, madame. — Apprenez qu'un homme comme M. Thomas vaut tout les comédiens du monde. — Présomptueuse cuisinière ! — Cette cuisinière-là ne doit rien à personne, entendez-vous, monsieur, elle ne doit rien à personne ! — Parce que les gens de cette ville préfèrent le cabaret à la bonne comédie. Mais on a des ressources, madame, des effets, une garde-robe et une pièce nouvelle ce soir. — Un salon dont la pluie a lavé la couleur sur vos charrettes; un habit rose-pêche, broché en vert, dont une fleur vous couvre les deux épaules, et dont la queue se perd dans votre poche; une robe de procureur, un habit d'arlequin, un... — Du vin frelaté, des viandes passées, des sauces détestables et de l'impudence, voilà vos ressources, madame Thomas. — Que vous épuiseriez bien vite, monsieur Floridor, si je vous laissais faire. Ne soyez pas si dédaigneux, monsieur, ou je garde la robe de chambre d'indienne de mon mari, et ce soir vous jouerez votre empereur turc comme il vous plaira. — Ah! ma chère madame Thomas, si je n'ai pas la robe de chambre, je suis perdu d'honneur, de réputation. — Vous apprendrez, monsieur, qu'il faut être civil quand on a besoin des gens, et qu'on leur doit. — Vous avez raison, ma chère madame Thomas; mais je joue ce soir un tyran, et j'entrais dans l'esprit de mon rôle. — Hé, monsieur! tyrannisez votre souffleur, vos accessoires, votre femme, et laissez-moi tranquille. — Je reconnais mes torts, je m'en repens; que diable voulez-vous de plus? — Du vin frelaté, des sauces détestables! — Mais entendez donc, barbare, que je vous fais mes excuses!

— Allons, allons, ma femme, un peu de considération. Ce qui prouve que monsieur ne pense pas ce qu'il dit, c'est qu'il fait tous les jours fête à notre vin et à nos sauces; ainsi pas de rancune. Ma robe de chambre, et tu y faufileras la bordure de la pelisse, n'est-ce pas, mon cœur? — Ah! monsieur Thomas, que de grâces! — Mais j'y mets une petite condition. — Je l'accepte, foi de premier rôle ! — Je vous présente monsieur, joli garçon, comme vous voyez, qui s'est sauvé de Rouen en habit de costume, pour être toujours prêt à entrer en scène, et je veux faire son camarade, le plus intéressant blondin... — Ah! mon cher Thomas, proposer deux sujets à une troupe déjà surchargée! Cinq hommes et deux femmes! — Vous m'avez promis de vous soumettre à la condition imposée. — Et puis cela ne dépend pas de moi, mon cher Thomas, je n'ai qu'une voix au chapitre. — Observez que monsieur, qui avant hier jouait l'Impromptu de campagne à Rouen, nanie le violon comme vous votre Corneille. — Ah! il joue du violon? — Ce joli cavalier joue du violon? dit en minaudant madame Floridor. — Monsieur joue du violon ! répète la troupe en chœur.

On se disposait à aller aux voix, et le comité, enchanté des politesses et des propos flatteurs de Guillaume, paraissait décidé en sa faveur, lorsque le petit homme à jambes torses entre dans le billard frappant du pied, écumant de colère, et s'arrachant les cheveux : c'était le Crispin de la troupe. Ses camarades, terrifiés à son aspect, pressentirent quelque coup inattendu, et on oublia le récipiendaire lorsqu'on entendit M. Poisson s'écrier d'une voix glapissante : — Tout est perdu, désespéré. Nous sommes ruinés, égorgés, anéantis !... On se presse autour de lui, on le conjure de s'expliquer, et on apprend qu'on vient de rapporter Grandval avec une entorse qui ne lui permet pas de se tenir debout.

— Ciel, juste ciel ! s'écrie à son tour Floridor, et il joue ce soir le Coureur du roi de Maroc! Il avait bien affaire d'aller au-devant de madame Céphise. — Ce n'est rien, reprend Poisson, que l'accident de Grandval ; il aurait bien joué son coureur assis; mais madame Céphise est enlevée ! — Madame Céphise est enlevée ! — Dieu ! — Ciel ! — Et pour comble d'horreur, elle était d'intelligence. Ecoutez ce funeste récit. La perfide n'a feint de venir aux Andelys que pour se soustraire à un mari brutal. Un hussard superbe l'attendait sur la route, et ils ont pris en croupe presque aux portes de cette ville. Grandval, toujours grand, toujours magnanime, saute du fourgon, et saisit Céphise par la jambe. Elle s'attache à son ravisseur, le hussard pique des deux; le coursier s'élance. La violence du mouvement enlève Grandval, et le jette à dix pas de là. Il tombe, le pied porte à faux, il enfle. Grandval veut se relever, il retombe aussitôt; on le remet dans le fourgon, et dans cet instant on le descend à la porte de l'auberge.

La troupe éplorée court à la porte pour s'assurer de l'état de l'infortuné Grandval. Il avait le pied gros comme la tête, les douleurs lui faisaient faire des grimaces épouvantables, et il lui était aussi impossible de jouer assis que debout. Il y avait d'ailleurs un coup de théâtre auquel on ne pouvait pas renoncer : le coureur du roi de Maroc sautait par-dessus la tête du soudan d'Égypte. — Quel effet perdu ! disaient les uns. — Quel revers ! disaient les autres. — Quelle fatalité ! disait madame Thomas; manquer une recette aussi considérable, une recette que je croyais tenir. — Vous la toucherez, madame, dit Guillaume en se balançant le corps et en grossissant sa voix : je jouerai le rôle du coureur, et mon camarade, plus petit que moi, jouera celui de la sultane. — Bravo ! s'écrièrent les comédiens, s'écria madame Thomas, s'écrièrent les passants. La réception des deux candidats fut proclamée à l'unanimité des suffrages, et le tambour de la ville, qui passait en annonçant le violon de l'Opéra, reçut ordre d'annoncer en même temps deux acteurs de Rouen, qui devaient remplir les principaux rôles.

Guillaume ne s'était pas informé si le sien était long ou court, difficile ou non : c'était un garçon qui ne doutait de rien. Il s'était beaucoup amusé jusque-là, et il comptait sur un crescendo de plaisir. Une seule chose le chiffonnait un peu : c'était de savoir comment il déterminerait Charles à jouer la sultane.

Il fut le trouver en se grattant l'oreille : c'est la grande ressource des gens embarrassés. — Ma foi, monsieur, je n'ai rien vu d'aussi original que cette troupe des Andelys, et je vous réponds que la comédie vous amusera. — Ah! tu reviens à tes folies? — Convenez, monsieur, que nous n'avons guère à choisir que de la folie ou de la tristesse. Que gagnez-vous à être mélancolique? — Oh! rien. Mais fais tes sottises tout seul. — Non, monsieur, vous serez de moitié. — Je te réponds que non. — Je vous réponds que si. D'abord, vous êtes enrôlé dans la troupe. — Oh! il est fort celui-là. — Et vous débuterez ce soir. — De mieux en mieux. Et quel est le rôle que monsieur Guillaume me destine? — Vous jouez la sultane Aliza, favorite du roi de Maroc. — Quelle extravagance ! — Soit, mais vous serez sultane. — Mais... — Pas de mais, monsieur. — Quand je me prêterais à cela, ce qu'il est impossible que d'ici à ce soir?... — Un commençant ne connaît pas de difficultés. — Me voyez-vous inquiet de mon rôle? — T'inquiètes-tu jamais de rien? — Vous aurez une brochure en poche, vous prendrez l'esprit de chaque scène dans les coulisses, et vous direz... vous direz ce que vous voudrez. Vous aurez toujours plus d'esprit qu'un auteur qui me fait sauter par-dessus la tête du soudan d'Égypte, lorsque rien ne m'empêche de passer à côté de Sa Majesté. — En voilà assez. Je suis ennuyé de toi et de ton soudan, et de ta sultane favorite, et de tes sornettes. — Oh ! vous y mettez bien de l'entêtement. Savez-vous ce qui en arrivera? — Et que peut-il en arriver? — Vous êtes annoncé au son du tambour. — Que m'importe? — Le public compte sur vous; il fera tapage; le commissaire s'en mêlera, il voudra vous forcer de jouer; vous ne voudrez pas céder à un commissaire, c'est tout simple; celui-ci vous emprisonnera; il faudra que vous décliniez votre nom, et vous réintègrera dans le château de votre oncle, qui vous mariera dans les vingt-quatre heures. — Tu crois que les choses iraient jusque-là, Guillaume? — Oh! monsieur, ces imbéciles de magistrats sont-ils jamais de l'avis des jeunes gens? — Hé, de quoi diable aussi vous avisez-vous de me faire annoncer ? — Hé, monsieur, j'ai tout fait pour le mieux, comme lorsque j'ai écrit à mademoiselle d'Arancey. — Ne m'en parle plus, monsieur, ne m'en parle jamais. — C'est bien dit, monsieur, oublions-la; venez vous mettre à table avec vos nouveaux camarades, et faisons connaissance le verre en main.

Charles se laisse entraîner, et Guillaume l'introduit dans une espèce de halle, qu'on appelait la salle à manger, où des tables étaient toujours prêtes à recevoir le marchand, le roulier, l'officier, le postillon, et tous les animaux sujets aux droits de passe et d'auberge. Madame Floridor avait ses vues sur Guillaume, et elle était connaisseuse. Madame Grandval, qui n'avait pas encore paru, était une brunette de vingt-deux à vingt-cinq ans, dodue, potelée, vive comme la poudre, et jolie comme un petit diable, en dépit de ses gazes et de ses linons reblanchis : elle jouait les soubrettes. Elle fixa Charles, et décida qu'il jouerait les amoureux comme un ange. M. Floridor, qui ne se passionnait pas pour les beaux garçons, examina Charles avec la sévérité du premier rôle ; il lui trouva l'air novice, et lui fit faire avec le plus grand sérieux les évolutions théâtrales. — Présentez-vous à droite, à gauche... tournez toujours sur la pointe du pied de derrière; restez là. Le profil beau, très-peu de barbe, la taille médiocre et svelte. Marchez, monsieur; doucement, plus doucement, à petits pas. Les mains croisées sur la poitrine, l'air modeste, embarrassé. Pas mal, pas mal. Voilà ce qu'il faut pour une sultane. Vous riez, monsieur, vous riez. Si j'étais connu à Paris, j'y aurais mes quinze cents livres comme un autre, et mes camarades feraient des élèves... A propos, messieurs, savez-vous vos rôles ? — Non, monsieur. — Vous vous en occuperez après dîner. D'ailleurs, pas d'inquiétude : ici comme partout, avec de l'effronterie on fait de son public ce qu'on veut.

— A table, à table ! dit Poisson. Madame Grandval jeta un coup d'œil en dessous à Charles, qui fut machinalement s'asseoir auprès d'elle, bien qu'il détestât les femmes. Madame Floridor s'empara ouvertement de Guillaume, qui se plaça, et répondit à de continuelles agaceries de toute la force de ses genoux et de ses pieds.

Madame Grandval disait ce qu'il fallait pour intéresser; elle irritait par des mines piquantes, elle se servait aussi du genou quand la conversation languissait; elle acheva d'animer son voisin par des œillades qui n'étaient pas étudiées, parce que le voisin lui plaisait; et le voisin, stimulé d'une manière tout à fait nouvelle pour lui. finit par attaquer à son tour, et de façon à attirer l'attention de Guillaume. — Je vous le disais bien, monsieur, à table ! indigestion de truffes n'empêche pas de les trouver bénies. A propos de truffes, monsieur Thomas, est-ce là le dîner ordinaire ? — Oui, monsieur, quand on ne demande pas d'extra. — Eh bien ! j'en demande, monsieur. Donnez-nous du dindon que vous arroserez de matin, et quelques bouteilles du meilleur. — Je vous observe, monsieur, dit madame Thomas, que les extra se payent comptant. — Jamais de crédit avec nous, madame, et nous sommes trop heureux que la société nous permette de payer notre bienvenue.

Deux jeunes gens, beaux, bien faits et qui payent, que de titres à la reconnaissance du sexe ! Les avances de madame Floridor devenaient à chaque instant plus positives, et Guillaume y répondait de manière à lui donner des espérances : il était bien aise de s'établir tout à fait dans la troupe avant de se moquer d'elle. Charles se laissait aller aux charmes de sa voisine, et la comédie ne lui paraissait plus si ridicule. Le pauvre jeune homme était si neuf ! Floridor ne voyait rien , c'est assez l'usage au théâtre. Grandval était au lit, et les absents ont toujours tort.

On se leva de table. Je ne sais trop ce que devinrent Charles et madame Grandval; je crois qu'elle avait comme lui un goût décidé pour les petits coins... Guillaume fit son entrée au café au billard, où se rassemblaient déjà les agréables de la ville. Tout payé, il lui restait six francs, et il défia le plus habile. Comme Floridor était là, madame Grandval y venait ordinairement, et, comme les petits bourgeois sont enchantés de fixer à leurs dépens l'attention des actrices, le défi fut accepté par un quidam que Guillaume mena de petit écu en petit écu jusqu'au double louis, qu'il lui fut payé à regret, parce que madame Grandval n'avait pas vu qu'on pouvait sacrifier quarante-huit livres à l'occasion.

On peut, à table même, à deux heures d'un rôle qu'on doit jouer à six. La partie terminée, Guillaume s'empara des deux seules brochures que possédât la troupe, et chercha le camarade Charles. Le camarade ne se trouvant pas, il chercha la camarade Grandval, à peu près que l'on lui ferait découvrir l'autre. Ne découvrant aucun des deux, il fallut bien appeler à haute voix. Charles sortit enfin d'un certain réduit où on ne logeait ordinairement que le bois et la paille. Il avait les joues très-colorées, et madame Grandval, qui ne s'amusait pas seule, sortit aussi dans un certain désordre qui signifiait bien des choses sur lesquelles Guillaume, enchanté que monsieur s'amusât, eut la discrétion de se taire.

Charles se mit à l'étude d'assez bonne grâce, et Guillaume, en riant de tout son cœur, se servait de ses épaules pour répéter le saut qu'il devait faire par-dessus la tête du soudan d'Égypte. Rien ne lui paraissait si plaisant que cette équipée, que Charles eût difficilement partagée si les agréments de la petite brune n'eussent appuyé d'une manière victorieuse les raisonnements du piquant.

Lorsque ces messieurs eurent saisi l'esprit de leurs rôles et les répliques marquantes, ils jugèrent à propos de donner relâche à leur mémoire fatiguée; et comme il n'y avait pas de temps à perdre, M. Guillaume s'occupa des costumes. Il s'adressa à M. Floridor, qui joignait à l'emploi de premier rôle celui très-désagréable de régisseur. M. Floridor observa qu'il jouait un souverain magnifique, vivant dans les délices, tenant la cour la plus brillante, et que, quelque envie qu'il eût de rendre à Guillaume les politesses qu'il en avait reçues à table, il ne pouvait se dépouiller de la robe de chambre de M. Thomas. — C'est trop juste, mon camarade ; mais voyons, que me donnerez-vous ? — Un coureur marocain, comme un coureur français, ne saurait courir en habit long. — C'est démontré jusqu'à l'évidence. — Vous prendrez mon habit rose-pêche. — Fort bien. — Et pour lui donner un air étranger, vous mettrez le devant derrière. — A merveille. Et avec quoi cacherai-je cette file de boutons, qui ira du chignon à la chute des reins ? — Avec le petit manteau d'abbé du Mercure galant. — Charmant, monsieur Floridor, délicieux ! — Une serviette roulée en turban, les babouches fourrées de Thomas, et vous voilà en scène. — Impayable, impayable ! Et notre jeune sultane, monsieur Floridor ? — Les cheveux tressés sur le haut de la tête, et la petite hance de gaze bleue et argent de madame Grandval chiffonnée là-dessus ; le jupon piqué de ma femme faufilé par le milieu du haut en bas, et servant de grande culotte ; le gilet de l'Honnête Criminel en tunique, et la robe

de procureur en dolman ; pour poignard, le couteau à gaine de notre hôte: et au lieu de me l'enfoncer dans le flanc, comme l'ordonne l'auteur, votre camarade me le passera adroitement sous le bras gauche, et vous lui recommanderez de prendre garde de m'estropier. Allez.

Guillaume riait comme un fou, en rassemblant toutes ces guenilles des quatre coins de la maison. Charles fit aussi en voyant les apprêts de cette espèce de mascarade; ils rirent à n'en pouvoir plus se regarder ainsi fagotés; ils rirent en repassant leurs rôles : une seule leçon de madame Grandval avait fait de Charles un homme tout nouveau.

Pour faire honneur à ces messieurs, on leur avait mis dans une chambre qui servait de foyer, et où se rendaient régulièrement, dans les entr'actes, les partisans du vin chaud et de l'eau-de-vie brûlée. Le prévoyant Guillaume crut qu'il était sage de mettre en sûreté les habits qu'il venait de quitter. Il fut serrer dans la commode de madame Floridor, qui l'assura, avec un sourire enchanteur, qu'il avait pris, avec le petit manteau d'abbé, l'air piquant et coquet de cette classe d'hommes que les femmes ne sauraient trop regretter.

Le soleil avait parcouru la moitié de la course qui lui est assignée par l'astronome nouveau, ou, selon le baron de Feneste, plus savant encore, le soleil, arrivé aux bornes de l'horizon, rétrogradait vers le lieu de son lever, et si on ne le voit pas revenir, c'est qu'il revient de nuit, ce qui prouve incontestablement que le soleil n'est pas luminaire ; de quelque façon enfin que le phénomène quotidien s'opère, il faisait nuit aux Andelys: les amateurs du vrai beau arrivaient à la porte de l'auberge; le bureau était ouvert, la salle éclairée, et Guillaume se disposait à prendre son violon, et à aller jouer un air d'opéra dans une coulisse, lorsqu'une grosse voix qu'il entendit sur l'escalier fixa toute son attention. Le bruit approche, Charles est frappé comme Guillaume. Ils se regardent, ils pâlissent; ils ne peuvent plus douter... c'est M. Botte qui va traverser le foyer. Guillaume ne balance point; il prend Charles par le bras, l'entraîne de chambre en chambre à l'autre bout de la maison, et Charles disait en respirant à peine : — Je suis perdu... je suis perdu. — J'avoue, monsieur, que le moment est critique, mais ne nous désespérons pas encore. Il faut retenir votre oncle ici, et nous sauver sans perdre une minute. Attendez-moi là.

Il court chez Floridor. — Ah ! mon ami... l'événement le plus incroyable, le plus heureux..... Mon Dieu !... à peine puis-je le croire!... — Qu'est-ce donc ? — Avez-vous été quelquefois aux Français ? — Jamais , pourquoi ? — Et vos camarades ? — Eh ! non, monsieur. Donner de l'argent pour voir ce que nous jouons tous les jours, et fort bien, sans prétendre faire de comparaison... — Ah ! mon cher Floridor, quelle délicieuse surprise la fortune nous réservait ! — Mais expliquez-vous donc. — M. Molé vient de descendre dans cette auberge. — M. Molé ! M. Molé !

— Quel événement, mon ami ! — Il faut en tirer parti, monsieur Floridor. Ce rôle, que je ne sais pas, où je resterais court vingt fois, je le lui ai vu remplir, à Paris, avec une finesse, une intelligence, une force ! il l'a choisi, bien qu'il soit court, certain d'y tirer un parti prodigieux. Et le saut, le saut, monsieur Floridor, le saut, c'est à lui qu'il faut le voir faire. A son âge ! — Comme s'il n'avait eu vingt ans. — Ah ! s'il voulait... s'il daignait.... — Ce serait le coup de maître. — On tiercerait dans la salle à l'instant même. — Sans doute, mais il est capricieux, original, bourru ; et plutôt que de s'arrêter aux Andelys, il est homme à cacher son nom. — Peut-être, peut-être. L'honneur de relever une petite troupe, la générosité, la bienfaisance.... — Il faudra arracher son consentement à force d'instances, d'opiniâtreté. — Oh ! parbleu, je n'en démordrai pas. — C'est justement au premier rôle de la troupe à lui offrir les services de ses camarades, et à se charger de la proposition. — Je vais rassembler ces messieurs et ces dames.

Guillaume, enchanté d'avoir monté la tête de Floridor, le laisse, va reprendre Charles, sort avec lui par une porte de derrière, et lui dit le premier chemin qui se présente. — Hé ! où allons-nous, Guillaume ? — Où M. Botte n'est pas. — Mais les habits, qui sont restés là-bas ? — J'ai cinquante-deux livres dans mon gousset. — Et comment nous habiller avec cette bagatelle ? — Comme nous pourrons. — Est-ce que l'on nous rencontre, faits comme nous voilà ? — On rira et nous laisserons rire. Allons, monsieur, marchons; nous avons la nuit à nous : profitons-en, et demain on verra.

Les cabaretiers des Andelys n'ont pas tous les jours des voyageurs qui arrivent en poste, et dont on peut porter le tintamarre sur le mémoire. Thomas, ravi du ton tranchant de M. Botte, le conduisit au bel appartement; le bonnet dans une main et une chandelle allumée dans l'autre : madame Thomas suivait avec la mouchette de cuivre, le pot à l'eau, la cuvette de faïence et la serviette blanche, et M. Botte répétait les questions qu'il avait faites dans toutes les auberges où il s'était arrêté. — N'est-il pas arrivé deux jeunes gens ce matin ? — Oui, monsieur, deux acteurs de Rouen. — Ce n'est pas de cela que je vous parle. — Ils vont jouer dans une pièce nouvelle. — Morbleu ! laissez là vos comédiens. — Ils vous feront le plus grand plaisir. — Paix ! — Et si vous voulez vous délasser... — Te tairas-tu, bourreau ! — Comme il vous plaira, monsieur.

— N'as-tu pas vu, bavard, un jeune homme en habit vert galonné?...
— Oui, monsieur; c'est avec cet habit-là qu'il joue le valet de l'Im-

promptu de campagne. — Réponds par oui ou par non. N'est-il arrivé dans la journée que les deux comédiens ? — Pas davantage, monsieur.
— Envoie tes gens s'informer partout de deux jeunes gens qui doivent avoir passé par ton bourg, et, en attendant leur retour, prépare-moi un bon souper et un bon lit. — Oui, monsieur.

Floridor, ennuyé d'attendre ses camarades, était allé leur apprendre lui-même la grande nouvelle. L'arrivée de M. Molé excita le ravissement, le délire. Madame Floridor fit lever le rideau, et annonça au public l'acteur incomparable, et l'espoir qu'on avait de le voir jouer le soir même. Le public applaudit avec un enthousiasme qui allait jusqu'à la fureur, et toute la troupe en habits de costume s'achemina vers la chambre de M. Botte.

Floridor, décoré de sa robe de chambre d'indienne, marchait fièrement à la tête des siens. Poisson, taquin comme un comique, cherchait à se glisser en avant, et à ravir à son premier rôle une prérogative que chacun lui enviait. Floridor, vaniteux et jaloux, s'arrête, et toisant le petit homme d'un air dédaigneux : — Je n'imagine pas, monsieur Poisson, que vous prétendiez haranguer M. Molé. — Je peux y prétendre comme un autre, monsieur. — Et de quel droit, monsieur ? — Du droit qu'a l'orateur en titre... — L'orateur en titre ! oui, quand il s'agit d'annoncer une pièce changée, un rôle à jouer la brochure à la main ; mais l'honneur de rendre hommage à un homme célèbre m'appartient, je m'en saisis, et j'imposerai silence aux raisonneurs. — Toujours orgueilleux, monsieur Floridor ! — Peut-on l'être avec vous, monsieur Poisson ? — Vous n'étiez pas si arrogant quand vous vendiez des pilules. — Ni vous, quand vous dansiez sur la corde. — On ne m'a jamais menacé de me faire danser dessous. — Insolent ! faquin !

Thomas sortait de la chambre de M. Botte. — Mes amis, vous me faites trembler. Que le grand homme n'entende rien de vos démêlés, je vous en conjure. Le grand homme, qui n'était ni sourd ni patient, ouvre sa porte, et demande, avec son ton ordinaire, ce que lui veulent ces masques, et ce que signifie le carillon infernal dont on lui fatigue les oreilles.

M. Floridor range ses camarades en demi-cercle, et, s'avançant de deux pas, et portant la main à son turban : — Ainsi que les habitants d'un climat nébuleux languissent dans la froidure et l'humidité, ainsi les premiers rayons d'un soleil brillant réchauffent et raniment.... — Que veut dire ce galimatias ? Croyez-vous avoir affaire à un bouffon ? — Un bouffon ! non, monsieur Molé ; nous savons de reste que ce n'est pas votre genre. — Messieurs, dit M. Botte, quel est le motif de votre visite ? — Refuserez-vous de faire les délices de cette ville, de rétablir nos affaires ? — Mais je crois, le diable m'emporte, qu'ils me prennent pour un comédien. — Comédien sublime. — Étonnant. — Admirable, et nous vous admirons. — Finissons cet impertinent badinage : je me nomme Botte.
— Botte ! ah ! ah ! ah ! — Oui, corbleu ! Botte, négociant connu et considéré dans les deux mondes. — On nous a prévenus, monsieur Molé, que vous cacheriez votre nom. Faites-nous seulement la grâce de jouer le *Coureur du roi de Maroc*, dans lequel vous faites tant d'effet. — Allez au diable !

— Monsieur Molé, nous vous avons marqué tous les égards, tous les respects auxquels un demi-dieu peut prétendre ; observez, s'il vous plait, que nous avons épuisé les moyens doux ; — Auriez-vous l'intention d'en employer d'autres ? — Vous jouerez la comédie malgré vous, s'il le faut. — Mais c'est un coup de force que cette maison ! — Je vois déclarer au sous-préfet que nous pouvons nous payer nos dettes, s'il ne détermine monsieur à se prêter à la circonstance. — Et moi, dit madame Thomas, je vais visiter le rôle de sa voiture. — Par la mort ! s'il vous arrive d'y toucher, je fais murer votre porte, dût-il m'en coûter vingt mille francs !

Baptiste arrive rouge, blanc, violet, une joue enflée, un œil tout noir. — Criez, criez bien fort ; il s'est passé de belles choses pendant que vous disputiez. On donne un moment de relâche à M. Molé pour écouter Baptiste.

— Je venais d'abreuver mes chevaux, et je chassais les pauvres bêtes devant moi, lorsque je les trouve nez à nez avec vos acteurs, qui payent des dindons et qui emploient vos fermiers. — Ah ! fait, dit Floridor. — Je leur demande poliment ce qu'ils font à l'hôte mère de la ville : le plus grand m'allonge un coup de poing... (vous voyez ma joue et mon œil), et ils se mettent à courir comme si le diable les poussait. Je prends mes sabots à la main, et je cours après eux, en criant au voleur ! le plus petit s'arrête, et me dit qu'il je continue à crier, ou si je fais un pas de plus, il m'assommera sur la place. Je reste immobile, et je les vois tirer du côté de Louviers.

— Ah ! mon Dieu ! s'écrie Floridor, et le jupon piqué de ma femme, et mon habit rose-pêche ! — Et la recette ? dit madame Thomas en sanglotant. — Et le manteau d'abbé, dit Poisson, et la robe de procureur ! Au moins les Floridor sont nantis. Ils ont les habits des deux traitres ; mais le magasin. — Je suis nanti, je suis nanti ; je jouerai le *Misanthrope*, le *Dissipateur*, le *Glorieux*, avec un habit de livrée, ou avec un frac bleu-barbeau, n'est-ce pas ?... Mon cher habit rose-pêche !

M. Botte secoue les oreilles en entendant parler du frac bleu-barbeau.

— Ce n'est pas tout, dit Baptiste, voilà un portefeuille que j'ai trouvé près de la porte de derrière, qui était ouverte, contre la coutume, et par laquelle les nouveaux venus se sont sans doute envolés. — Voyons,

voyons, dit Floridor ; ces gens-là paraissent à leur aise, et nous pourrions trouver ici quelque billet de banque qui nous dédommagerait amplement de toutes nos pertes... Bah ! un billet doux, un second, un troisième... Sophie d'Arancey aurait bien mieux fait de signer des lettres de change.

— C'est mon coquin de neveu ! crie M. Botte en frappant avec force ses deux genoux de ses deux mains. — C'est votre neveu ! vous payerez le jupon piqué de ma femme et mon habit rose-pêche. — Et les effets du magasin. — Je ne payerai rien. Ce qu'un vous a laissé vaut mieux que toutes vos guenilles. Qu'est-ce que c'est donc que ces saltimbanques-là ? — Des guenilles, des saltimbanques ! fussiez-vous à la fois Molé, Préville, Lekain, vous nous ferez raison de vos refus, de vos mépris, de vos injures. — Je vous ferai tous coucher en prison. Et toi, l'homme à la joue enflée, va me chercher des chevaux à la poste, que je prenne à l'instant la route de Louviers.

— Vous ne partirez pas, vous ne partirez pas ! s'écrient tous les comédiens ensemble. Et ce grand diable de Floridor porte la main sur la garde de son sabre tragique. M. Botte a laissé son couteau de chasse sur sa table ; mais, furieux de se voir traité ainsi, il arrache un balai des mains de madame Thomas, et il allait frapper à droite et à gauche, lorsque Charles et Guillaume entrent précipitamment, et saisissent à la gorge Floridor et Poisson. Ils allaient étrangler chacun leur homme, si quelques cavaliers de gendarmerie, qui leur servaient d'escorte, n'eussent séparé les combattants.

Ces messieurs partaient pour faire une patrouille sur le chemin de Louviers, et ils n'étaient point à cent toises des dernières maisons, lorsqu'ils entendirent quelqu'un crier au voleur ! c'était Baptiste. Ils retournèrent au galop, et tombèrent sur la sellette et le coureur du roi de Maroc très-mortifiés de cette rencontre. Leur accoutrement annonçant quelque chose d'extraordinaire, on s'empara de leurs personnes le pistolet au poing, et on leur fit subir un interrogatoire sur la grande route.

Un des principes de Guillaume était que de deux maux il faut choisir le moindre. Il jugea qu'il valait mieux tomber dans les mains de M. Botte en disant la vérité que d'aller en prison par des mensonges ; il déclara donc les choses précisément comme elles étaient. Leurs gardes, toujours prudents, voulurent constater les faits ; et ils ramenèrent nos frères à l'auberge, et ils arrivèrent fort à propos pour tirer le cher oncle d'embarras.

— Messieurs, dit M. Botte aux gendarmes, gardez bien ce drôle-ci, je vous en conjure ; prenez garde qu'il n'échappe encore. Petit celui-là, ce n'est qu'un valet libertin, auquel je ne m'intéresse pas, vous pouvez le lâcher, je le vous réponds de tout. Je me nomme Botte, et je le prouve.

Ce nom était connu partout, et l'examen de quelques papiers constata l'identité. M. Botte ne reçut de l'officier que des marques de considération et de condescendance, et les pauvres comédiens, confus d'être joués, désespérés de la perte de leur recette, se regardaient avec des visages allongés. Madame Thomas était allée retirer leur éclanche de la broche, et son mari, courbé jusqu'à terre, pressait les genoux de M. Botte et lui mouillait les tarines de la cupidité. — Voilà, monsieur, dit l'officier, bien des infortunés qu'il vous serait facile de rendre à la gaieté. — Oui, en payant la recette ! n'est-ce pas ? — C'est une bagatelle pour vous. — Je donnerais mon argent à des gens qui ont débauché mon neveu ! — Non pas, monsieur, c'est lui qui s'est présenté à la troupe, et franchement il n'avait pas d'autre ressource. — Des gens qui ont voulu me forcer, moi, à faire la parade avec eux ! — Ils rendaient hommage au talent qu'ils vous supposaient. — Des gens qui voulaient briser ma voiture ! — Pardonnez un égarement causé par l'enthousiasme. — Je ne pardonne rien, je ne donnerai rien. — Faites cela pour moi, à qui vous devez peut-être quelque chose. Je vous ai ramené un neveu que vous aimez, peut-être vous l'auriez trouvé de longtemps. — J'ai prononcé, je ne donnerai rien ; mais je dois une gratification à vos cavaliers. Voilà dix louis, distribuez-les comme vous voudrez. C'était au moins le double de la recette.

— Monsieur, reprit l'officier, mes cavaliers ne reçoivent rien que du gouvernement, qui les paye bien pour faire leur devoir. Vous m'avez autorisé à distribuer l'argent comme je le voudrais, voilà l'usage que je crois devoir en faire.

L'officier s'approche de Floridor, et lui donne les dix louis.

— Vous êtes un brave homme, monsieur, lui dit tout bas le cher oncle, faites-moi le plaisir de souper avec moi.

Ici la scène changea tout à fait. M. Botte reçut au moins une révérence et une bénédiction par écu. — C'est assez, criait-il ; ils vont me fatiguer de leurs politesses autant que de leurs extravagances. Je ne vous ai rien donné, adressez vos remerciements à monsieur.

Floridor fut gaiement rendre l'argent au public. Guillaume attendait le dénouement dans la cuisine, Charles restait pétrifié dans un coin. L'officier le prit par la main et le présenta à son oncle, qui était brusquement rentré dans sa chambre. — Enfin, vous voilà donc, monsieur, vous qui me faites courir de toutes les manières ; vous qui avez failli à me faire couper les oreilles d'un receveur de galiote, et qui êtes cause qu'ici on me turlupine, on m'insulte. Vous êtes, joli garçon, monsieur !

— Mon cher oncle..... — Eh ! malheureux, je le sens trop que je suis votre oncle ; c'est vous qui l'oubliez. Pourquoi, monsieur, vous êtes-vous sauvé de mon château? — Mon cher oncle, cette lettre... — Eh bien, cette lettre? — Cette demoiselle que je ne connais pas encore... — Qui vous l'a dit? — Mais cette lettre, mon oncle. — Pourquoi jugez-vous, monsieur, sur une phrase qui n'est pas terminée? — Il me semble qu'elle l'est, mon cher oncle. — Elle ne l'est pas, monsieur. — Ah! je me la rappelle trop pour mon repos et mon bonheur : Demain je le présente à sa future, qu'il ne connaît pas encore. — Je vais vous dire la fin de la phrase, monsieur, ce que j'aurais ajouté, s'il n'eût pas fallu vous chercher par monts et par vaux : Je le présente à sa future, qu'il ne connaît pas encore comme moi. J'ai étudié la tête et le cœur de mademoiselle d'Arancey; je suis content d'elle, et elle sera ma nièce.

— Monsieur Molé, dit Floridor, faites-nous seulement la grâce de jouer le Coureur du roi de Maroc.

Eh bien... eh bien... monsieur l'officier, à moi... venez donc. A quel homme ai-je affaire, bon Dieu? il est prêt à se noyer quand on ne fait pas ce qu'il veut, et il se trouve mal quand on lui cède. — Non... mon oncle, c'est que la surprise, le ravissement... — Prenez ce verre de vin, et allez quitter vos chiffons. Que dirait votre Sophie, si elle vous voyait dans ce grotesque équipage? Que doit-elle penser, depuis deux jours qu'elle n'a entendu parler de moi? La pauvre enfant souffre horriblement, j'en suis sûr; et cela, parce que monsieur ne donne pas aux gens le temps de finir leurs phrases.

Charles, passant en un instant d'un état désespéré au comble du bonheur, Charles ne se possédait pas. Il embrassait son oncle, il embrassait l'officier; il revenait à son oncle, et les plus douces étreintes, et les caresses les plus tendres, et les expressions de la plus touchante reconnaissance, tout concourait à faire oublier à M. Botte ses fatigues et ses inquiétudes. — Allons, Charles, allons, en voilà assez; nous ne sommes pas des femmelettes. Allez reprendre vos habits, je vous parlerai raison à votre retour.

En revenant de chez Floridor Charles rencontra sa petite Grandval, qui le cherchait peut-être. Elle le regarda d'un air qui voulait dire : C'en est donc fait, je vous perds. Charles baissa les yeux et rougit. La petite lui prit la main : — Non, lui dit-il, non. Vous m'avez fait oublier un moment ce que j'adore, mon égarement n'ira pas plus loin.

Lorsque le jeune homme rentra, M. Botte était plongé dans une profonde méditation. — Asseyez-vous là, dit-il à son neveu; ne m'interrompez point, et n'oubliez pas ce que je vais vous dire : vous pourrez le redire à vos enfants.

— L'engagement que vous allez contracter est le plus saint que je connaisse; il est à la base de tous les liens sociaux, et celui-là seul est digne d'être père qui s'est montré enfant soumis. Si, malgré ma défense, vous fussiez retourné à la ferme; si vous vous fussiez permis le moindre éclat qui eût pu nuire à mademoiselle d'Arancey, vous n'étiez pas digne d'être son époux; jamais vous ne l'auriez été; j'en avais fait le serment, et vous savez si je l'aurais enfreint.

— Je sais que l'amour n'est pas éternel... Vous ne le croyez pas aujourd'hui : le temps vous convaincra de cette triste vérité. Vous sentirez alors que, pour être toujours estimable, une épouse jolie a quelquefois des sacrifices à faire au devoir. J'ai voulu m'assurer que mademoiselle d'Arancey sût toujours remplir les siens. Je lui ai successivement imposé toutes les privations qui devaient froisser son cœur. Au mot vertu elle s'est soumise sans connaître mes vues sur elle, et je me suis dit : Elle sera toujours respectueuse. Elle réunit tous les avantages que je peux désirer pour mon neveu : elle sera sa femme. Dans huit jours vous serez unis, et puissiez-vous être les modèles des époux comme vous l'êtes des amants!

M. Botte se leva et fut embrasser Charles. Le jeune homme crut que le moment pouvait être favorable à Guillaume; il hasarda de parler du service qu'il en avait reçu. — Je sais que vous lui devez la vie, il recevra des marques de ma reconnaissance; mais il n'a pas de mœurs, et rien dans mon esprit ne peut balancer un tel vice : il ne rentrera jamais chez moi.

— Allons, mon officier, à table, et que la réunion de l'oncle et du neveu soit célébrée le verre à la main.

IX. — Départ des Andelys. Projets de mariage.

Charles était couché dans la chambre de son oncle : on se loge comme on peut aux Andelys. Il était éveillé, il prêtait l'oreille; et M. Botte paraissait disposé à ronfler encore longtemps. Charles était pressé, très-pressé de partir; mais éveiller son oncle, il n'y a personne qui l'osât. Cependant le temps s'écoule; Charles s'impatiente, et dans son impatience il renverse la table de nuit et son contenu. M. Botte saute du lit, et se jette bravement sur son couteau de chasse; Charles se met à rire, l'oncle se met en colère. — Ce drôle-là ne fera jamais que des sottises. — Mon cher oncle, c'est un accident. — On prend garde à ce qu'on fait, monsieur. — Je vous demande mille pardons, mon oncle. — Pardon, pardon, c'est toujours là son refrain.

— Nous allons partir, n'est-ce pas, mon cher oncle? — Monsieur me donnera, je l'espère, le temps de déjeuner. — Oui, mon cher oncle. — C'est bien heureux. — Mais... — Quoi, mais? — Vous disiez hier que depuis deux jours mademoiselle d'Arancey n'a entendu parler de vous. — Est-ce une raison pour que je ne déjeune point? —

Le bon curé.

Me voilà habillé, mon oncle, et je vais vous faire servir. — A la bonne heure. — Mon oncle... serez-vous longtemps à table? — Corbleu! j'y passerai le temps qu'il me plaira. Il est unique que monsieur prétende disposer de mon estomac comme de mon cœur. Allez, monsieur, allez donner vos ordres.

Charles descendit à la cuisine. Guillaume, de son côté, pensait aussi au déjeuner, et paraissait aussi gai que si l'avenir le plus brillant se fût présenté à lui : Charles attribua sa gaieté à l'ignorance où il était encore de l'inflexibilité de son oncle, et il l'aborda d'un air assez triste. — Qu'est-ce, monsieur, je vous croyais réconcilié avec M. Botte. — Et j'épouse ma Sophie. — Votre grand sérieux est donc un effet anticipé du mariage? — Mon ami, je ne m'afflige que pour toi. — Moi, monsieur, je ne m'afflige de rien. — Mon oncle me veut pas absolument te reprendre. — Il a raison; un homme comme moi n'est pas fait pour être valet. — Mais je n'ai pas d'argent à te laisser. — Est-il dans l'ordre qu'un comédien en ait? — Quoi! tu restes dans cette troupe? — Il faut commencer quelque part. — Je te quitte à regret. — Nous nous reverrons quand je serai aux Français. — Tu comptes arriver là? — C'est le but de tout comédien, comme la papauté est le but du dernier moine italien. — Adieu donc, mon cher Guillaume. — Adieu, monsieur. — Je te souhaite bien du bonheur. — Je souhaite que vous n'ayez pas de regret d'avoir reçu le sacrement... — Oh! ciel, que dis-tu là? — Ce serait bien plus sage que d'avoir voulu mourir parce qu'on vous le refusait.

L'oncle et le neveu déjeunèrent et partirent. Charles demanda à M. Botte où il le conduisait. Droit à la ferme, répondit le bon parent. Charles tressaillit de joie; mais bientôt des souvenirs presque effacés se retracèrent à sa mémoire; il tomba dans une foule de réflexions qui répandirent un froid glacial sur sa jolie figure. — Que diable y a-t-il donc encore, monsieur? Je vous marie selon vos vœux, et vous paraissez mécontent ! — Mon cher oncle, je crains, je tremble... — Finissons; qui peut vous faire trembler? — Mademoiselle d'Arancey est-elle instruite de vos projets? — Je ne me suis pas positivement expliqué. — Elle résistera, mon cher oncle. — Je voudrais bien voir cela, par exemple! — Mais si cela était, mon cher oncle? — Hé, quelle serait la raison de cette résistance? — Son respect pour son père... — Elle a raison de respecter son père; elle aurait tort de ne pas se marier. — Elle ne se mariera jamais sans son consentement. — Peut-elle le lui demander? — Doit-elle s'en passer, mon oncle? — Elle doit accepter une alliance qui relève une famille ruinée; elle le doit par considération même pour son père. — Elle sait combien M. d'Arancey tient à la noblesse, et malheureusement nous ne sommes pas nobles.

— Qu'est-ce que c'est, monsieur, qu'est-ce que c'est? Une famille illustrée par un demi-siècle de probité et de travaux utiles serait au-dessous de gens qui ne peuvent se targuer que de vieux parchemins, et qui traînent un nom qu'ont illustré leurs ancêtres? Mademoiselle d'Arancey mépriserait-elle notre honorable roture? Rougirait-elle d'être la femme d'un homme qu'elle n'a pas honte d'aimer? — Sophie vous estime, elle vous respecte, et ne sera retenue que par la crainte d'offenser son père. — Dites-moi, monsieur, dans quel temps vous a-t-elle parlé de ses scrupules? Est-ce lorsqu'elle vous portait le fromage à la crème dans sa petite corbeille d'osier? — Non, mon oncle. — Qu'elle recevait vos lettres en allant ou en venant du château? — Non, mon oncle. — Est-ce dans le temps qu'elle s'échappait de la ferme pour aller déposer ses billets dans le creux d'un vieux orme? — Non, mon oncle. — Ah! j'entends, c'est lorsqu'elle ne vous aimait pas encore. Apprenez, monsieur, que l'amour parle plus haut que des lettres de noblesse, et qu'elles ne feront pas rejeter un jeune homme charmant... — Ah! mon cher oncle!... — Oui, monsieur, vous êtes charmant, vous le savez du reste; votre Sophie le sait mieux que vous, et de vieux préjugés... — Ah! mon cher oncle, Sophie avoir des préjugés! — Eh! pourquoi pas? la croiriez-vous parfaite? La perfection, monsieur, n'est pas le partage de l'humanité, et la versatilité des opinions nous est commune à tous. Apprenez à voir les choses telles qu'elles sont, et ne dites pas : Ma femme est sans défaut; dites au contraire : Elle en a, mais je les supporterai, parce qu'il faudra qu'elle supporte les miens. Au reste, de toutes les femmes que je connais, mademoiselle d'Arancey est celle qui approche le plus de la perfection : elle y viendrait, s'il était dans notre nature d'y atteindre. Elle vous convient à tous égards, je veux que ce mariage se fasse, et corbleu, il se fera.

Il n'est pas difficile de persuader un homme qui ne propose des difficultés, que pour le plaisir de les voir résoudre. Charles se garda bien de combattre plus longtemps une opinion qui berçait si agréablement ses rêves les plus doux. Il revint à ces sentiments toujours si vifs et si purs qu'inspire un bonheur prochain et légitime. Une gaieté franche succéda aux craintes qui l'avaient bannie un instant, et M. Botte, aussi vif que son neveu, aussi pressé de jouir à sa manière, riait en jurant après les postillons, qui ne secondaient pas son impatience. Son imagination prévoyait tout, arrangeait tout, faisait succéder un tableau à un autre. D'abord mademoiselle d'Arancey, incertaine de son sort, doit être cent fois le jour sur la porte de la ferme, et le recevra à la descente de sa chaise; et puis elle ne saura que penser quand on lui présentera Charles, avec qui on lui avait interdit toute espèce de relations. M. Botte déclare ensuite ses vues avec la dignité d'un grand-parent; on répond rien, parce qu'on est modeste; mais un sourire qui s'échappe, un tendre embarras trahissent l'incarnat de la pudeur. Vient ensuite la lecture du contrat. Une grande fortune et tous les agréments qu'elle procure ne rendront pas Charles plus aimable, mais feront aimer un peu l'oncle à qui on les devra; et ce château où on est rétabli dans sa première splendeur, et la cérémonie nuptiale, et le rideau du mystère tiré de la main du bienfaiteur des jeunes époux, et le moment du réveil donné encore à l'amour, et celui de la réflexion tout entier à la reconnaissance; Sophie embrassant tendrement son oncle et le pressant contre son cœur; Charles, radieux et fier, levant sur son épouse des yeux pleins de feu encore; la jeune personne baissant langoureusement les siens... M. Botte trouvait tout cela charmant, et en courant il oubliait les heures des repas, et il mangeait en courant, et il dormait en courant, et Charles, qui ne dormait pas, avait à peu près les mêmes idées que son oncle et les sentait bien plus vivement.

M. Botte n'arrêta à son château que le temps nécessaire pour expédier à Horeau cette lettre qui avait tourné la tête de Charles, et qui l'avait poussé droit à la rivière ; cette lettre qui demandait au jour, à l'heure, à la minute, le tapissier, le peintre-décorateur, vernisseur, badigeonneur; qui demandait des meubles, des stucs, des couleurs, des pinceaux. En vain le valet de chambre s'épuisait en questions sur la santé de monsieur, en vain la femme de charge fatiguait un bras potelé qui s'allongeait et offrait respectueusement un bouillon. — A la ferme d'Arancey, à la ferme ! criait M. Botte, et le postillon fouette ses chevaux, et le valet de chambre reste la bouche ouverte et une main en l'air, et la femme de chambre stupéfaite laisse tomber l'écuelle d'argent sur le pavé.

Mademoiselle d'Arancey n'avait pu voir dans M. Botte qu'un homme d'une probité rigide. Ces hommes-là forcent notre estime, lors même qu'ils nous contredisent; on voudrait les aimer, et mademoiselle d'Arancey sentait qu'elle n'aimerait jamais que la vertu aimable. Quelquefois elle avait cru démêler à travers la brusque sévérité du cher oncle une teinte de sensibilité qui ne s'accordait pas avec ses expressions. Elle saisissait avec vivacité l'homme du plus faible espoir, et M. Botte en fronçant le sourcil faisait tout évanouir. Quelquefois elle retenait, combinait, pesait, discutait les mots échappés qui annonçaient de secrets desseins. C'est sur sa couche solitaire, d'où l'inquiétude et l'amour avaient banni le sommeil, qu'elle espérait et désespérait tour à tour. Attendait-elle quelque chose de M. Botte, les préjugés de son père lui arrachaient des larmes; ne voyait-elle qu'un long

Le marquis d'Arancey et sa fille Sophie.

avenir partagé entre l'amour et les privations, ses pleurs coulaient encore, et elle répétait ces tristes mots : — Ah! mon ami, que de peines nous nous sommes préparées !

Elle n'aimait plus Georges du tout. Toujours très-réservé sur ses propres secrets, il était d'une pénétration fatigante, et il disait sa façon de penser avec une franchise qui devenait désagréable. Il ne concevait pas qu'un homme très-riche visitât tous les jours une demoiselle très-pauvre, pour lui répéter à chaque visite qu'elle n'épouserait jamais son neveu. Il rougissait, il pâlissait en ajoutant que M. Botte disait tout le contraire de ce qu'il pensait ; et Sophie, la bonne, la douce Sophie, dépitée de ce qu'on voulait la deviner malgré elle, rougissait, pâlissait à son tour; elle allait dans sa chambre réfléchir en liberté, combiner de nouvelles idées sur les observations de Georges, et des larmes, toujours des larmes, étaient le résultat des plus tristes réflexions. Il ne lui restait pour appui que le témoignage d'une conscience pure, qui répand un charme jusque sur la douleur. C'est ainsi qu'une femme estimable arrive à la vieillesse sans avoir connu les jouissances; mais c'est alors qu'elle est payée de ses sacrifices par les soins de l'amitié et les hommages des gens de bien; c'est au milieu d'eux qu'elle passe de la vie au néant, sans crainte et sans regrets, après avoir vu ces victimes des illusions passagères perdre tout avec leurs charmes, être livrées à un abandon effrayant, et poursuivies jusque dans la tombe par la honte et le mépris.

Le père Edmond, étranger depuis longtemps aux mouvements tumultueux du cœur, ignorant ce qui se passait dans celui de sa demoiselle et dans ceux de quelques personnes qui l'intéressaient fortement, le père Edmond jouissait du bien qu'il avait fait, de celui qu'il se proposait de faire encore, et il se délassait de ses travaux en relisant sa vieille Bible couverte en veau et garnie de lames de cuivre. Souvent il levait les yeux vers le ciel, et il disait avec foi et onction : — Voilà ma patrie; une vie sans tache m'en assure la jouissance. Telles étaient les situations différentes des membres de cette famille que nous avons perdue de vue depuis longtemps.

On préparait une fête, une très-grande fête au village. Le curé, persécuté, banni, proscrit, allait rentrer dans sa cure : c'était un bien honnête homme que ce curé-là !

Il n'était ni cagot ni exigeant, car il savait que les hommes les plus simples n'aiment pas qu'on ne leur conte que des sornettes, ni qu'on prétende les mener par le nez.

Il ne questionnait jamais les petites filles à confesse, ce qui plaisait fort aux mamans, qui se souvenaient d'avoir appris certain petit péché au tribunal même de la pénitence. Il ne recevait jamais de femme au presbytère, ce qui plaisait fort aux maris; il ne s'informait jamais des secrets des familles, ce qui plaisait fort à tout le monde.

Il enseignait littéralement le catéchisme, tel qu'il avait plu à monsieur l'évêque de le faire, et il n'entreprenait jamais de rien expliquer, parce que, disait-il, les articles de foi n'ont pas besoin d'explication.

Mais tous les dimanches il prêchait contre un vice, ou il louait une vertu, et on le croyait comme l'Évangile, parce qu'on ne lui connaissait pas de vices, et qu'on le voyait pratiquer toutes les vertus. D'autres disent tous les jours : Ne faites pas ce que je fais, faites ce que je vous dis. Eh! de quel droit me prêches-tu, si tu ne veux pas mieux que moi?

Notre curé soignait, consolait les malades, il secourait ses pauvres, il arrangeait les procès, il réconciliait les époux, et il engageait celui qui avait tort à se corriger, et l'autre à être patient.

L'office du dimanche terminé, il encourageait le travail, parce qu'il croyait qu'on fait moins de mal en conduisant sa charrue qu'en s'enivrant de mauvais vin. Il répondait à un curé du voisinage qui lui reprochait son indulgence : — Je serai de votre avis, mon cher confrère, quand le soleil cessera de se lever le septième jour. Mais, si la nature est sans cesse en activité, pourquoi l'homme, qui n'en est qu'une faible émanation, cesserait-il d'agir, surtout si son travail est nécessaire à l'existence de sa famille?

Il ne défendait point qu'on dansât quelquefois, parce qu'une gaieté décente n'a rien que d'innocent; que le violon rapproche les jeunes filles des jeunes garçons, et qu'en facilitant les mariages, ce rapprochement tente à l'exécution du précepte : *Croissez et multipliez* ; et il répondait au curé son voisin : — Mon cher collègue, il faut qu'un jeune homme bien constitué se marie promptement, ou il porte le trouble dans les familles.

Il ne haïssait pas le plaisir, et de temps en temps il rassemblait chez lui quelques-uns de ses paroissiens. Un dîner frugal et une pointe de bonne humeur entretenaient le pasteur en civilisant le troupeau. La chansonnette n'était pas interdite, pourvu qu'elle ne fût pas grivoise. L'harmonie, le travail et la santé étaient fixés dans le village.

Un malheureux, hypocrite depuis sa naissance jusqu'en 1789, avait fait chasser le bon curé, dont il convoitait le presbytère, et tous ces villageois regrettaient leur digne père.

Quand il put reparaître *sans danger*, car notre curé n'avait jamais ambitionné la palme du martyre, il écrivit à ses paroissiens une lettre affectueuse, et il l'adressa au père Edmond, parce qu'il était le plus âgé du village, celui qui chantait le mieux au lutrin et qui figurait avec le plus de dignité aux processions, qualités qui ne lui paraissaient pas inutiles; car, disait-il, c'est par les yeux et les oreilles

qu'on arrive à l'imagination, et c'est par l'imagination qu'on mène les hommes. Loués soient ceux dont les efforts ne tendent qu'à les mener au bien !

Le père Edmond, flatté de la préférence que lui accordait son curé, commença par mouiller la lettre de ses larmes, puis il fut la lire de maison en maison. Partout on lui présentait le grand fauteuil, il s'asseyait, tirait ses lunettes, relisait la lettre, recommençait à pleurer et gagnait une autre chaumière.

Ceux à qui il avait lu le suivaient en chantant, l'un l'*Alleluia*, un autre le *Te Deum*, un troisième le *Magnificat*, un quatrième le *Rorate cœli* ; ce qui faisait un concert aussi discordant qu'il était pur et naïf ; de sorte que lorsque le père Edmond sortit de la dernière cabane, tous les habitants étaient rassemblés autour de lui.

Comment recevra-t-on M. le curé? quels honneurs lui rendra-t-on? On propose, on discute, on délibère, on parle tous à la fois. On sonnerait bien la cloche, mais on en a fait des gros sous, ou la culasse d'un canon; on tendrait bien l'église, mais on a fait des guêtres avec la draperie noire et on a doublé les habits avec la draperie blanche... Que diantre fera-t-on, car enfin il faut faire quelque chose... Ah! illuminer comme à Paris, mordienne... Non, non, c'est trop mondain, cela... Mon Dieu! que ferons-nous?

Le père Edmond se fait soulever sous les bras pour monter sur une escabelle. Dès que sa tête blanchie est élevée au-dessus de celles des autres, on juge qu'il veut parler, le tumulte s'apaise, un profond silence règne dans l'assemblée, parce que dans ce village-là on a conservé l'habitude de respecter les vieillards.

— Mes amis, dit le bon père, croyez-vous que le son d'une cloche, et que des murs garnis de draps blancs ou noirs soient ce qu'il y a de plus agréable à Dieu? Ce sont les cœurs purs qu'il aime, ce sont les temples les plus chers : les nôtres sont dignes de s'élever vers lui. Remercions-le d'abord de nous avoir rendu notre bon curé, et nous verrons après.

Tous les chapeaux sont à terre, tout le monde est à genoux. Edmond prie à haute voix au nom de tous, et chacun s'unit intérieurement à lui.

— Avisons-nous maintenant, dit le père Edmond en remontant sur son escabelle. Dieu a paré la nature de fleurs; les fleurs lui sont donc agréables : des guirlandes de bleuets, de roses, de jasmin, décoreront son église. Il a béni nos moissons : des gerbes orneront son autel. Chacun mettra la main à l'ouvrage, et ces premiers préparatifs terminés, tous les habitants, en habit de dimanche, sortiront du village, et iront à la rencontre de M. le curé. La marche sera ouverte par les derniers jeunes gens qu'il a mariés, et la jeune femme lui dira en lui faisant la révérence : Le bon Dieu a reçu nos actions de grâces, recevez, monsieur le curé, les vœux et l'hommage de vos paroissiens. Ils ont voulu que la parole vous fût adressée par les derniers que vous avez bénis. Le ciel vous a entendus, et il a répandu sur nous ses grâces; venez bénir les autres à l'église, dont nous vous présentons les clefs dans ce plat d'étain. Ce n'est pas, mes amis, que je croie mauvais les mariages faits seulement d'après la loi (car j'ai vu dans la Bible que le consentement mutuel suffisait aux patriarches, et les patriarches nous valaient bien) mais la bénédiction d'un honnête homme est comme la rosée qui féconde nos plantes, et leur fait porter de bons grains.

Entouré de ses enfants, M. le curé se rendra à l'église; il la purifiera, chantera une grand'messe, fera la cérémonie des mariages, et nous le mènerons sous le grand ormeau, où seront dressées des tables. Chacun apportera son plat et son broc, et la fête des épousailles, de la reconnaissance et de l'amitié.

Son presbytère est vendu : puisse-t-il profiter de celui qui l'a acheté. Comme l'ancien du village, je logerai M. le curé le premier, et je le garderai six semaines. Les autres feront après moi, selon leur moyen...

— Oui, oui, nous le logerons tous.

— Monsieur Edmond, dit modestement mademoiselle d'Arancey, vous m'avez remise en possession du château de mon père. Trop jeune pour l'habiter encore, permettez que j'y reçoive M. le curé; il y sera commodément, et ne dérangera personne. — Brave demoiselle! — Digne demoiselle!... — Oui, au château!... — Au château... — Vive mademoiselle d'Arancey!... — Et notre bon pasteur! — Le laitage... — Les œufs... — La meilleure volaille... — Nous lui porterons tout.... — Nous lui offrirons tout... — Et il ne refusera pas ses amis.

Le temple était paré, les habitants *endimanchés*, les villageoises dans leurs atours, et le cortège était en marche. Georges, l'honnête et traccassier Georges, avait passé à son bras la jolie main de mademoiselle d'Arancey. On avançait en silence et dans le recueillement. Un homme d'un extérieur vénérable parait dans l'éloignement. Est-ce lui? se demandait-on tout bas.

Autant qu'on peut en juger, il porte un habit de camelot gris, et ce n'est pas la couleur d'usage ; il a des guêtres de toile écrue, et un bâton noueux à la main, et jamais on n'avait vu de curé en guêtres, armé comme un marchand de bœufs... Mais ses cheveux paraissent frisés en rond ; mais son chapeau, à demi retroussé, marque trois pointes; mais sa démarche est noble et grave,... ce pourra bien être lui.

On n'était plus qu'à cinquante pas les uns des autres. Le voyageur s'arrête, regarde, tire son mouchoir, essuie ses larmes, tombe à genoux sur la route dans la poussière, et s'écrie : — Mon Dieu ! mon Dieu ! je vous remercie, vous m'avez conservé leur cœur !

Les villageoises ont entendu cette exclamation : — C'est lui ! c'est lui ! crient cent bouches à la fois, on n'oublie ce qu'on devait faire, et l'ordre de la marche est rompu, et on court, et les plus jeunes se précipitent, et les vieillards se plaignent pour la première fois du fardeau des années.

Le bon curé est entouré de ses paroissiens ; c'est à qui baisera ses mains, touchera ses vêtements, ce bâton qui rappelle la simplicité, la pauvreté de l'apostolat. Les anciens arrivent enfin. Le pasteur aperçoit Edmond, ouvre ses bras, et le presse contre son sein.

La chaise de M. Botte approchait précédée d'un nuage de poussière. Le cher oncle, frappé à la vue d'un homme dont l'extérieur annonçait l'indigence, et le vertueux curé ne retrouvera jamais un jour comme celui-ci : gardons-nous de rien déranger. Et M. Botte et son neveu oublient le rapport de son messager. J'honore la vertu sous une soutane comme sous un habit brodé, et partout j'aime à lui rendre hommage. Charles et la distinguée mademoiselle d'Arancey dans la foule. Il s'élançait... son oncle le retient par un bras. — Monsieur, vous avez toute votre vie pour l'amour, et le vertueux curé ne retrouvera jamais un jour comme celui-ci : gardons-nous de rien déranger. Et M. Botte et son neveu oublient leur impétuosité ; ils prennent la queue de la marche ; ils suivent, le chapeau à la main.

Notre aimable Sophie n'avait pas l'œil aussi actif et aussi perçant que Charles : elle a vu la voiture, que personne n'a remarquée ; elle en a vu descendre les voyageurs. Elle ne conçoit pas que M. Botte lui ramène un amant avec qui il l'a forcée de rompre ; elle se rappelle les observations de Georges. Mille idées différentes l'assaillent à la fois ; elle rit, elle pleure, elle tremble, elle s'appuie si fortement sur le bras du jeune paysan, qu'il s'inquiète, se retourne, regarde, aperçoit M. Botte, et Charles devient réservé, rêveur, et ne prononce plus un mot.

Jamais procession n'avait paru à Charles aussi longue, aussi fastidieuse que celle-ci. Tantôt il s'écartait de la file, et son oncle lui faisait reprendre son rang ; tantôt il marchait sur les talons de celui qui le précédait, et son oncle le faisait rétrograder ; tantôt il s'élevait sur la pointe des pieds, et il rencontrait quelquefois les yeux de sa Sophie. Ils exprimaient tout ensemble et le plaisir de la revoir et la crainte de l'avenir. Que n'eût-il pas donné pour la rassurer !

On était enfin dans l'église, où s'était rangé : M. Botte s'était laissé conduire par son neveu, qui, n'ayant pu se placer à côté de mademoiselle d'Arancey, s'était mis précisément vis-à-vis d'elle. Séparés par un intervalle qu'occupaient le curé, le magister, Edmond et le lutrin, ne pouvaient faire de pauvres jeunes gens, observés, gardés, l'un par son oncle, l'autre par Georges ? Charles adressa à Sophie une profonde révérence ; Sophie la lui rendit très-exactement ; dès lors leurs yeux se fixèrent, non pas sur l'autel, et s'ils pensaient au Créateur, c'était pour l'adorer dans ce qu'il avait fait de plus beau.

Quelque parfait qu'on soit, il faut payer tribut à la faiblesse humaine. Depuis longtemps le bon curé n'avait rempli les fonctions du sacerdoce ; on le combattait d'honneurs, sa tête était exaltée, et il crut que c'était le cas ou jamais d'officier presque pontificalement, avec un calice de bois et une chasuble de serge. Il imagina qu'à défaut du luxe, il en imposerait par la longueur de l'office, et il le prolongea tellement, que le bon père Edmond s'enrouait à ne pouvoir plus se faire entendre, que le fervent auditoire bâillait très-involontairement, que M. Botte, qui ne voulait rien déranger, trépignait d'une manière très-sensible ; Charles et Sophie ne voyaient qu'eux.

L'imperturbable curé n'allait toujours son train ; mais, comme il faut que tout finisse, il s'arrêta quand il n'eut plus rien à dire ni à chanter, et la séance finit par une bénédiction. Alors commença la fête de l'amitié.

X. — Événements. Obstacles imprévus.

La cordialité, la bonne franchise avaient succédé au silence respectueux qui régnait dans le temple. On sortait sans ordre, et Charles allait aborder sa charmante amie : — Halte là, monsieur, lui dit son oncle. Permettez, s'il vous plaît, que les choses se fassent selon les bienséances. C'est à moi de vous présenter à mademoiselle d'Arancey, à lui demander sa main. — A la bonne heure, mon cher oncle ; mais je puis de mon côté... — Quoi ! monsieur, lui dire cavalièrement : Mademoiselle, je viens vous épouser ; on peut être bien reçus dont un amoureux peut faire très-peu de cas, mais que je maintiendrai, corbleu ! On ne saurait mettre trop de dignité dans ce qui tient au mariage, parce qu'on ne saurait trop respecter ce lien. Venez avec moi, monsieur. Et il s'avança vers Edmond, tenant son neveu par la main. Il allait former une demande dans les règles, lorsque Edmond s'adressa au curé, au nom des habitants, et lui offrit toutes les douceurs qui peuvent flatter un homme qui se contente de peu.

— Celui-là va-t-il aussi prêcher ! dit impétueusement M. Botte. J'en aurai aujourd'hui pour six mois.

Mais quand il entendit Edmond s'exprimer avec simplicité, offrir les dons de tous avec effusion et tendresse, demander comme une grâce qu'on ne les refusât pas ; quand il vit les larmes d'attendrissement du bon prêtre, il s'adoucit considérablement ; et lorsque mademoiselle d'Arancey joignit, avec une douceur modeste, ses instances à celles d'Edmond, qu'elle présenta les clefs de son château au pasteur, qu'elle le supplia de l'habiter, M. Botte ne se posséda plus.

Il interrompit la belle, la respectable Sophie, en criant de toutes ses forces : — Elle a donc juré d'avoir toutes les vertus ! Charles, si tu ne l'adores pas toute ta vie, la nature t'a refusé une âme. Et il embrasse Sophie, il embrasse le curé, il embrasse Edmond, il embrasse tout le monde. Pendant l'espèce de tumulte qu'a causé cette saillie, ou cette incartade, on n'a pas remarqué que Georges, frappé des dernières paroles de M. Botte, s'est éloigné, la tête penchée sur la poitrine, les mains jointes et serrées. Infortuné ! cette Sophie qui lui est si chère ne peut-elle être heureuse qu'en déchirant ton cœur ? Trop faible elle-même pour soutenir l'effet de ces dernières paroles, ses genoux ployèrent sous elle, et elle se laissa aller sur un banc.

Lorsqu'il ne resta plus à embrasser que quelques vieilles, qui espéraient bien l'être aussi, M. Botte s'arrêta, l'ordre se rétablit, et le curé essaya de parler. Trop ému pour faire un discours suivi, il exprima par des mots sans suite, par des gestes qui peignaient sa profonde sensibilité, ce que les fleurs de rhétorique, dont il parait ses prônes, n'auraient jamais su lui rendre. Il accepta les offrandes des ouailles en se réservant de mettre les bornes à leur générosité ; mais il refusa absolument de loger au château. — Vous y logerez, ventrebleu ! lui dit M. Botte. — Je ne le puis, monsieur. — Et la raison, monsieur ? — Que dirait-on d'un ministre qui habiterait un palais, lorsque le temple de Dieu est en ruines, et qu'il manque des choses les plus nécessaires ? — Je restaurerai votre temple, je le rebâtirai s'il le faut, je l'embellirai, je le rendrai digne du serment que la sagesse y prononcera à l'amour ; mais, parbleu, vous logerez au château.

— Le serment que la sagesse y prononcera à l'amour ! répète mademoiselle d'Arancey, et elle perd l'usage de ses sens. Charles, tremblant pour sa Sophie, se fâche tout de bon contre son oncle : — Vous m'avez la bouche, monsieur, pour vous conformer à l'usage. Mais l'usage veut-il qu'on tue les gens en leur annonçant sans ménagement une nouvelle aussi inattendue ? Ne pas l'y disposer, ne pas... — Vous avez raison, monsieur le docteur ; mais ce n'est pas de cela qu'il s'agit, il faut la faire revenir. Ma nièce, ma chère nièce, le temps des épreuves est passé. Revenez à vous, ouvrez ces beaux yeux, fixez-les sur un oncle qui ne veut que votre bonheur, et qui vient l'assurer.

Mademoiselle d'Arancey était adorée dans le village, et des cris de joie s'élèvent de toutes parts. — Quel homme, disait-on, quel homme, qui marie notre demoiselle, et qui restaure notre église ! — C'est assez, c'est assez, disait M. Botte, ces exclamations m'ennuient. Je restaure votre église, parce qu'un curé comme le vôtre ne doit pas officier dans une grange ; je propose mon neveu pour mademoiselle d'Arancey, parce que c'est une fille accomplie : ainsi vous ne me devez rien, et laissez-moi tranquille.

L'émotion de la joie n'a jamais de suites funestes, dit Beaumarchais. Sophie revint à elle plus belle que jamais ; et, pendant qu'on chargeait les tables rangées autour du grand ormeau, M. Botte conduisit le père Edmond et le curé vers un petit tertre, et Sophie, nonchalamment appuyée sur le bras de Charles, se laissait conduire, les yeux baissés, et le visage couvert d'une aimable rougeur.

M. Botte, affectant le cérémonial de la vieille cour, montra le tertre à Edmond, et l'invita à s'asseoir. — Après vous, monsieur, dit Edmond. — Non, monsieur, vous vous assiérez, et je parlerai debout et découvert. — Mais, monsieur... — Eh, corbleu, asseyez-vous donc ! Et poussant Edmond par les deux épaules, il le fait tomber sur le gazon.

Le père Edmond paraissait étonné de ce genre de politesse. M. Botte, que rien ne déconcerte, poursuit en ces termes : — Monsieur, vous avez élevé cette demoiselle, vous avez formé son cœur à la vertu ; vous êtes donc son véritable père. Je vous la demande en mariage pour Charles Montemar, mon neveu. Je lui donne trente mille livres de rente ; après moi, le reste de ma fortune, et, le jour du mariage, le remboursement de ce qui vous est dû sur le prix du château et de la ferme. Ma demande, monsieur, vous est-elle agréable ? — Ah ! monsieur, il n'y a qu'une âme comme la vôtre... — Il n'est pas question de mon âme. Ma demande, monsieur, vous est-elle agréable ? — Ah ! jamais je n'oublierai... — Ma demande vous est-elle agréable ? Ventrebleu ! répondez oui ou non. — Oui, monsieur, très agréable, et très-fort. — A la bonne heure. Mademoiselle, je n'ai point de parchemins à vous montrer ; mais je crois que tous les honnêtes gens sont nobles, et qu'il n'y a que le titre de roturier. Vous pensez sans doute comme moi ; ainsi vous agréez la recherche de mon neveu ?

L'intéressante Sophie ne savait où elle en était. Elle pouvait être heureuse, parfaitement heureuse, elle n'avait qu'à le vouloir. M. Botte lui tenait la main, et attendait son aveu. Charles était à ses genoux ; il avait pris son autre main, et le couvrait de baisers ; le curé, debout derrière eux, avait les yeux et les bras élevés vers le ciel, et il disait : — Mon Dieu, bénissez-les un jour, comme je les bénis dès ce moment.

Le premier mouvement de mademoiselle d'Arancey avait été pour l'amour ; le second l'avait reportée vers son père, fugitif, errant, malheureux, n'ayant pour consolation que des chimères, dont sa manage allait dissiper l'illusion : mais bientôt son cœur la ramenait à l'homme qu'elle adorait. Il était à ses pieds; elle le voyait suppliant, paré des charmes qu'ajoute le désir à une figure déjà trop séduisante. Elle n'avait pas la force de l'affliger; elle ne pouvait se résoudre à se rendre malheureuse, et cependant ses principes arrêtaient un consentement qu'elle brûlait de prononcer.

M. Botte commençait à froncer le sourcil; Charles était plus pressant; le père Edmond encourageait sa demoiselle, et l'engageait à répondre. Forcée de rompre le silence, elle répéta les objections dont son amant avait entretenu son oncle dans la voiture. Elle hésitait, elle s'exprimait faiblement; ses yeux démentaient sa bouche. M. Botte ne fut pas moins très-mécontent d'une résistance à laquelle cependant il était préparé. A une assez laide grimace succédèrent l'emportement, les instances, la colère, les supplications. La timide Sophie ne répondait rien; elle pleurait en regardant Charles.

— Parbleu, curé, s'écria M. Botte, ne savez-vous que bénir les gens? Il est bien extraordinaire que vous vous taisiez dans une semblable circonstance. On me considère comme partie intéressée, et on juge mes arguments mauvais. Mais vous qui êtes neutre dans cette affaire, qui êtes l'homme de tous, qui êtes généralement respecté, usez donc de votre influence; parlez, de grâce, et parlez bien.

Le bon prêtre ne se mêlait jamais d'affaires de famille qu'il n'y fût invité; mais il avait comme un autre son petit amour-propre, et il était secrètement flatté de vaincre une résistance qu'il jugeait n'être que de forme, mais que n'avaient pu surmonter ni M. Botte ni même l'amant aimé. Il répéta très-gravement une partie des raisonnements du cher oncle, parce qu'en effet ils étaient fondés. Il appuya sur la nécessité où était mademoiselle d'Arancey de relever sa fortune pour l'offrir à son père, dans le cas où il rentrerait en France. Il lui représenta combien il est doux de tenir tout de l'homme qu'on préfère. Il dit qu'une simple irrégularité ne pouvait balancer des avantages aussi réels, et que, puisqu'on ne pouvait avoir le consentement de son père, il était naturel de se contenter de celui de l'homme qui l'avait si dignement remplacé. Il protesta qu'il ne voyait rien dans le procédé qui pût blesser le ciel ni les hommes. Il ajouta que le malheur avait probablement changé les idées de M. d'Arancey sur la noblesse; qu'il approuverait une alliance vraiment convenable; enfin, il laissa pressentir que sa longue absence et son silence absolu avaient une cause beaucoup plus forte que celles qu'on avait supposées, et qu'il finit en observant qu'on ne doit pas aux morts, quelque précieuse que soit leur mémoire, le sacrifice de toute sa vie.

Sophie était trop raisonnable, elle aimait surtout trop tendrement pour n'être pas de cet avis. Elle paraissait ébranlée, mais elle ne prononçait pas; M. Botte enrageait.

Le père Edmond se leva : — Notre demoiselle, mon cœur, ma petite fortune, mes soins, je vous ai tout donné, et en échange vous m'avez nommé tuteur. Pour la première, pour la dernière fois, j'en prends l'autorité : obéissez, je vous l'ordonne.

Sophie regarda Charles avec un doux sourire; elle le baisa au front, et lui dit : — Soyez mon époux.

A ces mots, M. Botte fit un saut proportionné à la joie présente, qui remplaçait subitement des craintes et une humeur très-marquées, c'est-à-dire qu'il sauta aussi haut que le permettait le volume d'un corps que la nature n'avait pas destiné à fendre l'air. Or, comme le cher oncle n'avait pas l'habitude des *gargouillades*, et qu'il n'avait pas calculé les effets de celle-ci, il tomba pesamment sur les jambes de Charles, qui, pieusement agenouillé devant sa divinité, exprimait maintenant son ivresse et sa reconnaissance. Le curé, qui veut retenir M. Botte, se sent entraîné après, et s'accroche aux larges pans de l'habit d'Edmond; le vieillard, cédant à l'impulsion générale, roule sur le pasteur, qui roule sur M. Botte, lequel roule sur Charles, lequel faisait d'incroyables efforts pour empêcher que le tout ne roulât sur mademoiselle d'Arancey.

Sophie ne pouvait se relever, et entrevoyait l'instant où elle allait être écrasée. Elle repoussait de toutes ses petites forces M. Botte, dont la tête s'allongeait par-dessus celle de son neveu; elle appuyait sur sa grosse face des mains blanchettes, que le cher oncle, sans s'embarrasser de sa position, baisait de tout son cœur.

Comme personne n'était blessé, tout le monde riait aux éclats; mais comme le père Edmond occupait le haut de la pile, et qu'il n'était plus du tout *ingambe*, personne ne se relevait. Comme les villageois étaient à très-peu de distance, et qu'on est curieux dans ce village-là comme ailleurs, ils accoururent pour voir ce qui avait pu déterminer ces messieurs à s'empiler ainsi; et comme la curiosité peut quelquefois être utile à ceux qui sont l'objet, le curé, Edmond et M. Botte furent aussitôt rétablis sur leurs jambes.

Charles présenta la pointe d'un charmant futur, en on allait gaiement prendre sa part du champêtre repas, lorsqu'on s'aperçut que M. Botte avait perdu sa perruque dans la mêlée. Le cher oncle était dans un de ces moments de bonne humeur, que ceux qui vivaient près de lui pouvaient facilement compter; mais il reprit son sérieux à l'instant en pensant qu'on ne représente pas dignement à une fête publique, coiffé en enfant de chœur. Il regarde, il cherche à lire dans tous les yeux quel est le mauvais plaisant qui lui a escamoté sa perruque. Les paysans, qui le pénètrent, protestent de leur innocence, et cherchent partout le respectable couvre-chef, qui ne se trouve nulle part.

M. Botte fronçait le sourcil et grommelait déjà entre ses dents, lorsqu'il découvrit son voleur. La perruque était poudrée à blanc et enduite d'une pommade de première qualité; un chien de berger s'en était accommodé et la rongeait paisiblement, en attendant les os de jambons et de poulardes qui n'étaient pas encore à sa disposition.

M. Botte, furieux, arrache des mains d'un paysan un lourd bâton d'épines et en décharge un coup terrible sur le dos du chien. Les chiens, comme les moines, n'aiment pas qu'on les dérange dans leurs repas. Celui-ci s'élance sur M. Botte, qui, très-heureusement pour lui, fait une volte, et en est quitte pour le derrière de son habit et le fond de sa culotte, que le chien emporte en triomphe, en secouant la tête, et en foulant de ses pattes de devant la dépouille du vaincu.

Cependant la chemise de M. Botte vole au gré du vent. Ce n'est plus sa tête tondue qui l'occupe, ce sont les mœurs publiques qu'il blesse involontairement. Son chapeau, fixé de ses deux mains sur la partie découverte, ne suffisait pas pour cacher le plus dodu des postérieurs, et il n'avait que le choix de la moitié qu'il lui plairait exposer aux regards du public.

Il tempêtait, il jurait, il rudoyait Edmond, le curé, son neveu, qui s'empressaient autour de lui. Tout à coup il jette des cris furieux et grince des dents de manière à faire fuir tout un département. Une malheureuse guêpe, attirée par la chair fraîche, s'était glissée le long de l'épine du dos, et arrangeait l'omoplate de M. Botte comme le chien avait fait de la perruque. M. Botte se jette à terre, se roule sur l'herbe en continuant de crier, il écrase son ennemi, et il en souffre pas moins.

Au hasard de ce qui pourrait lui arriver, Charles, vraiment inquiet de l'état où était son oncle, s'approcha de lui et voulut achever de le déshabiller. M. Botte se releva, jura, et, tenant toujours son chapeau derrière lui, il prit en tortillant le chemin de la ferme. Edmond le suivit d'aussi près que le permettait son âge, et le curé, qui se mêlait un peu de médecine, le suivit d'aussi loin qu'il le fallait pour être à l'abri des événements : il croyait le cher oncle maniaque.

Mademoiselle d'Arancey aurait bien voulu être utile à l'homme à qui elle devait son bonheur. L'intérêt qui lui inspirait la faisait avancer d'un pas, la décence la faisait reculer de deux : elle s'adressa enfin à deux hommes qui, depuis quinze ans au moins, n'étaient plus d'aucun sexe. Mais, à défaut d'autres passions, les vieilles ont de la rancune. M. Botte n'avait pas embrassé celles-ci : elles ne bougèrent pas.

En avançant vers la ferme, le patient s'était un peu calmé : il avait expliqué la cause de ses cris et de ses contorsions, et le bon pasteur, rassuré, protestait qu'il enlèverait l'aiguillon, et que la douleur cesserait à l'instant.

En effet, l'opération faite, M. Botte se trouva soulagé. Mais il observa qu'il était loin d'être dans un état présentable; il protesta qu'il dînerait à la ferme, et il exigea très-impérieusement qu'Edmond reconduisît aussitôt le curé à la fête qu'on lui donnait. Son ordre était motivé sur deux raisons : la première, c'est qu'un dîner froid ne vaut rien; la seconde, c'est qu'un chien et une guêpe ne doivent pas mettre tout un village au régime. Le père Edmond cherchait pour la seconde fois, dans l'armoire de noyer, de quoi couvrir au moins M. Botte; le curé prétendait que la toilette la plus brillante ne peut empêcher un homme d'en souiager un autre, et il voulait bassiner la piqûre avec du vinaigre; M. Botte avait pris le vase, l'avait jeté à l'autre bout de la chambre, et invitait son médecin, avec son gros juron, à se rendre, sans répliquer, sous le grand ormeau, lorsque Charles trouva sur la table une lettre à l'adresse du vieux Edmond.

Le bon vieillard prend la lettre, et s'étonne en reconnaissant l'écriture de son fils, de Georges, qui était disparu, et dont l'absence n'avait encore été remarquée de personne. Le cachet est rompu; le malheureux père lit quelques lignes, et laisse tomber la lettre en s'écriant : — Je n'ai plus de fils! »

M. Botte s'irrite contre la fortune quand il voit des malheureux. Il oublie le curé, il oublie la fête, il oublie qu'il est sans culotte, il découvre tout en ramassant le papier : mais il le ramasse, et il lit :

« MON PÈRE,

» J'ai pu aimer notre demoiselle autant qu'il est possible d'aimer, et avoir la force de me taire; je n'ai pas celle d'être témoin du bonheur d'un autre. Je pars. Pardonnez-moi, mon bon père, pardonnez-moi de vous quitter dans votre vieillesse; mais il me fallait mourir à la ferme ou aller souffrir au loin, et, dans les deux cas, votre fils était perdu pour vous.

» Ne me retirez pas, je vous le demande à genoux, les bénédictions que vous avez si souvent prononcées sur moi. Georges vous honore et vous chérit toujours; mais il ne pouvait rester. »

— Faites donc des enfants! disait M. Botte. Non, ventrebleu! je n'en ferai jamais. Les coquins, les coquins! voilà comme ils sont tous. Pauvre père! pauvre père! ajoutait-il debout à côté d'Edmond, dont il pressait affectueusement la main. — Dieu me l'avait donné, dit en pleurant le vieillard, Dieu me l'a ôté; que son saint nom soit béni! — Il vous le rendra, mon cher Edmond, reprit le pasteur, il vous le rendra. Votre vie n'a été qu'une longue suite de jours paisibles et purs, et l'Éternel se complaît à éprouver ses saints. — Que je revois mon fils un moment, rien qu'un moment; que je l'embrasse encore, et je mourrai en bénissant le Seigneur.

— Je ne sais pas, poursuivit M. Botte, ce que le Seigneur compte faire de votre fils; mais je sais que je ne dois rien épargner pour vous le rendre, et je n'aurai pas de repos que je ne vous l'aie rendu. Vous, monsieur, dont les amours troublent le repos des familles, faites mettre les chevaux à la voiture. — Est-ce ma faute, mon oncle?... — C'est la mienne, n'est-ce pas? Les chevaux à la voiture. — Me rendrez-vous comptable de l'infortune de Georges? — C'est vous, monsieur, qui êtes la cause de tout. Trente voyages au moins qu'il m'a fallu faire à la ferme; un autre au fond de la Normandie pour vous empêcher de vous noyer; et ma chute dans la mare avec ce pauvre Moreau, l'algarade impertinente de ces comédiens de campagne, et mon double combat avec un chien et une guêpe, un jeune homme et son père désolés, tout cela serait-il arrivé, monsieur, si vous ne vous étiez avisé d'aimer? Pour la dernière fois, les chevaux à la voiture. — Décidément, mon oncle, vous allez partir? — Sans délai. J'ai beaucoup de confiance en la Providence; mais, quoi qu'en disent Edmond et son curé, il est bon de la seconder un peu. — Et mademoiselle d'Arancey? — Malheureux, jette les yeux sur ce vieillard, et balance si tu l'oses... Monsieur, qui ne voit que son bonheur personnel dans la société ne doit rien attendre d'elle. — Au moins un adieu, mon oncle, un mot, et je vous suis. Et sans attendre de réponse, Charles est parti; il court, il est déjà loin.

— Où allez-vous, monsieur? dit le curé à M. Botte qui trottait sur les pas de son neveu. — Je vais après ce drôle. Je le ramène, je le jette dans ma chaise, et je l'envoie solliciter dans une moitié des bureaux de Paris, pendant que j'assiège les autres. — Supposons que vos démarches aient le plus heureux succès, que ferez-vous? — Je m'empare de Georges; je lui reproche l'abandon où il a laissé un père; je ranime son courage, je le rends à la piété filiale, et je le conduis aux pieds de ce vieillard. — Il écrit qu'il mourra ici. — Chansons. — Vous ne le connaissez pas, monsieur. — Hé, curé, tous les hommes sont faits de même. On souffre, on se console, on ne meurt pas. — Mais, monsieur... — Paix, je suis décidé.

Le pasteur, toujours calme et prudent, observa qu'un quart d'heure de plus ou de moins n'était rien dans la circonstance présente, et qu'au moins il était bon de s'entendre avant d'agir : M. Botte n'entendait rien. Le curé voulait réfléchir; le cher oncle prétendait que la première impulsion du cœur est la bonne, et qu'en la suivant on ne se trompe jamais. Le père Edmond, qui avait beaucoup de confiance en son curé qu'en M. Botte, pria, supplia le cher oncle d'entendre le pasteur. — Parlez donc, monsieur, s'écria le quinteux personnage, puisqu'on veut que je vous écoute.

Le curé représenta que Georges avait toujours été fils respectueux et tendre; que son père avait constamment été l'objet de ses soins religieux, et qu'ainsi une passion irrésistible avait pu seule le déterminer à quitter le pays. Il jugea que l'éloignement pouvait calmer une fièvre dévorante que tout alimentait dans la ferme, où Georges ne ferait point un pas sans trouver des souvenirs déchirants. Il ajouta que la santé la plus robuste cède à la fin aux froissements réitérés d'un cœur d'autant plus sensible, qu'il était vierge encore, et qu'il est déjà flétri de la violence qu'il s'est faite, et du silence qu'il s'est imposé. Il finit en invitant M. Botte à découvrir l'asile que choisirait le jeune homme, et à le faire surveiller par quelqu'un de sûr, qui fournirait en secret à ses besoins, et qui donnerait de ses nouvelles à son père.

M. Botte était vif, il était opiniâtre; ce n'était qu'en grondant qu'il se rendait à de bonnes raisons; mais il s'y rendait enfin. Il entra dans les vues du curé à la grande satisfaction du malheureux père, et on parla avec une espèce de tranquillité du mariage de mademoiselle d'Arancey.

— Cruel enfant, méchant enfant! disait le vieillard, oser lever les yeux sur sa demoiselle! — Et sur qui les lèverait-il? sur une guenon? — Mais oser l'aimer, monsieur, oser l'aimer! — Hé, comment s'en défendre? nous l'aimerions aussi, si nous n'avions que vingt ans. — Mais le respect... — Georges n'en a point franchi les bornes. — Quoi! cette lettre... — Cette lettre ne s'adresse pas à mademoiselle d'Arancey. — Qu'elle ignore au moins que mon fils l'a écrite. — Elle la verra. Un amour vertueux, un amour auquel on s'immole, ne peut offenser une femme; il donne des droits à sa pitié. — Par grâce, monsieur... — Je ne ferai pas le bonheur de mon neveu par une supercherie. Mademoiselle d'Arancey saura le mal qu'elle fait à Georges; elle saura que c'est elle qui en prive son père, qu'un sacrifice peut le lui ramener; elle lira la lettre, elle la prononcera.

— Encore un mot, monsieur, dit le curé. — Hé! parbleu, pasteur, vous abusez de ma patience. Il était question tout à l'heure des intérêts d'Edmond, et j'ai dû céder à sa volonté; il s'agit ici de ma délicatesse personnelle, et certes, à cet égard, je n'ai besoin des conseils de personne : mademoiselle d'Arancey lira la lettre.

Charles était incapable de ces froids calculs que l'homme fait à bout des désirs emploie souvent avec succès. Idolâtre de sa Sophie, il n'avait pas prévu l'effet que produirait sur elle la nouvelle de la fuite de Georges. Il en parla en homme aussi pénétré du malheur d'Edmond qu'affligé de la vivacité d'un oncle qui l'arrachait subitement à ce qu'il avait de plus cher. Sophie, bonne et sensible comme lui, éclairée enfin sur un secret que sa modestie seule l'avait empêchée de pénétrer,

Sophie oublia les fréquentes importunités de Georges, et ne vit plus en lui que l'ami malheureux.

Les habitants attendaient leur curé et le vieux Edmond. Rangés debout autour des tables où personne n'osait se placer encore, ils entretenaient leur gaieté en buvant de temps en temps le petit coup. La tristesse de Charles, la douleur de mademoiselle d'Arancey frappèrent également ces bonnes gens; l'événement fâcheux devint aussitôt public. Comme dans ce village l'infortune de l'un est commune à tous, on oublia que le reste de la journée était consacré à la gaieté. Sans se consulter, sans même se parler, hommes, femmes, enfants, vieillards, prennent le chemin de la ferme. On marche dans un profond silence; un voile sombre couvre toutes les physionomies : ce jour de fête n'est plus qu'un jour de deuil.

Sophie, appuyée sur le bras de Charles, méditait profondément. Elle n'a plus une pensée qui échappe à son amant, et le jeune homme frémit.

On arriva à la ferme. Les anciens s'approchèrent de l'infortuné père, et pleurèrent avec lui. Les enfants, instruits à le respecter, couraient lui offrir leurs innocentes caresses. Les femmes ont partout cet instinct délicat qui les éclaire sur les convenances. Les mères éloignèrent ces enfants, qui allaient rappeler à Edmond ce qu'il avait perdu. Il était trop tard, le bon vieillard les avait aperçus. — Vous êtes encore pères, dit-il à ses amis, et moi... Il essuya ses pleurs, ouvrit sa Bible, lut à haute voix le livre de Job, et se soumit à la volonté du Seigneur.

Tout le monde l'écoutait dans un recueillement religieux. M. Botte lui-même se taisait; mais, incapable de varier dans ses principes ou ses opinions, il présenta la lettre à mademoiselle d'Arancey.

La charmante fille mouilla de ses pleurs, et fut tomber aux pieds d'Edmond. — Pardon, dit-elle, pardon, mon vénérable père. Vous m'avez arrachée à la misère, vous avez partagé votre cœur entre votre fils et moi, vous m'avez inspiré le goût de ces vertus simples qui vous sont familières, et pour prix de vos bienfaits j'empoisonne vos derniers jours... Pardon, pardon! Le vieillard la relève, la presse contre son cœur, et leurs larmes se confondent.

— Non, s'écria Sophie, non, il n'est pas de bonheur pour moi quand mes bienfaiteurs souffrent. J'aime Charles autant qu'on puisse aimer; je le lui ai dit, je l'ai dit à son oncle Edmond, je le répéterais à la face de l'univers; mais je suis incapable d'abandonner ce malheureux vieillard. C'est moi qui remplacerai le fils dont je l'ai privé, qui le consolerai, qui fermerai ses yeux. Charles, mon ami, encore un sacrifice. Vous n'approuverez pas celui-ci; mais ma conscience me dit qu'il est indispensable. Soumettons-nous, Charles, il le faut, je t'en prie, je le veux, je l'ordonne. Jure avec moi... — Arrêtez, crie le jeune homme en s'élançant vers elle; n'élevez pas entre nous une barrière éternelle, n'achevez pas ce serment téméraire. — Laissez-la, monsieur, laissez-la, reprend le cher oncle avec fermeté. Elle suit la voix d'un devoir antérieur à vos droits, je l'admire; ayez, vous, la force de l'imiter.

— Non, ma fille, non, dit Edmond, je ne reçois pas un sacrifice qui vous coûterait le bonheur de toute votre vie. Jephté voua sa fille, mais il s'en repentit. Dieu me donnera la force de supporter mon sort. Remplissez le vôtre, mon enfant; soyez heureuse, et estimez-moi assez pour croire que je ne vends pas mes services, surtout à un prix aussi cher.

— Digne vieillard, fille céleste! disait M. Botte. Mon pauvre Charles, quel trésor tu perds là! — Il n'a rien perdu, monsieur, reprit Edmond. Et il mit la main de Sophie dans celle du jeune homme.

Un grand exemple entraîne toujours, et peut nous faire perdre de vue nos plus chers intérêts. Malheureusement notre noble enthousiasme ne dure pas : notre faiblesse nous parle si haut! Charles, contenu par son oncle; Charles, qui craignait d'abord de ne pas montrer de la vertu, quand les autres personnages ne faisaient rien que pour elle; Charles réfléchissait à la perte irréparable qu'il allait faire. Il ne se permettait pas un mot, mais il regardait Edmond d'un air si reconnaissant. Les grands yeux qui se portaient ensuite sur Sophie et sur son oncle étaient si suppliants, si doux!

Mademoiselle d'Arancey s'était trop avancée pour pouvoir rétrograder mais elle laissait sa main où le père Edmond l'avait mise. Le stoïque M. Botte maudissait intérieurement sa pétulance et son stoïcisme, et il n'eût pas manqué d'embrasser et de remercier le bon vieillard, si cette démarche eût pu se concilier avec les grands sentiments qu'il venait d'afficher. Le malheureux père lui-même commençait à sentir dans quel vide il vivrait, s'il perdait à la fois ses deux enfants. Chacun enfin, comme après s'être montré magnanime, peut-être par ostentation, cela arrive souvent, chacun prêtait secrètement l'oreille à la voix de son intérêt personnel, comme cela arrive toujours.

Le curé, que son zèle rendait plus réfléchi ou plus réservé, ne s'était pas pressé de parler; il avait eu le temps de mûrir son opinion, et il pouvait la faire valoir sans être accusé de versatilité. Il connaissait le cœur humain, et il démêlait sans peine l'embarras des principaux acteurs. Les en tirer, c'était leur rendre un signalé service, et c'est ce que fit le bon pasteur.

— Mademoiselle, dit-il à Sophie, vous avez cru avoir les raisons les plus fortes po   pas accepter la main de M. Montemar. Les préjugés de M. votre père s'élèveraient bien plus puissamment contre le choix que vous feriez de Georges, homme estimable sans doute, mais qui n'a rien de ce qui fixe la considération des gens du monde. D'ailleurs, mademoiselle, vous n'avez que de l'amitié pour lui, et vous avez de l'amour, beaucoup d'amour pour monsieur. La Providence vous le destine, et malheur aux femmes qui se refusent à ses vues : elles en sont punies par le libertinage ou le désespoir. — Ma foi, s'écria M. Botte, je crois le curé beaucoup plus sage que nous tous. — Oh! certainement, reprit vivement Charles. — Mais, continua à demi-voix et les yeux baissés, la sensible Sophie, je ne me propose pas non plus d'épouser Georges. — Qu'importe alors, poursuivit le curé, que vous soyez ou non l'épouse d'un autre, pourvu que le fils d'Edmond ne soit pas témoin d'un engagement qui lui ferait sentir plus vivement son malheur! — Mais, répondit Sophie, mais.... c'est que.... — C'est, interrompit le pasteur, que lorsque l'on ne veut pas abandonner le bon père dans son affliction. — Non, monsieur, je ne le veux pas, je ne dois pas. — Eh bien, mademoiselle, laissez agir M. Botte. On n'a pas de conseils à lui donner quand il s'agit de faire le bien. — Hé, quelle chienne de manie avez-vous donc tous de me rappeler ce que je peux faire de bien? Ne faut-il pas que je rachète par quelque chose une dureté de caractère dont je ne suis pas maître? Ne me gâtez pas, curé, je n'aime pas cela. Je ne suis pas bon, je le suis, je le déclare. Au reste, voici ce que je propose : qu'on ne m'interrompe pas. Edmond n'est plus d'âge à travailler, et il ne travaillera plus. Nous louerons la ferme... Quoi, monsieur, vous voulez?... — Oui, papa, je le veux. — Quitter une ferme où je suis né !.. — Vous ne la perdrez pas de vue; mais, que diable! laissez-moi parler. Vous habiterez avec le curé une aile du château : je me réserve l'autre pour les voyages que je ferai ici, et j'en ferai de fréquents. Votre neveu et ma nièce occuperont le corps de logis. Votre couvert à tous deux sera toujours mis à leur table. — Mais, monsieur, je vous ai déjà fait observer combien je serais déplacé dans un certain monde... — Je vous ai déjà répondu, monsieur, qu'un honnête homme n'est déplacé nulle part. Eh, parbleu ! quand vous voudrez être seul, on vous servira chez vous, et vous lirez un chapitre de votre vieille Bible en vidant le flacon de bourgogne. — Mais l'oisiveté, monsieur... — Bah, bah, bah! la promenade, la gazette, un cent de piquet, un peu de médisance, et le temps se passe. Allons, allons, je vois que ces arrangements conviennent à tout le monde; c'est une affaire terminée. Vite, un notaire, et l'affiche à la municipalité.

Les jeunes gens renaissent, le pasteur sourit, Edmond se rend, M. Botte se frotte les mains, tous les villageois applaudissent. — Oh çà! dit le cher oncle, retournons sous le grand ormeau. Puisque vous m'avez tous vu dans l'état où me voilà, il n'y a pas d'inconvénient que je vous suive, pourvu toutefois qu'on me trouve une culotte, car il fait du vent aujourd'hui.

A peine a-t-il parlé, que les habitants se dispersent; Edmond retourne à l'armoire de noyer, et le pasteur court ouvrir son modeste porte-manteau. — En cinq minutes, M. Botte n'a plus que l'embarras du choix. — Monsieur, dit-il à son neveu en prenant un habit à l'un, une culotte à l'autre, un bonnet de coton à un troisième; monsieur, j'ai trop souffert avec votre Guillaume, mais je ne vois que ce drôle-là qui puisse retrouver Georges, et il faut qu'il le retrouve. Ecrivez à Guillaume pendant que je m'habille, et faites partir mon postillon avec cinquante louis.

Le malheureux père baise la main de M. Botte; la tendre Sophie se hâte de trouver cette écritoire que vous avez peut-être oubliée, celle que Georges, dans sa jalousie, serrait si soigneusement; le curé débarrasse une table; Charles prépare une plume, et le cher oncle trouve autant de valets de chambre que la maison peut recevoir de paysans.

Une joie pure et bruyante a succédé au silence de la douleur. On va, on court, on se cherche, on se presse, on chante, on rit, on arrive sur la pelouse, et lorsque le curé, M. Botte et Edmond ont pris leur bout de la grande table, les autres se placent au hasard. Ce n'était point par hasard que Charles se trouve à côté de Sophie, que Sophie se tient loin de cher oncle, qu'elle aime pourtant de tout son cœur; qu'elle s'est jetée au milieu d'un groupe de jeunes filles. C'est que les jeunes filles connaissent le langage de l'amour, qu'elles aiment à l'entendre, qu'elles s'affligent franchement des peines passées, et qu'elles sourient au bonheur à venir.

M. Botte faisait la grimace en sablant la piquette du pays qu'on lui versait à flots dans le plus grand verre; il faisait la grimace en mâchonnant d'énormes morceaux dont on chargeait son assiette; il faisait la grimace en trempant son pain dans l'eau assaisonnée de poivre et de sel, qu'on appelait de la sauce; mais il avait faim, il avait soif, il buvait, il mangeait, parce qu'il était de bonne humeur, et cela devait être : il s'était grandement conduit avec mademoiselle d'Arancey, et son neveu n'y avait rien perdu.

Près de lui étaient assis sur l'herbe trois petits pâtres qui dévoraient ce qu'ils pouvaient attraper. — Le bon potage ! dit un d'eux ça il disait l'un; si j'étais premier consul, je mangerais tous les jours de la soupe à la graisse. — Si j'étais premier consul, dit le second, je garderais mes vaches à cheval. — Si j'étais premier consul, dit le troisième, je me ferais payer mes journées trente sous, j'en mangerais dix, et j'en donnerais vingt à ma pauvre mère. — Corbleu ! s'écria M. Botte en vidant son assiette dans leur gamelle, tu toucheras les trente sous, pendant le reste de ta vie. Mais, comme il n'y a qu'un premier consul, toi, mon ami, tu continueras de garder tes vaches à pied, et toi, tu ne mangeras de la soupe à la graisse que les jours de fête.

Déjà la jeunesse se dispose à danser. On a bon appétit au village; mais le plaisir de serrer la main de sa bien-aimée, et de sauter avec elle face à face, l'emporte sur tous les plaisirs. Au premier cri du violon, on court, on se place; et M. Botte, qui a juré d'être charmant ce jour-là, déclare qu'il ouvrira le bal avec sa nièce. L'aimable fille vient aussitôt offrir sa jolie main.

M. Botte danse fort mal, et son costume grotesque ne peut lui donner les grâces que la nature lui a refusées, mais M. Botte danse de tout son cœur. Sa grosse gaieté bannit le cérémonial; les villageois sont à leur aise, et ils trouvent que M. Botte est un très-bon danseur, parce qu'il danse comme eux.

Mademoiselle d'Arancey est reconduite à sa place par son cavalier, marchant sur la pointe du pied, tortillant le derrière, et soutenant la main blanchette sur la basque volumineuse de son antique habit. Charles succéda aussitôt à son oncle, et celui-ci s'approcha du notaire du lieu. L'officier public voulait remettre au lendemain la rédaction de l'acte; M. Botte assurait qu'il ne faut jamais remettre ce qu'on peut faire à l'instant. Le notaire voulait au moins qu'on se rendît à son étude; M. Botte soutenait qu'il est inutile de se déranger quand on est bien. Le notaire opposait sa dignité, qu'il compromettrait en opérant en plein vent; M. Botte protestait qu'un notaire ne se compromet qu'en faisant un faux, et qu'il peut recevoir le double de ses honoraires d'un homme qui veut bien les doubler, pourvu qu'on le serve à la minute et de la manière qu'il veut l'être.

Le garde-note, n'ayant rien à répliquer à ce dernier argument, appela un jeune garçon qui époussetait son habit, lui faisait la queue, écumait son pot, et lui servait de clerc à l'occasion; il l'envoya chercher son écritoire de poche et la feuille de parchemin.

M. Botte, qui voulait fortement et que les instances désolaient, tira à part le greffier de la municipalité, et lui persuada par les mêmes moyens, mais à voix basse, qu'il ne pouvait se dispenser d'afficher à l'instant même le mariage des aimables jeunes gens. On ne refuse rien à un homme pressant et qui parle d'une teinture neuve pour la salle du conseil communal; les deux noms furent joints sous le petit châssis treillagé.

M. Botte eût donné ce qu'on eût voulu pour que le mariage se fît le soir même. Il n'y avait pas d'opposants, il ne pouvait y en avoir; il n'y avait donc nul inconvénient à antidater l'affiche, et peut-être, à force d'arguments, le greffier se fût-il laissé convaincre; mais M. Botte rejeta sans balancer une idée si opposée à ses principes et à la conduite de sa vie entière. Il se consola du retard auquel il fallait se soumettre en pensant que les embellissements du château amuseraient son impatience.

Le factotum du notaire est de retour; l'officier a braqué ses lunettes; les jeunes gens, l'oncle, le curé, Edmond, sont assis autour de lui. Quelques vieillards s'étaient éloignés par discrétion; M. Botte les rappela, parce qu'il ne faisait rien, disait-il, qu'il ne pût faire à la face de l'univers. Le curé lui observa doucement qu'il y avait péché d'orgueil dans cette assertion. — Allons, allons, pasteur, on peut absoudre les honnêtes gens : tant d'autres ont de l'orgueil que rien ne justifie. Procédons.

— Je donne dès ce moment à mon neveu mes herbages de Normandie : ils rapportent trente mille francs. Je l'institue mon légataire unique, universel... — Ah ! mon oncle, que de bienfaits ! — Rends-la moi, Charles, et tu ne me devras rien. Je reconnais que mademoiselle m'a remis une somme de cent mille écus... — Je ne consentirai pas, monsieur... — Vous ne consentirez pas, mademoiselle !... Faites l'amour, et ne vous mêlez pas d'affaires, vous n'y entendez rien. — Mais, monsieur, le monde sait que je n'ai que cette petite terre. — Et comme elle n'est pas suffisante, il me plaît d'y ajouter cent mille écus. — Mais... — Vous m'excédez. Que vous resterait-il si vous perdiez votre mari ? Un douaire chétif. — Ah, monsieur ! quel malheur vous prévoyez là ! — Il est possible, mademoiselle. — Et croyez-vous que j'y survive? — Oui, oui, vous y survivrez, et j'entends que la veuve de mon neveu vive dans l'opulence. — Enfin, monsieur... — Enfin, mademoiselle, voulez-vous vous marier ou non? Je vous déclare que vous ne vous marierez qu'aux conditions que je vous impose. Ecrivez, notaire, écrivez donc. Je reconnais que mademoiselle m'a remis une somme de cent mille écus, et j'y joins un douaire de dix mille francs.

Je m'oblige à payer chaque année à Edmond, et de mes propres deniers, une somme de vingt mille francs que lui doit mademoiselle d'Arancey, et je lui assure sur tous mes biens, une pension viagère de quinze cents francs... Oh ! je vous en prie, monsieur Edmond, ne venez pas me casser la tête de vos observations et de vos remerciements; les choses seront ainsi, car telle est ma volonté. J'ai tout dit, monsieur le tabellion; arrangez-moi cela dans votre style barbare. Vous, jeunes gens, embrassez-moi, et allez danser; on vous appellera pour la signature.

Ils sont doux les baisers de l'amitié et de la reconnaissance ! Aussi M. Botte disait : — Qu'ai-je fait pour vous qui vaille ces tendres caressé ? On est trop heureux, mes enfants, d'avoir de l'argent à placer ainsi. Vous l'éprouverez un jour, car je vous laisserai du superflu.

L'acte était terminé, signé, et on se livrait sans réserve à ces idées de bonheur qu'aucun nuage ne pouvait plus troubler, lorsqu'une berline parut, suivie de quatre fourgons très-pesamment chargés.

— C'est Horneau ! s'écria M. Botte. Parbleu ! je ne l'attendais pas si tôt ; c'est la première fois de sa vie qu'il a fait diligence.

Horeau descend, et présente un tapissier et un peintre. Les hommes se jugent assez communément sur un simple coup d'œil. Ceux-ci, trompés par le costume, prennent M. Botte tout au plus pour l'homme d'affaires de celui qui doit les employer, et le traitent en conséquence. Le cher oncle n'est pas fier, mais il n'est pas endurant, et il y a longtemps qu'il n'a trouvé l'occasion de gronder. — Apprenez, leur dit-il, que celui qui juge l'homme par son habit est un sot, et je vous le prouve, puisque sous cette mascarade vous voyez M. Botte en personne. Ici ces messieurs font de profondes révérences. Apprenez encore que celui qui mesure ses égards sur la fortune de l'homme à qui il parle n'est que le plat valet des circonstances. C'est le défaut de la canaille, et je vois que vous n'êtes pas au-dessus de votre état. Allez travailler : prestesse et intelligence, voilà ce que je vous demande, et non des révérences, auxquelles je ne suis pas plus sensible qu'à votre début beaucoup trop familier.

Ces deux hommes se retirèrent en balbutiant des excuses, et furent rendre à leurs garçons, juchés sur les chariots, la mortification qu'ils venaient de recevoir.

— Eh bien ! monsieur, dit le cher oncle au neveu, faut-il que je conduise ces fourgons au château ? — Hé ! dit Horeau, vous voyez qu'il attend vos ordres. — Eh bien ! je les donne : allez, monsieur, allez faire ranger vos meubles comme vous l'entendrez..... Ah ! un mot. N'oubliez pas de faire garnir la partie destinée au curé et à Edmond, et l'aile que je me suis réservée. — C'est par là que je commencerai, mon cher oncle. — A la bonne heure. C'est vous, monsieur, qui dirigerez les travaux des peintres. Vous avez l'imagination riche et brillante ; servez-vous-en, et souvenez-vous que je veux du beau, du très-beau... Comment, mademoiselle, vous ne l'accompagnez pas ; vous n'avez déjà plus rien à vous dire ? — Hé, mon oncle, vous voulez donc le laisser seul, monsieur. — Hé, allez, allez donc, cruelle fille que vous êtes ! ne sais-je pas que l'amour doit l'emporter sur l'amitié ?

Horeau était bien aussi friand que son ami ; mais dans les circonstances difficiles, il n'était pas soutenu comme lui par un caractère énergique, ou par la gloriole de tout supporter sans en paraître affecté. Horeau trouva le dîner détestable, et le dit tout haut. M. Botte, qui craignait qu'on ne l'entendît, cria tout haut encore que leurs grands-pères à tous deux ne faisaient pas meilleure chère, et que leurs grands-pères les valaient bien. — Mais, mon cher Botte, nos grands-pères étaient habitués à cette vie-là. — Vous voyez, monsieur, qu'il est des habitudes qu'il est bon de conserver, mais qu'il faut savoir reprendre. Buvez, mangez, et soyez sûr qu'il n'y a pas de comparaison entre faire un mauvais dîner ou ne pas en faire ?

— A propos, mon cher Botte, j'espère que nous ne coucherons pas dans cette chambre où les pucerons... vous vous en souvenez ? — Corbleu ! je ne les oublierai pas plus que la guêpe et le chien de ce matin. — Ah ! j'entends : un nouvel incident a occasionné un nouveau travestissement nouveau. — Oui, et pour mettre fin au chapitre des accidents, nous coucherons au château. — Ah ! tant mieux ! — Mais nous ne soupçons pas. — Ah ! tant pis ! — D'abord, parce que nous ne trouverons rien. — Ah ! je n'ai pas besoin d'autres raisons. — En ce cas, monsieur, je vous en fais grâce.

— Encore un verre de vin, Horeau. — Volontiers. — Il est pourtant bien mauvais. — Mais je crois que je m'y accoutume. — Quand je vous disais, monsieur, que l'homme n'a qu'à vouloir pour être maître de lui. Si vous le vouliez fortement, vous boiriez du vinaigre. — Mais vous m'y amenez par degrés. — Et vous le trouveriez bon. — Oh ! c'est une autre affaire. — En voilà une bouteille. — Je vous remercie. — Vous en boirez, parbleu ! — Je n'en boirai pas. — J'en boirai avec vous. — Peu m'importe. — Vous voyez que je bois, monsieur, et la différence d'une bouteille à l'autre est si peu de chose... Essayez. — Ma foi, vous avez raison, je ne trouve pas de différence bien sensible. Mais à quoi ressemblons-nous tous deux, déraisonnant... — Nous raisonnons, au contraire. — Et buvant alternativement de la piquette et du vinaigre ! — Nous faisons un cours de philosophie. — Bah ! — Nous éprouvons que lorsqu'on passe par degrés du bien au mal, ou du mal au bien, on y arrive sans s'en apercevoir ; que les chutes inattendues et violentes sont les seules qui puissent affecter, comme les fortunes rapides tournent en un moment les cerveaux faiblement organisés.

— Ah ça ! Horeau, j'ai pourtant envie de voir ces meubles.... — C'est assez naturel. — Puisque je paye, n'est-ce pas ? C'est du beau ? — Du superbe. — La petite mérite tout cela : c'est un ange, mon ami. J'ai eu la faiblesse de le lui dire dans un de ces moments d'effusion dont, malgré ma brusquerie, je ne suis pas toujours maître. Je ne le louerai plus, parce que ça le loanage embarrasse toujours celui qui le mérite, et rend les autres impertinents. — Et voilà, mon ami, pourquoi je ne vous loue jamais. — Et de quoi me loueriez-vous, s'il vous plaît ? Ma conduite n'a rien que de très-simple. Mademoiselle d'Arancey est

digne des hommages de tous les hommes, et en la donnant à mon neveu, je ne fais rien que pour lui. Allons voir les meubles.

En entrant dans la cour du château, les deux amis trouvèrent les fourgons déchargés, les garçons occupés à ranger, et Charles donnant ses ordres. — Qu'est-ce que c'est, qu'est-ce que c'est, dit M. Botte, que ces guenilles-là ? Pas un lit, pas un meuble étoffé ; point de damas, pas une riche tenture, pas un tour de glace doré. De l'acajou, des tissus de crins, et des tas de rideaux de toile de coton, ornés de misérables fanfreluches de couleur. Monsieur Horeau, vous avez très-mal fait vos commissions. — Mais, mon ami, tout cela est dans le genre grec, et romain. — Ma nièce n'est ni Grecque ni Romaine, et elle ne se servira de rien de tout cela. C'est tout au plus bon pour nous, pour le curé, pour Edmond ; mais ma nièce, ventrebleu, ma nièce !.... Venez ici, maître tapissier ; demain, au point du jour, vous partirez pour Paris. — Oui, monsieur. — Vous emploierez cent ouvriers, s'il le faut ; mais je veux pour ma nièce un lit à grand dais, dont les quatre coins seront surmontés d'un panache des plus belles plumes. — Oui, monsieur. — Je veux de dais doublé en satin blanc, du satin à un louis l'aune, s'il y en a. — Oui, monsieur. — Je veux au milieu du ciel un amour brodé couronnant la vertu, et je veux que cet amour n'ait pas de bandeau, parce que, quand on aime mademoiselle d'Arancey, on voit clair, et très-clair. — Oui, monsieur. — Je veux les rideaux intérieurs de même satin ; je les veux ornés d'emblèmes ingénieux, que vous ferez composer par ces gens dont le métier est d'avoir de l'esprit pour de l'argent. — Oui, monsieur. — Je veux de doubles rideaux de velours gris de lin : c'est de la couleur de la constance, et mon fripon de neveu ne se couchera jamais sans se rappeler ce qu'il aura promis à sa femme. Je veux sur ces rideaux extérieurs un riche cordon en perles fines, et sur les bords une broderie en or, terminée par une frange en cordelières, de six pouces de haut. Je veux l'ameublement pareil.... — Mais, mon ami, cela ne se peut pas. — Je veux que cela se puisse. — Cela coûtera quarante mille francs. — C'est égal. Obéissez, maître tapissier. Des rideaux de coton, des rideaux de coton à ma nièce ! corbleu !

— A vous, monsieur le peintre en lambris : je veux les serrures, les boutons, les gonds, les fiches, les sculptures, les moulures, soient en or superfin, et que tous les marquis du monde chrétien apprennent que, quand ils ne peuvent marier leurs filles, nous les marions, nous autres marchands, et convenablement lorsqu'elles le méritent.

— Du train dont vous y allez, mon cher Botte, je dois m'attendre à d'autres reproches. — Oh ! je vous en ferai, sans doute. — Mais comme je n'avais pas d'ordre... — Ne se-ce-vous pas, monsieur Horeau, que jamais je ne désavoue mes amis ? Voilà d'abord un reproche grave que vous méritez. Voyons que j'en cherche à vous faire ? — Vous savez que les diamants sont repris. — Non, je ne le savais pas. — Des diamants, morbleu, des diamants, un boisseau de diamants !... Et son trousseau, son trousseau... Nous n'y avons pensé ni l'un ni l'autre, et on ne se marie jamais sans trousseau. Je suis excusable, moi, j'étais tout au plaisir de la voir : mais vous, homme froid et réfléchi ? — Moi, j'étais tout à mes meubles. — Et ils sont beaux ; je vous en fais mon compliment. Demain, je pars pour Paris avec elle ; nous courons les plus riches boutiques ensemble, et je fais la charge d'ornements. Elle n'en sera pas plus jolie ; mais elle saura combien je l'aime.

— C'est le cher oncle donc, cette demoiselle, dont tout le monde s'occupe, et qui promène peut-être ici ses douces rêveries dans son jardin ? Vous avez très-mauvaise grâce, monsieur mon neveu, de rire quand je vous interroge. Où est mademoiselle d'Arancey ? — Mais, mon cher oncle, je n'ai pas le droit encore de lui demander compte de ses actions. — Aussi n'est-ce pas là ce que je demande, monsieur ; mais en peut, je crois, savoir où elle est. — Vous voulez le savoir, mon cher oncle ? — Oui, monsieur, je veux le savoir. — Vous ne vous fâcherez pas ? — Je ne me fâcherai pas. — Eh bien ! je vous le dirai dans une minute. — Voici du nouveau, par exemple : des secrets pour moi, pour ton oncle ! — N'attachez pas trop d'importance à celui-ci, il n'en vaut pas la peine. — Quel est ce garçon qui entre là, chargé d'une hotte ? — Oh ! le maladroit ! Hélas ! mon oncle, j'ai bien peur que vous ne sachiez tout avant le temps. — Voyons, voyons ce qu'il porte. Horeau, faisons l'inventaire de la hotte. Des perdrix.... un levreau... du pain blanc... — Et du bordeaux, du bordeaux, mon cher Botte ! — Voilà le mystère, mon oncle. Vous avez mal dîné ; ma Sophie s'en est aperçue, et elle a envoyé au bourg voisin. — Morbleu ! il n'y a que lui de capable de ces attentions-là. Charles m'aime, je le crois ; eh bien ! il m'est présenté la moitié d'un bon du bien, et il a tout avalé l'autre. Où est-elle ? finissons. — Puisque vous savez une partie du secret, je crois bien nécessaire de vous faire attendre l'autre. Venez par ici, mon cher oncle.

Charles conduit M. Botte par le jardin. Le neveu marche sur la pointe du pied ; le cher oncle retient son haleine. Ils approchent du vitrage d'une cuisine souterraine ; M. Botte allonge son cou gros et court, et il voit mademoiselle d'Arancey donnant ses ordres aux deux servantes du père Edmond. Les fourneaux sont allumés ; la main blanchette assaisonne les petits pois, prépare une crème, charge une corbeille des plus beaux fruits. Son motif égaye son travail, et sa gaieté rend le travail facile aux autres. — Charmante, charmante ! crie M. Botte, ventre à terre, la tête passée par le soupirail. Mademoiselle d'Arancey lève les yeux, pousse un cri, jette les casseroles l'autre extrémité de la cuisine, et vide une jatte d'eau sur le charbon enflammé. C'est que M. Botte, en se livrant à son enthousiasme, s'avançait toujours davantage, et fût inévitablement tombé le nez dans les casseroles, si son neveu ne l'eût retenu par les jambes. — Tout cela est fort bien, dit M. Horeau, mais il ne fallait pas jeter les légumes et éteindre le feu. — Il fallait que je me brûlasse, n'est-ce pas ? — Il ne fallait pas vous y exposer. — Voilà le souper remis à minuit, et je n'ai pas dîné. — Ne te fâche pas, Horeau, nous allons tous mettre la main à la pâte, et nous ne souperons pas une demi-heure plus tard. Ma nièce, je n'ai pour être en costume que mon habit à ôter ; j'ai le bonnet, la veste et la culotte blanche. Allons, Charles, Horeau, qu'on mette habit bas, et qu'on prenne le fin tablier. Et Sophie caressait son oncle en lui présentant la serviette et le grand couteau, et elle riait de la maladresse de l'ami Horeau, et, en allant et venant, elle se laissait dérober un baiser, vous savez par qui, et elle envoyait son petit pourvoyeur chercher Edmond et le curé, et elle courait prendre du linge blanc à la ferme, et elle mettait le couvert avec son Charles, et elle redescendait à la cuisine, et elle grondait le cher oncle, qui laissait brûler sa crème, et elle stimulait le flegmatique Horeau, et il était minuit en effet, que le souper n'était pas prêt, et que personne n'avait pensé qu'il est possible de s'ennuyer quelquefois.

Histoire du chien de berger et de la culotte de M. Botte.

On le mangea, ce souper, comme on l'avait apprêté : un aimable désordre, la saillie piquante, un grain de folie, l'amitié et l'amour, tout se réunit en faveur de la petite société ; Edmond oublia même un moment l'absence de son fils.

Les plaisirs ou les querelles du jour ne faisaient jamais oublier le lendemain à M. Botte. Avant qu'on se séparât, il décida, dans sa sagesse, que tout le monde se lèverait au point du jour ; que lui, mademoiselle d'Arancey, Charles et Edmond monteraient dans la berline, et Horeau et le curé dans sa chaise de poste.

Le vieillard et le pasteur n'avaient, disaient-ils, nulle envie d'aller à Paris ; l'un ne pouvait quitter ses ouailles, l'autre était plus nécessaire à la ferme que jamais. Cependant tout s'arrangeait avec M. Botte, et il ferma la bouche aux deux opposants par des raisons solides ou du moins spécieuses. — Vous ne négligez pas votre troupeau, mon cher curé, en vous occupant de lui ; et prendre vos arrangements avec mon architecte, c'est travailler à la vigne du Seigneur. — Mais, monsieur, il y a ici des ouvriers..... — Qui ne connaissent pas Vignole, qui ne distinguent pas l'ordre corinthien de l'ordre toscan, et qui mettraient deux mois à ne rien faire qui vaille. Il faut que votre église soit restaurée et embellie pour le jour du mariage. Vous, monsieur Edmond, vous viendrez avec nous, parce que mademoiselle n'est pas encore la femme de mon neveu, et que, jusque-là, elle ne doit voyager que sous les yeux de son père adoptif ; vous viendrez à Paris, parce que vous avez besoin de vous dissiper ; vous y viendrez, parce que je le veux, et si vous refusez de monter en voiture, on vous y portera.

Edmond, n'ayant rien à répondre à ce genre d'invitation, prit son chapeau et son bâton ; le cher oncle, l'ami Horeau, Charles et le curé, se couchèrent dans d'excellents lits ; l'aimable fille accompagna le vieillard à la ferme, se retira dans cette modeste chambre qu'elle allait quitter pour toujours, et elle s'endormit doucement, bercée par la main du bonheur.

Avant le jour, le cher oncle était debout. Il s'était habillé, tant bien que mal, aux dépens de la vache de Horeau ; il avait éveillé son neveu, sa nièce, son ami, Edmond, le curé, cochers, laquais, valets de charrue, servantes : au bruit qu'il faisait, il eût réveillé tout le village, si la ferme n'en eût été à cinq cents pas. A quatre heures, il avait tout réglé avec le maître garçon, pour le temps où le bon père serait absent ; il avait fait mettre les chevaux, et il criait contre les jeunes gens, qui ne finissaient pas leur toilette ; contre Horeau, qui ne pouvait ouvrir les yeux ; contre le curé, qui disait son bréviaire ; contre les servantes, qui ne finissaient pas d'apprêter le déjeuner.

Il se tut en déjeunant ; il recommença à crier dès qu'il eut fini de manger ; il cria jusqu'à ce que tout son monde fût monté en voiture, et qu'il fût bien sûr qu'Edmond, entraîné au grand trot de quatre chevaux, ne lui échapperait pas.

On se figurerait aisément la joie douce qui pénétrait le cœur de Sophie. Elle était avec un amant qui allait être le plus tendre comme le plus chéri des époux ; rien ne pouvait traverser ni suspendre leur bonheur ; elle était dans une excellente voiture, qui serait désormais à sa disposition ; elle allait descendre à Paris dans un hôtel superbe qui appartenait au cher oncle, et qui lui appartiendrait un jour. Une chaumière et l'amour, disent les amants qui n'ont pas mieux ; mais l'amour s'accorde fort bien avec l'opulence, et un époux charmant n'en paraît pas moins aimable pour avoir fait la fortune de sa femme.

Ces réflexions n'échappaient pas à la charmante fille. Elle voyait dans Charles son amant et son bienfaiteur, et sa figure était rayonnante. Son grand œil, qu'elle croyait bien caché sous son petit chapeau de paille, négligemment noué sous le menton, son grand œil rencontrait de temps en temps celui du fortuné jeune homme, et ils se communiquaient une nouvelle chaleur, une nouvelle âme ; elle rougissait alors, et se tournait vers M. Botte pour se remettre un peu. M. Botte paraissait ne rien voir, ne perdait rien, jouissait de tout, et, pendant une route de cinq à six heures, il ne gronda personne, pas même son cocher, qui, surpris d'un calme auquel il n'était pas fait, lui demanda plusieurs fois s'il n'était pas incommodé.

Dès qu'on fut descendu à l'hôtel, le cher oncle assigna à chacun son appartement, attacha spécialement à chacun deux domestiques, donna à mademoiselle d'Arancey deux femmes jeunes et jolies, enjoignit à ses gens d'obéir au moindre signal, et à ses hôtes de demander de tout, parce qu'il n'avait, disait-il, ni le secret de deviner leurs besoins, ni le temps de s'occuper d'eux. Il parla un moment en homme de confiance, et monta avec mademoiselle d'Arancey dans une voiture coupée.

La jeune personne n'avait vu Paris qu'à un âge où l'on n'observe rien, et tout lui paraissait neuf et étonnant. M. Botte s'amusait de ses surprises continuelles, et à chaque instant il en variait les objets. Il faisait prendre un détour pour passer tantôt devant un monument, tantôt devant un autre ; il en indiquait l'auteur et la destination à sa nièce, avec une attention et une exactitude qui prouvaient qu'il n'était pas tout à fait dépourvu de politesse, et surtout qu'il aimait sa Sophie de tout son cœur.

Comme il tenait beaucoup au plaisir de la table, et le temps de sa course était limité, on passait rapidement devant les édifices qu'on aurait le temps de voir en détail ; mais on s'arrêtait chez une marchande de modes ; on courait de là chez le marchand de dentelles, de toiles de toute espèce, de soieries, de rubans, de parfums. On examinait la boutique du bijoutier ; l'étonnement de mademoiselle d'Arancey allait toujours croissant, et partout, au nom de M. Botte, dix garçons s'empressaient d'étaler ce qu'ils avaient de plus élégant et de plus riche. Le cher oncle observait la nièce ; il indiquait de la main ce qui paraissait la frapper davantage, et ne disait qu'un mot au marchand : à l'hôtel ; et sans écouter ni les remerciments ni les observations de l'aimable fille sur la quantité et le prix de ses cadeaux, il la remettait dans sa calèche, et courait avec elle à l'autre extrémité de Paris.

Cette première course fut pour Sophie un rêve, un enchantement continuel. Elle grondait son oncle de sa prodigalité ; mais elle grondait en souriant : elle était femme. Elle n'avait pas l'adresse de cacher le plaisir qu'elle éprouvait : elle était femme, mais elle sortait des mains de la nature.

Ce fut bien autre chose lorsqu'elle rentra à l'hôtel. Elle était dans son appartement comme la colombe en sortant de l'arche : elle ne savait où mettre le pied. Le parquet était couvert de ballots de toile ; les fauteuils, les ottomanes, étaient chargés d'étoffes ; les consoles, de dentelles ; la toilette, de bijoux ; les tiroirs d'un secrétaire sont garnis d'or : la pauvre enfant ne sait où elle en est ; elle ne trouve pas un mot ; Charles embrasse son oncle.

Edmond ne croit pas qu'on ait jamais vu rien de tel, même dans le palais du roi Salomon. Le curé observe avec douceur que le prix de ces brillantes bagatelles assurerait l'existence de dix familles. — Vous ne savez ce que vous dites, curé ; ne fais-je pas vivre les marchands à qui j'achète, et ces marchands ne nourrissent-ils point l'ouvrier laborieux et intelligent ! Apprenez, monsieur le prédicateur, que la superflu de l'homme riche doit être jeté dans la société, non au hasard, mais de manière à arriver, par mille canaux divers, jusque dans le galetas de l'indigent. Ce pauvre, impertinent et imbécile, s'élève toujours contre le luxe qui l'éblouit, et il ne réfléchit pas que le luxe seul le nourrit, ne fût-il que de petits couteaux de deux sous... Oui, curé, des couteaux de deux sous. Les vendrait-il au roulier, si le roulier n'était employé par le fabricant, et le fabricant emploierait-il le roulier, le teinturier, le tisserand, la fileuse, si nos grandes villes ne consommaient les produits de nos manufactures? Que ferait mon marchand de petits couteaux, et vous et moi, si nous avions chacun un arpent de terre? Il faudrait bien que chacun cultivât le sien, et alors nous aurions, à la vérité, des pommes de terre, des choux et des carottes,

— Arrêtez! arrêtez! dit Sophie, n'outragez pas mon père!

mais pas un pot pour les faire cuire; nous irions sans bas, sans souliers, sans culottes, et cela serait beau, n'est-ce pas? Tenez, pasteur, votre Évangile vante singulièrement la pauvreté; mais je soupçonne fort que ceux qui l'ont écrit aimaient beaucoup à recevoir et à ne rien faire; cette méthode est assez commode, mais ce n'est pas celle qui fait fleurir les empires. — Je ne dis pas, monsieur, qu'il faille étouffer l'industrie, favoriser la paresse. — Que diable dites-vous donc? Il faudra de l'argent aussi pour restaurer votre église; et vous n'en parlez pas, parce que vous aimez que votre église soit parée. Eh bien! j'aime que ma nièce le soit aussi. Je vous passe la chape brodée, passez-moi les girandoles.

— Allons, à table. Monsieur est mon architecte; placez-vous près de lui, et arrangez-vous ensemble.

M. Botte aurait fait voir le soir même tous les spectacles de Paris à son intéressante Sophie, si le reste de la journée n'avait été consacré à quelque chose qui ne pouvait se remettre, la tenue d'un grand conseil entre la couturière, le coiffeur, la marchande de modes, et autres personnages essentiels. Sophie était assez indifférente à leurs graves discussions, parce que la femme la plus sotte sait toujours un peu qu'elle est jolie, et qu'elle n'ignore pas que, quelque peine qu'on se donne pour défigurer la nature, un visage charmant, des doigts effilés, un bras arrondi, un bas de jambe délié, produisent toujours leur effet. Cependant, semblable à ces rois qui ne président leur conseil que pour la forme, elle causait avec l'ami Charles; mais elle avait la voix prépondérante; elle avait à décider lorsque les avis étaient partagés; il fallait qu'elle prononçât si telle coiffure allait avec telle robe, et tel bonnet avec telle coiffure. Semblable encore aux rois, elle donnait son avis sur des choses auxquelles elle n'entendait rien du tout, et elle opposait à l'ennui que lui donnait son conseil une patience, une douceur inaltérables. La différence essentielle qu'il y avait d'elle aux rois, c'est qu'elle se permettait quelquefois de sourire à l'importance que le conseil mettait à des fadaises.

Le père Edmond, qui avait bien dîné, digérait dans un grand fauteuil, les mains croisées sur son ventre. Je ne sais à quoi il pensait, je ne sais s'il le savait lui-même.

Horeau buvait des carafes d'eau sucrée, parce qu'il avait le hoquet.

L'architecte traçait quelques dessins d'après les instructions qu'il avait reçues du curé.

M. Botte, après avoir dit sommairement aux ouvriers et au coiffeur : — Je paye comptant, que tout soit bien ; M. Botte n'avait plus rien à dire; M. Botte s'ennuyait, et de toutes les maladies qui assiègent l'espèce humaine, il n'en connaissait pas de plus cruelle que l'ennui. Le curé seul était libre, et, sans mauvaise intention, uniquement entraîné par la force de l'habitude, ce fut à lui que M. Botte chercha querelle d'une manière détournée. — Eh bien! pasteur, vous avez dit votre bréviaire du matin? — Oui, monsieur. — Il n'est pas encore l'heure de dire celui du soir? — Non, monsieur. — Vous avez de l'esprit. — Ah! monsieur! — Du bon sens, qui vaut mieux encore. — Ah! monsieur! — Je vous dis, monsieur, que vous avez de l'un et de l'autre. Votre conversation me plaît. — Vous êtes trop poli. — Je ne le suis point du tout; mais causons, puisque vous n'avez rien à faire.

— Je me propose de faire voir le monde à ma nièce. — Et vous aurez raison. — Je choisirai ses amis. — C'est le point important. — Ses amis deviendront ceux de son mari. — Sans doute. — Comme il aime passionnément sa Sophie, il ne la quittera point, et ainsi il ne verra que d'honnêtes gens. — À merveille. — Quand il cessera d'être l'amant de sa femme, ce qui n'arrivera que trop tôt... — Vous connaissez le cœur humain. — Il aura contracté l'habitude des bonnes choses, et il ne s'en détachera plus. — Supérieurement pensé. — Que diable, monsieur, croyez vous que je restaure votre église et que je remeuble votre sacristie pour que vous soyez toujours de mon avis? — Que puis-je faire de mieux, quand vous avez évidemment raison? — Mais j'ai peut-être tort, monsieur, et vous me flattez. — Je ne flatte personne. — Moi, monsieur, j'aime la contradiction. — À quoi sert-elle? — C'est du choc des opinions que jaillit la lumière. — Mais quand je suis de votre avis... — Il faut avoir le vôtre. — Je pense absolument comme vous. — Vous avez tort. — Nous avons tort tous deux. — Oh! que non. — À quoi mène la fréquentation du monde? À la dissipation, à l'oubli de ses devoirs. — À quoi mène la vertu même quand elle est poussée à l'excès? À la misanthropie, à l'orgueil, à un endurcissement qu'on a trop souvent admirés. — Monsieur va attaquer les Pères du désert. — À quoi ont-ils servi? — Ce sont des saints. — Je n'en sais rien. — Que faut-il donc, selon vous, pour l'être?

Guillaume, dans un costume élégant, avait pris le nom de Mac-Mahon et se faisait passer pour Irlandais.

— Être bon citoyen, bon époux, bon père, bon ami; aider les humains, compatir à leurs faiblesses, les en guérir par la force de l'exemple. — L'Église ne reconnaît pas ces saints-là. — L'Église a tort. — Voilà un blasphème. — Non, c'est une vérité. — Vous n'admettez pas, monsieur, qu'il y ait du mérite à jeûner. — Non, surtout quand on a bon appétit. — À renoncer aux femmes? — Non, lorsqu'on en sent le besoin. — À se dépouiller de ses richesses? — Non, lorsqu'on en fait un bon usage. — Et le chameau, qui doit passer par le trou de l'aiguille? — Expression parabolique. — Oh! parbleu, en forçant le texte, vous vous tirerez toujours d'affaire. — Mais c'est assez souvent le parti qu'il faut prendre. — C'est-à-dire que, quand les lumières divines manquent, vous vous servez des vôtres! — Aimeriez-vous mieux que je me servisse de celles de mon voisin ? — Mais les censures de la cour de Rome... — Je les respecte quand elles s'accordent avec la raison, et qu'elles tendent surtout à rendre l'homme meilleur. — Voilà monsieur qui s'érige en juge du chef suprême de l'Eglise. — Je ne juge personne ; mais ma conscience est la seule règle de mes actions. — Monsieur le curé, vous êtes schismatique. — Non , monsieur. — Je vous soutiens que vous l'êtes. — Vous vous trompez, monsieur. — Et je vous le prouve. — Je vous en défie. — Vous ne croyez pas à l'infaillibilité du pape. — Croyez-vous que le pape lui-même y croie beaucoup? — Plaisanter n'est pas répondre, monsieur. Vous êtes schismatique, et schismatique avéré. — Qu'est-ce qu'un schismatique, monsieur? — Ma foi, c'est... c'est un prêtre... — C'est un homme qui se sépare de la communion romaine, et qui communie tous les jours. — Sans rien croire peut-être. — Vous ne réfléchissez pas, monsieur, qu'un prêtre qui exerce son ministère sans être persuadé est un fripon. — Pardon, pardon, curé ; parlons d'autre chose. — Qu'on peut distinguer les intérêts et les passions de la cour de Rome du dogme, et.... — Parlons d'autre chose, vous dis-je. — Et que deux papes, par exemple, qui s'anathématisent mutuellement, loin d'être infaillibles, ne connaissent pas même les bienséances de leur état. — Hé, brisons là, monsieur. — Que très-faillible aussi par votre nature, vous l'êtes plus souvent qu'un autre, parce que vous vous laissez aller à votre pétulance et au plaisir de contredire. — Palsembleu, monsieur !... — Il faut beaucoup, mais beaucoup d'esprit, monsieur, pour contredire sans cesse, et ne se donner jamais de ridicule. — Oh ! finissez, finissez donc. Si je vous ai dit une impertinence sans y penser, vous venez de me tancer avec réflexion, et vous êtes, je crois, le seul homme au monde à qui je puisse le pardonner. — Donnez-moi la main, curé.... Il me la donne, en vérité. Un homme d'Eglise sans rancune! c'est beau, mais c'est rare.

— Ah çà ! pasteur, viendrez-vous demain à l'Opéra avec nous ? — Qu'y donne-t-on ? — OEdipe à Colone. — J'irai, monsieur. — Vous viendrez à l'Opéra! — J'irai voir OEdipe à Colone : c'est un chef-d'œuvre, et la morale en est sublime. — L'auteur n'est pourtant pas de l'Institut. Piron n'était pas de l'Académie. — Et d'où connaissez-vous cet opéra? — Je l'ai vu vingt fois. — En vérité? — J'ai vu le Misanthrope, Zaïre, Lucile, et tous les ouvrages où la vertu est mise en action d'une manière aimable. J'ai même recommandé la fréquentation de ce genre de spectacle à ceux qui ne s'accommodent pas d'un sermon sec et diffus, il faut des aliments pour tous les estomacs. — Savez-vous , curé, que vous avez une manière à vous d'être chrétien? — Je vous assure, monsieur, que je n'en ai pas encore rencontré deux qui le fussent absolument de la même façon. — Cela ne prouve pas en faveur de la religion. — Cela ne prouve que contre ceux qui la déshonorent.

— Tenez, croyez-moi, curé, c'est assez ergoter; cela fatigue; allons faire une partie de billard. — J'y joue fort mal. — Tant mieux ; je serai plus heureux au jeu qu'en arguments.

La vérité est que le curé y jouait assez bien; mais M. Botte aimait à gagner, lors même qu'il ne jouait rien, et le pasteur ne voulut pas le battre de toutes les manières.

Vous prévoyez bien que les ouvrières s'adjoignirent tout ce qu'elles purent trouver de filles adroites et désœuvrées, qu'elles passeraient gaîement une nuit qui leur fut payée très-cher, et que Sophie eut à son lever un déshabillé du matin de la dernière élégance, et dans lequel M. Botte la trouva charmante. Elle eut à midi l'artiste en cheveux, qui la tint jusqu'à quatre heures. A quatre heures, la marchande de modes entra. A quatre heures et demie, M. Botte se donna le plaisir de passer lui-même les boucles aux plus jolies petites oreilles, et à cinq mademoiselle d'Arancey, excédée de tant de soins et de bontés, mais enfin se mettait à table. Les girandoles la tiraillaient horriblement. Elle y eût renoncé à l'instant, si le cher oncle n'eût senti sa vanité caressée, et n'eût formellement déclaré qu'il entendait que sa nièce éblouît le soir toutes les femmes à l'Opéra. Sophie apprit qu'il faut savoir souffrir pour plaire aux autres, lors même qu'on est assez bien pour se passer d'ornements.

On ne doit pas rester longtemps à table lorsqu'on a encore la grande toilette à faire, et qu'on va paraître en public pour la première fois. Sophie ne se doutait pas qu'elle dût être remarquée; elle était loin de penser surtout que M. Botte pût se faire un triomphe de l'admiration qu'elle exciterait. Elle dînait aussi tranquillement que le permettaient ses girandoles, lorsque le cher oncle sonna. Deux femmes de chambre entrèrent et s'emparèrent de Sophie. Tout cela n'était pas de son goût ; mais M. Botte la supplia de permettre que l'art fit valoir la nature, et elle se laissa enlever.

Elle rentra radieuse comme Psyché parée de la main des grâces. Tout le monde se récria, et de bien bonne foi : il n'y avait pas de femmes. Sophie eût été aussi très-contente d'elle-même, sans la gêne presque insupportable que lui causaient toutes les belles choses dont on l'avait chargée.

On partit pour l'Opéra, et le curé monta en voiture avec les autres. Un murmure général d'approbation s'éleva quand la charmante fille parut sur le devant de la loge, où M. Botte la plaça tout exprès. Le cher oncle se frottait les mains, frappait du pied, se caressait le menton ; c'était sa manière favorite quand il éprouvait un plaisir extraordinaire. Charles se disait à lui-même : Tous les hommes l'admirent, tous les hommes voudraient lui plaire, et son cœur est à moi. Sophie regardait Charles, et ses yeux lui disaient : Je ne suis belle que pour toi.

Antigone lui arracha des larmes; OEdipe en fit verser au curé ; M. Botte et Charles ne voyaient que Sophie ; le bon père Edmond, étonné, étourdi, n'avait pas même soupçonné qu'il existât rien d'aussi magnifique. Il avait entendu parler de l'Opéra, comme les fidèles du paradis : il n'en avait aucune idée. Puissions-nous, quand nous ferons le grand voyage, être aussi agréablement surpris qu'Edmond ! C'est ce dont je doute fort, mais ce que je me souhaite, au nom du Père, et du Fils, et du Saint-Esprit, amen.

Le curé sortit au moment où le ballet allait commencer. M. Botte, en rentrant à l'hôtel, lui demanda la raison. — C'est, répondit le curé, que les sujets tirés de la mythologie ne disent rien à l'esprit ni au cœur ; que l'ordonnance d'un ballet et l'agilité des danseurs méritent seules quelque attention, et qu'enfin je crois ce genre de spectacle incompatible avec la gravité de mon état. — Mais, pasteur, on danse à notre village ; vous le permettez; quelquefois même vous êtes présent. — On n'y danse que pour danser ; on n'y connaît pas ces airs étudiés, ces développements, ces attitudes, ces grâces, qui ne respirent que la volupté. Quel est le père, le mari, qui voudraient que sa fille, que sa femme, dansassent comme à l'Opéra ? C'est là que tout annonce des passions dans les acteurs; que tout tend à les allumer dans les autres : voilà ce qui est dangereux, et non la danse en elle-même, qui n'a rien que d'innocent. — Sans doute, reprit le père Edmond, puisque le saint roi David dansa devant l'Arche ; mais je ne crois pas, monsieur le curé, qu'il dansât comme à l'Opéra.

Si le bon prêtre marqua de l'éloignement pour les ballets, il s'étendit avec complaisance sur les beautés d'OEdipe à Colone. Il en parla en homme nourri de la littérature ancienne et moderne ; ses observations judicieuses firent l'agrément essentiel du souper, et M. Botte, qui écoutait assez patiemment, parce que l'orateur l'intéressait, ne pouvait cependant s'empêcher de s'écrier de temps en temps : — Que de connaissances dans un curé de village, tandis que j'ai connu tant d'évêques, et même de cardinaux!... Pasteur, vous élèverez les enfants de mon neveu : me le promettez-vous ? C'était bien la plus grande marque d'estime que M. Bott pût donner à quelqu'un. Mademoiselle d'Arancey rougissait ; le pasteur promettait, revenait à OEdipe, et M. Botte l'interrompait encore par la même exclamation, et pour s'assurer qu'en effet il élèverait ses petits-neveux.

Cinq à six jours s'écoulèrent dans une suite de plaisirs variés et toujours piquants. Le terme marqué à l'impatience de Charles s'approchait de la manière la plus douce. Sophie, sans cesse auprès de son ami, voyait le temps s'écouler dans le calme de la sécurité. M. Botte jouissait de ses bienfaits ; le curé, de l'état brillant où il retrouverait son église ; Moreau, de la satisfaction générale ; Edmond même était heureux, quand le souvenir de son fils ne troublait pas sa joie innocente, et M. Botte remplissait les moments de manière à ce qu'il ne pût guères y penser de la nuit.

Comme on ne peut pas toujours parler amour, église, bijoux, toilette, on s'occupait quelquefois d'une chose à laquelle personne ne comprenait rien : c'était le retard du postillon que Charles avait chargé d'amener Guillaume. Il y avait trois jours au moins qu'il devait être de retour, et il était difficile d'expliquer cette absence à Edmond, qui avait de bonnes raisons de la trouver plus longue et plus extraordinaire qu'un autre.

On en parlait au moment ; et comme les événements qui nous touchent de plus près sont aussi ceux qui attirent notre attention exclusive, on oubliait le postillon, et on pensait exclusivement au grand jour.

C'était la veille, et dès le matin un tumulte épouvantable régnait dans l'hôtel. Le chef d'office et ses officiers, le chef de cuisine et ses aides, le sommelier, chargeaient de volumineux chariots, comme si on eût eu le lendemain une armée à traiter. Les valets de chambre bourraient des malles, de manière que M. Botte pût changer vingt fois, s'il lui arrivait vingt accidents. Les femmes de chambre farcissaient trente cartons des bonnets, des robes, des dentelles de la séduisante future. Un fourgon particulier devait être chargé de ces jolies choses, et le tout ne pesait pas quarante livres. Les tailleurs essayaient les habits neufs aux laquais, les marmitons encaissaient leurs batteries de cuisine, les musiciens envoyaient leurs instruments, l'artificier précédait dix crocheteurs chargés de pots-à-feu, de fusées volantes, de chandelles romaines. Le rez-de-chaussée était encombré, la cour pleine de gens qui allaient et venaient. Un badaud s'arrêtait à la porte, un second se collait au premier, un troisième, un quatrième se joignaient aux autres. La rue s'encombrait de ces attroupements ; c'était partout un bruit à ne pas s'entendre : M. Botte était enchanté.

Charles l'aidait autant qu'il le pouvait dans ses dispositions, le cher oncle ne trouvait bien que ce qu'il ordonnait lui-même, et Charles n'était pas fâché d'être un peu grondé : c'était un prétexte pour remonter chez Sophie. Il disait deux mots, baisait une main ou une joue, redescendait pour se faire malmener de nouveau, et remontait encore. Il courait sans cesse, plein de l'idée du lendemain, et ce genre d'idées est très-propre à donner du jarret.

Il se trouva à la porte de la cour au moment où un monsieur, monté dans un joli cabriolet, prétendait que les curieux de la rue devaient s'ouvrir et lui donner passage. Les badauds, toujours hardis en masse, répondaient tumultueusement qu'ils étaient sur le pavé de la république ; que la faculté d'avoir un cabriolet ne donnait pas le droit de nuire aux plaisirs des citoyens, et que monsieur n'avait qu'à prendre une autre rue. Monsieur, qui ne sait pas se disputer avec la canaille, allonge un coup de fouet au premier, qui tombe sur le second ; celui-ci sur le troisième ; tous culbutent les uns sur les autres, tous crient : Au meurtre, à l'assassin ! je suis mort ! et personne n'a une égratignure.

Cependant quelques remplaçants, espèce pacifique, comme on sait, se hâtaient lentement de venir savoir de quoi il était question. Le monsieur, persuadé qu'il faut éviter tant qu'on peut d'avoir affaire aux autorités, lors même qu'on a raison, le monsieur croit reconnaître l'hôtel dont la porte est ouverte. Il tourne court, il entre ; il accroche un fourgon à droite, un fourgon à gauche ; il met sa roue sur un panier de liqueurs des îles ; le panier enfonce, les bouteilles cassent, le cabriolet renverse. Le sommelier crie, Charles crie, le monsieur crie. Le cher oncle crie plus haut que tous les autres ensemble, et les bons remplaçants restent à la porte, la bouche ouverte, parce qu'il leur est défendu de violer l'asile des citoyens, et qu'ils suivent très-exactement les consignes qui leur prescrivent de s'arrêter.

M. Botte fait fermer la porte de la rue. Les remplaçants se retirent, les badauds se relèvent, le chirurgien de l'arrondissement s'éloigne, sans avoir eu le plaisir de faire son petit procès-verbal, et les gens de l'intérieur se mettent en devoir de retirer le monsieur de sa boîte. — C'est ce coquin de Guillaume ! dit M. Botte; c'est Guillaume ! dit Charles; c'est M. Guillaume ! disent les valets ; il est fort bien, disent les femmes de chambre. Pendant qu'on disait tout cela, Guillaume se remettait, demandait pardon du désordre qu'il avait causé, et pendant qu'il s'humiliait ât. M. Botte, qui avait juré de ne plus le voir, lui tournait les talons; une femme de chambre rajustait ses cheveux, une autre sa cravate; les valets relevaient sa voiture ; Charles le prenait par un bras, et l'entraînait dans un coin de l'hôtel où il pût lui parler sans que le cher oncle fût blessé de son aspect.

— Depuis quand es-tu à Paris? — Depuis quatre jours. — Tu n'as donc pas vu Henri ? — Non, monsieur. — Il te cherche partout. — Pourquoi faire? — Pour nous rendre un service essentiel. — Ordonnez, je suis à vous. — Georges, le fils d'Edmond, tu sais bien?... — Oui, l'homme incommode par excellence. — Il a quitté son père. — Et vous voulez que je vous le trouve? — Précisément. — Vous en aurez des nouvelles aujourd'hui. — En vérité? — J'ai des amis dans les bas emplois près de certaine administration qui sait tout. A propos, et madame ? — Aujourd'hui elle n'est pas à moi. — Tant mieux, vous désirez encore. — C'est demain, Guillaume, c'est demain... — Tant pis ; après demain vous ne désirerez plus rien. — Monsieur Guillaume ! — C'est fâcheux, monsieur, je le sais bien ; mais c'est comme cela. — Tu n'auras donc jamais de mœurs ? — De bonne foi, Guillaume, peut-on s'en passer ? — Oh ! je m'en passe à merveille. Tenez, Guillaume, je divise les humains en deux classes, les fripons et les dupes, et il est humiliant d'être du nombre des derniers. Mais je ne vous convertirai pas, et je cours vous servir. — Un moment donc, et ton adresse? — Hôtel des Indes, rue de la Loi. — Que fais-tu dans cette superbe maison? — Ma fortune. Vous ferez demander M. Mac-Mahon. — Mac-Mahon ! — Oui, je me suis fait Irlandais, cela déroute ; Irlandais réfugié à cause des derniers troubles, cela suppose du caractère. M. votre oncle m'a envoyé cent louis pour vous avoir empêché de vous noyer; j'en ai tiré cent autres de quatre petits bourgeois des Andelys, pour services à eux rendus près de madame Granduval; avec cela, mon cabriolet et ma jolie figure, j'ai tourné la tête de la veuve d'un colon, qui lui a laissé une succession riche, mais embourbée. Or, comme les femmes n'aiment à se mêler que de plaisirs, la petite veuve me sait un gré infini de vouloir bien, en l'épousant, remettre l'ordre dans ses affaires. — Et la veuve est-elle jolie ? — Effroyable, monsieur ; mais elle a une femme de chambre avec qui je suis bien arrangé. — Mais cela est épouvantable, et bien certainement ce mariage ne se fera point. — Pourquoi donc, monsieur ? — La veuve ouvrira les yeux avant de faire cette folie. — Femme qui aime n'y voit point. — Il faudra prouver la filiation irlandaise. — Je sais l'anglais. — Mais les papiers ? — Je les ai et en forme. — Ah ! tu as trouvé un fripon... — Je ne m'adresse jamais aux autres pour ce que je peux faire moi-même. — Monsieur Mac-Mahon ? — Monsieur ! — Vous finirez mal. — Arrangez votre sermon pour mon retour. Moi, je vais chercher votre homme. La probité de Charles était révoltée de l'insouciance et des principes de Guillaume. Il avait encouru la disgrâce de son oncle, il avait déplu à mademoiselle d'Arancey, et il ne méritait aucun ménagement. Cependant, si l'équité ordonnait impérieusement d'avertir la veuve, la charité chrétienne ne permettait pas d'envoyer aux galères un pécheur qui pouvait se convertir. Charles rêvait à la manière de concilier des intérêts si opposés, lorsque sa Sophie l'appela. Il perdit de vue ses syllogismes, et malheureusement pour le futur, madame Mac-Mahon, il ne s'occupa plus que du présent en attendant le lendemain. Oh ! ce lendemain, ce lendemain !

Il était huit heures du soir. Un ciel pur, un air frais, le doux abandon, la gaieté la plus vive, tout portait dans les cœurs un baume vivifiant. Un cheval s'arrête, Henri descend; il ouvre, il entre. — D'où viens-tu, maraud? C'est M. Botte qui parle. — Monsieur, je viens de chercher Guillaume. — Pendant sept jours entiers? — Monsieur, il n'était plus aux Andelys. — Où l'as-tu donc cherché? — Monsieur, il est accusé d'avoir causé les banqueroutes de quatre petits marchands de l'endroit et j'ai cru ne pouvoir mieux faire que de le chercher avec la gendarmerie, bien plus adroite que moi dans l'art de trouver les vagabonds. — Il est ici, butor ! — Monsieur, j'en suis bien aise. — Et tôt ou tard il fera un tour en place de Grève. Va te coucher, tu dois avoir besoin de repos. — Je n'ai pas fini, monsieur, de vous rendre compte... — Je n'ai rien à entendre de plus. Va te coucher, et fais-toi faire une rôtie au vin. — Mais, monsieur... — Obéiras-tu, coquin ! — J'ai rencontré un homme. — Tu vas te faire chasser. — L'homme à la *Curiosité*, la *Pièce curieuse* — Qu'on lui fasse son compte et qu'on le renvoie. — Non pas, monsieur, non pas, s'il vous plaît, et je garde la lettre, puisque vous ne voulez pas m'entendre. — Hé, voyons la lettre, animal ; c'est par là qu'il fallait commencer.

Pendant que M. Botte rompait le cachet et lisait, Henri racontait qu'il avait rencontré dans un cabaret l'homme à la *Pièce curieuse*, et qu'il avait lié conversation avec lui parce qu'il l'aimait beaucoup; qu'il lui avait raconté que son maître faisait des préparatifs, mais des préparatifs pour le mariage de son neveu avec mademoiselle d'Arancey. — A ce nom, ajouta Henri, j'ai cru que l'homme devenait fou. Il rit, il pleura; il demanda du papier. Il écrivit ; mais il écrivit... et il fronçait le sourcil, et sa figure était enluminée, et il me présenta six francs. C'est tout ce que je possède, me dit-il, mais jure-moi de remettre cette lettre à mademoiselle d'Arancey. Je jurai, je pris la lettre, et je lui rendis son écu. Mon maître a le papier, c'est comme si je l'avais donné à mademoiselle, puisque demain elle sera sa nièce.

M. Botte lisait, il relisait; l'étonnement, la fureur, se peignaient dans tous ses traits. Bientôt il parut réfléchir profondément. Sophie était près de lui ; il lui prit la main, et la serra avec une expression !... Sophie, alarmée, lui demanda ce que contenait cette malheureuse lettre. — Corbleu, mademoiselle, vous ne le saurez que trop tôt. Cette lettre !... cette lettre renferme votre arrêt, celui de mon neveu, le mien. Je pouvais vous la cacher vingt-quatre heures, tout était consumé, et vous étiez heureux; mais je cessais d'être un galant homme. Tenez, mademoiselle, prenez, lisez, et cachez-moi votre douleur; elle ajouterait à ma colère.

— Retire-toi ! cria-t-il d'une voix terrible à Henri ; retire-toi ! Tu en as trop su, le malheur de tout ce qui m'entoure.

Sophie s'empresse de chercher la signature. — Dieu !... le marquis d'Arancey ! mon père ! et elle ne peut poursuivre. — Son père ! s'écrie Charles. — Son père ! répètent le curé et Edmond. — C'est singulier ! dit Moreau.

Sophie est incapable de lire, et elle n'en a pas besoin : M. Botte ne lui a-t-il pas tout dit ! Le nom seul du marquis a éclairé Charles sur son sort ; il s'afflige, il se désole. Ce n'est plus ce jeune homme qui a résisté à un ordre impérieux, longtemps prévenu contre un père. Il sent ce qu'il a à redouter d'un père ; il sent les ménagements qu'il lui doit, il implore le secours de Sophie; il invoque la fermeté de Sophie; il supplie le curé, Edmond : c'est un faible enfant, dont le courage s'est évanoui avec sa raison, et il n'a pas encore entendu un mot, un seul mot de la lettre.

Le curé la prend, cette lettre que chacun craint de lire. — Mes enfants, dit-il à Sophie et à Charles, le désespoir n'est qu'un signe de lâcheté. L'homme vraiment digne de ce nom oppose un front d'airain au malheur. Celui-là seul qui l'a mérité peut succomber sous le poids de ses regrets ou de sa honte. Je vais vous lire la lettre de M. d'Arancey. Écoutez-moi avec calme qui sied à la vertu.

« Proscrit en France, je n'ai pas rougi de prendre un vil déguisement pour y rentrer, et je n'y suis rentré que pour vous. Cependant, lorsque je m'expose à tout pour me rapprocher de ma fille, j'apprends qu'elle se dispose à former des nœuds dont l'idée seule devait révolter son orgueil.

» Si cette lettre vous parvient assez tôt, je vous ordonne de rompre avec des hommes auxquels, je l'avoue, vous devez de la reconnaissance, mais non l'oubli de votre sang. Je me flatte que ma triste position ne me rend pas méprisable à vos yeux, et qu'il m'est impossible d'invoquer les lois, il me suffit près de vous du titre sacré de père.

» Rendez-vous à l'instant à la ferme d'Arancey. J'y arriverai aussitôt que l'âge et la distance le permettront à un vieux gentilhomme privé des commodités de la vie. J'oublierai ce qu'il a souffert, si je vous trouve soumise.

» Le marquis d'ARANCEY. »

— Il est privé de tout, mon père manque de tout ! dit Sophie en sanglotant, et moi... et moi !... — Votre père, s'écrie Charles, votre père est un barbare... il nous assassine tous deux. — Calmez-vous, mes chers enfants, dit Edmond, et espérez. Le patriarche Jacob n'a-t-il pas travaillé sept ans pour obtenir la fille de Laban ?

M. Botte marchait à grands pas, tous les muscles du corps tendus, les mains serrées, l'œil étincelant. — Non, s'écria-t-il tout à coup, cet édifice de bonheur, que j'ai élevé avec tant de soins, ne sera pas renversé. Et par qui le serait-il? par un homme réduit à cacher jusqu'à son nom, par un homme qui ne dévoile son existence qu'en brisant le cœur de sa fille, comme il a déchiré le sein de sa patrie! — Arrêtez, arrêtez, dit Sophie, n'outragez pas mon père. — Il ne l'est point, il est indigne de l'être. — Il est toujours respectable pour moi. Et la fille accomplie est aux pieds de M. Botte, et elle embrasse ses genoux.

M. Botte, frappé de l'action de Sophie suppliante, la relève, la remet sur son siége, passe sa main sur ses yeux, et paraît sortir d'un songe pénible. — La vertu la plus pure anime, mademoiselle, et on en respire l'air autour de vous. Charles, Charles, quel trésor tu perds! — Non, mon oncle, non, il n'est plus de force humaine qui m'en sépare jamais. — Mon neveu, vous ne vous rendrez pas coupable d'un rapt moral en abusant de votre ascendant sur mademoiselle pour l'écarter de ses devoirs. Songe, mon ami, que, même en la perdant, tu auras besoin de l'estimer toute ta vie.

— Demain, elle retournera à la ferme avec le curé et Edmond, non pour voir couronner un amour digne d'un meilleur sort, mais pour se montrer l'exemple de son sexe.

— Qu'à l'instant même on aille chercher des chevaux de poste, et qu'on réveille Henri. — Qu'allez-vous faire, mon oncle? — Il est privé de tout, sa misère pèse sur le cœur de Sophie, et ce cœur pur ne formera pas un vœu que je ne me hâte de le remplir. Je vais audevant de lui, je le prends dans ma voiture ; et je le présente à mademoiselle dans un état décent, et elle le rétablira dans son château qu'il aimera mieux tenir de ses mains que des miennes. — Ah! mon oncle! — Ah! monsieur ! — Mais ne croyez pas que je fasse rien pour lui ; cette démarche est un dernier hommage que je veux rendre à mademoiselle. — Mais, mon digne oncle, ne chercherez-vous pas à le ramener, ne lui parlerez-vous pas ?... — Si je lui parlerai! oui, ventrebleu, je lui parlerai, et d'une vigoureuse manière; et s'il lui reste un cœur, il se rendra à des raisons solides. — S'il résiste, mon cher oncle?... — S'il résiste, quand je l'implorerai au nom de sa fille!... Hé, malheureux, t'ai-je résisté, moi qui ne suis que ton oncle?

Dans ce moment de crise, Guillaume, haletant, couvert de sueur, traverse les appartements sans être même remarqué des valets, qui partageaient la douleur et le désordre de tous : c'est la récompense des bons maîtres. — Je l'ai trouvé! je l'ai trouvé! crie Guillaume dès la porte de la chambre. — Qui? — Qui? — Qui? — Georges. — Georges! s'écrie le père Edmond. — Dieu soit loué, répondit le curé. M. Botte jette sa bourse aux pieds de Guillaume. — Cet argent t'appartient légitimement, sers-t'en sans remords, et ne parais jamais devant moi. L'oncle sort, et pousse après lui la porte avec violence.

Sophie, pâle, presque inanimée, se laisse conduire par ses femmes. Pour la dernière fois elle présente sa main à Charles, et lui dit d'une voix éteinte : — Ah! mon ami, que de peines nous nous sommes préparées !

XI. — Un obstacle de plus.

Charles s'était laissé aller sur une ottomane. — Edmond, le curé pressaient Guillaume de questions. Ils démêlent à travers quelques mots, qu'ils lui donnent à peine le temps de répondre, que Georges est entré à Paris dans un désordre tel, qu'on l'a remarqué à la barrière, et qu'on lui a demandé ses papiers ; que, n'en ayant point, il a donné son nom, et a déclaré le dessein de s'enrôler dans un régiment de dragons, caserné à l'hôtel de Soubise ; qu'on l'y a accompagné, et qu'on l'a vu signer son engagement. — Et vous avez parlé à ce cher fils, monsieur Guillaume? — Personne ne lui parle; il s'est enfermé jusqu'à ce qu'on ait constaté que, conformément à sa déclaration, le chagrin seul l'a déterminé à s'engager. — Mais il s'est enfermé! mais il est en prison! Malheureux enfant, tu as oublié ton père, et Dieu t'en a déjà puni : puisse-t-il te pardonner comme moi ! Monsieur le curé, ces renseignements que l'on cherche, c'est de moi seul qu'on peut les obtenir. Demain, au point du jour, j'irai. Nous irons ensemble, père Edmond. — Oui, monsieur le curé. Le témoignage d'un homme de votre état donne de la force même à la vérité. Nous irons pendant que notre pauvre demoiselle s'apprêtera à partir.

— Mais, reprit Guillaume, que signifie l'abattement que je remarque sur certaines figures, le désespoir qui se peint sur les autres ! — Hélas! répondit Edmond, il y a du changement. — Comment donc? — M. d'Arancey est retrouvé. — Eh bien, refuse-t-il d'être de la noce ? — Il n'y a plus de mariage, monsieur Guillaume. — Et c'est M. d'Arancey qui le rompt? — Hé, mon Dieu, oui. — Et c'est là tout ce qui vous embarrassait? — Hé, n'est-ce pas assez? — Que vous êtes bons! un émigré! — Eh bien? — Vous ne m'entendez pas? — Non, monsieur Guillaume. — Que les honnêtes gens sont bornés! M. Montemar se mariera demain. — Je me marierai, Guillaume, je me marierai demain? — Oui, monsieur, au point du jour, Edmond ira voir son fils, et moi j'irai dénoncer M. d'Arancey. — Scélérat! — Tout individu a le droit de faire ce que la loi ne défend point. — Et tu me crois capable de réparer un malheur par un crime ! — Allons donc, monsieur, celui qui a fait les *Droits de l'Homme* en sait plus que vous. — Sors, infâme, et souviens-toi que, s'il arrive quelque chose à M. d'Arancey, tu en seras seul responsable. — Et il poussa Guillaume, le chassa de l'appartement, et Guillaume répétait en sortant : Je ne ferai jamais rien de cet homme-là.

On entend le bruit d'une voiture : c'est M. Botte qui part. Charles se jette dans les bras du curé, cache dans son sein son visage et sa douleur. Le curé le fait asseoir, et lui parle avec cette douceur affectueuse qui va toujours à l'âme. Tantôt il lui rappelle sa raison, tantôt il flatte son amour, toujours il le console; Charles n'est pas persuadé, mais il écoute. Pour le distraire, malgré lui, de ses idées désespérantes, le curé fait entrer dans la conversation Horeau et Edmond. Horeau, toujours froid, ne captive pas l'attention du jeune homme; mais le cœur du vieillard se dilate lorsqu'il parle de son fils, et la chaleur d'un cœur sensible se communique aisément. Charles s'occupe un moment de Georges pour revenir plus fortement à Sophie, et le digne curé lui parle de la fille accomplie pour le ramener ensuite à Georges : la nuit s'écoula ainsi.

Le jour pointait à peine, que mademoiselle d'Arancey descendit, dépouillée de ces ornements que lui avait prodigués la générosité de M. Botte : la simple robe de toile qu'elle avait reçue d'Edmond, son petit chapeau de paille noué sous le menton, voilà désormais sa parure. Soutenue par une de ses femmes, elle traversait le vestibule, et elle allait monter dans ce cabriolet modeste dont se servait M. Botte lorsqu'il allait *incognito* à la ferme : c'est la seule voiture qu'elle ait bien voulu accepter.

Charles l'aperçoit et s'élance. — Épargnez-vous, lui dit le curé, la douleur d'un dernier adieu, craignez que mademoiselle d'Arancey ne puisse le supporter... Par grâce, écoutez-moi. C'est un torrent furieux qui brise, qui écarte tout ce qui s'oppose à sa course. Charles est sous le péristyle ; il est étendu sur le marbre : ses mains pressent les pieds de sa Sophie. Il les baigne de ses larmes; ses sanglots étouffent sa voix. Mademoiselle d'Arancey ne peut soutenir ce spectacle ; déjà faible de sa propre douleur, ce qui lui reste de forces s'évanouit ; elle se sent défaillir; elle va tomber auprès de son amant. Edmond pleure; Horeau prend la malheureuse fille dans ses bras, la porte dans le cabriolet, place la femme près d'elle, et ordonne au postillon de partir. Cet ordre est le dernier coup pour Sophie ; on lui ôte plus de la vie en l'arrachant des bras de son amant. Elle fait un effort et retombe sur le siége. — Non, dit-elle, Horeau, votre père a commandé, mademoiselle, et j'espère que son malheur ne l'a pas rendu méprisable à vos yeux. — Partons, répondit l'infortunée.

Quel jour ! et si différent de celui qu'on avait droit de se promettre ! Il faut relever Charles; on l'emporte inanimé, anéanti ; on le met au lit. Horeau s'assied près de ce lit de douleur; deux domestiques sont placés de manière à n'être pas vus, à pouvoir prévenir un effet du désespoir.

Il est des affections dont la scène la plus déchirante ne peut distraire entièrement, tel est l'amour paternel. Edmond regarde le curé, le curé l'entend ; ils sortent, ils s'acheminent silencieusement vers la caserne. Ils arrivent, ils s'annoncent, on leur indique la demeure du chef d'escadron. — Je ne vous prie pas, monsieur, de me rendre mon fils, je vous supplie de le traiter en honnête homme : le pauvre garçon ne mérite pas le soupçon dont il est chargé. — Votre fils prétend que le chagrin seul a causé le désordre effrayant où nous l'avons vu. — Il vous a dit la vérité, monsieur, et le témoignage d'un père vous est suspect, vous ne rejetterez pas celui d'un bon prêtre, dont le mensonge n'a jamais souillé les lèvres. — Monsieur, reprit le curé, ayez pitié de ses cheveux blancs; son fils est digne de votre estime, accordez-le-lui, et rendez-lui la liberté.

Bayard était aussi sensible que brave ; notre officier savait honorer également son état et la nature. Il donne un ordre, une porte s'ouvre ; le père et le fils sont dans les bras l'un de l'autre. Point de reproche de la part d'Edmond ; des bénédictions, les plus tendres caresses, voilà ce que son fils en reçoit.

L'officier reprend un carton, et en tire un papier. — Votre pays le demande et ne reçoit pas d'un homme de votre âge qu'un sacrifice volontaire, et votre raison était aliénée quand vous avez signé cet engagement : le voilà. Retournez soutenir et consoler votre père. Je me flatte que le ministre ne désapprouvera pas ma conduite.

Edmond et le curé expriment leur reconnaissance ; Georges, sombre, pensif, ne prononce pas un mot. Son père lui prend la main et l'invite à le suivre. — Je ne peux retourner, mon père ; il faut que je m'éloigne d'elle, il le faut absolument. Je ne me mettrai point au service d'un autre laboureur, je serai soldat. Monsieur, gardez-moi dans votre régiment. Je vous demanderai à aller voir mon père, si je peux un jour approcher sans danger des lieux... Georges ne peut poursuivre, son père se tait ; le curé réfléchit et approuve le parti que prend le jeune homme. L'officier se rend et offre une somme accordée à ceux qui servent volontairement. — Je me donne, dit Georges, je ne me vends point. — Souviens-toi, mon fils, que dans les camps, ainsi que sous le chaume, on peut pratiquer la vertu : saint Martin a sanctifié ses armes. Marche sous le sentier de Dieu et de l'honneur, et quand tu te présenteras devant ton père, qu'il te retrouve digne de lui. Le vieillard et le pasteur embrassent Georges, saluent l'officier, et prennent tristement le chemin de la ferme.

— Je ne m'étonne pas, disait M. Botte en courant la poste, je ne m'étonne point de ne t'avoir pas reconnu. Qui diable aurait cherché le marquis d'Arancey sous cet habit de bure, sous ce bonnet de laine et ce chapeau rabattu qui lui couvre la moitié du visage? Et de temps en temps il demandait à Henri s'il ne voyait pas encore l'homme à la *Pièce curieuse*.

Henri l'aperçut, enfin, courbé sous le poids de sa caisse. — Dans quel équipage le voilà! pensait M. Botte, et cela se donne des airs! Il fit arrêter sa voiture, et, pour un homme piqué au vif, il aborda assez poliment l'infortuné marquis. Le premier moment fut embarrassant pour tous deux; mais cet embarras ne dura point : le cher oncle n'oubliait pas la lettre, et le souvenir de certaines expressions ajoutées à sa brusquerie ordinaire. Le marquis oppose à de fortes sorties ces manières nobles et froidement polies, si familières aux gens de qualité, si propres à tenir à une certaine distance ceux qu'ils n'admettaient pas à leur familiarité, si peu faites pour en imposer à un homme du caractère de M. Botte.

— Vous avez une fille... — Une demoiselle, je le sais, monsieur.
— Qui unit à une beauté rare toutes les qualités qui rendent une femme respectable : voilà, monsieur, ce que vous ne savez peut-être pas. — Je suis sensible, monsieur, au bien que vous m'en dites. — C'est fort heureux, en vérité. — Eh bien, monsieur, mademoiselle d'Arancey?... — Respecte infiniment un père qui étend fort les droits qu'il a reçus de la nature. — Monsieur voudra bien réfléchir que je ne dois compte de ma conduite à personne. — L'homme qui ne se reproche rien est toujours prêt à rendre ce compte-là. — Je n'imagine pas que monsieur soit venu de si loin pour me faire la leçon? — Pourquoi pas, si vous en avez besoin? — Vous êtes toujours M. Botte. — Et vous, toujours M. d'Arancey.

On était sur la grande route; on était debout le chapeau à la main, et quelque trait piquant passait à la faveur d'une profonde révérence.
— Monsieur Botte, expliquons-nous tranquillement. — Oh! je suis très-tranquille. — Vous n'aimez pas qu'on vous contrarie. — C'est vrai. — Nos vues ne s'accordent pas... — J'en suis fâché pour vous et pour moi. — Mais ce n'est pas une raison pour que nous soyons ennemis. — Je ne vous aime pas du tout, mais je ne hais personne. — Ainsi, je n'ai pas à craindre que l'admirateur zélé de mademoiselle d'Arancey trahisse le secret de son père? — Si vous me soupçonniez capable d'une telle lâcheté!... — Souvenez-vous bien, monsieur, que je vous estime assez pour avoir adressé ma lettre chez vous, persuadé qu'elle vous serait communiquée. — Vous me fatiguez, monsieur le marquis. Il est inutile de recommander à un fripon d'avoir de la probité; il est impertinent de douter de l'un comme moi. — Ne vous fâchez pas, mon cher Botte. — Je me modère, mon cher d'Arancey. — Ces bourgeois sont bien extraordinaires; mais les marquis seuls auraient-ils le droit de l'être?... Mais vous êtes dans le malheur; je vous dois des égards; si j'en ai manqué, je vous en demande pardon, sincèrement pardon. Venons à l'objet de mon voyage, car je ne vois pas qu'il soit nécessaire de pointiller ainsi deux heures sur le pavé.

— Voyons donc, marquis, quel est l'objet de votre voyage? — Votre position malheureuse affecte extrêmement votre fille, et je veux vous présenter à elle dans un état un moins décent. — Permettez-moi, monsieur. — Que voulez-vous que je vous permette, des remerciments, des protestations? Je vous répète que je vous aime pas, et que je ne fais rien que pour votre fille, que j'aime beaucoup. — Mais observez, monsieur... — Que diable voulez-vous que j'observe? — Que les gens de mon rang ne reçoivent que ce qu'ils peuvent rendre. — Vous n'avez pas toujours été si difficile. — Quand je vous ai emprunté quarante mille francs, monsieur, je pouvais vous les rembourser. — Je ne m'en suis pas aperçu. — Je ne vous entends pas, monsieur. — Il me semble cependant que je suis clair. — J'ai pris des informations, monsieur, vous n'avez été payées sur le prix de mes biens. — Je ne l'ai pas été, moi, monsieur. — Et pourquoi cela, monsieur? — Je ne me suis pas présenté. — C'est bien extraordinaire, par exemple... — Rien d'extraordinaire du tout. Vous m'aviez demandé le secret, je vous l'avais promis, je l'ai gardé. D'ailleurs, je me serais présenté en vain. — Je ne vois pas la raison... — La voici : je ne connais plus de débiteurs dès qu'ils sont dans l'infortune. Je déchire leurs obligations. — Ah! monsieur Botte, monsieur Botte (... — C'est ma manière, à moi, monsieur, et je trouve les miennes aussi nobles que celles des autres. Mais en voilà assez; mettons votre caisse derrière ma voiture, placez-vous dedans avec moi, et parlons de quelque chose de plus intéressant.

M. d'Arancey était confondu. Déchirer une obligation de quarante mille francs! disait-il en attachant sa caisse à la voiture magique. L'orgueil était à peu près son unique défaut, et l'orgueil n'étouffe pas la reconnaissance dans un cœur bien placé.

Quelque pénétré que fût le marquis, il ne pouvait cependant se résoudre à traiter M. Botte en égal. Il voulait trouver un tempérament qui accordât ses préjugés et ce qu'il devait au cher oncle. La voiture roulait : M. d'Arancey cherchait les expressions convenables, et ne disait mot. Le cher oncle jouissait intérieurement de l'embarras où il mettait un homme de qualité, et il se proposait bien d'y ajouter encore. Le marquis prit enfin la parole.

— Je dois vous rendre compte, monsieur, des motifs de mon émigration et de ceux qui ont déterminé ma rentrée. — Vous oubliez, monsieur, que vous ne me devez compte de votre conduite à personne. — La vôtre, monsieur, force mon estime; je veux obtenir celle de M. Botte, et cette considération l'emporte en ce moment sur les autres. Écoutez-moi, je vous prie, et ne m'interrompez pas, si cela vous est possible. — Pas trop, je vous l'avoue; mais voyons ce que vous avez à me conter.

— Vous êtes resté en France, parce que vous avez cru voir le bien de l'État dans le gouvernement républicain; j'en suis sorti, parce que j'ai cru que le gouvernement monarchique était le seul qui convînt à la France. — Nos opinions ne dépendent pas de nous, et jusqu'ici vous n'avez pas de tort. — Mes ancêtres ont été comblés des grâces de la cour, et j'ai dû m'attacher de plus près à la cause d'un roi malheureux. — Je crois que vous avez raison. — J'ai pris du service en Allemagne. — Ah! vous commencez à avoir tort. — En quoi donc, monsieur? — Les puissances alliées ne faisaient pas la guerre pour le roi que vous comptiez servir. — Je m'en suis aperçu, et lorsque les Russes sont rentrés chez eux, j'ai demandé et obtenu du service de leur empereur. — Vous recommencez à avoir raison. — Si monsieur pouvait ne pas m'interrompre à chaque mot? — Maintenant c'est moi qui ai tort, et j'en conviens.

— Je ne sais pourquoi Sa Majesté Russe me distingua de la foule des Français réfugiés dans ses États; mais je parvins rapidement à un degré marqué de faveur, et je n'ai pas plus compris les motifs de ma chute que ceux de mon élévation. Je me vis en un jour disgracié, arrêté, jeté avec d'autres malheureux sur un mauvais chariot et conduit en Sibérie. — Ah! diable, en Sibérie on ne donne pas facilement de ses nouvelles, et on a pu croire ici que vous étiez mort. — Permettez-moi, monsieur, de suivre mon récit. — Je me tais, monsieur, je me tais.

— Sur le chariot près de moi était un jeune homme intéressant par sa figure et sa douceur. Le premier coup d'œil m'avait prévenu pour lui : il me parla français, et je l'aimai. Il était, comme moi, victime de l'inconstance des souverains, et le rapport d'infortunes lie étroitement les hommes. Mon jeune ami ne s'occupa plus que de moi. Je ne pouvais payer ses attentions continuelles que par de la reconnaissance : je lui vouai la mienne toute entière. — Diable! diable! dit M. Botte entre ses dents.

— Nous passâmes huit mois dans les déserts glacés, à cent lieues par delà Tobolsck. Sans les soins vigilants du chevalier d'Égligny, je serais mort de froid et de misère. C'est lui qui creusa dans les flancs durcis de la terre un trou, une tanière, où je bravais la rigueur du climat; c'est lui qui exposa le jour à un froid excessif pour fournir à ma nourriture. Il apprêtait, il me présentait la chair des animaux qu'il avait tués; il me couvrait de leurs peaux. — Diable! diable! dit M. Botte.

— L'excès même du malheur relève un courage abattu. Nous résolûmes de sortir de ces déserts, dussions-nous payer notre témérité de la vie. Après des peines, des privations, des efforts incroyables, nous entrâmes dans la Tartarie russe. Ses habitants sont féroces, et notre état les attendrit. Ils nous montrèrent de la compassion, nous donnèrent des secours, et nous conduisirent sur les bords de la mer. Un bâtiment chinois, qui faisait sur ces côtes le commerce de pelleteries, nous prit sur son bord, et nous mena à Canton.

Nous trouvâmes dans ce port un vaisseau hambourgeois, dont le capitaine, Français d'origine, connaissait la famille d'Égligny, et je dus à mon jeune camarade la fin de mes maux. Logé, nourri, vêtu à Canton aux frais du capitaine, conduit par lui à Hambourg, il me restait qu'un parti à prendre, celui de rentrer en France, où je pourrais trouver des ressources, et m'acquitter envers mes amis. J'étais confirmé dans ce dessein par un motif irrésistible, celui de retrouver un enfant chéri, dont j'ignorais absolument la destinée.

J'allais partir sans papiers, sans argent; je savais les risques que je courais, et je ne voulais pas que d'Égligny s'exposât. Nous sommes inséparables, me dit-il; j'ai partagé votre misère, je partagerai vos dangers. Que pouvais-je faire? L'aimer plus que jamais. — Diable! diable! dit M. Botte.

— La jeunesse intéresse. D'Égligny plaisait généralement par ses agréments extérieurs; on l'affectionnait parce qu'il a fait pour moi. Un négociant de Hambourg lui donna de quoi subvenir aux frais de la route, et l'aida à tromper le résident français. Nous parûmes devant ce ministre sous l'extérieur de gens qui vivent de leur faible industrie, et qui ne sont suspects à personne. On nous délivra des passe-ports, celui de partions, et nous versâmes des larmes de joie en touchant cette terre natale que nous ne devions plus revoir.

La circonspection guidait nécessairement nos démarches; nous ne pouvions prendre que des informations indirectes; nous tremblions d'interroger, et nous n'acquérions aucune connaissance de ce qu'il m'importait tant de découvrir. Nous résolûmes de nous séparer, et de doubler ainsi des recherches jusqu'alors infructueuses. D'Égligny sait tourner, et son travail est un moyen certain d'existence. Je ne sais rien faire, et j'employai ce qui nous restait d'argent à me procurer cette caisse. C'est à cette époque que je passai à votre château, où vous me vîtes sans me reconnaître.

Après bien des courses inutiles, j'appris seulement que la parente à qui j'avais confié ma fille était morte depuis longtemps, et qu'on ne croyait pas que l'enfant fût resté à Paris. Je sus que mes biens étaient vendus, et je pensai qu'un de ceux qui les avait achetés à vil prix s'était chargé de la pauvre orpheline. J'entrai chez tous ma caisse sur le dos, et je ne trouvai pas ma Sophie.

Les recherches de d'Égligny n'étaient pas plus heureuses. Je m'affligeais, je me désolais, assis sur le revers d'un fossé; votre postillon passa, me reconnut, me parla. Jugez de ma surprise, de ma joie, quand il m'apprit qu'Edmond, envers qui, je l'avoue, j'ai quelquefois été bien dur, qu'Edmond avait recueilli ma fille, et qu'il l'avait élevée comme son enfant.

— Cela vous prouve, monsieur, qu'il n'existe de différence réelle entre les hommes que par leurs qualités. Ébloui par un éclat passager, vous vous êtes cru fort au-dessus d'Edmond : dépouillé de votre entourage et apprécié à votre juste valeur, vous trouvez aujourd'hui Edmond fort au-dessus de vous. Il est inutile de faire la mine, monsieur; je dis la vérité à tout le monde, et vous avez plus besoin que personne qu'on vous la dise. Je reviens à votre récit.

Vos infortunes m'ont touché; votre chevalier est un digne garçon, et vous ne vous êtes étendu sur ce qu'il a fait pour vous que pour me préparer à ce que vous ne m'avez pas dit encore. C'est la main de votre fille qu'il vous mérite envers lui. — Aussitôt, répondit brusquement le marquis, que les circonstances le permettront. — Ah! ah! faut-il encore, monsieur, que je vous apprenne que l'homme qui ne peut plus prétendre qu'à l'estime publique doit commencer par se ployer à la pratique des vertus les plus simples? Ignorez-vous ce que vous devez à votre fille? — Le bonheur. — Et croyez-vous que le bonheur, c'est la privant d'un homme qu'elle aime, pour la donner à un inconnu que vous lui amenez du fond de la mer Glaciale? — C'est l'époux qui lui convient. — Qu'en savez-vous? — C'est moi qui l'ai choisi. — La belle raison ! — Elle suffira à ma fille bien née. Mais ne parlons plus de cela, je vous prie. — Si fait, parbleu, je vous en parlerai. Votre chevalier n'a pas d'honneur pour Sophie.... — Pour Sophie! — Et quand il saura qu'elle est prévenue pour un autre... — Mademoiselle d'Arancey le lui dira. — Elle en est capable; mais je le lui dirai, moi. — Vous aurez un tort de plus, monsieur, et vous n'empêcherez rien : ma fille sera son époux. — Il sera malheureuse toute sa vie, parce que monsieur, qui aime tant son roi, est sans pitié pour son enfant. Votre retour pouvait être pour elle un bienfait du ciel, et vous la réduirez à gémir intérieurement de vous être rendue. Monsieur d'Arancey, je vous prie, je vous supplie, donnez votre fille, qui n'est bien chère, pour vous, dont les regrets tardifs... — Eh, monsieur, je vous ai déjà dit, et je vous répète que vous ferez bien de parler d'autre chose; il y a trop longtemps que je supporte votre bizarrerie et une suite d'expressions choquantes.... — Elles le sont moins, monsieur, que celles de votre lettre. — Ma lettre contient mes sentiments, mes sentiments irrévocables. — Vos sentiments me font pitié. — Oh! de grâce, monsieur Botte. — Oh! monsieur, je vous ai écouté tant que vous avez voulu; vous aurez la même complaisance, s'il vous plaît. Examinons sur quoi sont établis ces sentiments que vous annoncez si emphatiquement dans votre lettre; voyons pourquoi votre fille rougirait de s'allier à nous.

Votre bisaïeul était maréchal de France, et le mien matelot; jusque-là tout l'avantage est pour vous. Votre aïeul était maréchal des camps, et le mien pilote; ici l'avantage décline un peu. Votre père était colonel, le mien était capitaine-propriétaire de son navire; il y a déjà quelque rapprochement. Vous avez été mousquetaire, et vous avez mangé une partie de votre bien; moi, j'ai été l'homme de l'État, à qui j'ai prêté des fonds. En temps de paix, j'ai envoyé des flottes marchandes dans les deux Indes; en temps de guerre, j'ai armé, et j'ai fait respecter le pavillon du roi, et mes facteurs, dans tous les temps, ont fait respecter ma probité aux peuples des deux hémisphères. J'ai acquis des millions, j'ai fait du bien à tout le monde, et je vous en ai fait à vous, j'en veux plus faire encore à votre fille, en, je l'ai tout bien calculé, morbleu, vous devez savoir gré à M. Botte de vouloir bien être l'égal de l'ex-marquis d'Arancey.

— Voulez-vous bien, monsieur, faire arrêter votre voiture? dit le marquis pâlissant de colère. — Pourquoi cela? — Je vais descendre. — Pourquoi faire? — Pour continuer ma route à pied. — Quelle lubie vous passe par la tête? — Je n'ai accepté la place que vous m'avez offerte... — Que dans la persuasion que je flatterais votre orgueil, n'est-ce pas? Monsieur le marquis, je ne flatte personne. — Voulez-vous bien, monsieur, faire arrêter votre voiture? — Non, monsieur, je ne le veux pas. — Ceci est fort, par exemple. — J'ai promis à votre fille de vous ramener en voiture; et vous n'irez pas à pied; je lui ai promis de vous équiper convenablement, et c'est de quoi je m'occuperai à Saint-Germain, où nous allons entrer. — C'est trop rouge de colère, votre œil me menace; mais, corbleu, j'ai une tête aussi... Vous brisez mes glaces!... j'en ferai mettre d'autres; mais vous courez la poste, et dans la voiture de M. Botte.

Le marquis ne se possédait plus. Il protestait que, s'il avait des armes, il brûlerait la cervelle au petit bourgeois qui osait l'outrager. M. Botte répondait que tout ce qu'il y gagnerait serait de voyager seul, à moins pourtant qu'il ne cassât aussi la tête à son valet de chambre et à Henri, qui avaient des ordres, et il ajouta qu'il n'est pas prudent de casser tant de têtes, quand on n'est pas trop sûr de la sienne. Le marquis, exaspéré, était prêt à lever la main; le cher oncle vit le mouvement, que la bienséance réprima. — Frappez, lui dit-il, si cela vous amuse. Je ne déshonorerai pas le père de ma nièce en lui rendant un coup infamant. — De votre nièce... de votre nièce! elle ne le sera jamais! — Elle le sera, morbleu! et, en attendant, et quelque chose que vous fassiez, vous courez la poste.

Pendant cette altercation, la voiture s'arrêta à la barrière de Saint-Germain, et M. d'Arancey cria aux commis de lui ouvrir la portière. Elle s'ouvre à l'instant. Le marquis, malgré son âge, saute légèrement sur le pavé; le cher oncle saute après lui, et dit aux commis : — Je m'appelle Botte.

A ce nom on lui prodigue non ces respects qu'arrache l'homme puissant qu'on craint, mais ces marques de considération qu'on accorde si volontiers à l'homme utile, et le marquis ne concevait pas qu'on pût marquer tant d'égards à un bourgeois. Le cher oncle reprit : — Je m'appelle Botte; monsieur est mon proche parent. Il a perdu la tête : vous en jugez facilement par les marques dont il s'est affublé; il est quelquefois furieux; vous n'en doutez pas d'après son air furibond et la manière dont il a arrangé mes glaces. Je le conduis à une maison de santé près de Paris : il veut m'échapper, et je vous demande main forte pour le conduire à l'auberge, où je vais le faire habiller décemment. Allons, mon cousin, marchons.

A ce nom de cousin, la figure de M. d'Arancey se décompose tout à fait, et les spectateurs ne doutent point qu'il ne soit maniaque. Deux soldats de la garde s'avancent, et le cher oncle n'a que le temps de dire à l'oreille de son cousin : — Si vous niez que vous soyez mon parent, il faudra que vous disiez qui vous êtes, et parbleu! ce ne sera pas moi qui vous aurai démenti.

M. Botte prend son cousin sous le bras; le valet de chambre et Henri marchant en avant, les deux soldats forment l'arrière-garde, et les badauds de l'endroit suivent, précèdent et garnissent les flancs. Que pouvait faire M. d'Arancey? se laisser conduire et se taire : ce que fit qu'il fit.

On arriva à l'auberge. M. Botte met son parent dans la plus belle chambre, fait clouer les croisées, place les deux soldats au dehors de la porte, envoie chercher tous les ouvriers du lieu, et fait servir un souper somptueux. Le marquis enrageait... oh ! il enrageait! tantôt il brisait une assiette, l'instant d'après, il cassait une carafe... — Bien! mon cousin, bien ! Cassez tout ce que vous voudrez; mais goûtez cette perdrix rouge... un peu de cette crème... un verre de ce vin vieux. Le marquis dévorait, autant de colère que de besoin, et les gens de l'auberge remarquaient que pour un fou le cousin avait bon appétit.

De peu de chose on fait une nouvelle dans une petite ville. Le bruit de l'arrivée de M. Botte se répandit à l'instant; on ne parla que de ses largesses et de ses trésors. On assurait qu'il avait traité du royaume de Siam, et que la négociation n'avait manqué que parce qu'il craignait singulièrement la circoncision. On disait.... on disait.... que ne disait-on pas ! Le premier magistrat du lieu ne crut pas au-dessous de son rang de prévenir non l'acquéreur prétendu d'un trône, mais un homme qui faisait circuler les richesses par mille canaux, et qui rendait des services signalés à l'État. Il supposait d'ailleurs qu'il ne pouvait quitter son cousin d'un instant, et il vint lui offrir à M. Botte les moyens qui étaient à sa disposition pour l'aider à conduire le parent avec sûreté.

Comme des gens qui ne se sont jamais vus n'ont rien à se dire, et qu'il faut parler quand on évite de passer pour un sot, le magistrat commença par faire, sur la maladie du cousin, les questions les plus étendues. M. Botte répondit par une peinture effrayante de quelques accès dont il avait été témoin. Le tableau était si chargé, les coups de pinceau parfois si comiques, que le marquis, sauf sa fureur, partit d'un éclat de rire. Le magistrat observa avec beaucoup de sagacité que ce rire n'était pas convulsif, et qu'il annonçait un accès prochain. Il proposa à M. Botte la brigade de gendarmerie, et il s'engagea à faire mettre aux pieds et aux mains du cousin des fers qu'on aurait soin de garnir pour ménager les chairs. A cette proposition, le marquis fit une grimace épouvantable, et il allait recommencer à vomir, si M. Botte n'eût observé que six hommes sont toujours maîtres d'un fou, que des fers ajouteraient infailliblement à la fureur de son malheureux parent.

A la fin du repas, on apporta tout ce qu'il fallait pour donner au marquis l'air d'un homme opulent. On le livra au valet de chambre et à Henri. Une demi-heure après, il remonta assez tranquillement en voiture, et on sortit de Saint-Germain avec l'escorte de quatre gendarmes armés jusqu'aux dents.

— Je vous demande bien pardon, monsieur le marquis, d'avoir employé des moyens un peu forts; mais les désirs de votre fille sont des ordres pour moi; j'ai dû remplir ses intentions, et je n'ai rien fait que vous ne m'y ayez forcé. Heu!... Pluit-il?... Pas le mot. Bonsoir donc, marquis. Aussi bien je sens le besoin de céder à mon habitude de tous les jours, celle de dormir après souper.

Rassuré par la présence de son escouade de cavalerie, M. Botte s'endormit en effet ; le marquis n'avait refusé de répondre que parce qu'il avait trouvé dans ses poches un nouvel aliment à sa colère. Le cher oncle n'oubliait rien, et son prisonnier, en caressant les basques rebondies de sa veste, s'était aperçu qu'elles étaient farcies d'or. Il fallait être de bien mauvaise humeur pour prendre ainsi tout de travers, et je connais beaucoup de gens qui, au lieu de s'obstiner en pareil cas à garder le silence, se seraient empressés de s'acquitter au moins par des remerciements.

Cependant un coup de feu et des cris se font entendre de l'intérieur de la forêt. Le marquis, persuadé qu'une diversion le tirera d'esclavage, attend tranquillement les voleurs; M. Botte, qui dort comme il fait tout, continue à ronfler ; les gendarmes, convaincus qu'il vaut mieux laisser échapper un fou que de laisser tuer un homme, se disposent à secourir l'opprimé. Ignorant à quel nombre ils vont avoir affaire, ils requièrent le valet de chambre et Henri, tous deux bien armés, de leur prêter main-forte. Ceux-ci n'ont nulle envie de se battre; mais ils ne peuvent se dispenser d'en faire au moins le semblant. Ils se jettent dans le bois, bien décidés à cueillir les gendarmes à la première tranchée qui va se présenter. Le conducteur, effrayé, fouette à outrance ses chevaux, et on arrive au galop à la première poste.

Les chevaux sont changés, le postillon se présente à la portière; le marquis baisse la glace, et s'aperçoit qu'il est débarrassé de tous ses surveillants. Le postillon seul est au courant de son aventure; et pour ne pas perdre de temps, il lui donne un louis, et relève la glace.

Le postillon, tremblant qu'on ne lui redemande son reste, se hâte de remonter à cheval, et s'en va ; à peine a-t-il le temps de dire à son camarade que la voiture était escortée, et que les gendarmes l'ont quittée pour courir après des voleurs.

M. d'Arancey était très-bien mis, son extérieur était imposant, et son témoignage devait balancer au moins celui du cher oncle. Le nouveau conducteur n'avait pu être instruit des détails; il n'était donc pas à craindre, et le marquis s'arrangea là-dessus.

On arrive à la barrière de Paris, et le dormeur continue de digérer en ronflant. Le marquis dit aux commis : — Je m'appelle Botte. J'ai eu la bonté de prendre dans la forêt un homme assez bien couvert, et qui m'a paru très-fatigué. Pendant que je dormais, le drôle m'a escamoté mon portefeuille.

Le nom de M. Botte fait ici la même impression qu'à Saint-Germain; on ne pense même pas à douter de la véracité du conteur. Cependant le chef du poste, qui n'a jamais entendu parler de ce nom-là, observe aux commis qu'il est une marche à suivre avec M. Botte comme avec un autre. Il interroge le postillon : le postillon répond que son camarade lui a en effet dit quelques mots de gens qui détroussent les voyageurs dans la forêt, mais qu'il ne sait rien de positif. L'officier remarque qu'il y a là présomption contre l'accusé, et qu'il faut l'entendre lui-même. Le marquis se voit au moment de reprendre sa revanche. Il pousse rudement le cher oncle, le réveille en sursaut, et lui dit à l'oreille : — Si vous niez que je sois M. Botte, il faudra que vous disiez qui je suis, et alors ce sera vous qui m'aurez dénoncé.

M. Botte ouvre de grands yeux, sent la nécessité de se taire à son tour, descend sur l'interpellation de l'officier, et surpris au fond de toute expression de ne voir ni sa brigade ni ses gens, il entre au corps de garde, commençant à soupçonner quelque ruse qu'il lui est impossible de déjouer. Le marquis descend après lui, prétexte un besoin, s'éloigne de quelques pas, de quelques pas encore, enfile une petite rue, et laisse le postillon, les chevaux, la voiture sur le pavé, et M. Botte au corps de garde.

L'officier veut commencer une instruction en règle, M. Botte lui rit au nez. L'officier se fâche, M. Botte jure. L'officier proteste qu'il va l'envoyer en prison, M. Botte l'en défie. L'officier commandant le détachement, dit M. Botte être son petit couteau de chasse. L'officier lui rit au nez à son tour, lui ordonne de marcher et lui tourne le dos.

M. Botte n'était pas spadassin, et il voyait que son petit couteau faisait si peu d'impression, qu'on n'avait pas daigné le lui ôter. Comment faire pour ne pas aller coucher en prison, gîte désagréable à tout le monde, et surtout à un millionnaire ? Il n'y avait qu'un parti à prendre : c'était de prouver qu'on lui avait joué un tour. Mais pour ne pas exposer le marquis, il fallait savoir s'il avait profité du moment pour échapper à son opiniâtre cousin, et pour ce, M. Botte demanda qu'on le confronte au moins à son accusateur. L'officier répond brusquement que la confrontation se fait en prison. Les commis, la garde, les passants, tous opinent pour la prison. Alors pour dernier coup, M. Botte tira et rend avec dignité son arme au caporal qui ne la lui demandait pas.

Henri et le valet de chambre s'étaient couverts de gloire sans courir de danger. Les voleurs prétendus étaient des braconniers qui venaient de tuer un chevreuil, et les cris qui avaient répandu l'alarme n'étaient que des cris de joie très-indiscrètement hasardés. A l'approche des chevaux, les chasseurs avaient abandonné leur proie, et s'étaient tapis sous des broussailles, où, grâce à l'obscurité, il fut impossible de les trouver. Henri avait bravement sauté sur le chevreuil, l'avait mis en

travers sur son cheval ; et les gendarmes l'avaient laissé faire, persuadés que cet accessoire ne déplairait pas au cher oncle, dont les marques de reconnaissance n'étaient jamais équivoques.

Les deux domestiques, étonnés de trouver la voiture arrêtée, s'approchent de la portière, et sont plus étonnés encore de ne trouver personne. Leur étonnement redouble en voyant M. Botte au milieu d'un peloton de soldats. Ils mettent pied à terre, ils s'approchent de l'officier, ils nomment leur maître. Il paraît, qu'il n'est pas certain que le marquis ne soit plus dans la voiture, leur fait des signes qui leur imposent silence; ces signes, la contenance, l'air effaré de ces deux hommes, tout cela est interprété par l'officier. Il fait entrer le valet de chambre et Henri au centre du détachement, et le chevreuil au corps de garde.

M. Botte parle à l'oreille de ses gens, et les soupçons augmentent. Ses gens lui répondent de même, et la complicité n'est plus douteuse. Rien d'aussi simple cependant que ce qui s'était dit. — Le marquis est-il dans la voiture ? — Monsieur, il s'est enfui.

Le cher oncle se croit alors tiré d'embarras. Il proteste que c'est lui qui est M. Botte, et on lève les épaules. Il tire son portefeuille, auquel on ne pensait plus, et qu'un greffier n'aurait pas oublié. L'officier le prend, fait l'inventaire des billets de caisse, en dresse un état à la hâte, le remet au caporal, et répète l'ordre de marcher. M. Botte crie à l'injustice, et on crie au voleur, il s'emporte, il tempête, il blasphème pour la première fois de sa vie, en protestant qu'il ne marchera pas ; un coup de bourrade dans le derrière l'avertit que la résistance est inutile.

— Corbleu ! disait M. Botte en marchant et en se frottant le postérieur, le tour est sanglant, mais il est bien joué, très-bien joué, pour un marquis.

On allait l'incarcérer sur des apparences qui devaient donner matière à un ample procès-verbal. L'officier sentait la nécessité de le rédiger au moins après, puisqu'il n'avait pas songé à le faire avant. Il n'y avait qu'une petite difficulté, c'est que l'officier qui, pendant sept campagnes, s'était battu en déterminé, n'avait pas trouvé le temps d'apprendre à écrire. Il avoua son embarras aux commis, qui prirent la plume avec un air de supériorité que s'arroge si aisément la sottise, et ils ne manquèrent pas de faire sentir à l'officier qu'un chapitre qui sait écrire est plus utile en temps de paix qu'un soldat qui ne sait pas.

Pendant qu'on verbalisait au corps de garde, le postillon s'impatientait sur le pavé. Il entre enfin pour demander à M. le commandant ce qu'il fallait faire de la voiture. — Ce que le propriétaire voudra. — Mais il n'y a plus de propriétaire. — Ah ! diable, voilà qui est singulier. Ah ! ce monsieur n'aime pas sans doute les scènes publiques, et il se sera rendu chez lui à pied. — Mais comment trouverai-je son chez lui ? — Hé, parbleu, par sa carte de sûreté. Voyons son portefeuille. Quarante-huit ans... mais celui qui s'est plaint en a au moins soixante. Les cheveux noirs... Il les a blancs. Messieurs de la barrière, il y a ici quiproquo. — Monsieur l'officier, c'est vous qui l'avez fait. — C'est vous qui m'avez conseillé. — Vous commandez ici. — Oui, mes soldats, mais je dois me rendre à vos réquisitions, et vous m'avez requis. — Pas du tout. — Je le soutiens. — Cela n'est pas difficile. — Et je le prouve. — Comment cela ? — Le sabre à la main. — En garde, commis, à la relevée du poste.

Les commis sentirent à leur tour que celui qui, sans savoir écrire, a battu les ennemis peut encore être utile en temps de paix en châtiant des faquins. Ils redevinrent les hommes de la circonstance, et ployèrent le plus fort : c'est assez l'usage partout.

Cependant les gendarmes, qui ménagent leurs chevaux, parce qu'ils sont à eux, les gendarmes arrivèrent enfin, et jetèrent un grand jour sur cette affaire, naguère si embrouillée. Examen fait de la carte de sûreté, ils prononcèrent que c'était M. Botte lui-même et deux de ses gens que l'on conduisait en prison. — Mais quel donc, dit l'officier, cet autre qui était aussi dans la voiture ? — C'est un fou que M. Botte conduisait aux Petites-Maisons.

A ces mots, les commis tremblent, l'officier fronce le sourcil, et le brigadier de gendarmerie proteste que s'il n'apaise le cher oncle, il est homme à les faire casser tous. L'alarme augmente, l'officier balbutie. Il a bravé cent fois la mort ; mais il craint la misère : il en a perdu l'habitude, et celle-là se reprend si difficilement !

On prie, on supplie M. le brigadier d'arranger cette affaire. On lui remet le portefeuille, on déchire le procès-verbal, et on le presse de courir après les prisonniers.

Ils étaient déjà loin. Le gros ventre de M. Botte et ses jambes courtes ne s'accommodaient pas d'un pavé gras et d'une longue marche. Il avait pris un fiacre, avec la permission de M. le caporal, qui s'y était prêté parce qu'il ne payait pas ; que dedans, derrière et sur le devant, il y avait place pour tout le monde, et qu'un caporal aime à aller en carrosse tout comme un colonel.

Quand les gendarmes partirent de la barrière, il y avait une heure au moins que le cher oncle était établi à la Force, très-étonné de s'y trouver. Sur le rapport du caporal, le concierge avait mis M. Botte et ses gens en très-mauvaise compagnie. Le cher oncle se bouchait le nez et faisait la grimace. Ses domestiques criaient qu'il était affreux de traiter ainsi un homme comme M. Botte, et qu'on devait au moins lui donner une chambre. Le guichetier répondit que ce n'était pas l'heure d'ouvrir trente portes, et il disparut en faisant résonner les corridors du bruit de ses verrous et de ses clefs.

Le valet de chambre s'approcha respectueusement pour remplir ses fonctions accoutumées. — Hé, parbleu, tu te moques de moi. Faut-il tant d'apprêts pour nous mettre chacun sur une poignée de paille? Va, va, si l'égalité, dont on fait tant de bruit, n'est pas une chimère, elle doit se trouver ici.

Dans toutes les prisons, les salles habitées par ces messieurs qui vivent d'industrie ont un chef qui établit ou trouble l'ordre à son gré, qui prononce ses arrêts et les exécute lui-même, et qui s'élit quand on ne le nomme point, parce que c'est toujours le plus vigoureux de la bande.

Le chevalier d'Éghgny.

M. *Beau-Soleil*, qui exerçait à la Force ces augustes fonctions, était très-exact à recueillir les impôts qui charmaient les loisirs de ses sujets. Il avait été très-choqué de la grimace de M. Botte, de quelqu'une de ses expressions, et surtout de ce qu'il ne parlait pas de payer sa bienvenue. Il prit la parole, et d'une voix de stentor il expliqua les usages irrévocables du lieu, et il ajouta qu'un insolent ou un sot pouvait seul être humilié de se trouver avec des artistes du premier mérite, et que le ton du mépris n'allait pas à des gens qui ne savaient pas seulement un mot d'*argot*. Henri fit une réponse peu mesurée, *Beau Soleil* lui ordonna très-impérieusement de se taire. M. Botte jugea que, si la garde donnait des bourrades, les gourmades pourraient pleuvoir ici, et il assura M. *Beau-Soleil*, que dès cinq heures du matin il enivrerait tous les prisonniers, si on voulait lui permettre de reposer. *Beau-Soleil* répondit très-honnêtement que non-seulement le camarade pouvait dormir, mais que, pour prix de sa générosité, on lui apprendrait quelques jolis tours, dont il ferait son profit dans le monde, s'il y rentrait jamais.

— Allons, dit M. Botte à son valet de chambre, nous trouvons un maître ici comme partout. Puisque définitivement il n'y a pas d'égalité possible, ôte-moi mes souliers et mon habit; je garderai le reste. — Quelle aventure pour vous, monsieur! — Diabolique, mon ami, et le marquis me la payera. Cependant je ne suis pas plus mal ici que dans vingt autres circonstances. Je suis assailli par des insectes affamés, mais je crois qu'il y en avait davantage dans cette chambre d'Edmond où je m'amusais des contorsions de Moreau; je me suis enfoncé dans une mare jusque dessous les bras, et je suis très-sèchement ici; j'ai été piqué à l'épaule par une guêpe et mordu à la fesse par un chien, le coup de bourrade m'a fait beaucoup moins de mal. A la vérité je suis avec des fripons; mais le monde en est plein. Je me défie de ceux-ci, ils ne m'attraperont pas; les autres me trompent tous les jours, et après tout trois ou quatre heures sont bientôt passées. — Allons, monsieur, il fallait que vous vinssiez à la Force pour trouver quelque chose de bien.

Pendant cette conversation, tenue très-bas, et pour cause, M. Botte arrangeait sur la planche destinée à lui servir d'oreiller son habit proprement roulé; son mouchoir de poche avait remplacé sa perruque, et il s'était couché très-peu affecté du présent.

Le plus profond silence régnait dans la salle. Tout le monde dormait, ou en faisait semblant. M. Botte reçoit un petit coup sur la pointe de chaque pied, et crie : *Qui vive?* Personne ne répond, et M. Botte se met sur son séant. Il allonge les bras autour de lui, et ne rencontre rien. Il se croit abusé par une illusion nocturne, et se laisse retomber sur son oreille. Pan! sa tête porte d'aplomb sur la planche, l'habit est enlevé. Il crie, il se lève et ne trouve plus ses souliers.

— Monsieur le chef de ces honnêtes gens, ceci est trop fort. Voler même en prison! je tiens peu à mon habit, mais assez à ma bourse, qui est dans une des poches. Il reçoit un coup léger sur une épaule, il se retourne, et le mouchoir qui lui enveloppe la tête est allé avec l'habit, la bourse et les souliers. — Corbleu! messieurs, si, au lieu d'un tour de *tabouret*, dont vous vous moquez, on vous pendait une bonne fois, on rendrait un grand service à la société.

Au mot de pendaison, tous mes coquins se lèvent tumultuairement, et font un carillon infernal. L'un criait que la corde est faite pour les voleurs; un autre pour les assassins; un troisième, qu'il était affreux de confondre avec des malfaiteurs des gens à talent qui exercent dans les spectacles, dans les cafés, aux fêtes publiques; un quatrième observait que le vol était en honneur à Sparte, et que les mœurs spartiates étaient les mœurs par excellence : celui-là avait lu les fables de Rollin.

Les autres criaient d'autant plus fort qu'ils ne savaient ce qu'ils disaient; les clameurs étaient accompagnées de nombre de coups de poing qui tombaient d'aplomb non sur M. Botte, mais sur un homme qui le tenait dans ses bras, qui le couvrait de son corps, et qui lui disait : — Ils m'assommeront, mais je vous sauverai. — Que diable! pensait le cher oncle, il me semble connaître cette voix-là.

Comme on ne frappe pas toujours juste quand on frappe fort, et surtout sans y voir, les poings des assaillants se heurtaient; ils se meurtrissaient l'occiput ou l'omoplate; on pochait des yeux, on cassait des nez, des dents; on enfonçait des côtes, et cet exercice était accompagné d'un crescendo de blasphèmes, qui eût fait abîmer la maison si l'Éternel, toujours bon, n'eût bouché ses oreilles.

Entrevue de M. Botte et du marquis d'Arancey en montreur de pièce curieuse.

Au milieu de cet épouvantable désordre, l'homme qui tenait M. Botte embrassé avait eu l'adresse de le tirer de la foule, et s'était juché avec lui dans l'enfoncement d'une fenêtre élevée, où personne ne pensait à les aller chercher. Tout à coup, le bruit des verrous se fait entendre, la porte s'ouvre, les flambeaux brillent; le concierge en personne paraît, suivi de ses guichetiers, tous le bonnet à la main, et précédés de trois chiens, qui, mordant à droite et à gauche, obligent en un clin d'œil M. *Beau-Soleil* et sa clique à se tapir sous leurs paillasses.

Le concierge, d'une voix mielleuse, appelle M. Botte, et M. Botte lui crie en sautant dans ses bras : — Sauvez-moi des mains de ces enragés!

Comme la reconnaissance était une des vertus qu'il estimait le plus, et qu'il pratiquait le plus exactement, il voulut connaître l'homme à qui il avait l'obligation d'être encore tout entier. Ce malheureux se cachait le visage de ses deux mains, et le conducteur, jaloux alors de se rendre aux désirs du cher oncle, prit son protecteur par l'oreille, l'obligea à lever la tête, et M. Botte reconnut Guillaume.

— Il est donc décidé, dit-il, que j'aurai toujours des obligations essentielles à ce drôle-là ! quel dommage que ce soit un fripon !

— Ah çà ! monsieur le concierge, vous venez sans doute me mettre en liberté ? — Oui, monsieur. — Mais vous observerez qu'on m'a volé mon habit, mes souliers, ma bourse, mon mouchoir, ma perruque, et mes deux domestiques, car je ne les vois plus. Voilà, je crois, la quatrième fois que je suis déshabillé, parce que j'ai un neveu qui s'avise d'être amoureux.

Le concierge interpelle Beau-Soleil ; Beau-Soleil répond qu'il ne peut rendre ce qu'il n'a pas pris. Le concierge interpelle les artistes les mieux notés sur son registre ; tous font la même réponse. Il lâche un quatrième chien, au nez exercé, qui furète partout, et qui, au lieu de l'habit, de la perruque et des souliers, tire de dessous une mauvaise table qui portait la gamelle commune, le valet de chambre et Henri à demi morts de peur.

— Tirez-moi d'ici, disait M. Botte, j'abandonne tout, absolument tout. — C'est ce que vous pouvez faire de mieux, dit le concierge ; car ces drôles-là, en causant un jour avec moi, m'ont volé mes boucles à souliers, et jamais je ne les ai retrouvées.

— Il est bien extraordinaire, répondait M. Botte, qu'on ne soit nulle part en sûreté, pas même en prison.

Le cher oncle, en entrant à la geôle, trouva la garde qui l'avait amené, et qui s'enivrait avec le guichetier qui n'avait pas le temps d'ouvrir des portes la nuit ; il trouva son brigadier, qui lui dit que sa voiture était à la porte. — Jamais elle ne vint plus à propos, car mes gens sont dépouillés comme moi. Le brigadier rejeta sur les braconniers les événements de la soirée. — Hé, monsieur, les braconniers ne sont pas cause du refus que m'a fait ce drôle, qui boit là-bas, de me mettre dans une chambre convenable. — Voulez-vous que je le chasse, monsieur le concierge.

— Non, monsieur, vous ne le chasserez pas : il n'a traité d'après le rapport du caporal. — Monsieur, dit le caporal, j'ai suivi les ordres de mon officier. — Aussi est-ce à lui que j'en veux. Je lui apprendrai que, lorsqu'on ne sait pas commander l'exercice, on ne doit pas se mêler de faire le juge criminel. — Mais, monsieur, dit le brigadier, les apparences étaient contre vous. — Apprenez, monsieur, qu'il n'y a qu'un sot qui juge sur les apparences. L'officier sera cassé. — Mais, monsieur, il a une femme et des enfants. — Ah diable ! et le soldat qui m'a bourré, a-t-il aussi une femme et des enfants ? — J'ignorais, monsieur, à quel postérieur j'avais affaire. — Ménagez-les tous, corbleu ! c'est le moyen de ne pas vous tromper. Mais le plus court est de pardonner, et je pardonne. Partons. Monsieur le brigadier, vous viendrez me voir demain.

XII. — Les obstacles se multiplient.

C'est rue de la Huchette, chez un tourneur qui occupait le rez-de-chaussée et le septième étage, que se cachait le chevalier d'Egligny. C'est aux moments qu'il pouvait dérober au travail qu'il cherchait cette Sophie qui ne l'intéressait encore que parce qu'elle était la fille d'un vieillard auquel il s'était dévoué tout entier. Le rémouleur grabat qu'il s'affligeait tous les soirs de l'inutilité de ses démarches.

Le marquis, échappé de la voiture de M. Botte, s'était acheminé vers le réduit où il devait trouver le héros de l'amitié. Il marchait, tourmenté du double regret de ne pouvoir se passer de l'or du cher oncle, qui emportait sa lanterne magique, et de l'impossibilité de rendre jamais à un homme dont l'humiliante générosité s'étendait, malgré lui, sur tout ce qui lui était cher. Si du moins il était noble ! s'il l'était à peu près, ne fût-il que secrétaire du roi !

Il arrive à cette rue de la Huchette longtemps avant le jour. La boutique est fermée, et il s'y attendait. Il sait que d'Egligny repose sous les tuiles : comment espérer de s'en faire entendre ? Il faut essayer cependant. Il appelle Dubois, c'est le nom qu'a pris le chevalier. Il appelle à plusieurs reprises ; Dubois a entendu dès la première fois : la voix de l'amitié s'entend de si loin ! Dubois passe son pantalon de coutil, il se hâte, il saute l'escalier, il ne peut trop tôt embrasser son ami.

Une patrouille de la garde nationale passe, et le chef demande à M. d'Arancey ce qu'il fait là. Il répond qu'il vient commander l'ouvrage au tourneur. On lui objecte que ce n'est pas l'heure, et on lui demande sa carte : il répond qu'il l'a perdue.

On lui demande s'il a quelque autre papier : il cherche... son passeport est resté à Saint-Germain, dans une poche de l'habit de bure. On s'enquiert de son domicile : il hésite, il balbutie ; on l'arrête, et le chevalier, en ouvrant sa porte, voit son ami prisonnier.

Une imagination alarmée ne connaît que les extrêmes, et voit le malheur même où il n'est pas. — Arrêtez ! arrêtez ! crie le chevalier. Puisque vous l'avez reconnu, il est inutile que je me cache davantage. Je suis le chevalier d'Egligny, et aujourd'hui et toujours je partagerai le sort du marquis d'Arancey.

La patrouille était commandée par un rémouleur de la rue de La Harpe, qui avait brigué l'honneur d'être sergent. Cet homme n'entendait rien à l'exclamation de d'Egligny ; il ne comprenait pas davantage aux étreintes, aux larmes du chevalier et du marquis ; mais, comme il lui était ordonné d'arrêter ce qui lui paraîtrait suspect, et qu'il suspectait tout ce qu'il ne concevait pas, il remplit sa mission à la lettre, et, tout bonnement, tout bêtement, il conduisit les deux amis au corps de garde.

Il n'était pas difficile d'en imposer à un tel homme ; on pouvait même se flatter de tromper aisément le capitaine-commandant, honnête dégraisseur de la rue Poupée. C'est à quoi réfléchissait le chevalier lorsque la

— Monsieur, celui qui vous a rendu ces pièces ne connaissait pas la chronologie.

ronde-major passa. Le sergent, fier de sa capture, le capitaine, très-embarrassé, et par son défaut de lumières et par le rapport inintelligible de son subordonné, s'adressèrent à l'adjudant, qui joignait à beaucoup d'intelligence le ton d'un homme bien élevé. Le rémouleur-sergent avait oublié, dès la rue de la Huchette, les noms des deux détenus ; mais il se rappelait très-bien, disait-il, que, de leur propre aveu, l'un était un prince, et l'autre un duc. Les questions de l'adjudant furent aussi pressantes que polies ; ces deux amis convinrent du fait d'émigration pour conserver au moins leur réputation d'honnêtes gens.

L'adjudant demanda à ces infortunés s'il n'y avait pas quelque circonstance qui pût colorer leur sortie ; ils répondirent franchement que non. Il en chercha pour eux ; il en rappela qui avaient été favorables à d'autres, et ils ne varièrent point dans cette réponse : — Nous avons quitté la France par attachement pour le roi.

— Avant de signer votre déclaration, réfléchissez, messieurs, aux conséquences qu'elle entraîne. Peut-être le trouble inséparable de ce moment ne vous permet pas d'être exacts. — Nous avons dit la vérité, sans trouble comme sans crainte. — Signez donc, et suivez-moi.

— Vous êtes de braves gens, leur dit-il tout bas en leur serrant la main. Qui embrasse un parti contre son opinion est un sot ; qui le trahit est un lâche.

Les heures s'étaient écoulées ; il était environ huit heures du matin quand les deux amis sortirent du corps de garde. La foule se pressait autour d'eux ; chacun voulait les approcher. C'est quelque chose de si curieux que des émigrés !

Étrange empressement de voir des misérables !

Ils marchaient résignés, mais sans faiblesse et sans orgueil. Un colporteur passe en criant : — Voilà le grand acte d'amnistie en faveur des émigrés. Achetez la loi en faveur des émigrés... la bagatelle d'un sou.

L'adjudant se précipite, parcourt le papier, saisit d'un coup d'œil les dispositions de l'arrêté, et s'écrie : vous êtes sauvés malgré vous.

Les deux amis tombent dans les bras l'un de l'autre ; l'adjudant mêle ses larmes aux leurs, et le peuple, toujours peuple, applaudit à la délivrance de ceux dont il eût vu le supplice avec indifférence. Quelle inexplicable machine que le peuple !

Dès ce moment, le marquis sent qu'il est rentré dans tous ses droits.

M. Botte ne peut plus tirer parti de sa situation. Si les acquéreurs de ses biens ont de la délicatesse, il peut traiter avec eux, et s'acquitter envers le bienfaiteur de sa fille. Si les moyens doux sont insuffisants près d'elle, il peut enfin déployer l'autorité d'un père, et s'unir, par des nœuds plus puissants et plus doux, à celui qui vient de lui donner encore une preuve de son dévouement absolu.

Il avait caché son projet au chevalier. Il voulait qu'il vît sa fille, qu'il l'aimât, qu'elle lui parût une récompense au-dessus des sacrifices qu'il avait faits à l'amitié, et il comptait disposer de la victime, comme on faisait des filles de qualité, qu'on mariait à des gens titrés qu'elles ne connaissaient point, et avec qui l'usage les dispensait de vivre. Il était père cependant, il était bon père ; mais le fanatisme des préjugés a tant de force !

Il se hâta de remplir les formalités prescrites par l'arrêté, et, ces soins indispensables terminés, s'empressa de faire pour le chevalier ce que M. Botte avait fait pour lui. Il releva les agréments naturels du jeune homme de tout ce que put y ajouter une toilette soignée, et il se disait en le regardant : — Il n'est pas de roturier qui puisse balancer les grâces de cette figure-là.

Il loue une voiture commode, il y monte avec son ami, et ils partent pour cette terre que le marquis croyait encore perdue. M. Botte s'était tu : il faisait le bien pour lui, et rien pour la renommée.

La route ne fut pas longue : ces deux hommes-là avaient tant de choses à se dire. Ils étaient à la porte de la ferme, et ils n'avaient pas tiré leur montre, et ils s'étaient informés de ce qu'il restait de chemin, et ils n'avaient point bâillé en parlant de la belle nature. Ils n'avaient rien fait de ce que font ceux qui montent dans un fiacre pour aller dîner à Saint-Cloud, à Vincennes, et qui s'amusent !.... à faire mourir de rire.

La triste Sophie était prévenue. Cependant le bruit de la voiture lui fit éprouver un serrement de cœur dont elle ne fut pas la maîtresse. Elle aimait beaucoup son père ; elle le croyait du moins, car elle repoussait un sentiment pénible qui lui disait : On n'a rien fait encore pour l'enfant à qui on a donné l'être, et que doit-on au père dont on n'a reçu que la vie !

Cependant, esclave du devoir, craintive, embarrassée, elle suivait Edmond, qui allait au-devant de son ancien seigneur. M. d'Arancey savait de M. Botte que sa fille était charmante, et il fut frappé en la voyant. Le chevalier fut frappé comme l'avait été Charles, comme devaient l'être tous les jeunes gens à qui la nature n'avait pas refusé un cœur.

Le premier moment fut froid. Un marquis peut aimer sa fille comme un bourgeois ; mais l'étiquette ne permet point de se livrer à ces épanchements abandonnés ou vulgaires. Sophie, de son côté, faisait de vains efforts pour exprimer sa tendresse. C'était une tendresse de mots, une tendresse de bienséance : la crainte de l'autorité paternelle ne s'allie pas au sentiment.

M. d'Arancey présenta le chevalier à sa fille comme le meilleur de ses amis, comme un homme qui lui avait plusieurs fois conservé la vie, et il s'exprima en père qui compte, qui entend qu'on partagera sa reconnaissance. A cet égard, il remplit parfaitement les désirs de son père : elle ne soupçonnait rien de ce qu'il projetait.

On entra à la ferme, et le marquis daigna faire attention au bon vieillard. Il le remercia en termes généraux de ce qu'il avait fait pour sa fille ; mais il en dit assez pour piquer la curiosité d'Égligny, et mademoiselle d'Arancey saisit cette occasion de présenter, dans le jour plus favorable, tous les soins que le bon fermier avait accordés à son enfance. En parlant, elle oubliait ses chagrins, ses traits s'animaient ; ils reprenaient leur éclat ; et la fille belle comme la bienfaisance qui se savait si bien peindre, et la figure du marquis restait froide ; celle de d'Égligny exprimait la plus douce sensibilité : il en fut payé par un sourire de la beauté.

Ces détails faisaient souffrir le marquis. Il eût voulu devoir moins à un homme si fort au-dessous de lui, et il interrompit sa fille pour lui apprendre que les émigrés avaient encore une patrie. Elle éprouva un sentiment de joie pure en pensant que son père ne serait plus errant, malheureux, et elle s'empressa de lui offrir un moyen de s'acquitter envers son ami.

— Vous savez, monsieur, qu'Edmond n'est pas mon unique bienfaiteur. — Je sais, mademoiselle, qu'on a paré des vues ambitieuses des couleurs de la générosité. — S'il m'était permis, mon père, de vous désabuser ? — Vous n'y parviendrez pas, mademoiselle. Poursuivez. — Vous me défendez, monsieur, de vous parler de M. Botte ? — Je vous en prie, mademoiselle. — Je me bornerai donc à vous dire que je suis propriétaire du château et de la terre. — Vous, mademoiselle ! — Et je les dois à quelqu'un que je n'ose plus nommer. La tendre Sophie pousse un profond soupir, et poursuit.

— Ce que je possède, monsieur, appartient de droit à mon père. Jouissez de ce domaine, et si monsieur le chevalier est aussi victime des opinions, permettez que je l'invite à partager avec vous l'état modique que je puis vous offrir. — J'étais bien sûr des sentiments de ma fille, et j'aime à retrouver digne de moi celle qu'un délire passager avait égarée. — Passager, mon père ! — Mademoiselle, le château est-il habitable ? — Il est plus élégant, plus commode que jamais. Tout était préparé pour... pour... La pauvre enfant ne put achever.

M. d'Arancey salua Edmond d'une inclination de tête, prit la main de sa fille, et sortit avec elle et le chevalier. Le vieillard, les bras élevés vers le ciel, les regardait suivre le chemin du château, et, lorsqu'il cessa de les voir, il rentra la tête penchée sur la poitrine, et pria Dieu de changer les cœurs endurcis.

Mademoiselle d'Arancey était affligée de n'avoir pas vu M. Botte descendre de la voiture avec son père. Il lui semblait qu'elle eût été plus forte de sa présence, qu'elle eût profité au lieu actuel des vérités que lui eût suggérées sa franchise, et il fallait que quelque chose de bien extraordinaire arrêtât un homme aussi exact à remplir ses promesses. Le marquis s'était expliqué ; elle n'osait l'interroger. Ne plus oser parler de ses amis !

M. d'Arancey parut aussi mécontent que surpris en entrant au château. Il en parcourait toutes les parties, et faisait partout des remarques désobligeantes sur la manie qu'ont certains bourgeois de vouloir égaler les grands en magnificence. Sophie ne répondait rien ; elle souffrait, elle suivait son père. Elle croyait, en quittant Paris, avoir épuisé tous les traits du malheur : elle pressentit qu'il n'était pas d'infortune qu'elle ne dût éprouver. Si les pères ne s'abusaient pas sur la conviction malheureuse de leur autorité, sur la facilité de passer les limites que la nature y a mises, ils sentiraient que l'enfant qui ne sait que craindre doit cesser d'être sensible ; mais il existe des êtres pour qui la tyrannie est le premier besoin.

— Pourquoi, demanda le marquis, la porte qui communique à l'aile gauche est-elle fermée ? — Mon père, le curé du lieu était sans asile, je lui ai offert un ; confirmez le peu de bien qu'a pu faire votre fille. — Cet homme, mademoiselle, n'a jamais été respectueux ; mais vous le désirez, il restera.

Tous les domestiques de M. Botte étaient retournés à Paris, et Sophie se disposa à préparer le repas de son père. — Vous n'êtes pas faite pour cela, mademoiselle. — Je crus que mon devoir était de vous servir. — Vous pouvez le vouloir, je ne dois pas le souffrir : je vais chercher quelqu'un dans le village.

Elle resta seule avec le chevalier. Interdit, comme Charles, il voulait parler ; il la regardait, il rougissait, il ne trouvait pas un mot. Elle se rappela un ancien langage du bien-aimé, et elle ajouta à celui du chevalier par l'extrême froideur que lui inspiraient des vues qu'il n'était pas difficile de pénétrer.

Ils furent tirés tous deux de cet état de contrainte par une scène qui se passait dans la cour. C'était le curé qui avait salué son seigneur, qu'il aimait moins que jamais ; c'était sa gouvernante, qui avait prié M. le marquis de disposer d'elle en attendant mieux, et jusque-là il n'y avait pas eu de bruit ; mais un nègre assez bien mis était survenu ; il était suivi de deux hommes qui portaient un tableau grand comme son sujet. — Je ne le prendrai pas, disait le curé. — Vous le prendrez, répondait le nègre. — Il est plaisant que vous vouliez, je en soyez flatté. — L'avez-vous commandé, ou non ? — Monsieur le marquis, je vous en juge.

Les puissances sont quelquefois médiatrices, et il est flatteur pour un gentilhomme amnistié du matin de les singer en petit. Le marquis trouva très-naturel d'être choisi pour arbitre entre la Sorbonne et les arts, et l'arbitrage était d'autant plus important qu'il y a longtemps que cette peinture dure. M. d'Arancey se disposa gravement à prononcer.

— M. Botte, reprit le curé, a fait restaurer et embellir mon église. — Oh ! M. Botte, et toujours M. Botte ! Je n'entendrai donc parler que de cet homme-là ! — J'aime à publier ce que je lui dois. — C'est bien, c'est très-bien, curé. — A la bonne heure, monsieur ; venez au fait. — J'ai trouvé au-dessus de mon maître-autel une grosse Liberté, que je ne pouvais faire passer pour une Vierge. — Je le crois ; vous l'avez si souvent violée ! — On m'a parlé des talents de monsieur et de la modicité de ses prix ; je lui demande un Père éternel : savez-vous ce qu'il m'apporte ? un Dieu nègre.

— Eh ! monsieur, repartit le peintre, vos livres ne disent-ils pas que Dieu fit l'homme à son image ? Or, j'en suis un, je crois. — Monsieur, Adam était blanc. — Il était noir. — Il était blanc. — Quand je le peindrai, je le ferai noir ; car enfin, je veux comme vous être le fils de Dieu, et pour le croire, il faut qu'un homme, j'ai mes raisons de soutenir qu'il l'a fait noir, comme vous de prétendre qu'il l'a fait blanc. — Mais, mon cher monsieur, ce sont deux races tout à fait différentes. — D'où diable l'une des deux est-elle venue ? — Etes-vous chrétien, mon cher ami ? — Oui, par la grâce de Dieu. — Le Christ était-il noir ? — Il l'eût été, s'il lui eût plu de naître en Afrique. — Mais il ne l'a pas voulu. Donc il préfère le blanc, donc son père est blanc. — Ce n'est pas cela. Donc, voulant partager ses grâces, il a fait son fils blanc, pour vous consoler de n'être pas noir.

Le marquis riait quelquefois comme un homme du peuple, et lorsqu'il put parler, il dit : — Puisqu'il n'est pas possible, messieurs, de vous entendre sur la couleur du premier homme, voici mon avis, qui peut tout concilier : c'est de faire à votre Père éternel un côté noir et l'autre blanc. — Vous vous moquez, monsieur le marquis, et bien certainement je ne prendrai pas le tableau. — Je vous ferai assigner. — Nous verrons. — Non-seulement pour me payer, mais pour reconnaître publiquement qu'Adam était noir.

Cette scène vint fort à propos, car elle donna matière à la conversation du reste du jour. Sophie seule n'y prenait aucune part. Son cœur, son esprit, toutes ses facultés intellectuelles et sensitives étaient à Paris. Si elle revenait à elle, c'était pour comparer ce repas à celui qu'elle avait apprêté si gaiement le jour que son mariage fut arrêté, à ce repas qu'embellissaient l'amour et l'espérance. Elle sortit un moment : elle n'osait pleurer, devant son père, la perte de son bonheur.

Un nouveau coup devait terminer cette longue et triste journée. Dans la distribution que son père avait faite des appartemens du château, il avait désigné pour elle celui même que Charles avait pris tant de plaisir à parer, celui qu'il devait habiter avec lui, où depuis deux jours ils devaient être ensemble.... et elle y était seule, et sans espoir de le partager jamais avec son bien-aimé ! Que faisait-il ce Charles, pour qui il n'était plus permis de vivre ? Opposait-il au moins sa raison à la plus douloureuse des peines, à la plus cruelle des privations ?... Écrira-t-il ? Peut-on le désirer ? Pourra-t-on lui répondre ? Et chacune de ces idées était suivie de cette exclamation : — Ah ! mon ami ! que de peines nous nous sommes préparées !

On avait à peine soupé, que le marquis était passé dans son appartement avec le chevalier. — Ah ! chevalier, que de choses j'ai à vous dire ! — Et moi ! mon ami, et moi ! — Parlons d'abord de ma fille. — Oh ! bien volontiers. — Comment la jugez-vous ? — Sa figure est céleste. — Il est vrai qu'elle est belle ; mais ses qualités ? — Je crois qu'elle les a toutes. — Je lui crois au moins de la sensibilité et un grand fonds de raison : ce sont celles qui assurent le bonheur d'un époux. Heureux celui qui obtiendra ce titre ! — Chevalier, je vous dois beaucoup. — Bien peu, mon ami, pas assez ! — Ne prévoyiez-vous pas ce que je pourrais faire pour vous ? — Bien plus que je ne mérite, que je n'ose demander. — Osez, vous méritez tout. — Quoi ! mon ami !... quoi ! votre Sophie !... — Elle acquittera son père.

— Possédez-vous, chevalier, et raisonnons. Vous savez comment ma fille a été élevée dans cette ferme ; mais vous ignorez jusqu'à l'existence d'un marchand original, fier de ses richesses, généreux par ostentation, et cachant sous une apparente philanthropie la ridicule ambition de s'allier aux familles les plus distinguées. — Son nom ? — Botte. — J'en ai entendu parler avec éloge. — Par des gens à ses gages. — Par des gens désintéressés, mon ami. On s'amuse quelquefois de ses bizarreries ; mais elles tournent toujours à l'avantage de quelqu'un, et je vous avoue que je ne vois pas de mal à être singulier ainsi. — Cet homme n'est pas du tout ce que vous croyez. Sa vanité est allée jusqu'à se dire le protecteur de ma fille. Il a racheté cette terre du fermier, et lui en a fait don ; il a fait arranger et meubler ce château ; il a fait faire enfin à mademoiselle d'Arancey un trousseau digne d'une princesse, et tout cela pour éblouir une jeune personne qui ne tenait à rien dans le monde, et la déterminer à accepter la main de je ne sais quel neveu, sans état, sans caractère, que personne ne connaît. — Voilà un genre de séduction. — Qui, pour être rare, n'en est pas moins condamnable. — Et mademoiselle d'Arancey entrait dans ces arrangemens ? — Elle s'y prêtait, entraînée seulement par les circonstances ; car, à la réception d'un simple billet de moi, elle a renoncé à ces brillantes bagatelles ; car vous ne m'attendez sans doute pas dans cette ferme, où je lui mandais que j'arriverais incessamment. — Cette conduite prouve en effet son indifférence ; car vous ne pouviez alors employer l'autorité, et les remontrances d'un père sont bien faibles contre l'amour ; je respire.

— Vous sentez, chevalier, combien il me faut me tirer d'avec un homme de ma qualité de devoir quelque chose à M. Botte, et je ne vous ai pas tout dit. — J'écoute et j'attends. — Cet homme se prévalait et de son opulence et de l'embarras où se trouvait quelquefois un gentilhomme qui vivait conformément à son rang, pour traiter avec lui en égal. Dans un de ces momens de gêne, il m'offrit 40,000 francs, dont je le croyais payé comme mes autres créanciers. Savez-vous ce qu'il m'a dit, il y a quelques jours ? Je me suis pas présenté au bureau de liquidation, parce que vous m'aviez demandé le secret, et j'ai déchiré mon titre , parce que je ne connais plus de débiteurs quand ils sont dans l'infortune. — Mais, mon ami, je ne vois là ni ostentation ni fausse générosité. — Vous n'y voyez pas l'intention d'ajouter sans cesse à ce que je lui dois, de m'éblouir moi-même, de me forcer par tous les moyens à condescendre à ses vues ? Mais l'honneur de mon sang est préférable à la fortune, et jamais mademoiselle d'Arancey ne portera le nom de Botte, ou tel autre qui ne vaut pas mieux.

Le chevalier était amoureux, et un amoureux est toujours porté à penser mal de ses rivaux. La conduite de M. Botte, dépouillée de la délicatesse qu'il y avait mise, lui inspira un éloignement égal à celui qu'affectait M. d'Arancey, qui, intérieurement, rendait justice au cher oncle, et l'eût prôné comme le premier des humains, s'il eût pu seulement montrer un bout de parchemin du temps des croisades.

Le marquis continue. — Cependant, tant d'obligations me pèsent ; je ne veux pas devoir plus longtemps à quelqu'un qui peut se prévaloir de ce qu'il a fait pour moi, et continuer à prendre des airs qui me déplaisent singulièrement. Voici, mon cher chevalier, ce que j'ai projeté. Je vendrai cette terre et ses dépendances, qui, dans l'état où elles sont, peuvent valoir 200,000 francs. Avec une moitié, je paierai M. Botte, l'autre suffira pour traiter avec l'acquéreur de ma terre du Berri, qui rapporte 80,000 livres de rente, et qui a été payée en papier. L'acquéreur est un gentilhomme ; il est même royaliste, quoiqu'il n'ait pas émigré, et il s'est, dit-on, expliqué de ses vues relativement au propriétaire légitime. C'est vous, mon ami, qui suivrez cette dernière négociation. Votre activité, vos manières insinuantes, votre amitié pour moi, me répondent du succès, et votre mariage en dépend, car je n'entends pas que mon gendre vive dans la médiocrité. Je veux qu'il soutienne son nom, et qu'il soit heureux par la fortune ainsi que par l'amour. Préparez-vous à partir, et laissez-moi le soin de disposer ma fille en votre faveur.

Cette opération de finance était assez bien conçue pour obtenir l'approbation du chevalier, lors même qu'il eût été indifférent. Dans l'état où il était son cœur, elle lui parut sublime. Il se coucha la tête pleine des plus douces illusions ; il était bien loin d'être fat ; mais il se rendait justice, et il pensait qu'il avait du suffrage du père il n'avait pas de rivaux à redouter. Il s'endormit en cherchant les moyens les plus propres à persuader le gentilhomme du Berri.

L'empressement avec lequel mademoiselle d'Arancey avait offert sa propriété à son père ne laissait pas de doutes à celui-ci sur la facilité à consentir qu'il en disposât. Il n'était pas aussi tranquille sur la manière dont elle recevrait ces propositions en faveur du chevalier, et il se décida à prendre avec elle ce ton tranchant qui ne laisse de ressources qu'un refus absolu, qu'il n'attendait pas d'une fille timide et jusqu'alors soumise.

Sophie s'était levée avant l'aurore : on ne dort pas quand le cœur souffre. Elle était allée voir Edmond. Elle n'avait plus que lui à qui elle pût parler de Charles, et le vieillard l'écoutait, lui répondait avec une complaisance, une bonhomie qui la rendaient plus cher à l'infortunée. Un service ordinaire acquiert la plus haute importance dans certaines circonstances. La pauvre enfant brûlait d'avoir des nouvelles du bien-aimé, et elle n'osait proposer à Edmond un voyage fatigant et assez long. Le vieillard la devina, et lui offrit d'aller à la ville. Oh ! se disait-elle, celui-là est mon véritable père !

A l'heure où elle jugea qu'il pouvait être chez M. d'Arancey, elle embrassa son cher Edmond, et reprit tristement le chemin du château. Elle s'arrêta devant l'orme creux qui jadis recevait ses lettres. Elle portait toutes celles de Charles dans son sein, et le volume du papier pouvait la trahir ; elle le tira en soupirant ; elle baisa ces lettres précieuses, elle les mouilla de ses larmes et les déposant au fond de l'arbre. — Ah ! disait-elle à l'orme, comme s'il eût pu l'entendre, on m'en demanderait sans doute le sacrifice, et toi, toujours discret, toujours fidèle à l'amour, tu me conserveras ce trésor.

Elle rentrait. Son père, plein de ses projets, passait chez elle. Il la vit traverser la cour, et il ne douta point qu'elle ne vint de la ferme. Il savait que l'heure de son amoureux, les sept ou huit heures du matin, il fallait qu'elle oubliât Charles. Il l'interrogea sur sa promenade du matin d'un air qui annonçait que cette dernière ressource allait lui être interdite, et, incapable d'un mensonge, elle répondit selon la vérité.

L'événement justifia ses craintes. Le marquis lui représenta qu'il est des liaisons sans conséquence pour une enfant ; mais qu'une demoiselle de dix-sept ans est comptable à ses égaux de ses habitudes, et même des goûts les plus simples. Sophie, les yeux baissés, demanda bien bas si ceux qu'elle allait avoir pour égaux condamnaient la reconnaissance ! Son père coupa la discussion que cette question amenait, en priant sa fille de causer avec lui à la ferme ; et cette prière fut faite d'un ton qui équivalait à un ordre.

Elle suivit le marquis, qui démêla facilement l'impression pénible que faisait sa défense. Mais il pensa qu'une inclination nourrie dans la solitude céderait aux dissipations du grand monde, aux douceurs d'un mariage assorti, aux soins d'un époux aimable. Ce système est assez vrai en général ; mais M. d'Arancey ne connaissait pas encore sa fille. Il la conduisit chez elle, la fit asseoir, et lui parla ainsi :

— Je me suis expliqué hier assez légèrement, mademoiselle, sur les services essentiels que m'a rendus le chevalier ; mais je veux l'avoir présenté comme le plus cher de mes amis. Ce titre suppose de ma part une confiance sans bornes, et j'ai consulté avec lui sur les moyens de rétablir notre fortune.

— Nous avons jugé utile à mes intérêts comme aux siens de me rentrer dans ma terre du Berri, et pour cela il faut vendre celle-ci. — Elle est à vous, disposez-en, mon père. — Cette réponse ne m'étonne pas, je l'attendais, ma fille. Mais il est un arrangement auquel j'ai attaché le bonheur de ma vie, et sur lequel, vous crois moins disposée à me satisfaire. — Mon père m'aime... — Beaucoup, mademoiselle. — Il ne

4.

n'apprête donc pas de nouveaux chagrins? — Je ne crois pas, mademoiselle, que vous deviez en avoir. — Vous ne le croyez pas, mon père! — La satisfaction de me revoir pourrait au moins leur imposer silence. — Mon père, je me tais.

Le sentiment de son autorité, trop penchant à l'employer et la crainte de cette même autorité amenèrent insensiblement la rigueur d'un côté et la résistance de l'autre. Nous n'allons voir désormais entre le père et la fille qu'un commerce de bienséance et la faiblesse en garde contre la force.

— Je sais, mademoiselle, reprit le marquis, avec quelle facilité vous vous êtes prêtée aux vues de M. Botte, et je ne vous en fais pas de reproches. — Je n'en mérite pas, mon père. — Je veux bien vous en faire grâce; mais j'ai lieu d'attendre de vous une soumission que commande mon expérience, et qui peut seule me faire oublier vos torts. Vous êtes en âge d'être pourvue.... — Vous me faites trembler, mon père!... Et elle se jette à ses pieds.

Le marquis la relève et poursuit. — Le chevalier a tout ce qui peut plaire; il a les qualités qui forcent l'estime; sa famille est distinguée; il vous aime, il vous convient sous tous les rapports, et c'est celui que je vous destine. — Ah!... mon père... mon père... ayez pitié de votre fille! — Je sais, mademoiselle, tout ce que vous m'allez dire, et voici ma réponse : Avec votre sagesse, on maîtrise son cœur; avec votre raison, on renonce à des chimères. Je vous offre le bonheur réel, celui qu'on ne trouve jamais dans des alliances disproportionnées, et je vous aime assez pour n'avoir nul égard à une répugnance qui me blesse, parce qu'elle est sans fondement.

Je vous prie très-expressément de ne rien dire au chevalier de l'intérêt que vous inspire ce M. Montenar. Vous avez fait sur mon ami une impression profonde, et en général les cœurs froids sont seuls généreux. D'ailleurs, en éloignant de vous le chevalier, vous ne vous rapprocherez point des Botte. Perdez tout espoir à cet égard.

Réfléchissez à ce que vous venez d'entendre. Pensez à ce que j'ai souffert, à ce qu'a fait pour moi d'Éligny, et demain je viendrai prendre votre réponse.

Si une attaque aussi vive, aussi inattendue, était faite pour étonner, pour atterrer Sophie, elle était aussi d'un genre à légitimer le désir de se défendre. Malheur aux pères qui ne savent que commander, et qui dédaignent de se faire des amis de leurs enfants! Sophie ne pensa plus aux sentiments qu'elle devait au marquis; elle ne calcula que les égards que lui prescrivaient les bienséances. Je me disposerai pas de moi, dit-elle, contre son gré, et voilà la dernière borne que la nature ait mise à ma soumission. Mais lui faire le sacrifice de ma vie! mourir tous les jours de l'horreur et du dégoût d'un autre engagement! c'est ce qu'un père ne peut exiger. Elle est prête, ma réponse : Vous le voulez, mon père, je renonce au bonheur, mais un autre... un autre... jamais.

On n'a pas toujours le courage de dire ce qu'on a la force de penser. Sophie craignait que l'air froid et sévère du marquis, que son ton dur ne l'intimidassent au point de ne pas lui permettre de parler, et elle se mit à son secrétaire.

Elle écrivit respectueusement, mais avec l'énergie que venait de déployer son cœur; elle ne laissait aucun doute sur sa façon de penser, et elle protestait qu'elle était irrévocablement décidée.

Comment rendre cette lettre? S'exposera-t-elle aux premiers traits que sa résistance va provoquer? Elle passe chez le curé: celui-ci encore doit compatir à ses peines.

Il avait toujours été sage, et il était né avec des passions vives; il les avait combattues, et il savait ce qu'il en coûte pour être rigoureusement vertueux. Ses sacrifices le disposaient à l'indulgence; mais il sentit que le trouble, l'inimitié allaient s'établir entre deux êtres destinés à s'aimer.

Il n'attendait rien de l'inflexibilité du marquis; il espérait tout de la sensibilité de Sophie, et il attaqua son cœur... Charles le remplissait tout entier. Il voulut persuader sa raison: elle lui répondit qu'il y a perfidie et bassesse à jurer amour à son époux quand on brûle pour un autre. — Vous l'exigez, mademoiselle, il me remettrai votre lettre: mais que de chagrins vous vous préparez! — Je le sais, monsieur, mais mon père le veut: je sors en est jeté.

Le curé se rend chez M. d'Arancey. Vrai avec Sophie, il ne dissimula rien à son père. Il lui représenta le danger d'ordonner sans ménagement, sans délai, le plus dur des sacrifices; d'irriter un cœur naturellement bon et sensible, un esprit fait pour distinguer les véritables droits d'un père de l'abus de son autorité. Je vois, monsieur, ce que ma fille se propose. Elle veut désobéir, et elle cherche un appui contre moi. Elle m'a confié ses peines; j'ai dû y compatir; je viens, conduit par l'espoir de la calmer. — Je connais vos qualités, monsieur, je les estime; mais je n'aime point qu'on s'établisse arbitre entre ma fille et moi. — Vous me fermez la bouche, monsieur; prenez cette lettre : ma mission est remplie; je me retire. — Un moment, monsieur.

Le marquis lut, et ne donna aucune marque de colère. Le curé crut que la situation de sa fille le touchait, et que le moment était venu de mettre enfin la nature au-dessus des préjugés. Il parla de nouveau, il parla bien. Sans lui répondre, sans même l'écouter, le marquis écrivit à son tour, et lui remit le billet ouvert :

« Dans les dispositions où nous sommes tous deux, mademoiselle, nous ne nous verrions qu'avec embarras, qu'avec désagrément. Je me rerai servir chez moi, à moins que vous ne préfériez manger chez vous. Je reverrai ma fille quand elle le méritera. »

— Me voilà donc prisonnière! s'écrie Sophie en lisant le billet. Ah! du moins je pourrai penser à lui, toujours à lui, rien qu'à lui.

Edmond était parti : elle l'avait vu de sa croisée monter dans sa cariole d'osier. Il reviendra le lendemain; mais comment saura-t-elle?... Le curé voudra-t-il? Oh! non, non, on ne propose pas ces choses-là à un homme respectable... Ah! mon Dieu, mon Dieu, qui donc lui apportera des nouvelles du bien-aimé?... Ah! la grosse Fanchon, la gouvernante du curé... oui. Elle a été jolie, elle a plu, elle a aimé sans doute; elle sera compatissante. C'est elle qui ira à la ferme, et que de prétextes elle trouvera! tout abonde, il n'y a rien au château, et il faut déjeuner, dîner, souper. Oui, Fanchon peut aller trois fois le jour à la ferme.

XIII. — Tentatives. Événements.

Sophie, malgré le trouble de ses sens, était capable de réflexion. Un événement imprévu pouvait changer la façon de penser de son père, et, à travers ses larmes, elle entrevoyait le bonheur dans l'avenir. Charles, ardent, impétueux, ne voyait que des obstacles; son imagination exaltée les lui peignait insurmontables, et M. Botte, en rentrant chez lui, trouva le tableau le plus déchirant : son neveu gardé à vue, délirant, méconnaissant tout ce qui l'environne, tout, jusqu'à cet oncle, dont la voix seule le faisait trembler autrefois, et qu'il méconnaît aujourd'hui. — Possédez-vous, monsieur, lui criait M. Botte; on peut être amoureux, mais on ne fait pas de semblables extravagances. J'ai aimé ta femme, Boreau, je le lui ai dit, parbleu. Elle m'a répondu que je lui déplaisais, et je ne me suis pas pour cela cassé la tête contre les murs. Que serait-ce donc s'il savait que ce marquis a amené du Kamtschatka un joli monsieur, dont il compte faire son gendre? Charles, que la voix de son oncle croyait dans un délire absolu, n'entendit que trop ces derniers mots. Il fit des efforts surnaturels, et se dégagea des bras de ceux qui le retenaient dans son lit.

C'est un furieux qui ne se possède plus. Il veut tuer le chevalier, et le cher oncle court enfermer ses armes. Il veut sortir. Le cher oncle ferme toutes les portes. Il veut sauter par la croisée, M. Botte le retient par le pan de sa chemise; mais le neveu entraîne l'oncle, et vont sauter tous les deux; Boreau s'accroche à l'habit de M. Botte; un laquais saisit Boreau par les épaules; un second laquais arrête son camarade par la ceinture de la culotte; un mouvement rétrograde s'opère.

Charles demeure fixé, un pied sur le châssis et l'autre sur le parquet; son oncle le prend dans ses bras. — Malheureux! tu veux donc que je reste seul sur la terre, sans support, sans personne qui me ferme les yeux! et qu'ai-je fait, ingrat, pour que tu m'abandonnes? Je t'ai traité comme mon fils, tu ne m'as jamais fait au bonheur d'en avoir. Oui, je te dissimulais l'autre jour, et je l'avoue aujourd'hui, vaincu par la force du moment, oui, c'est pour toi seul que j'ai renoncé au mariage, et tu veux que je m'en repente!... Allons, monsieur, recouchez-vous et écoutez-moi.

Vous souffrez; eh! ventrebleu, n'ai-je pas souffert aussi, moi, qui ne suis pas amoureux? J'ai été arrêté, j'ai reçu un coup de bourrade; j'ai été emprisonné, dépouillé; je suis rentré ici dans l'équipage où vous voilà, et j'ai pris mon parti. Mais vous, monsieur, vous êtes sans caractère; vous vous livrez au désespoir. Corbleu, pensez-vous être né pour que tout aille au gré de vos souhaits? Est-il digne du bonheur, celui qui ne sait pas souffrir! — Plus de bonheur, mon oncle... plus de bonheur pour moi!... — Qui vous l'a dit, monsieur? Ne suis-je pas là pour amener, pour saisir les circonstances favorables? Je persiste dans mon projet; je suis plus opiniâtre que tous les marquis ensemble, et, de par tous les diables, je n'en aurai pas le démenti!... Allons, Charles, mon ami, mon neveu, modère-toi. Fais quelque chose pour ton vieux oncle, pour ta Sophie, qui meurt si elle te perd.

Le nom de Sophie est le plus efficace de tous les talismans. C'est à ce nom que Charles écoute, qu'il se possède, qu'il devient capable de raisonnement. Sa mémoire, trop fidèle, lui rappelle les obstacles sans nombre qui le séparent de mademoiselle d'Arancey, et M. Botte, enchanté, promet de les lever tous les uns après les autres. Il ne sait pas trop comment il s'y prendra; mais, semblable au médecin qui traite un malade désespéré, il commence par tout promettre, sauf à tenir ce qu'il pourra.

Et d'abord, pour réaliser ses promesses, il se dispose à partir pour la ferme, à voir le marquis, le chevalier, Sophie, Edmond, à faire et à dire ce que les circonstances lui suggéreront de mieux. Mais avant de se mettre en route, il veut que Charles s'engage solennellement à ne plus tenter de sauter de la fenêtre, à boire, à manger, et surtout à ne tuer personne; car, disait très-bien M. Botte, tirer promptement la quarte ou la tierce, en petit fait d'art du gladiateur : ce métier-là doit être abandonné au mépris; et on ne prouve pas qu'on ait raison en perforant son homme.

Charles, ravi des espérances que lui donnait son oncle, contract hautement et devant témoins l'engagement exigé. Pour preuve évidente du retour de sa raison, il écrivit à Sophie une longue lettre qui n'avait pas le sens commun, mais qu'elle devait trouver admirable, parce qu'elle prouvait un amour excessif : les grandes passions extravaguent.

Le bon et digne oncle se chargea de l'épître, s'obligea à la remettre et à rapporter une réponse, monta en voiture, et partit pour aller chercher de nouvelles aventures. A moitié chemin, il rencontra le vieux Edmond, qui lui dit qu'il allait savoir des nouvelles de Charles. — Moi, j'en apporte, répondit M. Botte. Il plaça le vieillard à côté de lui, et apprit ce qu'Edmond savait, c'est-à-dire tout ce qui s'était passé jusqu'au moment de la proposition du père et de la mise aux arrêts de la fille.

Il y avait longtemps que le cher oncle n'avait crié : les harangues sentimentales n'étaient pas dans son genre; et il se promit bien de se dédommager en querellant le marquis, le chevalier même, Sophie même, dès qu'il aurait l'honneur de se trouver en leur présence.

Il y avait de bonnes raisons pour que cet honneur ne s'obtînt pas aussi aisément qu'il l'imaginait. Le laquais député par lui, de la ferme au château, revint lui dire que le marquis ne pouvait voir personne : en voilà au moins à gronder. Il était bien sûr du plaisir qu'aurait Sophie à le voir, et son laquais revint lui dire, de la part du marquis, qu'elle était incommodée. — Pauvre petite!.... je le crois bien. Elle aime tant mon Charles! Oh! il y a des pères qui ont le diable au corps. Va dire à ce chevalier d'Egligny que j'ai à lui parler de quelque chose qui le regarde personnellement. Le chevalier était en affaires et pria M. Botte de l'excuser. — Corbleu! ces gens-là se donneraient-ils le mot pour se moquer de moi? Quand on ne veut pas me recevoir, j'entre. Et il entra en effet.

Le marquis et le chevalier étaient passés dans l'appartement de Sophie. M. d'Arancey n'avait pu refuser à son gendre futur une entrevue avant son départ pour la terre du Berri; mais, comme il craignait que sa fille ne se permît, malgré *sa prière*, de parler de M. Montemar avec un peu trop d'intérêt, il avait jugé convenable d'accompagner d'Egligny, sûr que sa présence imposerait silence à la jeune personne.

M. d'Arancey voulait cacher au chevalier la rigueur peu flatteuse pour un amant dont il avait envers Sophie; Sophie blâmait tout haut la conduite de son père pour le mettre à découvert devant un étranger. Le père et la fille se disaient des choses affectueuses, tendres même, que démentaient leur ton et l'air de leur visage; le chevalier n'en fut pas moins dupe de cette comédie, parce que les amants sont dupes de tout. Il ne douta point que la proposition du marquis n'eût été agréée, parce qu'il le désirait ainsi. Il parla de son mariage à mademoiselle d'Arancey comme d'une affaire conclue. Il en parla avec une satisfaction, une reconnaissance, une délicatesse, un charme qui l'eussent fait aimer, si la triste Sophie n'eût été prévenue pour un autre. Elle ne répondait pas un mot, et son silence était pris par d'Egligny pour un effet naturel de la pudeur. Comme on se trompe avec l'esprit, quand on aime à se flatter!

Le marquis, qui ne perdait pas de temps, avait convoqué le matin l'assemblée d'usage pour se faire nommer tuteur de sa fille, et pouvoir vendre sa terre, la charge de *remplois*. Comme une affaire de finance et une affaire de cœur sont deux choses tout à fait différentes, Sophie parla; elle marqua à son père le plaisir qu'elle éprouvait à seconder ses vues, et comme ce sujet était le seul sur lequel elle pût s'exprimer librement, elle s'étendit avec complaisance, et de manière à donner de son esprit une certaine idée au chevalier. Femme qui ne veut pas nous aimer est toujours bien aise de nous persuader qu'elle est digne de nous plaire.

Voilà où l'on en était lorsque M. Botte ouvrit brusquement la porte. En le voyant Sophie respira. Le marquis sentit les dangers d'une telle entrevue; il se troubla; mais, persuadé que les grands airs d'un homme qualifié produisent toujours quelque effet, il se remit, déploya toute la noblesse dont son individu était susceptible, et dit très-haut en toisant notre cher oncle : — Je n'aurais pas cru, monsieur, qu'on poussât le défaut d'égards... — Jusqu'à parler malgré eux à ceux qui ne veulent pas nous entendre? Chacun a sa manière, monsieur le marquis. Moi, je n'aime pas à faire dix lieues pour rien. D'ailleurs, je suis fort aise de vous trouver réunis : je vous dirai votre fait à tous en peu de mots, et je me retirerai ensuite. — Il est inutile, monsieur, de faire une scène ici, et vous aurez beaucoup plus de mérite à vous retirer avant. — Je ne me retirerai pourtant qu'après. Mademoiselle me présente un siège, je l'accepte, je n'ai pas l'habitude de parler debout. Faites comme moi, marquis, mettez-vous à votre aise. — Mais c'est incroyable, monsieur... — Ah! vous ne voulez pas vous asseoir; tout comme il vous plaira. Je commence.

Le chevalier ne savait trop que penser de la conduite de M. Botte; il était incertain du parti qu'il devait prendre à son égard. L'air affectueux de Sophie lui faisait craindre de déplaire complètement en brusquant le cher oncle, et comme il ne voulait pas se mettre mal dans l'esprit du marquis en approuvant les originalités de celui-ci, il se renferma dans les bornes d'une exacte neutralité.

M. d'Arancey était sur les épines. Il estimait M. Botte malgré lui; il lui devait de l'argent, et ce n'est guère qu'au théâtre où on voit des créanciers mis à la porte par les épaules. D'un autre côté, il était essentiel de détourner une conversation dont Sophie invoquait clairement le secours par les regards qu'elle adressait au cher oncle. Le marquis tenta une diversion en parlant de ses ventes, de ses acquisitions; il entra dans les plus grands détails, et il s'applaudissait de sa petite ruse, parce que M. Botte écoutait, et que sa chaleur devait tomber en écoutant. Notre cher oncle, en effet, ne perdait pas un mot, et prenait déjà ses arrangements sur ce que lui disait le marquis.

— Tout cela est à merveille, monsieur, lui dit-il quand il eut cessé de parler. Venons maintenant à l'objet de mon voyage. — Eh! par grâce, monsieur... — Non, monsieur, je suis venu pour parler, et je parlerai. Monsieur le chevalier, vous êtes un joli homme, mademoiselle est charmante, on vous la destine, vous en êtes fort aise; tout cela est très-simple, et jusqu'ici je n'ai pas de reproches à vous faire. Mais j'ai un neveu, moi, monsieur.... — Je vous supplie, monsieur Botte.... — Supplication inutile, monsieur le marquis. Je dirai tout, puisque vous n'avez pas eu la générosité de me le dire vous-même. Oui, monsieur le chevalier, j'ai un neveu plus joli garçon que vous encore. Il idolâtre mademoiselle, et il en est tendrement aimé. On prétend qu'on risque beaucoup en épousant une femme malgré elle : vous pouvez être tranquille à cet égard; mademoiselle est aussi sage qu'elle est belle. Mais la condamnerez-vous à gémir dans les liens que son cœur repousse? chercherez-vous la jouissance dans les bras d'une femme inanimée? êtes-vous fait pour goûter le plaisir barbare de la voir s'éteindre dans les larmes? Réfléchissez-y bien, monsieur : elle est capable d'obéir à son père, et quelle source inépuisable de regrets vous ouvrez devant vous!

L'approbation de Sophie n'était pas équivoque. Elle baisait les mains de M. Botte, elle regardait son père et le chevalier d'un air si suppliant! Le marquis, rouge de colère, rongeait ses ongles, et d'Egligny, déconcerté, sentait qu'il jouait un assez sot personnage.

— Et vous, poursuit M. Botte, vous, père injuste, qu'on ne connaît que depuis un jour, et qui marquez ce jour par des actes de tyrannie, ne redoutez-vous pas les suites de votre violence? Vous ne devez compte, dites-vous, de votre conduite à personne; échapperez-vous à celle de votre conscience, qui vous répétera sans cesse : Tu as été le bourreau de ta fille?

— Finissez, finissez! s'écrie d'une voix terrible le marquis d'Arancey. — Je vous ai dit à tous deux ce que je pensais, et ce que je devais vous dire : je dois aussi la vérité à mademoiselle, et elle n'échappera point à son austérité. Mademoiselle, un père injuste n'en est pas moins respectable. Vous avez pu disposer de vous en son absence; son retour le rétablit dans ses droits. Quel droit plus sacré pour un père que celui de disposer de sa fille, et c'est celui-là même que vous osez lui contester! Que deviendront le repos, l'harmonie des familles, si l'enfance s'établit juge dans sa propre cause, si elle dédaigne l'expérience de ses parents, si elle donne son nom odieux à une fermeté légitime, si elle oppose un amour frivole à ce que la nature a de plus saint? Votre père vous déclare que votre hymen avec le chevalier assure le bonheur du reste de sa vie, et vous pouvez balancer! voulez-vous perdre en un instant son estime et celle des honnêtes gens que vous possédez tout entière... Vous pleurez. Ce ne sont pas des larmes que je vous demande, c'est votre consentement. Il est pénible à donner, je le sais. Mais où serait le mérite de la vertu, s'il n'en coûtait rien pour l'exercer?

Allons, mademoiselle, du courage. Ayez le noble orgueil d'être parfaite en tout. Remplissez ce terrible devoir, et malheur à votre père s'il ne fait pas le sien!

Mademoiselle d'Arancey est atterrée par un langage pressant, par des conseils opposés à ce qu'annonçaient les premiers discours de M. Botte. Accoutumée à lui céder depuis longtemps, habituée dès l'enfance à être vertueuse sans efforts, elle croit pouvoir se dispenser d'obéir dans cette importante circonstance. M. Botte reprend la parole, il insiste, il tonne, il caresse : sa raison éloquente impose silence pour un moment qu'inspire l'un, à l'aversion qu'on a pour l'autre; il persuade, il subjugue, il entraîne. Un *oui* à peine articulé s'échappe, mais il a été entendu, recueilli avec transport par M. d'Arancey, avec ivresse par d'Egligny.

Ces deux messieurs n'entendent pas plus que Sophie la conduite de M. Botte; elle leur est favorable, et cela leur suffit. Ils oublient les réflexions désobligeantes qui ont précédé son exhortation à la charmante fille, et ils prodiguent leurs attentions et même les égards à ce bourgeois qu'ils ne daignaient pas admettre. Quelle abondance de paroles affectueuses, que de protestations de reconnaissance! — Eh! messieurs, dit M. Botte, je n'ai rien fait pour vous. Vous vous trompez lourdement si vous croyez que j'ai fait quelque chose pour vous. — Je ne vous entends pas, monsieur Botte. — Je vais m'expliquer clairement, monsieur le marquis. Il m'est nécessaire, à moi, que mademoiselle soit la plus parfaite des femmes. Elle devait s'immoler, elle y a consenti, et l'effort cruel qu'elle s'est imposé ne restera pas sans récompense. — Mais, mon cher Botte, ceci n'est pas clair du tout. — Non? Eh bien, monsieur le marquis, ce mariage auquel elle a consenti ne se fera point : voilà, je crois, du positif. — Qui l'empêchera de se faire, monsieur? — Moi, je par tous les diables. — En engageant ma fille à retirer sa parole. — Elle en est incapable; mais vous l'en relèverez. — Jamais. — Nous verrons. Mon neveu a des droits, et je le soutiendrai. — Contre qui, s'il vous plaît? — Contre vous, parbleu. — Le projet est original. — Je n'en forme pas d'autres. — Quand je vous disais, chevalier, que cet homme est reproche à me faire! — Je vous fais grâce, moi, de ceux que vous méritez; mais tenez-vous sur vos gardes; défendez-vous bien, car j'attaque vigoureusement. J'ai fait tout à l'heure le papa avec mademoiselle, et maintenant je suis le confident, l'agent, l'appui de Charles, et, afin que vous n'en doutiez pas, je remets à mademoiselle, mais devant vous, une lettre dont je suis chargé. — Mais vous extravaguez, monsieur. — En quoi donc, monsieur? Me voyez-vous méconnaître la voix du sang, sacrifier un enfant soumis à des chimères? — Sortez, monsieur, sortez, il en est temps. — Je sortirai quand mademoiselle m'aura remis la réponse que je me suis engagé à rapporter. Permettez que je me rasseoie, afin d'attendre à mon aise. — Mais cela ne s'est jamais vu; si je vous devais moins... — Oh! faites comme si vous ne me deviez rien.

Pendant cette conversation, Sophie écrivait en effet, et elle présenta sa lettre ouverte à M. Botte. — Je suis sûr qu'elle est bien, ma nièce; mais je ne la recevrai pas que votre père ne l'ait lue : je ne viole jamais les convenances. N'ajoutez pas l'ironie, monsieur... — Lisez, monsieur le marquis, que diable, lisez donc! vous faites l'enfant. — Il faut le satisfaire pour s'en débarrasser. — C'est le moyen le plus sûr.

Le marquis lit, mais de très-mauvaise grâce :
« Je suis pénétrée de votre situation, et la mienne est plus dure encore. Votre oncle, si indulgent pour moi, est sans pitié pour moi : il m'oblige à promettre ma main au chevalier. Si ce mariage se conclut, je ne vous demande qu'une grâce : oubliez la triste Sophie, soyez heureux, et je serai moins infortunée. »

— Vous conviendrez, monsieur le marquis, qu'on ne peut s'exprimer avec plus de décence... Oh ! rendez-moi la lettre, s'il vous plaît, ou je prierai mademoiselle de m'en faire un *duplicata*. Adieu, ma nièce; respectez l'engagement que vous avez contracté. Monsieur le marquis, de vous à moi, c'est guerre ouverte : nous verrons qui sera le plus adroit. — Sortez-vous enfin, monsieur? — Je sors, monsieur, parce que je n'ai plus rien à dire.

M. Botte court chez le notaire; il fait passer une procuration au nom de son valet de chambre, à qui il fait prendre la poste à l'instant. Le marquis sent que la publicité est un lien de plus pour une fille modeste, et il court à la municipalité faire afficher le mariage de Sophie et la vente de la terre d'Arancey. Le chevalier se prépare à se rendre à Paris, où il compte prendre la diligence de Bourges. En faisant sa petite valise, il repassait dans sa tête ce qu'il avait entendu. Il aimait mademoiselle d'Arancey; mais ce qu'avait dit M. Botte faisait sur lui une sorte d'impression. On ne se sacrifie pas pendant des années à l'amitié sans avoir des qualités estimables, et d'Egligny pensait combien il est dur, par délicat, de posséder une femme qui ne se donne point. Au reste, il avait servi le marquis longtemps avant de prétendre à sa fille, et il se promit de le servir toujours, sauf à se déterminer, relativement à son mariage, d'après les réflexions qu'on à le temps de faire pendant un voyage de quinze jours.

Mademoiselle d'Arancey, étourdie de ce qui venait de se passer, restait accablée sous une foule d'idées plus pénibles les unes que les autres. D'Egligny persistera-t-il à épouser une femme qu'il sait unie à un autre par l'amour le plus tendre? Les démarches du marquis semblent l'annoncer; et ses démarches, dont l'effet doit être prompt, le glacent d'effroi. Peut-elle compter sur les promesses indirectes de M. Botte? le résultat en est éloigné, et par conséquent incertain. D'ailleurs, il lui recommande l'obéissance; c'est de son père seul qu'il veut qu'elle tienne le bonheur : et le moyen de vaincre ses préventions ! Elle s'entretenait de tout cela avec Fanchon, ou plutôt elle s'entretenait avec elle-même, car Fanchon, fille très-sensible d'ailleurs, n'était qu'une machine à *oui* et à *non*. Ce qui modère par intervalles les peines de l'aimable enfant, ce qui empêche sa tête de se perdre tout à fait, c'est que ce chevalier si redoutable va partir, que pendant quelque temps au moins il ne l'obsédera pas; et qui sait, après tout, ce que le temps peut amener? Voilà pourtant les angoisses où nous jette cet amour, qui se présente d'abord sous des formes si séduisantes, et qui se peint ensuite à déchirer les cœurs qu'il a soumis.

Charles était, au contraire, plein de confiance dans les promesses de son oncle. Il était convaincu que personne ne pouvait lui résister, et les raisonnements du flegmatique Boreau venant à l'appui de cette heureuse conviction, il ne fut pas difficile de faire prendre au jeune homme ce qui paraît propre au rétablissement de ses forces physiques et morales. Le départ précipité de son oncle, sa belle chaleur, ses dernières expressions que Charles répétait sans cesse, la lettre qu'il devait rapporter, et qui protesteraient d'une éternelle fidélité, tout concourait à rendre à l'amant malheureux la tranquillité de l'espérance. Boreau, qui se fait des systèmes comme un autre, et persuadé du bon effet du grand air sur une tête détraquée, il propose à M. Montemar un tour de promenade après dîner.

Charles accepte, et le nouveau mentor préfère les Tuileries, parce qu'en y trouve communément une réunion de jolies femmes, et que, de toutes les distractions, il n'en est pas d'aussi puissante. Boreau portait même ses vues plus loin : il ne lui semblait pas impossible qu'une passion nouvelle effaçât un jour l'ancienne, et on n'a pas toujours affaire à un marquis d'Arancey.

D'après ce plan si sagement conçu, Boreau se proposait de chercher des yeux la beauté qui devait dédommager son jeune ami. D'abord, pensait-il, on s'assied près d'elle. Le jeune homme est beau; on le voit avec plaisir. La conversation s'engage, il a de l'esprit, et il plaît. J'annonce qu'il reviendra demain, et la dame ne manquera pas d'accourir. Le jeune homme, réservé la veille, se livre davantage. La dame est aimable aussi, et cependant il ne l'aime pas, oh! pas du tout. Mais il revient de lui-même le troisième, le quatrième jour. Sophie perd insensiblement dans son cœur. Au bout de la quinzaine, on se la rappelle comme on se souvient d'un songe pénible; au bout du mois, on ne s'inquiète plus de ce qu'elle deviendra; et, après tout, pourquoi a-t-elle un père qui n'a pas l'esprit fait comme un autre?

Ce moyen-là a réussi plus d'une fois dans le monde; mais dans un roman ! un amant infidèle ! fi ! l'horreur ! c'est ce qui ne se voit jamais, à moins pourtant que la perfide auteur ne veuille torturer l'héroïne de toutes les manières, et je ne veux pas affliger la petite fille qui me cachera sous son traversin, qui lira quelques pages à la dérobée avant de mettre l'éteignoir sur sa bougie : je respecte le sommeil de la beauté.

Toutes les femmes qui faisaient *espalier* aux Tuileries déplurent donc complètement à Charles. Celle-ci est une mère sur le retour, dont la mise annonce la coquetterie. Tout en elle est recherché et de la plus agaçante propreté; sa coiffure est parfaitement entendue, des crochets artistement disposés cachent des rides naissantes; un voile transparent adoucit l'éclat du rouge, sans rien ôter à la vivacité qu'il communique à des yeux exercés, et sa grande fille, droite comme un cierge, pâle comme un spectre, est habillée comme un fagot.

Un peu hors la ligne, est une dame mise avec une extrême simplicité. Son fichu est attaché sous le menton, mais il dessine parfaitement des formes séduisantes. La manche de sa robe descend jusqu'à la naissance de la main; mais cette main est potelée et d'une blancheur éblouissante. Elle joue voluptueusement avec une grande croix brune, suspendue à un petit ruban noir... Ah ! madame est peut-être dévote?

Précisément. A deux pas d'elle est un monsieur dont les cheveux forment une couronne artistement arrangée. Il porte un frac gris, un dessous noir, des bas violets... c'est un prêtre. Il parle avec une onction qui se peint sur sa figure pateline; il parle d'un peu loin pour décourir la médisance; il ne fixe jamais la dame, mais on remarque qu'il ne perd pas de vue la main potelée ou l'impénétrable fichu. Elle lui répond sans le regarder en face; ses yeux se portent beaucoup plus bas, ce qui n'est pas plus modeste... ces gens-là *sont arrangés*.

Voilà une jeune veuve assez jolie qui brûle de se remarier. Elle regarde tous les hommes d'une manière qui veut dire : Approchez-vous, et tous passent.

Celles-là ont le maintien le plus décent; mais on dîne chez elles pour un louis, et on y trouve un lit lorsqu'on est trop loin de chez soi. J'en vois une qui me paraît de bonne foi. Elle n'a ni blanc ni rouge, elle ne cache point les ans, avec un enfant qui sans doute est son petit fils : j'en juge à la tendresse qui ranime des yeux éteints; mais tout en elle annonce la décrépitude, une fin prochaine; et ce spectacle n'est pas agréable.

Plus loin sont des femmes entretenues près desquelles une mère ne rougit pas de faire asseoir sa fille : elle veut pourtant la marier.

Dans les contre-allées circulent quelques malheureuses qui offrent leurs charmes en dépit de la vigilance des sergents chargés de la police.

A travers tout cela, comptez et repassent des jeunes gens qui se tiennent sous le bras, qui barrent l'allée, qui obligent l'homme raisonnable à se déranger, qui parlent très-haut, qui rient plus haut encore, sans trop savoir de quoi, et pour se faire remarquer; qui regardent sous le nez les femmes qui leur paraissent dignes de quelque attention, qui se médisent ouvertement, et qui ne font que sentir : ils ne savent point qu'une femme n'a pas d'intérêt à paraître estimable aux yeux d'un homme qui ne l'est pas.

Charles aurait poussé plus loin son examen et ses observations, si, au milieu d'un groupe, il n'eût reconnu Guillaume, fort bien mis, faisant l'agréable, et paraissant donner le ton à ceux qui l'entouraient. Charles ne concevait pas qu'on pût avoir cet air libre et gai en sortant de prison. Il y a bien d'autres choses que Charles ne concevrait pas.

Notre jeune homme avait grande envie de savoir la cause de la détention de Guillaume : on peut être amoureux, malheureux et curieux. Il n'y a pas d'homme qui ne soit un peu femme de ce côté-là.

Il balançait à aborder Guillaume dans un lieu public : l'ex-piqueur le vit, et termina ses irrésolutions en accourant à lui. — Eh bien ! monsieur, où en sont vos affaires? — Et les tiennes, Guillaume? — Mac-Mahon, s'il vous plaît, monsieur. — Ce nom te fait donc bonheur. — J'en conviens, mais il faut que je le garde. J'ai bien prouvé l'identité qu'il m'est aussi impossible de cesser d'être Irlandais qu'à vous de le devenir. — Et, malgré ton adresse, tu n'as pu éviter l'indigne maison... — Ne faites pas H. de la Force, monsieur, les plus honnêtes gens y vont, témoin M. votre oncle. — Par l'effet d'une méprise; mais toi? — On s'est aussi mépris à mon égard, monsieur : on m'a cru avoir tué ma femme. — Oh ! tu es marié? — Et je compte être libre incessamment. — Je n'entends pas trop ce que tu veux dire, monsieur Mac-Mahon. — Asseyons-nous, monsieur, je vais vous mettre au courant; vous rappelez-vous où j'en étais avec ma veuve de Saint-Domingue? — Oh ! à merveille. — Elle m'adorait, monsieur; le moment où je devais être dans ses bras ne pouvait venir assez tôt, et moi, je lui parlais le même langage, et avec une vérité qui ne me coûtait rien, parce que je me faisais illusion, et que je m'imaginais adresser la parole à son coffre-fort. Quand j'avais joué la passion jusqu'à m'enrouer, j'allais réaliser avec Henriette, c'est la petite femme de chambre, les tableaux voluptueux dont je charmais l'imagination de ma veuve.

Il n'est pas décent de compter avec une femme à qui on persuade qu'on la prendrait sans chemise. Le soin du contentieux regarde les pupas; je n'en avais pas qui pût criailler à la rédaction du contrat, et je jouai le désintéressement, bien sûr de faire un excellent marché, en supposant que madame de Gonave n'eût que la moitié de ce que lui accordait la renommée. Je pressai vivement le moment décisif, dans la crainte qu'il ne lui prît fantaisie de s'informer de l'état de mes affaires. Nous passons le contrat : tout au dernier vivant; madame de Gonave le veut ainsi, et je ne m'y oppose pas.

Le grand jour vient enfin. Je présente la main à mon épouse, qui me paraît plus laide que jamais, parce qu'elle est plus parée que de coutume, ou peut-être parce que je pensais aux efforts surnaturels que le soir... Enfin, monsieur, nous voilà mariés, et je reconduis madame Mac-Mahon à l'hôtel.

Elle avait commandé un magnifique dîner, où figurèrent les colons nos témoins et quelques bons sujets que j'avais engagés à sabler le vin de ma veuve. Propos badins, gaieté une, équivoque agaçante, j'avais monté la conversation sur le meilleur ton. Madame Mac-Mahon était à tout, répondait à tout. Son esprit m'eût fait pardonner sa laideur, si un pareil défaut pouvait se pardonner : jusque-là tout allait bien.

Je sors, car il n'est pas plus aisé de garder le bon vin qu'on a bu que de conserver le goût, et c'est dommage. Je rencontre le maître de la maison, il m'aborde d'un air assez singulier, et me présente un papier. J'ouvre, je lis... c'est un mémoire de 6,000 francs pour loyer et bonne chère fournie à madame de Gonave, aujourd'hui madame Mac-Mahon. Je m'étonne que ma laide femme doive quelque chose : ses affaires sont embrouillées, la guerre a empêché les rentrées de fonds, et je dis assez brusquement à notre hôte qu'il prend on ne peut plus mal son temps, et que ce n'est pas au milieu d'un repas de noces qu'on présente un mémoire. Il me répond qu'on homme inquiet n'est pas maître d'être poli; que madame Mac-Mahon n'a rien; qu'elle lui doit; qu'il est prié de ne pas lui faire manquer un excellent mariage; qu'il s'est gêné pour lui complaire, et qu'il est bien aise de savoir où minera quand je payerai les dettes de ma femme. Jamais, lui criai-je d'une voix de tonnerre, et je rentre furieux dans le salon.

Je jette les yeux sur madame Mac-Mahon; elle me paraît effroyable, et ma colère s'accroît d'autant. — Qu'avez-vous donc, mon cher petit ? — Ce que j'ai, malheureuse ! Au lieu des possessions que vous me promettez à Saint-Domingue, je n'ai, dit-on, épousé que des dettes. — Mon tendre ami, j'avoue que je vous ai trompé; mais que l'amour soit mon excuse. — Que la foudre m'écrase ! C'est-à-dire que me voilà changé d'un monstre dont rien ne tempère la laideur ! Madame Mac-Mahon est d'un caractère irascible, et des vérités qu'une femme ne pardonne point. Une suite d'exclamations sur le physique de la mienne fit partir de sa main décharnée un flacon qui me siffla aux oreilles, et fut se briser dans une glace qu'il mit en morceaux. Je fus enchanté de l'attaque : outré, désespéré, j'avais au moins un prétexte pour saisir ma femme par le chignon, et user amplement de mes droits de mari.

MM. les colons voulurent la tirer de mes mains; mes bons amis leur tombent sur le corps; un combat général s'engage; les verres, les bouteilles, les porcelaines, les meubles, tout se change en un instant en armes offensives. On se cogne, on s'échine, et, au milieu des cris, des juremens, d'un désordre infernal, je ne lâche pas mon adroite moitié. Je l'allais mettre dans un état à ne pouvoir plus duper personne.

La petite Henriette accourt, se jette au-devant de mes coups, et s'écrie : Malheureux Mac-Mahon, tu vas tuer ma mère !

Je m'étais aguerri, monsieur, vous le savez; cependant l'exclamation de Henriette me pétrifia, et il est constant que, si je n'eusse rossé sa mère, la petite coquine me laissait consommer l'inceste. A la vérité, je n'aurais pas été plus coupable que Loth qui coucha avec ses deux filles, que Jacob qui coucha avec les deux sœurs, que Juda qui coucha avec sa belle-fille; mais les patriarches se permettaient des licences qui sont devenues des infamies, tant les usages varient !

Je me hâtai de sortir de ce repaire, où le dégât que nous avions fait m'exposait à quelques désagrémens; mais, par un malheur facile à concevoir, je trouvai à la porte de l'hôtel la garde et un commissaire. On me fit rentrer; on dressa inventaire des meubles cassés, et procès-verbal. On m'intima l'ordre de marcher, et, pour la première fois de ma vie, je fus embarrassé. J'offris ce qui me restait d'argent, et la somme était modique, parce que j'avais tranché de généreux en faisant ma cour à madame Mac-Mahon. Ma bourse ne suffisait pas à beaucoup près; on fit rendre à mon ôte le compte. J'objectai au commissaire que j'étais Irlande on est maître de battre sa femme; il me répondit que cet usage est assez en vogue en France, mais qu'il n'est pas permis d'assommer. Enfin, monsieur, je fus conduit à la Force; et comme dans les événemens les plus désastreux il y a toujours un bon côté, je me consolai de mon sort en pensant que je n'étais pas obligé de coucher avec ma femme. Lorsqu'il fut hors de danger, et qu'il fut prouvé que je ne possédais rien, mes détenteurs me relâchèrent; le commissaire, parce que je n'avais plus rien à démêler avec la justice; mon hôte, parce qu'il ne se souciait pas de me nourrir.

J'avais pourtant une centaine de louis que m'avait fait passer M. Botte, en reconnaissance des taloches que je lui avais épargnées. J'en avais donné dix à Beau-Soleil, pour qu'il me conservât le reste, qui, sans cette précaution, eût infailliblement passé avec l'habit et la bourse de votre oncle.

Esclave de sa parole, Beau-Soleil a compté fidèlement avec moi hier, jour de ma sortie, et je vais, avec cet argent, attaquer la dame Mac-Mahon en divorce pour cause d'incompatibilité d'humeur, ce qui, je crois, est suffisamment constaté.

— Ah, Guillaume ! si tu avais de la délicatesse... — Je n'en aurai jamais. — Que j'envierais ton sort ! — Et en quoi donc, monsieur ? — Ta gaieté, ton insouciance imperturbables... — Il faut bien que la nature fasse quelque chose en faveur de ceux pour qui la fortune ne fait rien. Vous êtes donc toujours triste, sentimental ? — Oh, ce marquis d'Arancey ! — Il est toujours entiché de sa noblesse ? — Plus que jamais, Guillaume. — Payez-le avec sa monnaie favorite, tranchez dans le vif; faites-vous noble aussi. — Comment cela ? — Comme ceux qui, pour leur argent, deviennent secrétaires du roi, ou telle autre chose, à la différence près, que votre noblesse ne vous coûtera rien, et vaudra la leur. — Je l'entends; tu m'anobliras. — Oui, monsieur. — Comme tu t'es fait Irlandais ? — Précisément. — Toujours des propositions impertinentes. — Toujours prêt à vous fâcher. Raisonnons d'abord. Je ne suis fait des titres pour duper une friponne, en quoi j'ai bien moins tort que les moines, qui se faisaient de fausses chartes pour s'emparer du bien de leur donnait pas; mais ici, monsieur, il ne s'agit pas d'une ruse innocente. Vous faites le bonheur et la fortune d'une personne qui vous adore, vous ramenez à ses vrais intérêts un vieillard ridicule qui vous tourmente tous les deux. Et, enfin, que vos parchemins soient signés par moi ou par Pepin-le-Bref, vous n'en vaudrez ni plus ni moins : c'est l'intention qui fait tout. — Mais comment le marquis croira-t-il qu'on lui ait caché jusqu'à présent ?... — Comme les fidèles ont cru à la quittance de Jeanne de Naples, qui parut cent ans après sa mort. Vous savez qu'elle vendit à Clément VI le comtat d'Avignon pour trois cent mille florins qu'elle ne reçut jamais. — Pas de plaisanteries, monsieur Guillaume, il n'est pas ici question de fidèles... — A qui on persuade tout, même que les rois ne font qu'un, ce qui n'est pas une démonstration bien géométrique. Il faut au moins des marquis des probabilités, n'est-ce pas ? Eh bien, monsieur, on lui dira que pendant la terreur vous avez enterré vos titres; que, depuis, l'égalité a empêché de vous en prévaloir; qu'enfin M. Botte, qui ne veut pas qu'on l'honore pour les vertus de ses aïeux, vous a défendu d'en parler. — Mais mon oncle ne se prêtera jamais... — Il n'y a qu'à le tromper lui-même. — Entreprendre de lui persuader qu'il est noble ? — Le lui prouver, morbleu ! — Monsieur Moreau, que dites-vous de cela ? — Mais, mon jeune ami, je ne sais trop qu'en dire. Il me semble qu'on peut aujourd'hui fabriquer des lettres de noblesse comme on fabriquerait des assignats, l'un n'est pas plus dangereux que l'autre, puisqu'il est reconnu que le tout est de la fausse monnaie. — Mais, Guillaume, d'abord... — Qu'est-ce encore, monsieur ? — Le nom de mon oncle... — M. Botte ! Ce nom-là n'est pas noble, j'en conviens. Diable ! si je pouvais... si je trouvais... oui... non, non... si fait, m'y voilà. Une révolution en appelle une autre. — Oh ! ne parlons pas de cela. — Pourquoi donc, monsieur ? Le mal passé n'est que songe. Nous affligeons-nous aujourd'hui de la Ligue, de la Fronde ? Et penserons-nous à ce que nous avons vu quand nous aurons la poule au pot ? — Quand cela, Guillaume ? — Je ne sais pas, monsieur. Or donc, j'allais vous dire, quand vous m'avez interrompu, que les Génois dépilèrent autrefois à certaine impératrice. — Qu'ont de commun cette impératrice et le nom de mon oncle ? — Un moment, monsieur ; l'histoire ne s'écrit pas comme une comédie, et l'historien a le privilège de bavarder seul. Sa Majesté Impériale, très-chatouilleuse, c'est un droit ou une maladie attachée au diadème, Sa Majesté Impériale envoya vite une armée qui fit éprouver aux Génois une épreuve de résistance, ce qui n'empêche pas que les Génois ne soient très-braves, comme vous le verrez par la suite ; mais on n'est pas disposé tous les jours à se faire casser la tête. Le général de Sa Majesté, enchanté de sa victoire, lève des contributions, c'est tout simple. Il pousse les choses un peu trop loin, et alors les Génois se fâchent. Pour leur apprendre à avoir de l'humeur, Son Excellence le général leur fait braquer leurs propres canons au camp de Sa Majesté l'impératrice et du roi de Sardaigne. Comme cet exercice n'avait rien de fort amusant pour eux, ils y mettaient de la bouchalance. On imagine de leur donner du neuf à coups de bâton, et on eut tort : ils étaient disposés à leur faire jour-là.

Ils s'attroupent, ils s'arment de ce qui leur tombe sous la main; ils attaquent leurs vainqueurs dans les rues, dans les places publiques. Ils marchent à l'arsenal, s'arment régulièrement et s'emparent de tous les postes. Les paysans, dont on buvait le vin qu'ils avaient récolté pour eux, à qui on faisait des enfants qu'ils aimeraient mieux faire eux-mêmes, les paysans se rassemblent au nombre de quinze à seize mille. On tombe de tous côtés sur Son Excellence le général, qui se trouve trop heureux de s'en aller comme il est venu; ce qui ne fait point tache à son nom; car, en guerre comme en mariage, on n'est pas toujours heureux, et nos rois, pour avoir perdu, comme des imbéciles, les batailles de Crécy, d'Azincourt, de Poitiers, n'ont pas perdu de leur illustration, et jamais on ne leur a contesté leur noblesse.

— Or, monsieur, l'Excellence qui allait tantôt battant, tantôt battue, se nommait le marquis de Botta, et vous savez que nous substituons l'e muet à l'a final des noms propres italiens : ainsi de Botta je fais Botte. Le marquis était Milanais, et vous êtes Provençal : les Alpes sont votre mère commune. Il ne me reste que la filiation à établir. — C'est là que je t'attends. Le bisaïeul de mon oncle était matelot. — Pas du tout, monsieur, il était garde-marine, ce qui, au fond est bien la même chose; mais ici la forme fait tout. — Son aïeul était pilote. — Officier expérimenté, qui savait parfaitement le pilotage, et que le roi envoya faire des découvertes aux terres australes. — Son père était capitaine de cabotage. — Je le fais capitaine de haut bord, et je produirai son brevet. — Mais mon oncle enfin, qu'en feras-tu ? — Il ne m'embarrasse pas plus que les autres. Il a fait le commerce, je ne puis nier cela ; mais il l'a fait en gros, très en gros, et depuis je ne sais quelle ordonnance qu'il faudra que je trouve et que je trouverai, le commerce en gros ne déroge plus.

— C'est trop plaisant, en vérité. — Je suis fort aise, monsieur, de pouvoir vous distraire un moment. — Voilà mon oncle très-noble en effet ; mais moi, Guillaume, je suis toujours roturier. — Il fallait bien commencer par M. Botte, afin d'anoblir votre mère. Dans cette affaire-ci, un anachronisme gâterait tout. Voyons maintenant d'où je vous ferai venir. Montemar, Montemar!.... m'y voilà. — Encore une révolution ? — Non, monsieur. Mais il y a un demi-siècle, peut-être un siècle entier, qu'un duc de Montemar remporta la victoire signalée de Bitonto, et c'est de lui que vous descendrez.

— Il y a encore quelques difficultés. — Je les lèverai. — Peut-être. — Expliquez-vous. — Comment persuader à M. d'Arancey que ces titres sont vrais ? — Comment prouvera-t-il qu'ils sont faux ? N'a-t-on pas brûlé les enregistrements, entérinements des parlements, des sénéchaussées, et même des bailliages ? — N'a-t-on pas brûlé les archives des ordres de Saint-Lazare, du Saint-Esprit, de Saint-Louis, et même de Saint-Michel, dont personne ne voulait plus ?

Ce projet digne de Guillaume, extravagant et invraisemblable ; mais un malheureux qui se noie s'attache au plus faible roseau, et les amants ne ressemblent pas mal aux noyés, avec cette différence pourtant que les uns meurent communément, et que les autres guérissent toujours en attendant une nouvelle chute, de nouveaux accès de désespoir et de nouvelles consolations.

Charles goûtait donc assez le plan de son piqueur, qui après tout ne pouvait produire de mal, s'il ne faisait pas de bien. On ne se dissimule pas intérieurement qu'on va tenter une folie; mais il semble qu'elle se présente sous un autre aspect, appuyée par un homme dont l'approbation peut nous mettre à l'abri des reproches; et Charles se promettait bien de tout jeter sur Boreau, en cas que son oncle découvrît la supercherie. Il n'y avait plus qu'une chose qui l'embarrassait : il allait être noble, mais d'Égligny ne l'était pas moins, et il avait de plus l'amitié, le suffrage et l'autorité du père. Il avait solennellement promis de ne point attenter aux jours de son rival. — Moi, je n'ai rien promis, dit Guillaume ; mais si on va à la Force pour avoir rossé sa femme, on n'y va point quand on a tué un homme : ne tuons donc personne ; mais réduisons le chevalier à l'impossibilité d'épouser. — Tu as un moyen pour cela, Guillaume ? — Et dont probablement le chevalier ne parlera pas : on ne publie point ces accidents-là. — Ah ! voyons ton moyen. — J'assemble quelques amis, je les place avantageusement, j'épie où j'attire le chevalier. — Après ? — Et je lui fais l'opération que subit l'amant d'Héloïse. Ce sera là une espèglerie... — C'est un guet-apens abominable. — Ah ! vous vous piquez de générosité envers vos rivaux! — Envers tous les hommes. — Je vous l'ai dit cent fois, et je vous le répète, je ne ferai jamais rien de vous.

Charles sentait que l'unique moyen de se défaire honnêtement du chevalier était de se battre avec lui. S'il le tuait, il n'avait plus de rival ; s'il était tué, il n'aurait plus de chagrin, et dans l'un ou l'autre cas il trouvait un avantage réel ; mais il s'était engagé sur sa parole d'honneur à ne point attaquer, et il se repentait amèrement de l'avoir donnée. L'instant d'après il comptait sur la résistance de mademoiselle d'Arancey, sur cette fidélité inviolable dont le serment répété était scellé toujours d'un doux baiser. Doux baisers ! que vous êtes cuisants quand il ne reste de vous que la mémoire et le désir !

Dans un autre moment, il était certain que l'amour-propre du chevalier s'irriterait par des refus constants, soutiendrait une passion qui n'avait pas jeté encore de racines bien profondes, et il ne pensait pas que sa fierté s'abaissât jusqu'à produire de faux titres. C'est la poutre dans notre œil et la paille dans celui du voisin. Il y a du bon dans l'Évangile : si on en ôtait les miracles, ce serait un livre instructif.

Lorsque Charles rentra, M. Botte venait de descendre de voiture. C'est maintenant que les incertitudes vont se dissiper, les chimères s'évanouir. Il fait à son oncle mille questions à la fois que son entrevue avec le marquis, sur ses dispositions, sur l'état de Sophie, sur ce qu'elle fait, sur ce qu'elle dit, sur ce qu'elle pense, sur ce qu'il doit craindre ou espérer. M. Botte, qui ne peut répondre à rien, parce que Charles interroge toujours, lui remet simplement la réponse qu'il a promis de rapporter.

Le malheureux jeune homme s'attendait à trouver des expressions brûlantes, des protestations contre la tyrannie paternelle, le serment de mourir ou de vivre pour lui, et toutes ces belles choses qui ravissent les amants, et qui nous paraissent si fastidieuses à nous, parce que nous avons cinquante ans. Au lieu de ce qu'il attendait, Charles ne trouve dans cette lettre que la certitude de son malheur. Jugez de ses transports. Boreau, son oncle, dix domestiques suffisent à peine pour le retenir. Il échappe à l'un, il renverse l'autre, il tombe lui-même, il se relève, il se débat, il retombe; on le saisit, on l'arrête ; et qu'allait-il faire? mettre le feu au château d'Arancey, brûler le marquis et le chevalier, enlever sa Sophie, la mener au bout du monde, dans un désert où il ne craindrait ni père ni rivaux, où il vivrait d'eau et de racines, et que l'amour transformerait en un séjour céleste. — Ciel !... ô ciel ! un lion furieux s'approche... il va déchirer ma Sophie, sa gueule rugissante menace son sein d'albâtre. Monstre ! je te préviens ; tu périras... Grand Dieu ! mes flèches se brisent sur sa peau impénétrable ! Je te combattrai corps à corps... Il s'élance sur son oncle. — Je suis vainqueur ; je te renverse... C'est son oncle qu'il tient sous lui. — Je t'arrache la crinière... C'est la perruque de son oncle qui lui reste à la main.

On veut débarrasser M. Botte; l'intrépide chasseur met ses habits en lambeaux : pour la cinquième fois, le cher oncle est déshabillé, parce que Charles est amoureux. A cet accès succède un accablement profond, vient ensuite la fièvre chaude : c'est la règle.

— Eh ! monsieur, dit Horeau à son ami, vous aviez bien affaire d'apporter cette lettre ! — Et qui diable, monsieur, pouvait prévoir ce qui vient de se passer ? — Vous connaissez sa violence. — J'allais convaincre sa raison. — Parler raison à un amant ! — Oui, monsieur. Faut-il extravaguer parce qu'on est amoureux ? — Le pauvre enfant est bien excusable. — Il ne l'est pas, monsieur. Qu'auriez-vous dit si, lorsque j'étais amoureux de votre femme, je vous avais étranglé ? — J'aurais dit... j'aurais dit... — Rien du tout, imbécile. Mais j'aurais eu tort, et ce joli petit monsieur a tort aussi. C'est qu'il me serrait !... Eh bien ! que faites-vous là, vous autres ? — Vous connaissez, je vous le dis. — Le guérirez-vous en fixant vos yeux le moyens sur lui ? Qu'on aille chercher un médecin, deux médecins, toute la Faculté. — Ah ! mon ami, le malheureux mourra. — Allez au diable, pronostiqueur maudit!

Il s'approche du lit de son neveu ; il lui prend les mains, il lui parle ; et Boreau, qui s'est échauffé un peu plus que de coutume, parcourt les Petites Affiches, ouvrage très-propre à le rétablir dans son calme habituel. — Ce que je lis là est singulier, dit-il tranquillement. — Quoi donc? reprend M. Botte. — La terre d'Arancey est à vendre. — Vite, qu'on m'habille, qu'on me donne une perruque, qu'on mette les chevaux ; vite, vite donc. — Et où allez-vous, mon ami ? — Chez mon notaire. — Pourquoi faire? — Que vous importe? — Vous êtes dur. — Et vous cruel. Il mourra, il mourra ! — Non , monsieur, il ne mourra point , et il épousera Sophie.

M. Botte n'était pas sûr du tout de ce qu'il avançait ; mais, accoutumé à tout emporter avec de l'argent, au défaut de bonnes raisons, l'opiniâtreté du marquis le stimulait, l'humiliait, et il pouvait, sans trop se flatter, considérer certaines démarches secrètes comme de fortes probabilités. Nous verrons ce qu'il en arrivera.

XIV. — On espère et on se trompe.

Les médecins avaient décidé que mal d'amour n'est pas mortel; que la fièvre se calmerait indubitablement, et le digne oncle commençait à respirer librement. Mais les docteurs ajoutèrent que, si le malade ne pouvait obtenir l'objet de ses désirs, ou qu'il ne fût pas assez raisonnable pour se vaincre lui-même, il éprouverait infailliblement le sort d'Antiochus. M. Botte demanda ce qui était arrivé à cet Antiochus. On lui répondit que c'était un prince amoureux de sa belle-mère, qui mourait respectueusement de langueur, quand son père jugea à propos de lui céder la reine. M. Botte approuva fort la conduite du roi, et jura qu'il en ferait de bon cœur tout autant pour son neveu ; mais que malheureusement il n'avait pas de Stratonice à céder, et que d'ailleurs il avait affaire à Sophie, et non d'une reine, que Charles était amoureux; qu'au surplus les caractères ardents se calmaient comme ils s'emportaient, et que, puisque Antiochus n'avait pas commencé par la fièvre chaude, il était à croire que son neveu ne finirait pas comme lui.

Comme il est inutile de s'occuper des morts aux dépens des vivants, M. Botte oublia vite le jeune prince et sa belle-maman, pour se faire dresser un lit auprès de celui de son neveu, et lui administrer lui-même la potion curative. Ce n'est pas qu'il eût une foi robuste à la médecine ; c'est qu'il est des moments critiques où l'esprit le plus fort se livre à la médecine, comme il est une époque où la femme galante revient à son confesseur.

Trois jours s'étaient écoulés. Le malade allait très-bien ; mais M. Botte était exténué, parce qu'il n'avait pas voulu s'éloigner un instant de son neveu : il avait même failli battre Horeau, qui, sans égards pour ses jurons, avait entrepris de le faire coucher malgré lui. L'oncle et le neveu causaient assez tranquillement ensemble ; Charles conjurait M. Botte de lui ménager le seul appui qui lui restât au monde; il le pressait d'aller prendre du repos, quand on annonça M. d'Arancey. Le jeune homme marqua la plus grande surprise ; l'oncle dit simplement : Je l'attendais.

— Monsieur, lui dit le marquis, je n'aime pas à vous voir chez moi, et vous en savez la raison ; mais je viens chez vous sans répugnance, parce que je vous estime, que je suis votre obligé de plus d'une manière, et qu'enfin c'est ce débiteur là aller trouver son créancier. — Tout cela est fort poli, monsieur ; mais la politesse est un vice quand elle sert de masque à l'inhumanité. — Ah ! monsieur Botte, il n'est pas généreux de me dire des injures chez vous. — Voyez, monsieur, voyez l'état où vous réduisez ce jeune homme, qui, entre nous, est beaucoup mieux que votre chevalier, et qui a sur lui l'avantage de plaire. — Ne parlons pas de cela, s'il vous plaît. — Suivez l'exemple que vous a tracé votre fille. Elle vous sacrifie le penchant le plus doux ; hé, morbleu, appréciez vos chimères, abjurez-les, et soyons tous heureux. — Des chimères, monsieur, des chimères ! ignorez-vous que la noblesse a été pendant des siècles le soutien et l'éclat du trône ? — Je sais tout cela, monsieur ; mais il n'y a plus de trône, il n'y a plus de noblesse, et quand tous les hommes changent de système il est absurde de n'en pas changer comme eux. — Corbleu, monsieur, par renoncer à cette grosse franchise que vous ne voyez à personne, cessez de vous irriter de la contradiction que vous faites sans cesse supporter aux autres ; sachez enfin qu'un homme comme moi ne prend un parti qu'après de mûres réflexions, et qu'il ne s'en écarte jamais. — C'est-à-dire que mon neveu ne sera pas votre gendre ? — Non, monsieur. — C'est votre dernier mot ? — Absolument, et je souhaite que monsieur, qu'on a peut-être flatté de quelque espoir, se guérisse d'une passion aussi inutile qu'elle paraît violente. — Corbleu, monsieur, vous pourriez ménager vos expressions, et ne pas irriter ainsi sa sensibilité. — Soyez vous-même, monsieur, assez discret pour ne pas me presser de questions. — Voyez, monsieur, l'effet que produisent déjà vos paroles sanguinaires... Charles, mon ami, modère-toi, ne me fais plus de chagrin, donne ta confiance à ton pauvre oncle, crois à ses promesses, tu vas commencer à en voir l'effet. Parlons d'autre chose, monsieur le marquis. — Vous m'obligerez sensiblement, monsieur.

— Je vous apprends que je vais vendu la terre d'Arancey. — J'en suis fort aise. — Un prix très-raisonnable. — Tant mieux pour vous ! J'ai remboursé Edmond. — Vous avez fort bien fait. — Et je viens m'acquitter envers vous. — A la bonne heure ! — Je crois vous devoir soixante mille francs. — A peu près. — Prenez ces billets de banque et donnez-moi quittance. — Volontiers.

— Savez-vous, monsieur le marquis, quand cette petite terre d'Arancey a été érigée en marquisat ? — En 1514. — En faveur de qui ? — De mon quintaïeul. — Qui a pris le nom ? — Qui a donné le sien à la terre. — Vous vous trompez sur ce dernier article. — Vous verrez que monsieur me fera connaître mes aïeux. — Je vous les rappellerai du moins. — Et se levant et continuant avec force : — C'est moi, monsieur, qui ai acheté votre terre ; en voilà les titres. Comme il n'y a jamais eu de marquis sans marquisat, vous voudrez bien renoncer à cette qualité. Comme on n'a jamais eu le droit de porter le nom d'un bien dont on n'est pas propriétaire, et que mes lois défendent d'en prendre d'autre que son nom de famille, vous voudrez bien reprendre celui de ce marquis sans quintaïeul, et il s'appelait Thomasseau. Si vous résistez, je vous attaque juridiquement ; vous serez condamné, et le public se moquera de vous.

— Ah ! monsieur Thomasseau, on veut vous faire du bien, et vous êtes fier ; on veut vous en faire malgré vous, et vous envoyez les gens à la Force ; mon neveu meurt d'amour pour mademoiselle Thomasseau, et vous la lui refusez ! Nous verrons, nous verrons.

Il eût parlé une heure encore, que l'ex-marquis n'eût pas eu la force de l'interrompre. Accablé, humilié, désespéré, le malheureux gentilhomme se cachait le visage de ses mains, ou menaçait le plafond de l'œil, ou frappait le parquet de la canne ou du pied. La colère l'emportant enfin, il s'écria : — Croyez-vous que ce tour abominable tende à nous rapprocher ? — Je le crois, monsieur Thomasseau. — Vous abusez, monsieur, de ma patience et des droits que la ruse vous a fait obtenir, mais sachez qu'il me reste des ressources. — Je vous en faisons compliment. — Des ressources suffisantes pour donner encore un état brillant à ma fille. Elle sera madame d'Égligny, et s'il faut que je renonce à m'appeler d'Arancey, je sortirai pour jamais d'un pays où on ôte tout aux gens de qualité, tout, jusqu'à leur nom. Adieu, monsieur Botte. — Adieu, monsieur Thomasseau.

— Ah ! mon cher oncle, que je suis heureux, que je suis content ! — Ne te le disais-je pas ? — Les dernières phrases du marquis lui ont été arrachées par la colère. — Cela est évident. — Il rompra plutôt avec tous les chevaliers de la terre que de s'appeler Thomasseau. — Cela n'est pas douteux. — Votre stratagème me rapproche réellement de mademoiselle d'Arancey. — De mademoiselle Thomasseau. — Ah ! mon oncle, ce nom-là sonne si désagréablement... — Vas-tu trancher aussi du gentilhomme ? — Quelque nom qu'elle porte, ne sera-t-il point embelli par ses charmes, anobli par ses vertus ? Monsieur son père seul est à plaindre ; il est assez petit pour tenir à ces fadaises.

— Oui, répétait le marquis en roulant vers le château d'Arancey, oui, je sortirai d'un pays où on m'avilit, où l'homme le plus abject aura, comme ce M. Botte, l'orgueil de vouloir marcher mon égal. Eh ! qu'a-t-il donc ce pays ingrat, qui me l'ait tant fait regretter ? Qu'ont-ils ces Français, qui les rende si fiers ? Ils ont vaincu, je l'avoue ; mais les Tartares, les Arabes ont aussi subjugué des empires, ils n'en sont pas moins rangés parmi les peuples obscurs ; je ne connaissent pas de noblesse. Quels titres ont plus qu'eux ces Français à la gloire universelle à laquelle ils aspirent ?

Vaincus par Jules César, ils ont vu mettre à mort leur parlement de Vannes, vendre les malheureux habitants et mutiler ceux du Quercy. Esclaves des Romains pendant cinq cents ans, ils baisaient et bénissaient leurs chaînes en se rappelant l'esclavage plus affreux encore auquel les avaient soumis leurs druides, celui de la superstition. C'est à la voix de leurs prêtres, c'est au dieu qu'ils leur avaient donné, qu'ils sacrifiaient leurs femmes, leurs enfants, qu'ils les brûlaient, qu'ils les brûlaient eux-mêmes.

Au cinquième siècle, des Vandales les asservissent encore du Dauphiné aux rives de la Seine : une partie des autres provinces est envahie par les Visigoths et le barbare Clovis, qui noie l'eau de son baptême dans des fleuves de sang, et subjugue le reste des Gaules.

Des brigands du Nord font des courses continuelles sur le territoire français : ils pillent, égorgent, lèvent des contributions, et la misère et la discorde divisent l'empire en plusieurs États.

Les Anglais s'emparent de la Normandie, de la Bretagne, de l'Anjou, du Maine, du Poitou, de la Saintonge, de la Guienne, de la Gascogne, et le parlement de Paris a la lâcheté de proclamer leur roi Henri roi de France.

Pendant six cents ans, l'ignorance de ce peuple fut égale à ses fureurs et à sa misère. Soumis à un clergé despotique, il souffrit que neuf de ses rois fussent excommuniés, persécutés, détrônés par un prêtre.

Où donc chercherai-je la source de cette grandeur dont ce peuple se vante aujourd'hui ? Dans l'étendue de son territoire ? Il ne possède pas le quart de la plus petite partie des quatre parties du monde. Dans la fertilité de son sol ? Il laisse quarante lieues carrées de terres incultes vers Bordeaux, et la moitié de la Champagne produit des chardons où on a semé du blé. Des provinces entières ne se nourrissent que de châtaignes ; d'autres ne connaissent de pain que celui d'avoine. Trois millions d'habitants portent des sabots l'hiver et marchent nu-pieds l'été.

Sera-ce au moins dans les sciences, dans les arts que ce peuple se montrera le premier ? qu'a-t-il inventé ? Est-ce à lui qu'on doit la boussole, la découverte de l'Amérique, la poudre à canon, l'imprimerie, les lunettes, les télescopes, les baromètres, les thermomètres, la machine pneumatique ? A-t-il trouvé le vrai système du monde, les satellites de Jupiter, les taches du soleil, sa rotation sur son axe, la gravitation, l'art de faire les pendules, de graver des estampes, et couler des glaces, d'analyser la lumière ? A-t-il trouvé l'inoculation, qu'il a longtemps combattue ; la vaccine, qu'il combat encore ? Toutes ces découvertes sont dues à des étrangers.

A quelle espèce de gloire prétend donc ce peuple insensé ? A celle des belles-lettres ? Qu'il se souvienne qu'il doit celle dont il jouit à une vingtaine d'hommes, qui ne sont pas la nation, et que la nation a négligés, ou haïs, ou persécutés.

Qu'a-t-il été tout temps en France l'éloquence de la chaire et du barreau ? Quelques écrivains en ce genre ont excité l'admiration, parce qu'il faut un aliment, quel qu'il soit, à la vanité d'un peuple. Mais comparera-t-on Bossuet et Patru à Cicéron et à Démosthène ?

Calypso, abandonnée par Télémaque, est-elle comparable à Didon ? Les Français, il est vrai, ont un poème épique aussi bon que le comportait le sujet ; mais des cuistres insultent tous les jours à la mémoire de l'auteur, et ce peuple si fier ne le venge pas.

Du sein de l'insouciance, il se proclame savant, et il n'a aucun art, aucune science dont il ne doive les éléments aux Grecs. Sa dernière nomenclature de chimie est un hommage rendu à ses maîtres.

Qu'a fait ce peuple enfin ? Il a pris l'opéra-comique aux Italiens ; il a imaginé quelques modes, il a gonflé des ballons ; il a renversé une couronne trop pesante pour le front qui la portait, il s'est livré à l'anarchie, à l'irréligion, et, par une versatilité dont il ne peut se guérir, il se prosterne aujourd'hui devant ces mêmes autels qu'il a profanés.

A qui M. d'Arancey adressait-il cette diatribe, à laquelle il était si facile de répondre ? A son postillon, qui n'y comprenait rien, mais qui savait à merveille panser ses chevaux et demander le pourboire. Heureux l'homme qui sait bien ce qu'il doit faire, et qui ne sait rien au delà !

En descendant de voiture, le marquis se composa un visage ; il avant un autre rôle à jouer auprès de sa fille. Il avait à l'entretenir dans ses idées de soumission, à l'empêcher de révoquer un consentement où sa volonté n'avait presque point eu de part, et cela par une bienveillance soutenue. A la vérité, l'effort n'était pas pénible pour un père vraiment attaché à sa fille, et disposé à tout faire pour elle, pourvu qu'elle ne lui résistât point.

Il n'avait pas été question, à Paris, de la prise de possession de M. Botte, ni par conséquent de l'évacuation du château : les accessoires disparaissent devant un intérêt majeur. Mais le marquis savait que, lorsqu'on achète un bien, c'est pour en jouir. Il n'eût pas voulu, pour la valeur de la terre, devoir une heure de délai à un homme qu'il détestait alors, et en embrassant sa fille, à peu près aussi changée que Charles, il lui apprit que M. Botte était l'acquéreur de sa terre.

Ce moment en fut un de plaisir pour Sophie, qui croyait n'en pouvoir plus goûter. Elle sentit une espèce de joie en pensant que Charles habiterait cet appartement qu'ils avaient arrangé ensemble; que son imagination lui peindrait son amant retrouvant, caressant la frange qu'elle a cousue, la draperie qu'elle a ondulée, le marbre dont elle s'est servie, la place qu'elle a occupée. Cette chambre si jolie, cette alcôve mystérieuse ne seront point profanées par l'indifférence, et elles seront habitées par l'amour malheureux; mais l'amour, quel qu'il soit, n'est-il pas le bien suprême pour le cœur qu'il occupe?

Il en est aussi le bourreau. Cette triste lueur de plaisir devait s'évanouir, comme tous les songes qui l'avaient précédée. Sophie comptait sur un domicile voisin, elle ose lui parler de ce qui l'intéresse le plus; la proximité, les hasards pouvaient permettre de se voir encore, et son père lui annonce la nécessité d'aller à Paris avec le chevalier. Il justifie ce départ précipité par des motifs qui doivent être puissants sur la raison de sa fille; mais des raisons peuvent-elles quelque chose contre l'excès de la sensibilité? Sophie, en partant pour Paris avec le bien-aimé, n'avait éprouvé que des sensations délicieuses : cette fois elle pense qu'elle va quitter pour jamais cette ferme, berceau de son enfance; ce vieillard, dont la main tutélaire la soutint si longtemps; cet orme discret, qui renferme, qui cache à tous les yeux son trésor, qu'il faudra qu'elle abandonne peut-être. Elle regrette les bons habitants du village, son digne curé, la grosse Fanchon : que ne regrette-t-elle point! Un arbuste, une fleur, un brin de paille, tout pour elle est un souvenir.

Rassurée par la sérénité que sa soumission absolue imprime sur le visage de son père, elle ose lui parler de ce qui l'intéresse le plus ; elle l'interroge d'une voix mal assurée; elle lui demande s'il a vu M. Montemar. — Je l'ai vu, mademoiselle. — Sa santé, mon père? — Chancelante. — Je le crois. Et elle fond en larmes, et elle tombe encore aux genoux du marquis. Elle n'ajoute pas un mot; mais que de choses expriment ses yeux!

M. d'Arancey craint de perdre le fruit de ses efforts ; il redouble d'attentions et de caresses. Il trace avec attendrissement le tableau de la vieillesse fortunée qu'il devra à sa fille. Il lui peint les égards, la reconnaissance d'un époux envers qui elle l'aura plus qu'acquitté; il lui parle de l'adoucissement que le temps apporte toujours aux peines du cœur, du contentement qu'éprouve la femme respectable qui remplit ses devoirs d'épouse et de mère... — Ah! mon père! que ces devoirs sont doux quelquefois, et qu'ils sont quelquefois amers!

Le marquis lui rappelle avec ménagement qu'elle était liée par une promesse solennelle. — Hé, craignez-vous que je l'oublie, cette promesse fatale? Depuis que je l'ai prononcée, elle m'a toujours été présente, et elle n'a sans cesse effrayée. Mais j'ai promis à M. Botte, il sait que ma parole est sacrée : j'obéirai, mon père.

M. d'Arancey sentit la nécessité de distraire des idées qui l'obsédaient, et il fixa le départ au lendemain. A peine avait-elle le temps de tout disposer; mais l'embarras même où il la jetait devait, pour quelques heures au moins, assoupir cette flamme dévorante : c'est un peu d'eau qu'il croyait jeter sur un grand feu.

Il se trompait. Chaque pièce que touchait Sophie lui rappelait une jouissance, et lui arrachait un souvenir. Elle ployait une robe, et la laissait, pour aller parler du bien-aimé à Fanchon. Elle prenait un fichu, le jetait, pour aller parler encore. Le jour s'écoula ainsi, et le soir, lorsque personne ne pouvait suivre les traces de la complaisante Fanchon, elle quitta tout encore pour lui parler de l'orme, le désigner, marquer sa place, indiquer la route. Elle brûlait de tenir les lettres de son amant, de les relire, de les presser sur son cœur, et elle se soumettait à former d'autres nœuds ! Il est donc des devoirs qu'on ne peut rigoureusement remplir ! Il est donc des parents qui, de sang-froid, condamnent leurs enfants à se combattre sans cesse, ou à devenir coupables !

Elle les avait, ces lettres, elle les avait replacées sur son cœur brûlant; elles seules avaient endormi l'amertume du départ. La nouvelle s'en était répandue dans le village, et les bons habitants s'étaient rassemblés à la porte de la cour. Ils voulaient voir encore leur demoiselle, qui était si digne d'être heureuse, et qui était si à plaindre! Dame, c'est que Edmond avait tout dit.

La chaise où elle était à côté de son père sort de la porte cochère; on l'entoure, elle ne peut avancer; tous ont un mot au marquis : tous les regrets, tous les vœux s'adressent à Sophie, et son père ne put se dissimuler combien est stérile le plaisir d'être craint, combien il est doux d'être aimé !

Sophie ne trouva point à Paris cette abondance, ce luxe, cette réunion de jouissances qui, à son premier voyage, avaient concouru à embellir son existence, et ce n'est pas ce qu'elle regrettait. Il restait à son père cent mille livres, avec lesquels il devait payer sa terre du Berri; et en conséquence un logement modeste, un ordinaire frugal, voilà ce qu'il pouvait offrir à sa fille. Charles avec elle, et tout lui eût paru délicieux.

Mais, pour la dédommager de ce qu'elle avait perdu, pour lui donner enfin la haute opinion qu'elle devait avoir d'elle-même, et l'éloignement que doit inspirer la bourgeoisie à une fille de qualité, sa chambre était du matin au soir décorée de ce qu'il y avait de plus noble en France. C'étaient M. le comte un tel, M. le duc celui-ci, M. le prince celui-là, qui, en entrant, tiraient de leur poche leur cordon bleu, leur cordon rouge, se le passaient au cou, et déboutonnaient le surtout pour laisser paraître le crachat caché sous le gilet; c'étaient de belles dames qui malheureusement n'avaient point de décorations, mais qui prouvaient ce qu'elles étaient, en ne parlant que d'excellence et d'altesse, et ce, sur le ton le plus familier; qui connaissaient parfaitement toutes les cours, et rien de leur ménage; c'est dans cette chambre qu'on discutait sur la préséance qui n'existait plus, sur les armoiries qui sont supprimées, sur les intérêts des potentats qui n'avaient pas là de plénipotentiaires ; c'est là que Sophie faisait en baillant, et bien malgré elle, son cours de blason, son cours de politique, sciences sublimes pour quelques individus, mais aussi ridicules qu'inutiles pour elle.

Elle regrettait les amis de M. Botte, qui, pour les choisir, avait un tact sûr. Elle se rappelait la gaieté des uns, l'aimable raison des autres, madame Duport surtout, cette dame chez qui le bien-aimé faisait croire plus en son oncle qu'il disait lorsqu'il allait passer des journées à la ferme. Madame Duport lui avait singulièrement plu. Belle encore, et sans prétentions; instruite, sans chercher à le paraître; vertueuse, sans ostentation; indulgente pour la jeunesse; se prêtant à ses goûts, pour lui en inspirer de solides, madame Duport convenait parfaitement à Sophie, et Sophie à madame Duport : elles étaient inséparables quand M. d'Arancey vint les désunir. Sophie ne pouvait s'empêcher de comparer ses nouvelles connaissances aux amis qu'on lui avait ôtés; et, en dépit de son respect, ses réflexions n'étaient pas toujours favorables à son père.

Un jour il y avait gala chez le marquis, c'est-à-dire, en langue vulgaire, qu'il avait donné un dîner passable; il y avait cercle ensuite, c'est-à-dire, qu'ainsi que tous les jours, on parlait beaucoup sans rien dire, lorsque le chevalier d'Égligny entra. Sophie frémit, et le marquis trembla par un autre motif, c'est que la figure du chevalier était loin d'annoncer la satisfaction qui suit ordinairement le succès. — Mon cher ami, je crains de vous interroger. — Et moi de vous répondre. — Je vous entends. L'acquéreur de ma terre de Berri refuse de traiter. — Il n'est plus en son pouvoir de le faire. — Il a vendu? — Deux jours avant mon arrivée, et à un tiers au-dessus de la valeur. — Un gentilhomme! car on le considérait que comme dépositaire ! — Mon ami, il avait acheté deux millions en papier, on lui en a offert trois en écus : peu de gentilshommes eussent résisté à ce genre de séduction, et celui-ci a succombé. — Cet homme est sans doute de la noblesse de robe ou de finance. Et à qui a-t-il vendu? — Je l'ignore ; l'affaire s'est faite par des prête-noms. — Cette nouvelle est accablante. — Je ne juge pas ainsi de l'événement, mon ami, Vous avez peu, mais assez pour un homme modéré dans ses désirs. — J'avais, chevalier, la noble ambition de faire un sort brillant à mon gendre. — L'époux de mademoiselle n'aura pas de vous à former, et il sera convaincu que l'intérêt est étranger aux sentiments qu'elle inspire. — Non non, j'en désespère pas encore de ma fortune. J'avais trois métairies, rapportant environ vingt mille francs. Je vais à l'instant trouver les acquéreurs : ce sont des roturiers; mais si je leur connaissais la générosité de ce M. Botte que je hais, et que je suis forcé d'estimer, je remettrais à l'espérance et au bonheur.

Le marquis se dispose à sortir; les cordons bleus, les cordons rouges rentrent dans les poches, le habits se boutonnent, on suit le maître de la maison, et, pour la première fois, d'Égligny se trouve seul avec Sophie. Quel moment pour elle !

Elle se croyait exposée aux persécutions d'un jeune homme dont elle avait accepté la main, qui allait se prévaloir du suffrage de son père, et la presser de fixer le jour fatal; elle se trompait. Trois semaines d'absence avaient calmé cette première impression, qui tenait autant de l'admiration que de la tendresse. D'Égligny éprouvait toujours ce sentiment de préférence qui lui eût fait choisir Sophie si elle eût pu encore disposer de son cœur; mais il avait réfléchi, pesé les raisons que lui avait opposées M. Botte, et Sophie était la plus jolie femme qu'il eût vue, et se trouvait humilié, lui, dans l'âge de plaire, et sentant ce qu'il valait, de ne devoir le titre d'époux qu'à la contrainte. Sophie, embarrassée, interdite, craintive, ne lui laissait pas de doute sur l'éloignement qu'il inspirait, et se décida. — Vous paraissez me craindre, mademoiselle? — Je l'avoue, monsieur. — C'est-à-dire que vingt jours n'ont rien changé à vos résolutions? — Elles ne changeront pas, monsieur. — Que pensez-vous, mademoiselle, que doive faire un homme délicat, dans la position où je suis? — L'homme délicat n'a pas besoin de conseil. — Je vais donc agir d'après moi.

— Mademoiselle, si vous aviez pu répondre aux sentiments que vous m'avez d'abord fait éprouver, je vous aurais dû le bonheur de ma vie, et je me serais efforcé de vous rendre une partie de cette félicité que vous auriez répandue sur moi. Si même l'amour qui vous unit à M. Montemar n'était qu'un de ces goûts que laissent à la raison et à la liberté d'agir et la puissance de se surmonter, je ne balancerais pas encore, et, plein de confiance en votre vertu, je vous conduirais à l'autel. Mais cet amour que vous avez nourri dans la retraite et le silence est devenu une passion insurmontable, il faut maintenant par de vous-même, vous ne pouvez plus vous en détacher. — Non, monsieur, non, je ne le puis. — Quel serait donc mon sort, qui serait le vôtre? vous seriez malheureuse... — Ah! au delà de toute expression ! — Je le serais aussi de votre froideur, de vos peines et j'aurais mérité de l'être, car je l'aurais voulu. C'est donc à moi à sacrifier un penchant qui ne me maîtrise point encore.

— Que dites-vous, monsieur? Dieu!... Qu'avez-vous dit? — Que je renonce à vous, mademoiselle. Il m'en coûte : sachez-moi gré de l'effort. — Ah! monsieur le chevalier, mon admiration, mon estime, ma reconnaissance... — Votre amitié, mademoiselle, c'est tout ce que je demande, et vous me la devez. — Vous l'avez tout entière... Ah! Charles, ah! mon ami, si tu savais ce que fait pour nous cet homme généreux! — Il le saura, mademoiselle. — Vous aurez la bonté de le voir! — Je le verrai. — Ah! si vous daigniez encore... — Parlez, mademoiselle. — Vous charger seul auprès de mon père... — De la rupture, mademoiselle, je m'en chargerai ; vous jouirez d'un bonheur que ne précédera aucun nuage; je les écarterai de vous : ces beaux yeux ne sont pas faits pour les larmes.

L'homme est le jouet des autres hommes, de leurs passions, des siennes, des circonstances et du hasard. Le moment où il s'afflige touche à celui qui vient le consoler, et trop souvent sa joie n'est pas plus durable que sa douleur. C'est ainsi que mademoiselle d'Arancey s'abandonne subitement à son ivresse, à son délire; c'est ainsi qu'elle ne voit plus dans ce chevalier, qu'elle redoutait tant, que le premier des hommes après Charles. Elle continuait à exprimer, par des mots sans suite, un ravissement que d'Égligny partageait : il était son ouvrage.

Comment différer d'apprendre au bien-aimé le changement qui vient de se faire dans leur situation? Mais comment proposer au chevalier de sortir à l'heure qu'il est? Cependant une heureuse nouvelle fait passer une si bonne nuit! et, on aurait besoin de repos. On ne dit pas précisément cela ; mais il est si facile de se faire deviner par celui qui veut bien entendre! D'Égligny avait pris son chapeau, et s'était arrêté devant une écritoire. — Non, dit-elle, je n'écrirai pas, je l'ai promis. Mais je ne me suis pas engagée à celer ce qu'il n'était pas possible de prévoir. Dites-lui tout, monsieur le chevalier, tout absolument. Ajoutez, si vous voulez... non, non, pas un mot de ma part sans l'aveu de mon père. — Mais de la mienne, mademoiselle? — Je n'ai pas le droit de vous imposer silence, monsieur le chevalier.

On annonce une visite à M. Botte. — Une visite à onze heures du soir, c'est bien prendre son temps! Le nom du visiteur? — Le chevalier d'Égligny. — Qu'il s'aille coucher, et qu'il nous laisse tranquille.

Le chevalier n'a pas perdu un mot, il entre en souriant. L'œil de Charles s'enflamme, et d'Égligny s'approche de son lit. M. Botte craint une scène; il passe entre son neveu et le chevalier. D'Égligny l'écarte doucement, et prend la main de Charles. — Réconcilions-nous, mon heureux rival. J'ai renoncé à mademoiselle d'Arancey : elle m'a accordé son amitié, et je viens vous demander la vôtre.

Il est toujours l'heure d'apporter une bonne nouvelle. La figure de M. Botte, celle de Charles s'épanouissent; leur surprise, leur joie sont égales à celle de Sophie. Charles déraisonne comme elle; le cher oncle jette d'Égligny dans un grand fauteuil, le baise sur les deux joues, et s'assied à côté de lui. Il demande des détails, on lui en donne; il en demande encore, on répète ce qu'il a entendu. Charles, émerveillé, a retrouvé des forces. Assis sur son lit, sa jolie bouche ouverte, les yeux fixés sur le chevalier, il saisit avidement chaque parole; l'expression la plus indifférente, et il sent un baume consolateur circuler dans ses veines.

M. Botte se frappait les genoux, se frottait les mains, se caressait le menton ; il étalait sa grande habitude d'exprimer un sentiment inattendu et agréable. Il était flatté, très-flatté que la remontrance qu'il avait faite au chevalier eût produit plus d'effet qu'il n'avait osé s'en promettre, et il disait : — Je le savais bien, moi, qu'avec une figure comme celle-là il doit être sensible, généreux, et que le langage de la raison est toujours entendu par un homme que l'âge et les préjugés n'ont point encore étourdi. — N'allez pas plus loin, monsieur Botte. Quand vous avez dit à M. d'Arancey des vérités désagréables, vous étiez en présence, et il pouvait se défendre. — Après? — Vous connaissez l'amitié, et vous savez qu'un homme d'honneur ne souffre pas qu'on outrage son ami absent. — C'est très-bien dit, jeune homme, vous me faites la leçon à votre tour, et comme vous y êtes en profite: Mais, corbleu, je le reverrai, ce père-là... A propos, n'oubliez rien de ce que cette chère enfant vous a recommandé. Refusez-la bien positivement. — C'est mon intention. — Qu'elle paraisse toujours disposée à obéir. — C'est convenu. — Piquée même de votre refus. — Ah! ce serait trop fort. — C'est qu'elle m'est bien chère, et je ne veux pas qu'on la brusque, qu'on la mette aux arrêts, oh! je sais tout, moi. — J'attirerai l'orage sur moi seul. — Brave garçon, digne garçon! je vous pardonne d'être noble. — Vous êtes bien bon.

— Ah çà, monsieur Botte, il faudra me seconder un peu. — De tout mon pouvoir. — Ménagez davantage mon ami. — Je ne vous promets pas cela. — Il aime les déférences, les égards. — Il faudrait lui marquer du respect, peut-être : vous vous moquez de moi. — Mais vous connaissez son faible. — Qu'il s'en corrige, morbleu! et quand je lui dis tout simplement : Je vous demande votre fille pour mon neveu, s'il me frappe dans la main, et qu'il me réponde de même : C'est une affaire faite. — Celle-là ne se fera pas aussi. — Eh bien, nous batailleons. — Quand les choses peuvent s'arranger doucement... — J'aime le bruit. — Et surtout que tout le monde vous cède. — C'est vrai. — Et vous ne pardonnez au marquis d'oser vous résister;

vous saisissez les occasions d'humilier son amour-propre, et vous savez, vous l'observiez tout à l'heure, qu'à son âge on ne change point. Monsieur Botte, vivre avec les hommes, tels qu'ils sont, est d'un sage : vouloir qu'ils voient, qu'ils pensent, qu'ils agissent comme nous, est d'un... — Ah! finissez, je vous prie, monsieur le chevalier. Il faut que vous m'ayez plaisir fort pour que j'aie écouté tranquillement votre première mercuriale; mais... — Il est vrai, mon cher oncle, que vous avez été cruel dans votre dernière entrevue avec le marquis. — A l'autre, à présent! — C'est que tout cela tend, mon oncle, à aigrir davantage. — Paix, paix, morbleu! Pensez à vous guérir, et laissez-moi mener vos affaires. — Mais, monsieur Botte... — Mais, monsieur le chevalier, il est minuit, et vos confidents, comme les amoureux, ont besoin de repos.

Je présume que M. d'Arancey faisait lever les uns après les autres les acquéreurs de ses métairies, car il n'était pas rentré lorsque d'Égligny revint à son hôtel garni. Je crois bien, avec M. Botte, que les amoureux ont besoin de repos; mais ils ne le cherchent pas toujours, car la charmante fille pensait à tout, excepté au sommeil. Elle avait employé le temps à s'asseoir, à se lever, à relire les lettres de Charles, à lui adresser les plus jolies pensées; les expressions les plus tendres, et Phalérine de Zéphire ne les portait point au delà des murs épais de sa chambre. Que d'esprit, que de sentiments perdus!

Il fallut que d'Égligny, déjà très-las de parler, parlât encore une heure et demie. Elle le retenait sous le prétexte très-poli d'attendre son père, dont l'absence ne lui déplaisait pas du tout. A deux heures cependant le chevalier lui demanda grâce; et comme on pense à son amant avec plus de charme encore dans le recueillement de la nuit, Sophie, qui ne voulait rien perdre de ses faibles avantages; se hâta de se mettre au lit, et d'éteindre sa bougie.

Il était presque jour lorsque M. d'Arancey rentra, fatigué, excédé, et surtout d'une humeur! ah!... ah! ses trois métairies venaient d'être revendues, et achetées encore par des prête-noms d'une indiscrétion désespérante. Il ne lui restait plus qu'une ressource : c'était de se faire de ses cent mille francs quatre ou cinq mille livres de rente et de finir noblement avec cela, lui, sa fille et son gendre. Il se consola, et s'endormit en pensant qu'il n'avait jamais été roi, et qu'un roi s'était trouvé trop heureux d'être maître d'école à Corinthe.

Il aimait d'Égligny de tout son cœur, et il avait dans les idées une ténacité égale à celle de M. Botte. Le chevalier, ami ardent et sincère, ne se dissimulait pas combien était délicate la conférence qu'il allait avoir avec le marquis. Aussi décidé à ne pas se brouiller avec son ami qu'il le croyait à la fois persuadé et propre à adoucir ce qu'un refus prononcé en face a de désagréable pour celui qui le reçoit. Au moment de commencer, il éprouva un embarras qui lui perdre tous ses moyens. Sophie, de son côté, était dans une inquiétude, une agitation inexprimable. Ce moment allait tout décider, et elle attendait avec une extrême impatience le résultat de l'entretien.

Pendant que d'Égligny cherchait à se remettre, M. d'Arancey lui parlait de ses courses nocturnes, de leur inutilité, et il entreprenait de prouver avec éloquence combien la médiocrité est préférable à l'opulence. Pas de luxe, mais plus de besoins factices. Des amis sincères, et plus de flatteurs. Point de plaisirs bruyants, mais un retour sur soi-même, qui rend à ceux du cœur toute la vivacité. Plus d'équipages, mais un exercice qui entretient la santé. Le calme de la retraite, si favorable à l'étude des sciences consolatrices; une teinte de philosophie qui élève l'homme au-dessus de sa fortune : telles étaient les bases du très-long discours que prononça M. d'Arancey.

Ce n'est rien que d'avoir bien parlé, pour peu que, récompense de son talent, persuader son auditoire ; l'amour-propre sollicite les applaudissements, et d'Égligny, très-préoccupé, n'avait rien entendu. — Qu'avez-vous donc, mon ami? lui dit le marquis; vous ne paraissez pas frappé de la clarté, de la solidité de mes raisonnements. — Mon cher d'Arancey, je conviens qu'avec un air très-attentif, je n'étais pas du tout à ce que vous me disiez. — Ah! ah! J'ai saisi en gros votre tableau de la médiocrité, très-bien tracé sans doute. — N'est-ce pas? — Et j'y reviendrai tout à l'heure; mais auparavant j'ai à vous parler d'autre chose. — Eh bien j'écoute, mon ami. — Le difficile c'est de commencer. — Craignez-vous de vous ouvrir à votre meilleur ami, à votre père? — J'aurais point d'être un indulgent, le père s'armer de sévérité. — Ceci est donc sérieux? Ah! chevalier, à qui vous confierez-vous, si ce n'est à celui dont vous avez partagé, adouci les peines? Du courage, mon jeune ami! J'en aurais avec tout autre. — Craindriez-vous des reproches? — Je crains de vous déplaire. — Cela ne se peut pas. Parlez, je vous en conjure; vous m'inquiétez, chevalier. — Monsieur le marquis... monsieur le marquis... — Mon cher d'Égligny? — Mademoiselle votre fille... elle ne saurait... je ne peux... — Ma fille qu'a-t-elle de commun avec le trouble où je vous vois? refuserait-elle de remplir sa promesse? — Pas du tout; mon ami. Mais, moi... — Mais vous? — J'ai réfléchi à ce que M. Botte... Ce n'est point de ces gens-là dont il s'agit, c'est de vous. — Je pense que ce qu'il nous a dit l'autre jour au château était, à son tour près, très-raisonnable, très-bien senti. — Très-impertinent, très-absurde. — Vous savez combien je vous aime. — Vous me l'avez prouvé. — Croyez-vous que le titre de votre gendre ajoute quelque chose à mes sentiments pour vous ? — Je vous entends, monsieur. — Ne vous fâchez pas, mon ami. Croyez-vous que, dans la vie très-privée qui devient notre partage, l'union la plus intime ne soit pas indispensable? Resserrés dans cette humble demeure que vous parlez à l'instant des charmes de l'imagination, ne pouvant nous éviter ni nous distraire, votre malheureuse fille serait réduite à renfermer ses larmes, à étouffer des soupirs qui s'échapperaient enfin jusque dans les bras de son époux; votre gendre, aussi à plaindre qu'elle, et par la froideur dont on payerait ses tendres soins, et par des regrets trop tardifs; un père affligé d'un spectacle continuel de douleurs, que le temps ne ferait qu'accroître; les plaintes, l'aigreur, les reproches et peut-être les haines; enfin une rupture, dernière ressource des époux mal assortis, voilà, mon ami, voilà le sort qui nous attend, et que nous pouvons éviter.

Une vieille comtesse des amis de M. le marquis d'Arancey.

— Monsieur le chevalier, je n'examinerai pas à quel point il faut s'aimer pour être heureux en mariage ; des unions préparées par la seule estime ont offert l'exemple touchant de la concorde et de la félicité durable, étrangère aux convulsions du délire, qui ne dure jamais. Je ne m'étendrai pas sur ces distinctions : il est inutile de raisonner avec un homme déterminé. — Vous me le pardonnerez, je l'espère, oui, j'ai pris mon parti. — Je vous observerai seulement que c'est lorsque j'avais l'espoir de rentrer dans mes biens, lorsque la main de ma fille assurait votre fortune, que vous pouviez la refuser avec décence, et c'est alors que vous avez reçu avec transport la proposition de vous unir à elle.
— Monsieur le marquis, l'observation est aussi forte qu'outrageante. Je vais y répondre avec le ménagement que je dois à votre âge et à l'amitié. — L'amitié, dites-vous, vous pouvez l'invoquer encore ! — Je n'en ai pas perdu le droit. Écoutez-moi, de grâce.
La beauté de mademoiselle d'Arancey m'a séduit au premier coup d'œil ; ses qualités, sa position intéressante, tout m'attirait vers elle, et sans m'occuper de l'avenir, je me livrais au sentiment qu'inspirait sa présence. M. Botte, que vous n'aimez pas, et qui s'est montré votre ami, M. Botte m'a éclairé. Il a dissipé une illusion qui commençait à m'être bien chère ; j'ai reconnu le danger auquel j'étais exposé ; sans lui, j'aurais aimé jusqu'à l'idolâtrie, et au lieu de me combattre et de me vaincre lorsqu'il en était temps encore, je serais aujourd'hui le plus infortuné des hommes, et je ne serais pas moins ferme dans mon refus, parce que où la probité commande, tout autre sentiment doit se taire. Voilà, monsieur le marquis, le récit succinct de ce qui s'est passé dans mon cœur. Moins prévenu, vous le trouveriez aussi naturel que je vous le garantis véridique.
Passons maintenant à ce qui m'a le plus affecté dans ce que vous venez de me dire, à ce que vous me pardonnerez jamais, au reproche de me laisser conduire par de petites vues d'intérêt. Quand je vous ai trouvé presque nu sur ce chariot, que je me suis dépouillé pour vous couvrir, vous connaissais-je, monsieur ? J'étais jeune, vigoureux, et, dans le fond même de la Sibérie, mon travail pouvait suffire à mes besoins : j'ai souffert, parce que j'ai tout partagé avec vous ; j'ai altéré ma santé, parce que je travaillais les nuits lorsque les jours ne suffisaient pas à la subsistance de tous deux ; et lorsque je rentrais, accablé de fatigue, je dérobais encore une heure à mon repos pour vous donner les consolations dont j'avais tant de besoin moi-même. C'est moi qui, dans votre fuite, vous ai guidé à travers des déserts immenses, qui pansais les blessures de vos pieds quand le sang ruisselait des miens ; c'est moi qui vous portais à travers les torrents, les neiges et les rocs ; qui, le soir, ranimais vos sens engourdis en vous pressant des heures entières contre mon sein ; et que m'importait alors votre fille que je n'avais pas vue, votre fortune à laquelle vous-même ne pensiez plus ! La mort, une mort lente, cruelle, se présentant à chaque pas devant nous, éloignait toute autre idée que celle d'un prochain anéantissement, et mes soins et mes efforts vous en ont garanti. Monsieur le marquis, qui s'oublie ainsi pour secourir l'humanité souffrante n'est pas un homme intéressé.
— Ce que vous me rappelez, monsieur, je l'ai dit à quiconque a pu m'entendre, je n'ai cessé de le répéter tant que je vous ai cru sincère. Voulez-vous vous rétablir dans mon estime et dans mon amitié, voulez-vous que je croie que vous n'avez pas en effet aperçu dans l'éloignement ce que je pourrais donner à la reconnaissance, soyez mon gendre, et ce nuage, le premier qui s'est élevé entre nous, se dissipera à l'instant. — Non, monsieur, je ne commettrai point une faute capitale parce que vous me la prescrivez ; vos derniers jours ne s'écouleront pas dans l'amertume parce que vous mettez de l'opiniâtreté où il ne faut que de la raison. Mais je ne perdrai pas mon ami pour avoir eu le courage de lui résister. Nous retrouverons cette douce confiance, ces tendres épanchements qui nous ont si longtemps soutenus dans nos souffrances. D'Arancey, mon cher d'Arancey, cessez d'être injuste, et embrassez votre ami... Dieu ! grand Dieu ! d'Arancey me repousse ! — Je ne vous connais plus. — Vous m'y forcez, cruel, le sort en est jeté. Je serai votre gendre, et nous en gémirons tous trois.

Madame Duport.

Le marquis n'avait pas feint le soupçon qu'il avait exprimé. L'apparence était contre d'Égligny ; le vieillard se voyait contraint à mépriser son ami, à rompre un attachement qui faisait partie de son être, et son cœur était brisé. Il avait mis dans son ton, dans ses gestes, cette vérité, cette énergie qui avaient subjugué le chevalier, et qui le laissaient sans défense. Fidèle à l'amitié et à la confiance de la beauté malheureuse, il entra chez Sophie, égaré, hors de lui, pour lui rendre la scène qui venait de se passer, et transiger avec elle par la plus singulière des propositions.
Sophie était destinée à passer sans cesse, et sans interruption, par toutes les alternatives qui peuvent charmer et froisser une âme sensible. Elle commençait à contracter cette habitude du malheur qui produit la fermeté, et d'Égligny, la trouvant plus calme qu'il n'avait

osé l'espérer, se remit par degrés, et finit en lui déclarant qu'il lui était impossible de vivre sans son père; que, pour conserver son amitié, il avait consenti à devenir son gendre; qu'il en était fâché, très-fâché; mais qu'enfin ce malheur-là étant inévitable, ce que Sophie et lui pouvaient faire de mieux était de le rendre à peu près idéal : qu'en conséquence ils seraient, si ce parti convenait à la future, mari et femme aux yeux du monde; mais qu'ils vivraient comme un frère et une sœur qui s'aident mutuellement à supporter le fardeau de la vie. Il prononça le serment authentique de ne jamais user de ses droits; il protesta que jamais il n'en aurait même la pensée.

M. Botte amène son neveu en robe de chambre pour voir sa fiancée.

Il faut être bien jeune et bien pur pour faire de bonne foi, à vingt-cinq ans, une semblable promesse à une fille charmante. Sophie ne doutait pas que l'exécution n'en fût très-facile; mais elle sentait que ce mariage, quelles qu'en fussent les suites, était une barrière insurmontable, éternelle, qui s'élevait entre elle et son amant. Elle trouvait cependant une sorte de plaisir à penser qu'il lui demeurerait fidèle; l'instant d'après, elle sentait tous les désagréments de ce genre de fidélité, et pourtant elle marquait de la reconnaissance à celui qui, par pitié pour elle, voulait bien ne pas l'épouser tout à fait.

S'il était possible de trouver un côté gai à quelque chose d'aussi grave que les traverses qu'éprouvent les amants, rien ne paraîtrait aussi plaisant que les entretiens de Sophie et du chevalier. Tous deux jeunes, tous deux tendres, ils convenaient très-sérieusement des moyens qu'ils emploieraient pour tromper la nature, qu'on ne trompe jamais, pour abuser le public, qui ne pénètre pas le mystère des nuits. Le jour, on se ferait des amitiés, rien que des amitiés, mais on s'en ferait beaucoup, pour abuser M. d'Arancey, et la nuit, deux lits, aussi éloignés que le permettraient les murs de la chambre recevraient deux époux qui resteraient aussi calmes que s'ils étaient l'un à Paris et l'autre à Pékin. Quel joli plan ! des caresses innocentes le jour, pour préparer le repos imperturbable des nuits, à quatre pas de distance, quand l'époux peut tout oser, quand l'épouse est sans défense, qu'elle peut d'ailleurs s'oublier un moment; car enfin, ces caresses de jour doivent insensiblement devenir plus vives, et puis les petites distractions des toilettes, un rideau entr'ouvert, un œil indiscret, l'imagination qui s'allume..... que sais-je, moi ? Il faut avoir soixante ans pour faire et tenir un semblable marché, et encore je ne sais pas..... Quoi qu'il en soit, cette chimère avait son utilité : la bonne Sophie se livrait au petit orgueil de penser que jamais elle ne ferait d'infidélité à Charles, pas même en faveur de son mari, et les jouissances de l'orgueil, comme toute autre, reposent un peu son cœur tourmenté.

Le marquis voulait sincèrement le bien de sa fille, et, pour le trouver dans un mariage forcé, il fallait qu'il eût de l'amour des idées toutes particulières. Étranger toute sa vie à ces passions qui font extravaguer, il ne croyait qu'à ces goûts frivoles, aimables, inconstants, qui sont si fort à la mode. Il ne doutait pas que sa fille n'oubliât promptement Charles, qu'elle ne s'attachât enfin au chevalier; et cette union lui convenant parfaitement, à lui, il ne s'occupa plus que d'en accélérer le moment.

Cependant Charles se rétablissait, et attendait, le plus patiemment qu'il lui était possible, l'effet des promesses de son oncle et du chevalier. D'Égligny s'était trop avancé envers son heureux rival pour n'être pas embarrassé de la manière dont il se tirerait de là. Sophie, qui comptait bien aimer toujours Charles, et qui le disait cent fois par jour à son futur époux, Sophie voulait que son amant fût au moins instruit du traité conclu entre elle et le chevalier; elle devait y gagner des deux façons : d'abord, Charles lui saurait un gré infini de sa fidélité, et ensuite elle le liait, par ces fréquentes entrevues, avec son mari : elle pourrait donc le recevoir tous les jours, et elle protestait à d'Égligny qu'elle le recevrait sans danger pour sa vertu. D'ailleurs, qu'importent à un frère les actions particulières de sa sœur ! Le chevalier n'était pas précisément de cet avis : ses longues et fréquentes conversations avec Sophie le ramenaient insensiblement à un sentiment mal éteint. Il ne s'alarmait pas, parce qu'il est naturel d'aimer sa sœur ; mais il sentait qu'il n'était pas nécessaire qu'un second frère vînt se mettre en tiers dans sa maison. Bon gré, mal gré, il fallut pourtant qu'il allât chez M. Botte.

Charles jeta les hauts cris quand le chevalier lui communiqua ces conventions d'un genre si nouveau, et qu'il entreprit de lui persuader qu'il devait les approuver et en être reconnaissant. Il ne voulait pas que sa Sophie se mariât, de quelque manière que ce fût; et puis la petite Grandval l'avait convaincu qu'on recherche quelquefois une femme qu'on n'aime point ; or, d'Égligny avait aimé mademoiselle d'Arancey, il était difficile qu'il ne l'aimât pas encore, et comment se bornerait-il à jouer toujours le mari ! A quels dangers serait donc exposée la fidélité de son amie, si, en dernier résultat, elle ne se laissait point d'être fidèle, ce qui ne lui paraissait pas mathématiquement impossible.

M. Botte ne s'attendait pas à ce prochain mariage ; il en fut étourdi au point de ne pas s'arrêter un moment à l'extravagance des futurs époux. Depuis vingt ans il connaissait M. d'Arancey ; il l'avait vu constamment aussi glorieux de son faste que de sa naissance : il croyait l'avoir forcé à recourir à lui pour continuer un genre de vie qui lui était si cher, et il était loin de prévoir que l'amitié eût assez d'empire sur lui pour le faire descendre à un état au-dessous de la médiocrité.

Préparatifs pour le dénoûment.

— Il est bien singulier, disait-il à son neveu, que cet homme, qui ne parlait que de ses équipages, de ses chevaux, de ses ancêtres, de sa livrée, qui était jaloux de son eau bénite, de son pain bénit, de son encensoir, et qui faisait garder ses chasses comme madame Cretté du Bourget... —Eh ! mon oncle ! il s'agit bien de madame Cretté. — C'est une excellente femme, pleine de qualités, qui aime beaucoup ses parents, et qui ne leur sacrifierait pas un lièvre. Mais revenons : il est bien singulier que M. d'Arancey ait oublié tout cela pour se borner à son pot-au-feu, tristement partagé avec sa fille et son gendre ! Quel a ligman ont donc ces jeunes gens qui arrivent du Kamtschatka ! — Mais vous plaisantez, je crois, mon oncle ? — Vous savez, mon neveu, que je ne plaisante jamais. — Vous oubliez au moins vos promesses. — Pour qui me prenez-vous, monsieur ? — Et vous laissez faire cet odieux mariage ? — Je compte bien encore l'empêcher. Tu me crois donc sans sensibilité, sans entrailles ? Je suis donc ton ennemi ? — Eh ! non, mon oncle ; mais ce ne sont pas des mots qu'il faut ici — Aussi, monsieur, vais-je agir, et efficacement, je l'espère. Je cours chez le marquis. — Oh ! oui, je vous en prie, mon oncle. — Et je lui parlerai vertement. — Et que lui direz-vous, que vous ne lui ayez déjà dit ? — Voilà un enfant bien opiniâtre. Croyez-vous, monsieur, que j'aie le talent de persuader les gens sans leur parler ? Me prenez-vous pour un mime ? — Si vous parliez plutôt à mademoiselle d'Arancey ? — Pourquoi faire, monsieur ? pour la détourner de ses devoirs, auxquels je l'ai ramenée moi-même ? — Vous me faites mourir, mon oncle, avec vos idées exagérées de vertu. — Monsieur, qui ne fait pas trop en ce genre pour les autres ne fait jamais assez pour soi. — Et je serai victime de votre système. Oh ! je mourrai, décidément je mourrai. — Le malheureux en est capable. Je vous répète, monsieur, que je vais parler à ce père-là : je connais son faible, je suis en mesure, et j'ai à lui faire des observations d'une force majeure. — Eh ! mon Dieu ! mon oncle, que ne les lui faisiez-vous plus tôt ! — Ne m'arrête donc pas davantage, si tu ne veux pas que je les lui fasse plus tard

M. Botte arrive chez le marquis. Il entre dans une petite pièce éclairée par un quinquet, qu'on honorait du nom d'antichambre, et que le cher oncle reconnut servir à la fois de cuisine, de bûcher et de cabinet de toilette ; car vous savez que le marquis avait remis le toupet en fer à cheval, les boucles détachées et la bourse. Deux laquais de louage avaient endossé, en entrant, la livrée, qu'ils devaient renfermer, en sortant, dans un garde-manger qui ne servait plus qu'à cet usage. Comme la valetaille a joué de tout temps dans les antichambres des gens de qualité, ceux-ci, fidèles aux grands usages, et ne pouvant faire un brelan à deux, jouaient au noble jeu de l'oie, dans les intervalles où ils n'avaient personne à annoncer.

Un de ces drôles, qui avait des souliers percés, des bas crottés, des manchettes sales et des cheveux poudrés à blanc, demanda gravement à M. Botte sous quel nom il fallait l'annoncer ? — Eh ! parbleu ! sous le mien : Jacques-Nicolas Botte. — Jacques-Nicolas... Vos qualités ? — Honnête homme. Tu ris, maraud ! — On n'entre point ici qu'on ne soit titré. Êtes-vous prince, duc, marquis ? — Je suis un être fatigué de tes questions, et je vais m'annoncer moi-même — Mais, monsieur... — Range-toi, faquin ! Et M. Botte lui applique un vigoureux coup d'épaule ; il passe, le laquais le poursuit ; il pousse vivement la porte, et renverse une bergère passablement garnie ou vieille moquette. Dans la bergère était une antique duchesse qui roula sur un tapis de lisière, et qui présenta, à la clarté d'une bougie unique, des appas auxquels, depuis trente ans, personne n'avait été tenté de faire voir le jour.

M. d'Arancey reconnaît M. Botte, et rougit jusqu'au blanc des yeux. Un bourgeois, et un bourgeois assez impertinent parfois, pénétrer dans une assemblée aussi respectable ! Le marquis sentait bien que l'étiquette voulait qu'il le mît à la porte ; mais il savait bien que le cher oncle n'endurerait point paisiblement un tel affront, et que la scène deviendrait plus scandaleuse encore. Comme de deux inconvénients il faut choisir le moindre quand on peut choisir, le marquis jugea que, pour être plus promptement débarrassé, il fallait laisser dire le bourgeois, qui se retirerait probablement lorsqu'il aurait exhalé sa bile.

Pendant que M. d'Arancey se consultait, un cordon bleu relevait madame la duchesse, qui faisait des efforts incroyables pour rougir, en minaudant à travers les bâtons d'un éventail, un cordon rouge relevait son chignon, un chevalier de Saint-Louis son râtelier, et le cher oncle son gui d'émail, qu'il voulait à toute force faire rentrer dans son orbite. Cette haute noblesse, qui se croyait en sûreté dans cette chambre, comme Dieu dans son sanctuaire, indignée de la familiarité de ces manières, exprima son humeur par certaines expressions très-claires, que le cher oncle ne jugea pas à propos de relever, de peur de s'écarter de son but. Il fut s'asseoir sans façon près du marquis, et lui frappant sur la cuisse : — Vous êtes cuselé, et moi aussi ; vous avez juré de faire une sottise, j'ai fait serment de l'empêcher, et je m'explique. C'est moi qui ai acheté votre terre du Berri, et vos trois métairies. C'est moi qui vous ai réduit à recevoir ces messieurs et ces dames dans ce taudis, et à les régaler avec de la piquette et le plat de bœuf à la mode ; j'en ai vu les débris en entrant. C'est moi qui vous croyais assez de bon sens pour ne pas préférer la morgue à l'aisance, et votre satisfaction personnelle au bonheur de votre fille. C'est moi enfin qui reviens à vous, puisque vous continuez de vous éloigner de moi.

Voici mes dernières propositions : Je vous rends votre terre du Berri, vos trois fermes et votre château d'Arancey. Ceci vaut la peine d'y réfléchir ; et cent mille livres de rente que je vous offre. Vous en jouirez en toute propriété, sous la seule condition de ne pouvoir ni vendre ni aliéner. Après vous, ces biens passeront à votre fille et retourneront à mes héritiers si elle meurt sans enfants. Il me reste encore de quoi la doter très-passablement sans que vous preniez une obole sur votre revenu. D'après cet arrangement, vous recevrez vos amis dans un château meublé comme celui d'un souverain, vous les traiterez splendidement ; vous leur prêterez de l'argent, considération qui peut déterminer ces messieurs et ces dames à appuyer ma demande ; et enfin, ce qui vous flattera autant que le reste, vous conserverez votre nom d'Arancey, auquel vous tenez tant. Je m'oblige, devant témoins, à ne vous jamais appeler Thomasseau, à descendre avec vous jusqu'à la déférence, et à paraître reconnaissant, lorsque c'est vous qui me devrez tout. Prononcez maintenant : mon neveu est-il votre gendre ?

— Mais vraiment, reprit la duchesse, l'argent rapproche les distances, et il est très-agréable d'en pouvoir prêter à ses amis. Rappelez-vous, mon cher marquis, que nos jeunes seigneurs ne dédaignaient pas de s'allier à la finance. — Madame, ils élevaient leurs femmes jusqu'à eux ; ici, mademoiselle d'Arancey descendrait jusqu'à M. Montenar. — Mais, mon cher marquis, de l'argent à la disposition de ses amis ! — L'argent n'est rien, madame, l'honneur est tout. — Et en quoi, poursuivit M. Botte, faites-vous consister cet honneur ? dans ces brimborions qui vous pendent au cou ? Savez-vous ce qui vous arrivera, monsieur Thomasseau ? Je vais vous le dire. Vous achèterez une misérable baroque et quelques arpents de terre, dont vous mangerez bien vite la moitié, vous labourerez le reste en sarreau de toile, en sabots et l'épée au côté. Vous mourrez orgueilleusement de faim, vous et les vôtres, et le bon d'Egligny, qui est en âge de faire son chemin, et que je pousserais dans le commerce, sera tout en gros votre premier garçon de charrue. La jolie perspective pour l'arrière-petit-fils d'un maréchal de France !

— Avez-vous fini, monsieur Botte ? — Absolument, monsieur Thomasseau. — Voici ma réponse, et je vous prie de vous en souvenir : je suis le maître de ma conduite et du sort de ma fille. — C'est malheureusement trop vrai. — Je persiste dans mes résolutions. — Je devais m'y attendre. — Et si l'indigence que vous m'annoncez devient en effet mon partage, je ne m'en plaindrai pas à vous. — Et vous ferez bien. — Dispensez-moi à l'avenir de vos visites. — Il est inutile de me le recommander. — Et surtout de vos incartades, que je ne supporterai pas toujours aussi tranquillement. — Eh bien ! adieu, adieu donc, jusqu'à l'éternité, monsieur Thomasseau. Je pars à l'instant avec mon neveu. Je le tire d'un pays où le chagrin lui ôterait infailliblement la vie, je fais avec lui le tour de l'Europe, pour le distraire de la folie de son amour, et je le rencontre une seconde Sophie, ce qui n'est pas très-probable, mais ce qui n'est pas absolument impossible, je la lui fais épouser, et je reviens m'établir à côté de vous, pour vous rendre témoin de son bonheur et vous faire enrager.

— A moi, à moi, tous mes gens ! crie M. Botte en rentrant à l'hôtel. Qu'on prépare une berline de poste ; qu'on emplisse la vache, les coffres, la cave et mes malles de tout ce qui peut être utile ou agréable pour un voyage de trois ans ; qu'on m'aille chercher des passeports ; que mes deux valets de chambre passent la culotte de peau, et vous, monsieur mon homme d'affaires, garnissez-moi mon portefeuille Ah !... qu'on dise à Moreau d'être prêt dans une heure ; je le prends avec moi, parce que ce pauvre Charles n'est pas dans un état à pouvoir être grondé. — Hé, mon oncle, où allez-vous donc ? — Ce marquis de Thomasseau, le diable au corps, et le bonhomme à Pétersbourg, à Londres, à Madrid. Qu'est-ce que cet homme révérencieux qui me regarde d'un air hébété ? — Mon oncle, c'est un marin qui arrive de la Guadeloupe. — De la Guadeloupe ! C'est là que mon pauvre père est mort. Que voulez-vous, monsieur le marin ?... Pas tant de révérences ; je ne les aime pas.

— Monsieur, je suis Anglais. — J'en suis bien aise. — J'étais sur la flotte qui s'empara de cette colonie en 1780... — C'est bon ; l'eussiez. Si vous nous avez pris cela, nous vous avons rossés à Dunkerque dans cette guerre-ci, à Fontenoy dans une autre, et sur toutes les côtes de France sous Philippe-Auguste et ses successeurs, malgré vos intrigues et vos alliances avec les ducs de Bourgogne et de Bretagne, qui vous faisaient beau jeu. Après, monsieur le marin ? — J'ai été chargé par notre amiral de l'examen des papiers français... — Dépêchez-vous donc, je pars pour Pétersbourg. — Et dans un arrière-cabinet du gouverneur, j'ai trouvé ce brevet. — Qu'est-ce que ce chiffon ?

« Louis, par la grâce de Dieu, etc. En récompense des services rendus à la navigation et au commerce par Antoine-Xavier Botte, écuyer... » — Mon père écuyer ! il ne m'a jamais dit qu'il fût écuyer. C'est apparemment un titre royal qu'on lui a fait bien voulu lui conférer ; poursuivons... « Par Antoine-Xavier Botte, écuyer, il nous a plu de l'élever, et l'élevons par ces présentes au grade de capitaine de frégate, de notre marine royale. — Je n'ai jamais entendu parler de cette promotion. Voyons la date... du mois qui a précédé celui de son décès. Ce brevet lui aura été adressé à la Guadeloupe, et il n'a pas eu le temps de me faire part de cette faveur de la cour... Signé Louis, et plus bas, Saint-Priest ; c'est très-en règle, parbleu.

— Votre nom, monsieur, est très-connu dans tout l'univers commerçant. — Je le crois bien, monsieur. — J'ai cru vous faire plaisir en vous conservant cette pièce. — Vous m'en faites, et beaucoup. J'ai toujours honoré mon père, et cette distinction ajoute à mon respect pour lui. — Mes affaires m'ayant amené en France, je me suis fait un devoir de vous présenter moi-même ce brevet. — C'est très-honnête, en vérité... Diable, diable ! si j'avais eu cette pièce-là ce matin... Eh bien! Henri, qu'est-ce encore? — Un monsieur qui arrive de Marseille. — Je suis originaire de cette ville, et j'ai toujours aimé les Provençaux, j'en ai conservé la franchise. Faites entrer.

Celui-ci me serre la main : bon cela. Voilà les manières qui me plaisent. Ah! ne secouez pas ce bras si fort ; c'est celui de mon rhumatisme.

— Monsieur, j'étais membre du comité révolutionnaire d'Aix. — Tant pis pour vous, monsieur! — Mais je n'y étais entré que pour être utile aux honnêtes gens. — L'intention est louable. — Nommé pour compulser les archives du parlement, de différents tribunaux de la province, et les registres des églises, j'ai conservé les titres de quelques familles illustres, et notamment de la vôtre. — Ma famille illustre! vous vous moquez de moi, mon cher ami. — Je vous respecte, je le dois, et je vous prie d'examiner ces liasses. — Voyons, monsieur, voyons. Il serait plaisant que je fusse noble sans m'en être jamais douté.

Oh! comme ces parchemins sont vieux et enfumés! quels caractères gothiques! Henri, ma loupe... m'y voilà. Contrat de mariage de haut et puissant seigneur Ferdinand, comte de Botta, fils unique de feu messire de Botta, feld-maréchal au service de Sa Majesté l'impératrice, et d'Irène de Boralette... Attendez donc, j'ai entendu parler de ce marquis de Botta. Charles, remettez-moi sur la voie. — Je crois, mon oncle, que c'est celui qui a pris Gênes... — Précisément. Diable!

» Extrait des registres de baptêmes de la paroisse de Notre-Dame de Marseille. A été baptisé, le quinze février seize cent quatre-vingt-dix, Auguste, fils de Ferdinand, comte de Botta... » — Et voilà un brevet qui nomme Auguste de Botta garde de la marine à Toulon. Pourquoi donc cet Auguste ne s'appelle-t-il pas comme son père? — Vous savez, mon oncle, que nous avons l'habitude en France de changer en u muet l'a final des noms propres italiens. — C'est vrai. Mais cet Auguste de Botta est mon bisaïeul, et comment mon père a-t-il cru qu'il était matelot... garde-magasin, marin?... — Le cher homme aura confondu... Il est extraordinaire pourtant que des pères laissent ainsi tomber leur filiation dans l'oubli. Vous verrez qu'il se sera trompé encore au sujet de mon grand-père, dont il faisait tout simplement un pilote.

« Contrat de mariage d'Auguste de Botta, écuyer... » Ah! la famille perd ici son illustration... « d'Auguste de Botta, écuyer, et de demoiselle Gertrude de Miolan.

» Extrait des registres de baptêmes de la paroisse de Notre-Dame de Marseille :

» A été baptisé, le sept mai mil sept cent trois, Jérôme, fils de... »
— Ce Jérôme est mon aïeul... Corbleu, je le savais bien, mon père faisait encore ici une bévue. Voici un ordre authentique du roi qui donne commission à Jérôme de Botta, officier de la marine royale, très-instruit dans le pilotage,... — Et mon père en faisait un pilote! — qui donne commission à Jérôme de Botta de monter la flûte la Danaé, d'aller sonder les rades nouvellement découvertes dans les mers du Sud... Parbleu, la négligence de mon père est bien impardonnable! laisser perdre des titres aussi importants! Ce n'est pas que je tienne infiniment à la noblesse, mais enfin on est bien aise de savoir de qui on sort, et puis il faut avouer que la noblesse a son utilité. Elle récompense les belles actions, et elle impose aux héritiers du nom l'obligation de marcher sur les traces de leurs pères. Que diable! si j'avais eu cela avant la Révolution, j'aurais repris mon nom de Botta, et avec ma fortune je me serais fait marquis comme un autre. A quoi tout cela me servira-t-il maintenant? — A faire mon mariage, mon oncle. — Tu as, parbleu, raison... Ah! qu'est-ce que c'est que cette pièce-ci? c'est du latin, et je ne le diable m'emporte. Vois donc cela, Charles, moi je ne sais pas le latin.

— Mon oncle, ce sont des lettres de noblesse accordées en 774 par Didier, dernier roi des Lombards, à Adrien Botta, son valet de chambre, pour lui avoir conseillé de déclarer la guerre à Charlemagne, son gendre, qui venait de répudier sa fille. — Un valet de chambre! c'est bien peu de chose que cela. Mais les familles les plus illustres ont eu leur commencement, et, ma foi, quand on date de l'an 774 et d'un roi des Lombards, on peut aller de pair avec ce qu'il y a de plus distingué.

Or çà, Charles, me voilà noble, et très-noble, comme tu vois. Tu me disais tout à l'heure que me servirait ma noblesse à faire ton mariage ; mais, mon ami, mon père, qui ne savait rien de tout ceci, ou qui n'en voulait rien dire, peut-être parce qu'il n'était pas riche, mon père a marié ma sœur au pauvre Montemar, qui était à la vérité procureur du roi au bailliage de Tarascon, mais roturier dans toute l'étendue du mot. Je ne t'en aime ni t'en prise pas moins ; mais comment faire entendre raison à mon confrère le marquis d'Arancey, qui ne veut rien entendre?

— Monsieur, reprit le Marseillais, j'ai trouvé une Rosalie Botte dans cette liasse, ce qui m'a déterminé à la joindre à l'autre. — Rosalie Botte! c'est ma sœur. — Ah! que je me sais bon gré de n'avoir pas fait brûler ceci!

— Allons donc, Charles, moins de nonchalance, examine tout ceci; que diable! tu y es plus intéressé que personne. — Voici, mon oncle, un arbre généalogique... — Cela ne prouve rien. — Cela prouve beau-

coup. La tige commence par Adrien de Montemar, anobli après la première croisade par le pape Urbain II. Voilà les enfants, les petits-enfants, les arrière-petits-enfants... — Du pape Urbain II? — Eh! non, mon oncle, vous savez bien que les papes n'ont pas d'enfants. — Tu plaisantes, mon neveu; et Alexandre VI, qui en faisait publiquement à sa fille Lucrèce, qu'il maria trois fois pour la forme, et qu'il enleva à trois maris, dont il fit assassiner le dernier, Alphonse d'Aragon, pour la donner enfin à l'héritier de la maison d'Este? Je t'en citerais bien d'autres, qui de leurs bâtards se sont fait des neveux. — Cela n'est pas croyable, mon oncle. — A la bonne heure, mais cela est. Au reste, il s'agit ici des descendants d'Adrien de Montemar. Les voilà tous ; tu as raison... Ah! le tronc se divise en deux branches; ici, en l'an 778, voilà un Raoul de Montemar qui recueillit l'armure de Roland, tué à la bataille de Roncevaux... Mais j'ai vu cette armure au château de Sedan, et que le diable m'emporte si je conçois comment elle y est venue. — J'ai vu moi, mon oncle, l'armure de Godefroi de Bouillon : elle était toute neuve. — Mon cher ami, en armures comme en reliques, la foi fait tout. Dieu te dispense pourtant de prouver l'origine des premières, et de croire aux secondes. Mais revenons aux Montemar. Voilà, après quelques générations un duc du nom... ventrebleu! un duc de Montemar... Il gagne en Italie la bataille de Bitonto... L'arrière-petit-fils de ce duc est premier président au parlement d'Aix... Le fils du président est conseiller au même parlement... Voilà encore une grande maison qui déchoit. Mais la noblesse de robe n'est pas à dédaigner; et le chancelier de l'Hôpital valait bien le cardinal de Lorraine.. Les petits-fils du conseiller sont, l'un procureur du roi au bailliage de Tarascon, et marié à Rosalie Botte; l'autre est lieutenant des maréchaux de France à Marseille : ce qui prouve que la noblesse est restée pure. — C'est de dernier, reprit le Marseillais, qui a continué l'arbre généalogique, et sans moi l'aîné des Montemar passait fort mal son temps : le tribunal révolutionnaire tranchait impitoyablement cette branche.

— Je ne reviens pas de ma surprise! s'écriait Charles. — Ni moi, répondait mon oncle. Mais comme je ne crois pas légèrement, voyons les pièces à l'appui... C'est très-bien... c'est au mieux... c'est à merveille. Je suis flatté, enchanté, ravi que tu sois noble aussi. D'abord, cela doit lever toutes les difficultés. Ensuite, il est désagréable que la noblesse établisse entre proches parents une différence sensible... Qu'as-tu donc, qu'as-tu donc, monsieur de Montemar? — Une colique épouvantable, mon oncle. Charles mordait son oreiller, et se tenait les côtés pour ne pas éclater de rire.

Horeau entra, vêtu à peu près comme s'il allait à la noce. — On ne vous a donc rien dit de ma part, monsieur? — Pardonnez-moi : on m'a dit que vous comptiez me mener à Pétersbourg. — Je ne pars plus, monsieur; mais pourquoi n'êtes-vous pas en habit de voyage? — C'est que, dans aucun cas, je ne voulais partir. — Voilà qui est singulier. — Moins singulier, sans doute, que vos manières impératives. — Savez-vous, monsieur Horeau, qu'indépendamment des droits de l'amitié, je viens d'en acquérir à votre considération. Je ne la réclamerai jamais, parce que vous êtes trop raisonnable pour ne pas me l'accorder. Apprenez que mon neveu et moi nous sommes nobles, monsieur. — Bah! — Et annoncez-le partout, je vous en prie, parce que je n'aime pas à me vanter. — Voici du plaisant, par exemple! — C'est on ne peut plus sérieux ; prenez, lisez et jugez. — Ma foi, monsieur le gentilhomme, je ne lirai pas ces vieux parchemins. — Vous les lirez, monsieur. — J'aime mieux vous en croire sur parole. — A la bonne heure; je monte en voiture. — Pour aller montrer cela? — Pourquoi sont tirés ces titres de noblesse? — Vous allez vous donner du ridicule. — Aux yeux de quelques bourgeois. — Qui valent bien un noble vendant de la cannelle, du cacao, de l'indigo, des clous de girofle et du gingembre. — Le commerce en gros ne déroge point, entendez-vous, monsieur, et Samuel Bernard valait tous les barons allemands. — Mon cher ami, rendez aux rats ces rogatons qu'on n'aurait pas dû leur ôter. — Voilà les idées rétrécies de mon père et du procureur du roi de Tarascon. Je ne m'étonne plus de leur modeste silence; M. Horeau en eût fait tout autant. — Et vous feriez bien de les imiter. — Vous feriez bien mieux de vous taire, monsieur. Il ne convient pas à tout le monde d'avoir cette grosse franchise avec un descendant du vainqueur de Gênes. Je vais courir tout Paris, mes titres dans ma poche, je forcerai le marquis d'Arancey à me reconnaître pour son égal, et à conclure enfin le mariage de sa demoiselle avec M. de Montemar, mon neveu.

Horeau, vous vous en souvenez était dans la confidence. Il avait craint que M. Botte, qui n'avait laissé échapper jusqu'alors aucune occasion de médire de la noblesse, ne fît tant ses titres au feu, et il avait voulu le forcer à s'en servir par le moyen ordinaire, la contradiction. Le pauvre Horeau connaissait bien peu le cœur humain. Qui de nous n'a pu s'appliquer, cent fois dans sa vie, la fable du renard et les raisins!

Le cher oncle aimait beaucoup son neveu, il nous l'a prouvé sans cesse dans le cours de cette histoire; mais son petit orgueil était agréablement chatouillé, et c'est encore une de ces faiblesses de préférer notre satisfaction personnelle à l'intérêt d'autrui. M. de Botte, certain d'être reçu avec distinction par son confrère le marquis, commença par visiter certaines personnes à qui il était bien aise de jeter de la poudre aux yeux. Il voulait ajouter à l'estime que lui accordaient les uns, et rendre les autres malades de dépit.

Madame Duport était la femme qu'il respectait le plus, et ce fut chez elle qu'il courut d'abord. Elle eut la complaisance d'écouter tout ce qu'il voulut lui dire, et d'avoir l'air de lire avec lui des paperasses dont elle ne déchiffrait pas quatre mots de suite; mais elle savait que chaque homme a sa chimère, qu'il y tient, qu'on l'indispose en voulant le désabuser, et le descendant du vainqueur de Gênes la quitta, enchanté de ses manières, pour courir chez quelques particuliers qui estimaient plus l'arithmétique que le blason, qui le disaient au moins.

L'un affecta de traiter notre gentilhomme plus familièrement que jamais; l'autre lui demanda ce qu'il avait fait pour profiter des distinctions accordées à ses aïeux; celui-ci affecta de rappeler tous les abus de la féodalité; celui-là cita malignement la date du décret qui supprime la noblesse, et M. de Botte, plein d'humeur et de dédain, prononça qu'il n'y avait, parmi ses connaissances, que madame Duport et le marquis d'Arancey qui eussent le sens commun. Il se promit de ne conserver aucune relation avec cette bourgeoisie, et de ne voir que le seul Horeau dans la roture. — La solidité de son amitié, disait le cher oncle, justifiera cette distinction aux yeux de mes confrères, et puis il faut que j'aie quelqu'un à gronder, et je ne peux pas me passer de cet homme-là. Ce plan arrêté, il se fit conduire chez M. d'Arancey. C'est là qu'il devait jouir de la plénitude de sa gloire; c'est là que, pour la première fois, des cordons bleus le traiteraient en égal : il le croyait ainsi.

Il arrive, il descend de voiture, il monte, ses parchemins sous le bras. Les deux laquais de louage n'ont pas besoin de l'interroger cette fois. M. de Botte, déjà convaincu du respect dû à l'étiquette, leur ordonne gravement d'annoncer un descendant du conquérant de Gênes. La vénérable assemblée ne doute point qu'il ne soit question du duc de Fronsac. Cordons bleus, cordons rouges, tous se lèvent et vont jusqu'à la porte de la salle unique au-devant de M. le duc. Ils restent stupéfaits à l'aspect du cher oncle, qui leur dit d'un ton cavalier : — Ma foi, messieurs mes confrères, vivent les gens comme nous pour la politesse. Je sors de chez trois ou quatre bourgeois qui ne m'ont pas seulement reconduit. On se regarde, on croit que le cher oncle a perdu la tête; on reprend ses places. Le marquis s'arme d'un front sévère, et il allait rappeler à M. Botte la prière qu'il lui avait faite de cesser ses visites, lorsque celui-ci, tout à son objet, prit un comte par un bras, un duc par le jabot, les amena devant une table, y traîna un fauteuil, se jeta dedans, et parla ainsi à ces deux messieurs, fort étonnés d'être debout devant un marchand assis :

— Mes bons amis, voici mes titres. Ce ne sont pas des effets verreux comme ceux qu'achètent certains bourgeois jaloux de se décrasser : mes lettres de noblesse datent de l'an 774; celles de mon neveu de la première croisade. Voilà, messieurs, voilà le grand sceau du fameux Didier, dernier roi des Lombards; voilà celui du pape Urbain II; voilà une médaille frappée en l'honneur du marquis de Botta, vainqueur de Gênes; voilà un brevet de Pierre l'Ermite, généralissime des croisés, qui nomme contrôleur général et conservateur des reliques qu'on prendra à Jérusalem Adrien de Montemar, tige de la famille de mon neveu. Voici les brevets de Louis XIV et de Louis XV, que n'ont point arrachés l'importunité, l'adulation, ou de basses complaisances envers le souverain : ils sont le prix de services éclatants rendus à la patrie. Voyez, messieurs, examinez, et convenez que je suis pas indigne de l'honneur que vous m'avez fait de venir au-devant de moi.

Tout cela était dit avec tant de vérité, les pièces présentées avec tant de confiance, qu'il n'était pas possible de se refuser à les lire. La noblesse s'admet un nouveau membre sur des preuves résultantes du plus sévère examen; et les six plus anciens gentilshommes se rangèrent autour de la table, disposés à chicaner sur la moindre vétille, la moindre lacune, la moindre mésalliance.

M. de Botte, qui ne craignait rien, les laissa faire, s'empara de la personne de son confrère le marquis, et le tira à l'écart. Il lui parla avec le feu que lui inspiraient son amitié pour Charles et la confiance que lui donnait sa naissance. Il se résuma en disant que le confrère n'avait plus de prétexte pour s'opposer au bonheur de son neveu; que ce mariage, très-convenable pour le rang des deux familles, et par la fortune qu'apportait M. de Montemar, ne devait plus être retardé; qu'il se flattait que mademoiselle d'Arancey allait être relevée par son père de la promesse qu'elle avait faite d'épouser d'Égligny; que le chevalier rendrait volontiers la parole qu'il avait reçue de ce marquis; que la vérité cet aimable garçon demeurerait sans ressource, mais que lui, M. de Botte, en prendrait soin, en bel gentilhomme.

Le marquis poussait l'amour du rang jusqu'à la puérilité, mais il avait des qualités et surtout une grande force de caractère. La noblesse de M. Botte, à laquelle il croyait, son immense fortune, qui en eût séduit tant d'autres, ne l'éblouirent pas un moment. — Je vous remercie, monsieur, de l'honneur que vous persistez à vouloir faire à ma fille; mais nous sommes liés, d'Égligny et moi, par le lien le plus sacré pour des gens de notre sorte, notre parole d'honneur. — Bah, bah, mon cher confrère, je vous dis qu'il vous rendra la vôtre. — Je ne le crois pas capable d'oublier ce qu'il se doit. — Mais si cela était? — Je me respecte trop pour suivre un pareil exemple, et ma fille, n'étant point à moi, en serait à personne. — Vous êtes le gentilhomme de l'Europe le plus entêté, le plus déraisonnable, le plus... — Vous m'avez entendu, monsieur, permettez-moi de rejoindre le cercle. — Corbleu, monsieur le marquis, il vous sied bien de me refuser! Savez-vous que mes ancêtres étaient titrés quand les vôtres languissaient encore au dernier rang des derniers citoyens? Savez-vous que je possède en richesses ce qu'avaient à peine quatre pairs de France? Et vous ne voulez pas m'accorder votre fille ! eh bien, j'emmène mon neveu, je le marie à une petite souveraine d'Allemagne, que j'achète, elle et ses États, et quand vous aurez mangé vos cent mille francs, vous serez trop heureux de venir à sa cour, et d'obtenir de l'emploi dans un régiment des gardes.

Ce n'étaient là que des mots qu'arrachait le dépit. M. Botte avait encore des ressources. — Allons, dit-il, messieurs les experts en titres de noblesse, finissons, s'il vous plaît, et rendez-moi les miens. — Volontiers, monsieur, dit un petit duc d'une voix aigre-douce, qu'il assaisonnait d'un rire sardonique; mais je vous observe que celui qui vous a vendu ces pièces ne connaissait pas la chronologie. — Corbleu, monsieur, me croyez-vous fait pour acheter ces choses-là? — Mais je doute fort, monsieur, qu'on vous les ait faites pour rien. — Ne me poussez pas davantage ; je sais à quoi l'honneur oblige un gentilhomme. — Un gentilhomme ! oh ! oh ! oh ! — Oui, ventrebleu ! je le suis, et il serait plaisant que l'on me contestât ma noblesse ! — Je ne vous la conteste pas, monsieur... — A la bonne heure ! — Je suis convaincu qu'elle n'a jamais existé... — Oh ! je vous prie, monsieur, pas d'emportement. — Je veux m'emporter, moi, et je vous voir sur le pré, le couteau de chasse à la main, pendant que je suis en colère. — Je ne veux me mesurer avec vous, monsieur. — Et la raison, monsieur ?
— Vous n'êtes qu'un roturier.

Ici, M. Botte, exaspéré, furieux, saute sur les pincettes; trois ou quatre comtes ou marquis sautent sur M. Botte, et le remettent dans son fauteuil, où ils le tiennent fixé par les quatre membres. Le cher oncle écumait, égratignait; un malveillant prétendait même qu'il cherchait à mordre. L'un proposait de lui arracher les ongles, un autre les dents, un troisième voulait le faire passer par la fenêtre avec ses titres. Le marquis n'avait pas oublié certains services que lui avait autrefois rendus le bourgeois gentilhomme ; il craignit les suites de cette scène, parce qu'il connaissait le cher oncle opiniâtre, au point de se faire assommer plutôt que de céder, il en lui alléguait pas de raisons valables; et il savait qu'un noble qui tue un vilain ne se tire pas de là aujourd'hui, comme dans le bon temps, avec une légère amende. Il déclara au duc, d'un ton poli mais ferme, qu'il se flattait qu'au lieu de pointiller, il voudrait bien prouver à M. Botte ce qu'il venait d'avancer.

— Rien n'est plus facile, marquis : voilà de prétendues lettres de noblesse expédiées en l'an 774 ; et c'est seulement à la troisième race, c'est-à-dire l'an 1000 au plus tôt que remontent les premières lettres de noblesse, en admettant encore que Hugues Capet en ait donné, ce que je ne crois pas. Voilà un marquis de Botta qui a pris Gênes en effet ; mais cet événement eut lieu en 1746, et de cette époque à nos jours, c'est-à-dire en cinquante-sept ans, on donne à ce marquis un fils, un petit-fils, un arrière-petit-fils, plus le père de monsieur, et enfin, monsieur lui-même. Cinq générations en cinquante-sept ans ! c'est trop fort, marquis, c'est trop fort !

Les titres du neveu ne valent pas mieux que ceux de l'oncle. Adrien de Montemar est anobli après la première croisade qui finit par la prise de Jérusalem, en l'an 1099, et l'arrière-petit-fils de cet Adrien sauve l'armure de Roland à la bataille de Roncevaux, qui se donna en 778, c'est-à-dire trois cent vingt et un ans avant la naissance de l'arrière-grand-père. Vous conviendrez, marquis, qu'il est permis de tourner en ridicule de semblables inepties.

M. le duc eût pu parler deux heures encore sans craindre d'être interrompu. Le pauvre M. Botte était atterré, anéanti. Le marquis, en faisant d'incroyables efforts pour ne pas lui rire au nez, lui remit ses parchemins sous le bras, prit la lumière et marcha devant lui. Le cher oncle se rongeait les poings, en entendant des éclats aussi bruyants et prolongés. Il savait cependant bon gré au marquis de l'avoir ôté de cette chambre, et de prendre la peine de le reconduire. Cette politesse avait un but : c'était de faire connaître M. Botte au portier et de le consigner à la porte.

Ce dernier affront ralluma son sang, ses humeurs fermentèrent, et il était parvenu au dernier degré de fureur lorsqu'il rentra chez lui ; il criait à tue-tête qu'on lui cherchât Guillaume, et il répondait à toutes les questions de Charles et de Horeau, que son état inquiétait : Qu'on me cherche Guillaume !

Guillaume n'était pas difficile à trouver. Pendant qu'on fabriquait les titres, il avait eu de fréquentes conférences avec Horeau et Charles. Ils avaient compulsé cent volumes, et Charles seul [illisible] les erreurs de date, parce qu'il parlait de mademoiselle d'Arancey lorsqu'il était question de Roland ; il en parlait, lorsqu'il s'agissait [illisible] Urbain ; il en parlait sans cesse, et Horeau, qui n'avait [illisible] confondait les époques et fournissait de fausses notes [illisible]

Guillaume parut. — Maraud, qui trouves tout ce [illisible] trouve-moi un marin anglais et un Provençal qui s[illisible] ner ce matin. — Comment cela, monsieur ? — Pa[illisible] quin ; de l'intelligence et de l'activité ! Voilà de l'e[illisible]

deux hommes. — Je les trouverai, monsieur. — Qu'ils meurent sous le bâton. — Mais, monsieur… — Qu'ils meurent; je paye, et je ne veux pas d'observation. — Ils mourront, monsieur; et Guillaume sort.
— Des malheureux qui viennent flatter ma faiblesse, qui se jouent de ma crédulité, qui me livrent aux brocards, aux mépris!… Ils mourront… Oui, ils… M. Botte se frappe le visage de ses deux mains; il ouvre précipitamment la porte : il court, il laisse Horeau et Charles convaincus que leur stratagème n'a servi qu'à le couvrir de ridicule. Horeau se repent, parce qu'il est bon ami; Charles se désespère, parce qu'il espérait qu'une bien-aimée lui échappe encore; tous deux tremblent que M. Botte ne découvre leur connivence avec Guillaume, et M. Botte court toujours.

Guillaume était déjà dans la rue. Le cher oncle l'arrête par une oreille, et s'écrie : — Où vas-tu, malheureux? Guillaume répond qu'il va lui obéir. — Tu ne vois pas que je demande un crime dont je gémirais le reste de ma vie. Et tu as consenti à en être l'instrument, toi qu'ils n'ont point offensé, qui n'a pas du moins la colère pour excuse!… Ne me réponds pas, garde cet or, tu l'as corrompu en le touchant. La vérité est que Guillaume comptait bien n'assommer personne, et qu'il allait gaiement manger l'argent du cher oncle avec ses camarades, dont il avait fait des Anglais, des Provençaux, dont il eût fait des Turcs au besoin.

Quand on écoute le cri de l'humanité, on n'est pas loin d'entendre la voix de la raison. Horeau observa qu'au lieu de s'emporter et de faire assommer les gens, il fallait au contraire empêcher l'aventure de se répandre, et prendre pour cela les mesures les plus promptes. M. Botte se rendit à ce conseil. Il écrivit au marquis qu'il attendait de sa délicatesse le secret le plus profond sur ce qui venait de se passer, et qu'il espérait qu'à sa recommandation ses amis garderaient le même silence. Il retourna chez ses bourgeois du matin, et leur dit qu'après de mûres réflexions il avait trouvé absurde de profiter d'une découverte due au hasard, et injuste de s'en prévaloir avec ses égaux; qu'il faisait à la concorde le sacrifice de ses titres, et il brûla le roi Didier chez l'un, le pape Urbain chez l'autre, Pierre l'Ermite chez celui-ci, Roland chez celui-là. Madame Duport fut la seule à qui il ne cacha rien. On n'a pas de secrets pour ceux qu'on estime et qu'on aime. D'ailleurs, l'amitié de Horeau était solide mais sèche. Celle d'une belle femme, au contraire, a quelque chose de si insinuant, de si doux!

Rassuré par toutes ces démarches, il oublia qu'il s'était cru noble deux heures. Mais, en dépit de ses soins, l'histoire de sa *mystification* avait couru le monde. Le *Publiciste*, qui veut avoir un feuilleton, et qui ne sait comment le remplir, et qui court après les anecdotes, s'empara de celle-ci, et M. Botte, en prenant son thé, lut dans tous ses détails. Il commença par gronder, et très-fort, ce ne pouvait pas être autrement; Mais Horeau lui représenta qu'un journal passe aussi vite que sa date, qu'au surplus, pour n'avoir pas les rieurs contre lui, il fallait rire le premier. Le cher oncle prit la plume et écrivit :

« MONSIEUR LE PUBLICISTE,

» Il est vrai, et très-vrai que j'ai eu un moment la manie d'être noble. Mais qui me le reprochera? La noblesse? Elle est flattée qu'on l'estime assez pour chercher à s'assimiler à elle. La roture? Tout roturier qui avait de l'argent achetait une charge de secrétaire au grand collège, ou de maître d'hôtel, ou de conseiller de la bouche, ou d'officier du gobelet, et mon perruquier était conseiller du roi. Je vous pardonne, monsieur le publiciste, les bévues assez fréquentes qui vous échappent, et sur lesquelles vous revenez le lendemain; pardonnez-moi aussi, en faveur de mon retour sur moi-même, ou plutôt rions ensemble de nos sottises, car enfin qu'en fait pas? »

Charles était retombé dans un état alarmant. Ce n'était plus ces transports, ces violence qui naissent de l'excès des forces physiques; c'était un abattement absolu, une morne tristesse, qui tenaient de la stupidité, et qui annonçaient l'affaissement des organes. S'il sortait un moment de cette espèce de léthargie, c'était pour appeler sa Sophie, pour reprocher à son oncle de n'avoir pas rempli ses promesses, et le bon M. Botte l'assurait qu'au moins elle n'épouserait pas d'Égligny. Cette assurance était loin de suffire à Charles, et son digne parent, contristé, désolé, cherchait en vain des moyens de le ramener à lui-même. Il consultait Horeau, qui répondait : Mais oui, il faut prendre à cela. Dépité d'entendre toujours la même réponse, mais trop affligé pour se mettre en colère, le digne oncle fut trouver madame Duport. Elle s'affligea avec lui; de toutes les manières de consoler, celle-là est la meilleure. Pleine de sensibilité, il ne lui coûtait pas de déplorer le sort de Charles et de Sophie. On ne pouvait rien pour la demoiselle, rentrée sous la dépendance de son père; mais on pouvait guérir Charles, on devait au moins l'essayer; et de tous les partis qui se présentèrent, madame Duport jugea que celui qu'avait pris M… lle dans un moment de dépit était le seul dont on pût attendre quelque succès, et qu'il fallait faire voyager le jeune homme.

M. Botte avait, pour ne point partir encore, des raisons qu'il ne communiquait à personne et, de sang-froid, il sentait bien que les apprêts d'un voyage de deux ou trois ans ne se font pas en un jour. Aussi il donnait ses ordres, il en attendait le résultat avec une patience qu'on eût trouvée naturelle de la part de Horeau, mais qui étonnait ceux qui ne savent pas que les gens les plus vifs sont les plus nuls quand ils tombent dans le découragement.

Les grands yeux de Charles se portaient alternativement sur ceux qui allaient et venaient, qui cherchaient, qui choisissaient, qui mettaient à part les objets nécessaires pour la route. Il écoutait tout et n'entendait rien. Pauvre enfant

XV — Dénoûment.

Il approchait, hélas! le jour fixé par le plus absolu des pères. Sophie, rassurée quelque temps par l'idée d'un mariage chimérique, se représentait le bien-aimé et ses agréments séducteurs. Elle sentait renaître sa répugnance et ses craintes. Du moment où elle redouta véritablement d'Égligny, il lui devint insupportable. Cependant elle était retenue par une promesse qu'elle croyait sacrée, bien qu'elle n'eût pas été faite librement. L'espèce de vénération qu'elle avait pour M. Botte, son estime, qu'elle tremblait de perdre, tout la forçait au sacrifice : elle allait le consommer.

D'Égligny s'était persuadé qu'il la regarderait toujours comme une sœur chérie. Tout entier à l'amitié, il se nourrissait de la douce chimère de partager enfin la sienne entre le père et la fille, et d'étendre ainsi la plus innocente des jouissances. Plein d'honneur, incapable de manquer volontairement à sa parole, mais plein de confiance en lui-même, défaut trop commun aux jeunes gens, il cherchait, il multipliait ces entretiens particuliers, ces épanchements qui lui paraissaient sans conséquence, et qui déjà alarmaient Sophie. Jamais il ne l'appelait que sa sœur, jamais il ne donnait au sentiment qu'il éprouvait le seul nom qui lui fût propre; et si quelquefois Sophie trouvait son amitié trop vive, si elle en faisait l'observation, il répondait de bien bonne foi qu'il fallait qu'il contractât de bonne heure l'habitude de faire le mari de jour, pour qu'il pût exécuter le traité de nuit. L'habitude, ajouta-t-il est un calmant. Il ne voulait pas s'apercevoir encore que celle-ci irrite, lorsqu'elle est suivie de la privation. Mais voit-on clair, cherche-t-on à voir clair dans son cœur à vingt-cinq ans?

Le marquis n'avait pas l'air de s'apercevoir de ces longs tête-à-tête; mais il les voyait avec une secrète satisfaction, que bientôt il effacerait jusqu'au souvenir de son rival, et le visage décoloré de sa fille, sa langueur, sa mélancolie ne le désabusaient pas.

C'était encore la veille du mariage. Pour la seconde fois, Sophie voyait le flambeau de l'hymen prêt à s'allumer pour elle; mais quelle différence de cette fois à la première! Elle était seule avec d'Égligny; elle ne lui avait rien caché encore, et lui développait les plus secrètes pensées de l'âme la plus pure. D'Égligny l'encourageait, la rassurait, s'enflammait, la trompait et se trompait lui-même. Il lui serrait les mains, et les pressait dans les siennes, et l'attirait sur ses genoux. Son œil était humide, son haleine brûlante… Sophie le regarda. — Non, vous n'êtes pas mon frère. — Je le suis, je veux toujours l'être. Et ses lèvres se collent à celles de Sophie, s'y impriment; elles ne peuvent s'en détacher. Sophie fait un effort, elle se dégage, elle fuit en s'écriant : Le traître deviendrait vraiment mon époux.

Elle court se renfermer dans sa chambre. C'est là que le sort qui l'attend se présente à son imagination sous des couleurs effrayantes; c'est là que le cruel, que l'impitoyable amour la arme contre le devoir, lui souffle le mépris des bienséances. — Non, dit-elle, non, ce sacrifice horrible ne s'achèvera pas. La mort… plutôt la mort ! Et sans réfléchir aux suites de sa démarche, sans rien voir dans l'avenir, que l'affranchissement d'un lien odieux, elle sort de la maison de son père, seule, il est vrai, à dix heures du soir, sans savoir où elle trouvera un asile, sans avoir pensé à en choisir un.

Elle marchait au hasard, d'un pas mal assuré. Elle était dans une de ces rues étroites, malsaines, où se retirent l'indigence et le vice crapuleux. L'ouvrier se reposait du travail de la journée; tout était clos; pas d'autre lumière que la sombre clarté des réverbères. Quelques allées étaient ouvertes pour les femmes qui accueillent la brutalité dont elles sont les victimes. Trois dragons ivres cherchaient un repentir. La démarche incertaine de mademoiselle d'Arancey les abuse. Ils l'abordent; elle entend des expressions qu'elle ne connaissait pas; le geste audacieux lui en explique le sens. Elle s'écrie, on la raille; elle se défend, on l'insulte; et de l'insulte à l'outrage, il n'y a pas d'intervalle pour les hommes grossiers.

Un officier du même corps passe; l'infortunée implore son secours. Il s'approche, il regarde… — Dieu! notre demoiselle! — C'est Georges!… c'est le ciel qui l'envoie.

M. Botte faisait le bien pour le seul plaisir de le faire, et Georges lui-même ignorait ce qu'il lui devait. Notre digne oncle avait employé en sa faveur le crédit toujours puissant d'une probité généralement reconnue, et une action d'éclat avait décidé le ministre. Des brigands s'étaient retirés dans la forêt de Sénart, et un détachement de dragons fut commandé pour se réunir à la gendarmerie et forcer ce repaire. La haine de la vie produit aussi son héroïsme. Georges se battit un homme qui voulait se faire tuer, et il trouva la gloire où il cherchait la mort. Une sous-lieutenance fut accordée à M. Botte.

Toujours exact à ses devoirs, toujours prêt à obliger, prompt à pardonner une faute, incapable d'en commettre, Georges avait mérité et obtenu la considération de ses égaux et de ses supérieurs. Il parla aux trois dragons sans hauteur, mais sans faiblesse ; il leur fit sentir leur faute avec la dignité qui convient à un officier et le ton affectueux qu'on aime dans un camarade. Ces hommes, prêts à se porter aux derniers excès, l'écoutent ; il semble qu'à sa voix leur ivresse se dissipe.

— Quelle punition nous imposez-vous ? dit l'un d'eux. — Repentez-vous, soyez plus sages, et rentrez à la caserne.

C'est alors que mademoiselle d'Arancey sentit les conséquences qu'entraîne une démarche hasardée. Elle jugeait l'opinion que Georges pouvait avoir d'elle en la trouvant dans une semblable position. Elle entreprit de le détromper, mais ses sanglots et ses larmes ne lui permettaient pas de s'expliquer. A travers quelques mots sans suite, Georges saisit son intention, et se hâta de rétablir le calme dans son âme bourrelée. — Notre demoiselle, vous n'avez pas besoin d'excuses, je le crois, j'ai besoin de le croire. Si vous cessiez d'être la plus vertueuse des femmes, je serais l'homme le plus malheureux. Où voulez-vous que je vous conduise ? Sophie, reconnaissante de tant d'amour, de tant d'estime, Sophie lui serra la main, prit son bras, et en marchant elle lui racontait sa déplorable aventure. Elle se soulageait en prouvant à Georges qu'elle n'était coupable que d'une imprudence ; Georges respirait en trouvant sa divinité toujours digne de ses hommages. Elle frappa à une porte ; on ouvrit. Georges poussa un profond soupir et s'éloigna.

D'Égligny, confus du transport qu'il n'avait pu maîtriser, affligé de l'effet que ce malheureux baiser avait produit sur mademoiselle d'Arancey, s'était renfermé, de son côté, dans le cabinet où il couchait, et n'avait pas entendu sortir la belle fugitive. Le marquis terminait au dehors quelques arrangements relatifs à la cérémonie du lendemain, et son premier soin, en rentrant, fut de rassembler sa famille, et de ne pas faire attendre à deux ou trois amis qu'il avait amenés à souper qui ne valait pas tout le peine d'être attendu.

Le chevalier paraît. Sophie ne se trouve point. Le marquis, malgré l'espoir qu'il avait fondé sur les fréquents tête-à-tête des jeunes gens, le marquis soupçonna aussitôt la triste vérité. Il interrogea le portier, qui répondit que mademoiselle était sortie il y avait environ une heure. Quel affront pour un homme comme lui, et comment le cacher à ses convives ! Pas de moyens d'excuser l'absence de sa fille à cette heure, la veille d'un mariage, lorsqu'il venait d'annoncer qu'elle était dans sa chambre, et que, par conséquent, elle était sortie à l'insu de son père. Le marquis, ne pouvant rien gagner à dissimuler sa douleur, la laissa librement éclater. Ses amis s'empressèrent de lui prodiguer ces consolations d'usage, qui ne consolent jamais ; ils lui promirent un secret inviolable, qu'ils se proposaient de garder comme celui de la noblesse de M. Botte ; et d'Égligny, l'honnête d'Égligny se reprochait le baiser si doux, dont les suites étaient si cruelles.

Lorsque les amis eurent débité tous les lieux communs que put leur fournir une mémoire exercée, ils épuisèrent les conjectures sur la retraite qu'avait choisie la charmante fille : c'était en effet ce qu'il fallait d'abord savoir. Le marquis ne réfléchit pas longtemps, et d'un ton d'assurance il nomma M. Botte.

Le chevalier prit hautement la défense de Sophie. Il affirma qu'elle était incapable de s'être jetée dans les bras de son amant, et que M. Botte pensait trop bien pour le souffrir. Le marquis persista dans une opinion qui eût été vraisemblable à l'égard de beaucoup d'autres femmes, et il envoya chercher un carrosse de place.

Le cher oncle était loin de penser que M. d'Arancey dût jamais paraître à l'hôtel ; il devint furieux en le voyant, et lui cria d'aussi loin qu'il l'aperçut : — Il est fort extraordinaire, monsieur, qu'après m'avoir interdit votre porte, vous vous avisiez de vous présenter chez moi ! — Monsieur Botte !... vous avez ajouté à cette marque de mépris, secrète au moins, l'indiscrétion révoltante de publier l'histoire de mes lettres de noblesse... — Vous croiriez, monsieur... — Vous, qui m'avez livré à la malignité générale, et même aux brocards d'un journaliste ! Sortez, monsieur, sortez à l'instant. — D'un ton plus bas, s'il vous plaît, monsieur Botte. — Ce ton-là est le mien, monsieur Thomasseau. — Il ne convient pas à un homme qui a favorisé un rapt. — On vous a enlevé votre fille ! J'en suis, parbleu ! bien aise. — Il est inutile de jouer l'étonnement ; il est affreux d'y ajouter l'insulte. Finissons, monsieur. Qu'avez-vous fait de mademoiselle d'Arancey ? — Monsieur le marquis, votre reproche est fondé, et quelque tort que vous ayez envers moi, je devais respecter la douleur paternelle : asseyez-vous, je vais vous répondre.

Je me rappelle difficilement le bien que je fais ; mais vous n'avez pas publié, monsieur, que je vous ai rendu quelques services, que je me proposais d'en rendre de plus essentiels à votre fille, et que je ne croyais pas qu'on pense à déshonorer ceux à qui on s'est attaché par ses bienfaits. — Mais votre vivacité... — J'ai été vif toute ma vie, citez-moi, dans le cours de cinquante ans, un trait dont j'aie à rougir ; et, puisqu'il faut que je me vante, monsieur, vous devez savoir que le sacrifice le plus pénible ne coûte rien à ma probité. Souvenez-vous, monsieur, que ce jeune homme était mour... lorsqu(e) j'ai forcé mademoiselle d'Arancey à ployer sous l'autorité paternelle. — Monsieur Botte, un mot, un seul mot : ne savez-vous rien de ma fille ? — Rien, monsieur. — Je vous crois sur votre parole. — Et vous me rendez justice ; je vous la rendrai également quand vous serez moins malheureux, et je vous prouverai que les fautes des enfants sont souvent celles des pères. En attendant, monsieur, puis-je vous être de quelque utilité ? Me voilà à vos ordres.

Le marquis embrassa cordialement M. Botte. — Ah ! lui dit-il en lui serrant la main, vous méritiez d'être noble.

Dès les premiers mots de M. d'Arancey, Charles était sorti de son accablement. Il avait écouté avec avidité tout ce qui avait quelque rapport à sa Sophie ; il trouvait du soulagement à penser qu'elle n'était plus au pouvoir de son père ; il tirait un favorable augure des marques d'affection que son oncle venait de recevoir du marquis. Il faut si peu à l'infortune pour lui rendre le courage ! Si la prévoyance est un présent cruel, bénissons au moins l'espérance.

Charles se mit en tiers dans la conversation, et le marquis lui fit l'honneur de l'écouter et de lui répondre. On raisonnait, on discutait ; on n'était d'accord que sur un point : c'est que mademoiselle d'Arancey ne pouvait avoir choisi qu'une retraite qu'il lui fût permis d'avouer publiquement ; mais cette opinion, consolante pour un père, ne l'instruisait de rien. Il appelait sa fille, il lui donnait les noms les plus doux ; il s'affligeait, il s'attendrissait, il allait se repentir peut-être. Charles suivait les mouvements de son âme, il s'applaudissait du changement qu'il croyait remarquer, et il ne songeait pas que le père qui cesse de contraindre est encore loin d'être indulgent.

Cependant il fallait prendre un parti. M. Botte voulait aller au milieu de la nuit chez toutes les personnes que connaissait Sophie. Charles se défiait toujours des promesses de son oncle, et ne croyait pas tout à fait encore aux dispositions nouvelles du marquis. Il ne désirait pas que la charmante fille se retrouvât si promptement. Il représenta à son oncle qu'il serait impossible de cacher aux personnes qu'on ferait lever à cette heure un secret qu'on avait le plus vif intérêt de renfermer ; que, sous le prétexte naturel de visites, ces recherches pouvaient se faire de jour, et qu'enfin il n'était pas à présumer que la personne qui avait donné asile à mademoiselle d'Arancey osât en faire un mystère au marquis. Il espérait bien cependant, à l'attendrir par la position malheureuse de Sophie, que vaincue par ses prières, cette personne se tairait.

Ces messieurs furent interrompus par un laquais qui apportait une lettre. Il l'avait reçue d'un homme qui exigeait qu'on la remît aussitôt à M. Botte, dût-on le réveiller, et qui attendait à la porte. Le cher oncle brise le cachet, parcourt rapidement le papier, et s'écrie : — Votre fille est trouvée. Écoutez, écoutez ce que m'écrit madame Duport. — Quelle est cette madame Duport ? demanda vivement le marquis. — C'est la femme la plus respectable que je connaisse, celle chez qui j'aurais conseillé à votre fille de se retirer, si celui qui la ramène vos enfants au devoir pouvait jamais les en écarter. — Voyons donc, monsieur, ce qu'elle vous écrit.

« Mademoiselle d'Arancey est chez moi, et dans un état impossible à rendre. Elle ne peut supporter l'idée de son prochain mariage ni celle d'avoir manqué à son père ; elle sent qu'elle est déplacée ici, et elle ne peut se décider à retourner chez le marquis. Cette enfant me désole, sa position est déchirante ; la mienne est délicate. Venez à l'instant, mon cher ami ; Sophie vous aime, elle vous respecte, et j'ai moi-même besoin de vos conseils. »

— Qu'on mette les chevaux, dit M. Botte. — Je vous suis, dit M. d'Arancey. — Arrêtez, monsieur ; vous êtes tranquille maintenant sur le sort de votre fille, et je puis m'expliquer librement avec vous. Si la démarche à laquelle votre dureté la réduite ne vous a pas ouvert les yeux ; si la crainte de l'avoir perdue n'a point amolli votre cœur, si enfin vous ne la cherchez que pour la sacrifier à votre satisfaction personnelle, la maison de madame Duport vous est fermée. — On prétendrait disposer de ma fille ! — Non, monsieur. Je vais chez madame Duport ; je parle à mademoiselle d'Arancey le langage qui convient à la circonstance, je la ramène à des principes dont elle n'eût pas dû s'écarter, et je la rétablis cette nuit même dans la maison de son père. Vous la trouverez soumise et disposée à vous suivre demain à l'autel. C'est là, lorsqu'elle aura rempli ses devoirs dans toute leur étendue, c'est là que vous lui reprocherez publiquement d'avoir violé tous les vôtres. L'officier civil est instruit, il l'est par moi, et au lieu de serrer les nœuds contre lesquels votre fille se révolte, il la mettra sous la sauvegarde de la loi, que vous outragez en ce qu'elle a de plus sacré, par le consentement des parties. Voyez maintenant dans quelles dispositions vous êtes : père sensible et humain, venez embrasser vo(tre) fille ; parent inflexible et cruel, allez l'attendre chez vous, et la(issez) embrasser ma Sophie.

— Ne croyez pas, monsieur, que l'intérêt de mon neveu ait déterminé ma conduite ; l'homme courageux doit son appui au faible : ce que j'ai fait pour mademoiselle d'Arancey, je l'eusse également fait à toute autre. — Mon cher oncle ? — Mon ami ? — M'est-il permis de vous accompagner ? — Non, monsieur. — Qu'oseriez-vous faire chez madame Duport ? blâmer la conduite de mademoiselle d'Arancey ? Vous n'en avez pas le droit, mon oncle. — Je n'exige pas même que vous usiez de la force. Qu'y feriez-vous donc ? vous applaudiriez à sa dé(fense)...

il faut opter? — Je me tairais, mon oncle. — Impossible, monsieur. — Mais je la verrais un moment, je ne demande qu'un moment. — Vous ne pouvez l'obtenir que de l'aveu de son père, et vous voyez que monsieur garde le silence. — Que je suis malheureux ! — Je le sais bien; mais vous devez rester ici, et vous y resterez. Partons, monsieur le marquis.

Madame Duport attendait M. Botte, mais elle était loin de prévoir que M. d'Arancey dût l'accompagner. Elle avait retenu Sophie auprès d'elle, et elle cherchait à lui prouver par mille exemples que les mariages de pure inclination sont rarement heureux. Elle désirait que la jeune personne la crût pour son repos; mais croyons-nous jamais ce qui contrarie nos penchants, ce qui blesse même nos simples goûts? Ces dames avaient commencé une thèse dans les règles sur la métaphysique de l'amour, lorsque ces messieurs entrèrent. La malheureuse fille frémit en apercevant un père dont elle redoutait le juste ressentiment, et elle cacha sa rougeur, sa honte et ses regrets dans le sein de son amie. — Mademoiselle, lui dit le marquis, vous m'avez mal jugé. Si j'avais cru votre répugnance invincible, je n'aurais pas exigé un effort qui devait me coûter votre affection. — Hé! n'ai-je pas tout employé, mon père, les représentations, les prières, les larmes ? — Ne rappelons pas le passé, mademoiselle, je pourrais blâmer votre conduite, mais j'aime mieux n'imputer votre faute qu'à moi : pardonnons-nous mutuellement... Levez-vous, Sophie, ce n'est point à mes pieds que la nature a marqué votre place. — Bravo! bravo ! dit le cher oncle, ils s'embrassent, et cordialement. Ma foi, marquis, je vous fais compliment; je n'aurais pas cru que vous pussiez vous exécuter d'aussi bonne grâce.

La conversation devint générale. M. d'Arancey avait soixante ans; mais il joignait à une figure distinguée une taille noble et bien prise, cette politesse de cour qui n'a rien d'affecté, ce qui sait unir à des manières aimables une teinte de respect qui plait toujours aux femmes. Plus on vieillit, et plus on cherche à faire valoir ce qu'on conserve d'avantages : le marquis n'avait pas de système, mais il se conduisit comme s'il eût adopté celui-là ; et madame Duport sentit les ressources qu'a une femme d'esprit avec un homme de ce caractère. Elle entreprit la justification de Sophie avec les ménagements que la circonstance exigeait et la délicate finesse particulière à son sexe. Elle se garda bien de parler de Charles. Elle savait que la persuasion s'insinue et ne se violente jamais; mais à l'air d'intérêt avec lequel le marquis l'écoutait, à la grâce qu'il mettait dans ses réponses, elle osa se promettre quelque succès de ses soins à venir, pourvu toutefois que M. Botte la brouillât pas tout par quelque nouvelle incartade.

Il était tard. M. d'Arancey observa que sa visite était déjà trop prolongée. Il remercia madame Duport, dans les termes les plus vifs, de ses sentiments pour Sophie, et il présenta la main à la jeune personne. Madame Duport observa à son tour que mademoiselle d'Arancey avait trop souffert au moral pour que le physique ne fût pas affecté, et qu'il ne serait pas prudent de lui faire traverser une moitié de Paris à l'heure qu'il était. Elle ajouta d'un ton caressant qu'elle se flattait que le marquis ne refuserait pas de lui confier sa fille jusqu'au lendemain. Le marquis répondit par une profonde révérence; il suivit M. Botte, qui le remit à son hôtel garni, et revint rendre scrupuleusement compte à Charles de ce qui s'était passé.

Madame Duport avait plus gagné en une heure que le cher oncle en trois mois. M. d'Arancey ne se dissimulait plus ce que sa conduite avait de répréhensible; mais une chose à laquelle il n'avait pas encore pensé l'embarrassait furieusement : il n'avait comment rendre à d'Egligny une parole qu'il lui avait arrachée par toutes sortes de moyens. Il s'était aperçu du goût, chaque jour plus vif, que prenait le chevalier pour sa fille, et il sentait qu'un jeune homme qui aime entend difficilement raison. Demain, pensait-il, je retournerai chez madame Duport, et je la prierai franchement de me conseiller. Une femme aimable trouve toujours des moyens de conciliation auxquels nous ne pensons jamais nous autres hommes.

Il trouva sur sa cheminée une lettre qui le dispensait de consulter personne; elle était du chevalier. Il écrivait qu'on peut déterminer une jeune personne par la douceur à un mariage de convenance, mais qu'il est affreux de la tyranniser, et que la fuite de mademoiselle d'Arancey devait les éclairer l'un et l'autre. Il s'empressait de rendre à son ami la liberté de sa fille et l'entière jouissance d'une fortune qui suffirait à peine à lui seul. Il finissait en disant qu'il estimait trop le marquis pour n'être pas persuadé de prévenir le seul vœu qu'il pût former un père en ce moment.

— Parbleu, mon cher d'Egligny, dit le marquis en entrant dans le cabinet du jeune homme, il nous eût été impossible de persister dans notre projet. Ce diable d'oncle a persuadé au magistrat... Eh bien, où est-il donc?

Le chevalier avait plus que du goût pour Sophie. Le baiser de la veille l'en avait convaincu, et lui avait fait sentir l'impossibilité de se borner près d'elle à un rôle purement passif. Il ne dissimulait pas que, moins épris que Charles, indifférent désagréable peut-être à mademoiselle d'Arancey, c'était à lui qu'il appartenait de renoncer à sa main. Il redoutait l'inflexibilité du marquis, et il avait pris le moyen le plus sûr de se soustraire à ses persécutions, celui de s'éloigner. M. d'Arancey aimait trop d'Egligny pour n'être pas vivement affligé d'une séparation qui paraissait devoir être durable. Le dénûment absolu où se trouvait cet honnête jeune homme ajoutait encore à sa peine. Son ami le plus vrai, obligé de travailler pour vivre ! quel sort ! et comment faire pour l'adoucir !

Il lui restait une fille ; mais pourrait-elle aimer un père qui l'avait séparée de ce qu'elle avait de plus cher? La société de madame Duport lui paraissait extrêmement agréable ; mais ne remplirait-elle jamais le vide cruel qu'il éprouvait? C'était pourtant auprès de ces deux femmes qu'il devait trouver les ressources dont il avait tant de besoin. Sophie plaignit sincèrement le chevalier dès qu'elle cessa de le craindre, et elle sentit qu'elle aimait un père qui n'abusait plus de son autorité. Les grâces savent quelquefois s'affliger, sans rien perdre de leurs charmes : madame Duport possédait cet avantage précieux. Ils causaient tous trois avec effusion, avec épanchement. Le marquis se fût trouvé heureux, parfaitement heureux, si d'Egligny eût été près de lui.

Madame Duport entrevoyait dans l'éloignement le jour où elle pourrait parler de Charles au marquis sans blesser son orgueil. Cependant elle ne se dissimulait pas combien il était difficile d'arriver au but où tendaient tous les vœux de Sophie. Elle sentait que ses efforts seraient sans fruit, tant que M. d'Arancey passerait les journées entières avec des gens titrés, qui caressaient cette chimère favorite ; et dans un de ces moments où une femme aimable obtient à peu près tout d'un homme qui paraît l'apprécier, dans un de ces moments qu'une femme sait toujours si bien saisir, elle lui dit : — Monsieur le marquis, j'ai deux propositions à vous faire, et j'espère qu'elles ne vous déplairont pas. Vous regrettez votre ami, vous êtes triste ; votre hôtel garni ne vous convient plus. Je suis veuve, je n'ai pas d'enfants, ma réputation est pure, et je peux sans inconvénient vous abandonner la moitié d'une maison beaucoup trop grande pour moi. L'usage veut que j'aie deux femmes, une seule me suffit ; l'autre sera à mademoiselle d'Arancey. Vous vous servez quelquefois d'un carrosse de place, une de mes voitures sera à vos ordres. Un père d'un certain âge et une fille très-jeune ont peu de choses à se dire ; vos repas seraient sombres, et je ne veux pas que vous vous ennuyiez ; j'ai du monde tous les jours, et vous ajouterez aux agréments d'une société choisie..... Vous paraissez étonné, et vous avez tort. Votre séjour ici n'ajoutera rien à ma dépense habituelle : voilà pour votre délicatesse. J'aime trop ma charmante Sophie, pour ne pas aimer aussi un peu son père, et vous êtes trop galant pour ne pas vous rendre aux avances d'une dame qui vous aime, et qui veut bien vous le dire.

Le marquis souriait et ne répondait pas; mais madame Duport savait que dans certaines circonstances sourire c'est répondre, et elle poursuivit : — Ma seconde proposition est une suite naturelle de la première. Le chevalier est un homme estimable, vous lui devez beaucoup ; et, jusqu'au moment où on pourra lui faire pour lui quelque chose d'essentiel, vous lui consacrerez la plus grande partie d'un revenu qui sera à peu près inutile ici. — Madame, je suis confus, pénétré de tant de bontés, mais comment voulez-vous, lorsque j'ignore la retraite du malheureux d'Egligny ?... C'est où j'en veux venir. Vos amis ne peuvent rien, M. Botte peut beaucoup. Il vous a quelquefois déplu, mais il n'a pas mérité que vous dédaigniez ses services. D'ailleurs je ne vous propose pas de vous adresser à lui. Autorisez-moi seulement à le prier de chercher M. d'Egligny, et à le faire placer d'une manière convenable. — Acceptez, mon père, acceptez. Ne me séparez pas d'une amie qui vous propose aussi noblement de devenir la vôtre. — Madame, s'occuper du chevalier, c'est mériter déjà ma reconnaissance. Jugez de quels sentiments vous me pénétrez, par l'intérêt qu'il vous inspire, et par ce qui me regarde personnellement dans ce que vous me proposez. Mais puis-je sans indiscrétion..... — Faites quelque chose pour Sophie, peut-être lui devez-vous un dédommagement. Sophie embrassa son père qui se rendit, et deux heures après il était établi chez madame Duport.

Les grands seigneurs qui venaient le voir trouvaient d'abord extraordinaire qu'il eût accepté les offres d'une femme qui ne tenait pas à la noblesse. — Venez, venez, disait le marquis, et venez si on ne peut rougir de lui devoir quelque chose. Il les présentait. Les grands seigneurs oubliaient leurs cordons et tous les souverains du monde pour ne s'occuper que d'elle et chercher les moyens de lui plaire. M. d'Arancey s'aperçut bientôt lui-même que ses anciennes conversations avaient quelque chose de sec et de monotone. Il trouva la figure de madame Duport préférable au blason, et son esprit à la chronologie. Il eut le courage de dire tout haut sa façon de penser à ses illustres confrères, et ces messieurs s'accoutumèrent volontiers à être reçus dans le salon de madame Duport, que le marquis ne quitta plus. Le petit duc, celui qui avait si bien épluché les titres de M. Botte, cessa seul de le voir. Cette femme, disait-il, me réconcilierait avec la roture.

Madame Duport s'apercevait des progrès rapides qu'elle faisait chaque jour sur l'esprit de M. d'Arancey. Sophie s'en applaudissait ; Charles et M. Botte, dont l'amie commune instruisait de tout, ne se possédaient plus, et voulaient absolument qu'elle risquât la grande proposition. Madame Duport savait que tout était perdu si le marquis refusait. Il pénétrerait le plan de séduction, et sagement conduit jusqu'alors, et ne manquerait pas de s'y soustraire par une prompte retraite. Elle résistait aux sollicitations pressantes des deux amants et du

Plus impatient des oncles, lorsqu'une circonstance heureuse la détermina à tout hasarder.

Vous vous doutez bien qu'on avait envoyé l'intrigant Guillaume à la recherche du chevalier. L'aimable jeune homme ne savait rien faire que tourner, et sans avoir l'adresse d'un Guillaume, ce n'est que chez un tourneur qu'on l'eût été chercher, et c'est aussi là qu'on le trouva. M. Botte et lui s'entendaient toujours assez, quand le cher oncle ne médisait pas de M. d'Arancey, et il ne lui fut pas difficile de persuader à d'Egligny qu'il n'était pas fait pour passer sa vie une *gouge* à la main.

On allait se mettre à table chez madame Duport. Complaisante autant que sensible, elle retenait toujours quelqu'un des amis de M. d'Arancey, et ce jour-là elle les avait tous laissés sortir. Ils n'étaient que trois; on avait mis un quatrième couvert, et un paquet cacheté était sur la serviette. Le marquis regarde la suscription : Au citoyen d'Egligny. — Lisez, lisez, monsieur, dit madame Duport; votre ami ne peut rien avoir de secret pour vous.

M. d'Arancey lit :

« Le gouvernement aimera toujours à donner des marques de sa bienveillance à ceux qui ont des droits aussi légitimes que le citoyen Botte. Il vous prévient en conséquence, citoyen, qu'il vous a nommé secrétaire d'ambassade près la cour de Berlin. Vous vous rendrez chez le ministre des relations extérieures, où vous recevrez vos instructions. »

— C'est vraiment un digne homme que ce M. Botte, s'écria le marquis, et je vous assure que j'irai le remercier. Mais où trouver mon pauvre d'Egligny ? Une porte s'ouvre, le chevalier paraît, les deux amis sont dans les bras l'un de l'autre.

— C'en est trop, madame, c'en est trop. Vous donnez au bienfait un charme dont aucune autre main ne saurait l'embellir. Il est impossible de résister à la réunion de tant de grâces. Et le marquis, emporté par un mouvement qu'il ne peut maîtriser, embrasse madame Duport, non pas précisément à la manière du chevalier, mais avec une expression qui fit rougir l'aimable veuve.

Le dîner fut d'une gaieté folle. Mademoiselle d'Arancey ne craignait pas d'Egligny, et elle était à son aise. Son père trouvait la saillie piquante dans les yeux de madame Duport, et madame Duport répondait à chaque trait par de ces choses qui tiennent à la fois du sentiment et de la plaisanterie; il n'y a que les femmes qui connaissent ce genre-là. D'Egligny, instruit de la rupture de son mariage par M. Botte, se livrait à l'amitié sans en redouter les reproches. Il éprouvait bien quelque embarras en regardant Sophie : le souvenir de ce baiser... — Allons, allons, lui dit madame Duport, quel homme n'a pas été la dupe d'une illusion ? La vôtre honorait votre cœur; elle est de celles qu'on se pardonne. Souvenez-vous seulement de ne plus croire à l'amitié qu'inspirent les femmes de dix-huit ans, surtout lorsqu'elles sont charmantes.

— Madame, reprit M. d'Arancey, celle qui inspirent les femmes d'un âge fait tout aussi dangereuse. Cette sortie inattendue embarrassa à son tour madame Duport, disposée à parler de Charles, et malgré les coups de genoux répétés de Sophie, elle pensa qu'il faut se taire quand on n'a pas assez de liberté d'esprit pour bien dire. On allait se dispenser d'entamer l'affaire, et lui laisser l'avantage toujours précieux de voir venir.

Le dîner était à peine fini. M. d'Arancey, qui aimait, qui cherchait même à prolonger l'entretien toujours animé qui suit le café, M. d'Arancey était devenu rêveur. Il se leva brusquement, et sortit sans rien dire. — Eh ! où allez-vous donc ? lui cria madame Duport. — Remercier M. Botte. — Je le remercierai pour vous. Elle craignait que le cher oncle ne gâtât encore les affaires de son neveu; le marquis était déjà loin.

— Monsieur Botte, réconcilions-nous sincèrement. — Je le veux bien, monsieur d'Arancey. — Des hommes comme nous ne sont pas faits pour se tracasser éternellement. — C'est ce que j'ai souvent pensé. — Vous m'avez rendu un service essentiel en faisant employer d'Egligny... — Bah, bah, c'est une misère. — Et j'en attends un de vous plus important encore. — Tant mieux, j'aime à obliger. — Je vous avoue que... que je ne sais... — Pas de phrases. Que voulez-vous ? — Que je ne sais comment m'y prendre... — Que voulez-vous, vous dis-je ? — Pour m'expliquer sur l'article délicat... — Monsieur le marquis, nous allons nous brouiller encore. Que voulez-vous ? Corbleu ! parlez sans préambule. — Vous ne vous moquerez pas de moi ? — Je ne me moque de personne. — Madame Duport est charmante. — Je le sais bien. — Je l'aime de tout mon cœur. — Je le sais aussi, parbleu. — Mais... je ne l'aime pas... comme vous. — Ah ! je commence à vous entendre. — Et vous ne trouvez pas ridicule à mon âge ?.... — Votre âge, votre âge ! on n'est jamais vieux quand on se porte bien, et qu'on sent battre son cœur. Et puis, madame Duport n'est plus une enfant. — Ce qui m'embarrasse le plus... — C'est qu'elle n'est pas noble. — Oh ! je l'anoblirai. Ce qui m'embarrasse le plus, c'est sa grande fortune. — Ce n'est pas un malheur que d'être riche. — Mais ne soupçonnera-t-elle point que des vues d'intérêt ?... — Votre conduite avec d'Egligny vous met à l'abri du soupçon. — Mais... croyez-vous que son état actuel lui pèse ? — Ma foi, je n'en sais rien. — Vous ne savez pas si un nouvel engagement pourrait lui plaire ? — Non, le diable m'emporte ! — Mais... vous pourriez la pressentir. — Mais, mais, mais... ' me mêle plus

de mariages; je n'ai pas la main heureuse. — Madame Duport a de la confiance en vous; elle vous écoute. — Tout cela est fort bien, mais... — Parlez-lui, je vous en prie, mon cher ami. — Mon cher ami, mon cher ami ! c'est bien flatteur sans doute... — Parlez-lui, je vous en conjure. — Eh bien, nous verrons. — A mon âge on compte les moments. — Ah ! vous êtes pressé ? — Mais.., oui, un peu. — Eh bien. j'y vais tout de suite. — Vous êtes charmant. — N'est-ce pas ? Comme le besoin vous rapproche les hommes !

M. Botte avait senti, dès les premiers mots, les avantages que pouvait tirer son neveu de la confidence du marquis. Il commençait à perdre l'habitude de tout voir ployer devant lui; il apprenait à se posséder. Il avait pris sur lui, avec bien de la peine à la vérité, de ne pas prononcer le nom de Charles; il s'était montré un peu difficile pour exalter davantage le marquis, et, enchanté d'une mission dont le succès pourtant n'était rien moins que sûr, il court chez madame Duport, il la tire d'un cercle de trente personnes, il prend mademoiselle d'Arancey de l'autre main et va s'enfermer avec elles dans un arrière-cabinet. — Enfin, madame, il ne tient plus qu'à vous que ces chers enfants se marient. — Et que faut-il faire pour cela ? — Il faut vous marier aussi. Sophie ouvrait des yeux, mais des yeux !...

Pourquoi ne peut-on parler de mariage à une femme sans la faire rire, quelque âge qu'elle ait, quelque raisonnable qu'elle soit ? Madame Duport rit en disant que la proposition était extravagante; elle rit en demandant quel était celui qu'on lui destinait, ce qui n'était pas du tout difficile à deviner; elle rit en répondant qu'elle ne pouvait se prêter à cela. — Vous voulez donc, madame, que j'enterre mon neveu ? — Je serais bien fâchée; mais pour vous le conserver, faut-il que je me sacrifie ? — Qu'appelez-vous vous sacrifier ? le marquis est-il rebutant ? — Pas du tout. — Est-ce un imbécile ? — Au contraire. — Est-il d'un commerce difficile ? — J'en fais ce que je veux. — Eh ! que diable voulez-vous de mieux que cet homme-là ? — Mais je ne veux rien, moi. Je me trouve à merveille comme je suis. — Tenez, madame, je ne crois point les veuves qui font l'éloge du veuvage. Elles ressemblent aux gens qui à bout de rien, et qui vantent sans cesse la médiocrité. — Monsieur est pénétrant. — Ah ! vous en convenez. — Je me moque de vous, mon cher Botte. — Moquez-vous-en tant que vous voudrez, il n'en sera pas moins vrai qu'une veuve se marie quand elle trouve un parti convenable, et celui-ci vous convient de toutes les manières. Un homme dont vous faites ce que vous voulez, quel trésor ! Et la satisfaction de s'allier à une famille respectable, de la relever, d'assurer le bonheur de ces pauvres enfants, le mien, madame; car vous mettrez une condition à votre consentement... Je vous le répète, le parti vous convient, donc vous vous marierez. — Mais, monsieur Botte, pensez... réfléchissez... — J'ai pensé, j'ai réfléchi, et depuis que je vous parle, vous avez eu du temps de reste pour en faire autant. — Ma bonne amie, il me serait si doux de vous appeler ma mère ! — Et crois-tu que je sois insensible au plaisir de te nommer ma fille ? — Corbleu, l'affaire est arrangée. — C'est égal, monsieur, monsieur le marquis ! Finissez donc, monsieur Botte; vous allez me compromettre cruellement. On n'a jamais vu se conduire de la sorte. — Oui, oui, grondez aujourd'hui, vous me remercierez demain. Monsieur le marquis, arrivez donc... Eh bien, allez-vous faire l'enfant ? levez les yeux, regardez madame, parlez-lui donc... Que diable, vous ne l'épouserez pas sans lui parler, peut-être ?

Madame Duport était aussi embarrassée au moins que le marquis. — Vous ne sauriez croire, lui dit-elle enfin, monsieur, ce que M. Botte et son père me débite depuis un quart d'heure. — J'ignore, madame, quelle forme il a donnée à l'hommage de ma main; mais il n'est pas aussi sérieux et aussi vif que mes sentiments pour vous. — Il n'est pas croyable, monsieur, que celui qui ne compatit pas aux peines de l'amour place vraiment sa félicité dans les jouissances du cœur. Vous n'avez qu'un moyen de me convaincre de votre sincérité. Et oserais-je vous demander, madame, quel sera le prix de votre conviction ? — Ah ! que de phrases, que de phrases ! une femme qui vous prie de la convaincre n'a-t-elle pas tout dit ? — Je me rends, madame, et j'aime à penser que ma fille vous devra son bonheur. Mademoiselle, embrassez votre oncle.

Ce fut ivresse, un délire, un transport, que cette chère petite Sophie s'efforçait en vain de cacher. Elle serrait à la fois dans ses bras M. Botte et son père. Oh ! que dans ce moment elle l'aimait, son père ! — Ma bonne amie, n'embrasserai-je pas aussi ma mère ? — Oui, Sophie, oui, je te suis la mère, et tu seras la fille la plus tendre. Monsieur le marquis, je suis franche, il y a quelques jours que je soupçonne vos projets; mais, en vérité, je ne croyais pas à leur exécution.

M. Botte, presque aussi satisfait que mademoiselle d'Arancey, se remit en course. Il ne lui coûtaient rien quand il s'agissait d'exhaler sa joie ou d'en donner à quelqu'un. Il retourna chez lui aussi que ses chevaux purent l'y traîner. Il embrasse son neveu de tout son cœur, et, sans lui dire un mot, il le traîne vers sa voiture. — Mais, mon oncle, je suis en robe de chambre. — C'est égal. — En bonnet de nuit. — C'est égal. — En pantoufles. — C'est égal, c'est égal. — Mais où me conduisez-vous ? — Dans les bras de ta femme. — Grand Dieu !... Quoi !... ma Sophie... son père !... — Oui, trop heureux fripon, le père s'est rendu, et Sophie est à toi. Je le savais bien moi, que ce mariage se ferait... Eh bien ! eh bien !... il a voulu noyer, parce que je lui refusais sa maîtresse ; il a voulu se laisser mourir parce que le marquis n'entendait pas raison, et il va perdre la tête parce que tout va mieux qu'il n'osait l'espérer. — Il y a de quoi la perdre, mon oncle; il y a de quoi en perdre cent... Mais donnez-moi le temps de m'habiller. — Ta femme ne te verra jamais en déshabillé, et moins habillé encore, n'est-ce pas ? — Mais la décence... — Veut que tu prouves ton empressement, et en te présentant comme te voilà, il ne sera pas équivoque. — C'est de la démence. — Cela se peut, mais je veux ainsi. Et le cher oncle le pousse dans sa voiture, le pousse dans le salon de madame Duport, le pousse au milieu du cercle nombreux qui déjà, sincèrement ou non, félicitait le marquis.

Bien qu'on connût la vivacité de M. Botte, on ne laissa pas de trouver l'accoutrement de Charles fort étrange. Une visite de cérémonie en robe de chambre! — Cela ne s'était jamais vu, disait-on. — Eh bien, messieurs, je vous le jure, disait notre oncle. Fallait-il, pour un habit plus long ou plus court, retarder d'une heure le plaisir qu'éprouvent ces aimables enfants? En effet, Charles, tout honteux d'abord, venait de s'échapper du grand fauteuil où on l'avait confiné, un coussin sous les pieds et un autre sous la tête. Il ne voyait plus que sa Sophie, et il l'avait conduite au bout, tout à fait au bout, dans le coin le plus reculé de l'appartement, et ils parlaient, ils parlaient... ils extravaguaient, ils riaient, ils pleuraient... ils faisaient ce que vous avez fait peut-être, ou ce que vous ferez peut-être bientôt, ce qui vaut mieux ; c'est si peu de chose que le passé ! la plus faible jouissance efface le plus brillant souvenir.

On les regardait avec un plaisir ! en les regardant, on était tenté d'amour. Le marquis était animé... Ah! madame Duport n'avait pas l'air de s'en apercevoir ; mais elle en augurait bien ; on n'est pas veuve sans avoir quelque expérience.

M. Botte voulait absolument faire à M. d'Arancey les avantages qu'il lui avait déjà proposés. Madame Duport prétendit que personne n'avait le droit de lui ôter la satisfaction d'enrichir son époux. Elle consentit seulement qu'il acceptât cette terre à laquelle il tenait tant à cause de son nom. Sophie, qui, dans certaines circonstances, n'avait pas le droit de répliquer à son oncle, fut obligée de prendre les trois fermes et la terre du Berri; Charles eut les herbages de Normandie, et il restait encore à M. Botte soixante mille livres de rente. Ces gens-là n'étaient pas à plaindre du tout.

Une chose sur laquelle on ne put faire entendre raison à notre oncle, c'est la magnificence qu'il voulut déployer aux deux noces. Madame Duport prétendait qu'une femme raisonnable doit se marier sans éclat; et, en effet, ce n'est point à la pompe que tient essentiellement une veuve qui se remarie. M. Botte soutenait qu'on ne peut rentrer en pareil jour trop remarquable, et qu'un serment prononcé de bon cœur se ferait à la face de l'univers. On tira donc encore une fois des remises, des armoires, des magasins, les carrosses, les livrées, les ameublements. Sophie reprit de fort bonne grâce son brillant trousseau, elle permit au cher oncle de rattacher encore les girandoles aux jolies petites oreilles condamnées sans appel à être tiraillées, et on partit pour le château, fort contents des autres et de soi. Horeau même fut gai, et pour la première fois il eut des saillies.

Edmond ni le curé ne savaient à qui appartiendrait enfin ce château qu'on achetait, qu'on donnait, qu'on revendait, et tous deux, fermes dans la foi, laissaient agir la Providence. En attendant ses adorables décrets, ils jouaient au piquet pour charmer leurs loisirs, et mademoiselle Fanchon, établie dans la même chambre, repassait à côté d'eux les aubes et les surplis ; de temps en temps elle suspendait son travail pour juger d'un coup, donner des conseils, verser le petit verre de vin blanc et ranimer la conversation languissante. Le bon pasteur recevait ces soins avec beaucoup de complaisance, parce que le curé le plus sage est toujours plein d'égards pour sa gouvernante.

Et comme les gouvernantes ont tous les soins, ainsi que les autres humains, un penchant décidé à se faire valoir, c'était Fanchon qui, en l'absence du pasteur, recevait les ouailles, qui conseillait aux femmes de ne jamais céder à leurs maris, qui faisait dire le catéchisme aux petits enfants et qui leur expliquait le mystère de la sainte Trinité ; c'était à elle qu'appartenait exclusivement l'honneur de changer et de blanchir les chiffons de sainte Anne et de balayer les araignées qui s'attachaient scandaleusement aux visages sacrés de la bonne Vierge et de son divin poupon; c'est elle qui répondait d'un ton d'importance : — Nous ne disons pas de messe à douze sous; c'était elle enfin qui, de temps en temps, chapitrait le bedeau, grave personnage, chantant fort, labourant bien, mais accrochant toujours à sa charrue une vieille canardière avec laquelle il assassinait dans les sillons quelques perdrix, ... t il garnissait son pot, sans même en offrir la dîme au curé, ce ... déplaisait fort à mademoiselle Fanchon, qui s'était fait une réputation extraordinaire par sa manière d'apprêter les perdrix aux choux.

Fanchon repassait donc, ainsi que je vous le disais, et tout à coup ... poussa un grand cri et laissa tomber le fer sur son linge. Les carr... ses entraient dans la cour, et elle avait reconnu et Sophie, et son ... e, et le cher oncle, et le neveu. Comme un fer tombé sur le pied ... ne gouvernante est un événement pour tous les curés possibles, ... i-ci jette les cartes, court à Fanchon et s'écrie à son tour en voyant ... voyageurs. Edmond s'approche pesamment de la croisée, ouvre de

grands yeux et s'étonne comme les autres. L'étonnement devint stupéfaction quand ils surent qu'il y avait deux mariages à faire, et le plus tôt possible.

M. Botte avait fait afficher dès longtemps celui de son neveu, et, toujours impatient de jouir du bonheur d'autrui, il voulut profiter u bénéfice de l'affiche, et prononça que le mariage se ferait le soir même. Charles avait d'excellentes raisons pour être de l'avis de son oncle ; Sophie rougissait, ne disait mot et se résignait. M. d'Arancey était il bien aise de prouver à madame Duport qu'il saisirait avec empressement toutes les occasions de lui plaire ; la belle veuve disait qu'il est inutile de remettre au lendemain une bonne œuvre qu'on peut faire à l'instant même; tout le monde était parfaitement d'accord. Horeau fut député vers le maire du lieu, et le curé se fit mettre des papillotes par Fanchon.

Dans un instant tout le village est en l'air. Les enfants de chœur quittent leurs sabots, se débarbouillent, et l'un d'eux, le fameux Coco, brailleur infatigable et raboteur consommé, fait résonner la grosse cloche, que M. Botte a fait jucher au plus haut de la charpente. L'église est parée ; le pasteur est en grand costume, et il attend les futurs sous le grand portail, le goupillon à la main.

Le marquis aurait donné vingt arpents pour avoir l'habit brodé, les talons rouges et le chapeau à plumet. A défaut de tout le monde du haut de sa grandeur, il se redressait, il regardait tout le monde du haut de sa grandeur, tout le monde le saluait, et il disait à sa fille, qu'il conduisait à l'autel : — Ces gens-là reconnaissent toujours leur maître. De temps en temps il oubliait sa noblesse et se tournait vers madame Duport, qui avait pris le bras de M. Montemar ; il lui adressait des choses très-fines, très-piquantes sur les suites de la cérémonie ; et, comme une femme aimable saisit toujours une agréable allusion; la belle veuve lui souriait, et on m'assura qu'elle disait bien bas : Dieu le veuille!

Edmond fermait la marche, appuyé sur la grosse Fanchon. M. d'Arancey n'était pas trop d'avis que son fermier fût de la noce ; mais madame Duport lui avait dit : — Je vous en prie ! et il avait invité le vieillard d'assez bonne grâce.

Le curé plaça le marquis dans la stalle la plus voisine de l'autel, et l'encensa avec de mauvaise résine dont l'odeur lui parut délicieuse, et il disait à madame Duport : — Je vous assure que je ne suis sensible à ces justes honneurs que parce qu'ils rejaillissent sur vous.

Le curé, qui savait se prêter aux faiblesses humaines quand il pouvait le faire sans inconvénient, n'oubliait jamais non plus ce qu'il devait à son ministère : il adressa aux fortunés époux, sur les obligations qu'ils contractaient, un discours qui, bien qu'impromptu, développait sans pédantisme cette saine morale que les hommes de tous les climats reconnaissent sans contradiction. Charles, très-disposé à rendre sa Sophie la plus heureuse des femmes, trouvait l'orateur un peu long. Mais le bruit de plusieurs dizaines de cinq cents fusées volantes avertit l'estimable curé qu'il était temps de finir, et il termina par le protocole ordinaire : — Un mariage bien assorti est le commencement de cette éternelle félicité, que je vous souhaite, au nom du Père, et du Fils, et du Saint-Esprit. *Amen.* »

— Qu'ils vous entendent tous trois, ou *qu'ils vous entendent tout seul*, dit ce coquin de Guillaume, qui se fourrait partout, et qui avait pris la poste, avec de l'argent du cher oncle, pour voir la cérémonie.

Nos aimables jeunes gens furent unis enfin, et le furent en présence d'un Père éternel blanc. Ce n'est pas que le peintre noir n'eût attaqué le curé, comme il l'en avait menacé ; mais il plaida devant des juges blancs, et il fut condamné : n'ayons jamais de rapport d'intérêt avec nos juges. Cependant, comme un artiste ne se décide pas aisément à perdre un chef-d'œuvre, le peintre envoya son tableau au roi de Congo, à qui je ne vous conseille point d'aller dire que le Père éternel n'est pas noir.

Mademoiselle Fanchon voulut bassiner le lit des mariés, et elle disait à la jeune épouse : — Le moment est pénible, madame ; mais cela n'est pas long : j'en sais quelque chose.

Vous allez me demander ce qu'est devenu d'Égligny, car vous voulez tout savoir. Il avait senti qu'il ne jouerait pas un rôle agréable au château, et il s'était jeté de suite dans la diplomatie pour tâcher d'oublier sa petite sœur.

Quinze jours après, madame Duport rougit à son tour. Les femmes rougissent de colère, de plaisir, de pudeur ; elles rougissent de tout ; elles rougissent quand elles veulent, et il faut être bien fin pour démêler précisément ce qui les fait rougir. Au reste, je suis très sûr que la colère n'entrait pour rien dans la rougeur de madame Duport.

Le monde approuva beaucoup le mariage des deux jeunes gens, et il s'égaya un peu sur celui du marquis : il était vieux, et madame Duport était encore belle. Elle imposa silence aux plaisants par des soins si tendres, des attentions si soutenues, qu'il fallut croire qu'elle aimait vraiment son mari. On ne se permit la moindre doute qu'il ne fût vraiment le père d'un très-joli petit enfant que lui donna son épouse.

Jamais elle n'usa de son ascendant sur l'esprit de son mari que pour le rendre plus heureux et meilleur. Ses paysans l'avaient toujours craint : il devint affable et bon, ils l'aimèrent, et combien il est plus doux d'inspirer un sentiment que l'autre. Il disait encore de temps en temps : Un homme comme moi, un homme de mon rang ; il **appelait constamment sa femme madame la marquise.** Il est des habtudes qui ne se perdent jamais totalement, et puis on lui pardonnait sans peine le petit reste de celle-ci : elle ne faisait de mal à personne.

Sophie fut mère avant la marquise, et cela devait être. Un mari de vingt ans a tant d'avantages qu'on a perdus à soixante ! Elle le fut une seconde, une troisième fois, et, à chaque fois, Charles lui jurait qu'il l'aimait toujours davantage. C'est difficile à croire ; mais ce qu'il y a de certain c'est que l'estime, une bonne et franche amitié remplacèrent avec le temps un sentiment qui malheureusement ne dure pas toujours.

M. Botte criait sans cesse, mais on était convenu de le laisser faire ; et on le livrait, quand il criait trop fort, à l'ami Horeau, homme toujours bon et toujours nul, qui raffolait, disait-il, de sa femme, et qui ne passait pas un mois de l'année avec elle.

D'Égligny devint ambassadeur ; et il se chargea des ruines d'une princesse russe, en faveur de vingt à trente villages et de leurs habitants qu'il épousa avec elle.

L'amour malheureux est plus opiniâtre que l'amour fortuné. Cependant Georges revint à cet état de calme où tout le monde désirait si sincèrement de le voir. Parvenu à la tête de son corps, il venait religieusement tous les ans passer quelques semaines auprès de son vieux père aveugle et sourd. Il lui lisait un chapitre de la Bible, et criait à tue-tête pour se faire entendre. — Ah ! disait le bon homme, si tu avais le secret du jeune Tobie ! mais il est perdu, on ne le retrouvera pas!

Le vieillard mourut enfin, il faut bien finir par là. On le pleura, on lui fit un fort joli convoi : c'est tout ce qu'on peut pour un mort.

Guillaume devint à peu près honnête homme, parce qu'en récompense de ses bons et de ses mauvais services Charles lui donna de quoi le guérir de la tentation de faire des dupes.

Le bon curé resta commensal du château. Il enseignait un peu de latin aux petits-neveux de M. Botte, et y faisait sa cour aux deux mamans, et il continua à dire des messes, à faire des prônes, et à laisser danser les petites filles.

POST-FACE.

— Eh bien, lecteur malévole, que dites-vous de M. Botte ? C'est le Bourru Bienfaisant. — Je le sais bien. — Pourquoi voler Goldoni ? — Je n'ai volé personne. On ne crée pas des caractères. Il faut les prendre dans la nature, parce que hors la nature il n'y a rien. C'est là qu'a puisé Goldoni, et moi aussi. Il a fait son Bourru, et moi le mien. Il l'a habillé à sa manière ; j'ai costumé celui-ci le moins mal qu'il m'a été possible, et je ne suis pas plus copiste qu'un sculpteur qui fait un homme lorsque cent autres en ont fait. Au reste, si M. Botte vous déplaît, supposez que vous venez de voir tomber une pièce, de faire une partie de bouillotte, d'entendre remettre des causes, ou de lire un journal.

FIN DE M. BOTTE.

LES SPECTACLES,

PAR

PIGAULT-LEBRUN.

Les spectacles sont la plus grande affaire des habitants de Paris. Il en est qui sacrifient leurs intérêts les plus directs à ce genre d'amusement. Le cri des anciens Romains : *Des spectacles et du pain*, est aussi celui des Parisiens.

Chaque théâtre a ses habitués, et les pièces qu'on y joue, les acteurs qui les représentent sont incontestablement les meilleurs de l'Europe. Pour certaines gens, Jocrisse est fort au-dessus du Misanthrope, et Brunet très-supérieur à Talma. On vous débite ces choses-là avec un ton de persuasion qui ferait mourir de rire, s'il n'excitait une sorte de pitié.

Les gens du peuple se sont exclusivement emparés des théâtres du boulevard. On leur présente tous les jours, sous des noms et des habits différents, un tyran, un niais, une princesse innocente et persécutée, un enfant qu'on s'arrache, et qu'on craint à chaque instant de voir écarteler, le tout accompagné d'une musique pillée partout, et de ballets insignifiants. C'est pour aller voir cela que l'ouvrier perd le quart de sa journée, qu'il en dépense un autre quart ; sa femme et ses enfants s'arrangent du reste comme ils le peuvent.

Des dames qui n'avaient pas de chemises il y a dix ans, des hommes qui du derrière d'un carrosse ont passé dedans, vont faire là leur éducation, et leur présence donne beaucoup de relief au théâtre qu'ils veulent bien en honorer. Quelques personnes instruites y paraissent de loin en loin, comme un soleil par dans les jours nébuleux de l'automne. Elles courent se décrasser le lendemain chez Corneille, Racine et Voltaire.

Le premier théâtre de Paris est celui qu'on nomme *Académie royale de musique*, quoique les acteurs qui l'exploitent ne soient pas plus académiciens que leurs confrères des autres spectacles. Aussi le public, qui aime à faire justice de tous les abus, s'obstine à nommer tout simplement celui-ci : *l'Opéra*.

Louis XIV, qui avait sur toutes choses des idées grandes ou extraordinaires, décida qu'un gentilhomme pourrait être membre de son *Académie de musique*, sans déroger. Ainsi il fut convenu, à la cour seulement, qu'il y avait de la noblesse à réciter les vers de Quinault, et que ceux qui débitaient les belles scènes de Molière étaient nécessairement des *vilains*, et de plus des excommuniés.

L'Opéra est essentiellement le spectacle des étrangers, parce que tout y parle aux yeux et aux sens, et qu'il est inutile d'entendre ce qu'on y dit. Voilà sans doute pourquoi les mamans, qui sont très-prudentes à Paris, ne balancent point à amener le soir, de petites filles qui ont été en conférence, le matin, avec un vicaire de leur paroisse. Cependant, malgré la difficulté de comprendre, trente vers de Quinault se gravent plus aisément dans leur mémoire que deux lignes de la prose de M. l'archevêque. Mais aussi une pose de madame Gardel les ramène nécessairement au chapitre de l'incarnation ; ainsi on trouve des compensations partout.

L'Opéra-Comique a ses partisans, quoiqu'il soit singulièrement déchu. Grétry et Dalayrac sont morts. Elleviou, Gavaudan, mesdames Saint-Aubin, Dugazon et Gonthier sont retirés de la scène. Aussi les acteurs qui chantent encore, mais qui *disent* faiblement, ne se soucient pas de pièces écrites. Ils aiment les canevas à *imbroglio*, des situations qui favorisent la médiocrité. Le public siffle tout cela ; mais qu'importe ? des niaiseries, ou plus d'*ariettes*. Il faut que l'amateur opte, et il veut des *ariettes*, n'importe à quel prix. Il applaudira bientôt ce qu'il siffle aujourd'hui.

Le Français a perdu beaucoup de son ancien lustre. Il est encore le premier de l'Europe. Le spectacle est celui de tous les amis de la littérature et des jeunes gens qui veulent se former. Les imbéciles y vont comme ailleurs, mais c'est par mode, et persuader qu'ils entendent Corneille et Molière ; et cette espèce d'imbéciles forment partout la grande majorité, c'est sur l'orgueil de l'espèce que sont fondées les recettes du Théâtre-Français.

Parlerai-je du solitaire et triste Odéon ? Un homme de mérite (Picard) espère faire contracter aux habitants du faubourg Saint-Germain l'habitude de prendre leurs billets..... au bureau. Amen.

Rappellerai-je ce qu'était, à sa naissance, le gai, le malin Vaudeville ? Cet enfant promettait ; il a vieilli trop tôt.

Que dire des fantasmagories, des escamoteurs, qui prennent le titre de physiciens, des ombres chinoises, des marionnettes, des théâtres sous toile, des tréteaux en plein vent, des chiens qui dansent, des chanteuses qu'accompagne un orgue de Barbarie, des aveugles qui font crier un détestable violon, et que vous payez bien vite pour qu'ils aillent plus vite écorcher les oreilles du voisin ? Que dire de tout cela ? Répéter et appliquer aux Parisiens le cri des Romains : *Des spectacles et du pain*.

Il est aisé de critiquer ; il faut savoir louer ce qui mérite de l'être. Arrêtons-nous au *Panorama*. C'est là que le spectateur est placé au centre d'une vaste cité, devenue célèbre par les dévastateurs de la terre ; c'est là que l'illusion est complète, et qu'à chaque seconde les objets paraissent plus vrais ; c'est là que le voyageur retrouve l'auberge qu'il a habitée, la maison de son ami, le moindre point où il s'est arrêté ; c'est là que, fidèle imitateur de la nature, le peintre semble avoir épié le moment où elle se pare de ses plus belles couleurs. Rendons hommage à M. Prévost, inventeur d'un nouveau genre qui sortit parfait de ses mains.

J'ai dîné aujourd'hui chez le restaurateur. Rien de plus ennuyant pour moi que de dîner seul. Mais les dîners en ville et leur somptuosité sont un poison lent auquel je veux échapper. En quittant la table, j'ai été me promener aux Tuileries, dans les allées qui bordent la terrasse du côté de la rivière : ce n'est que là qu'on peut marcher librement à six heures du soir. A quelques pas de moi étai un homme qui répétait avec un soin tout particulier un *trait*, une *roulade*, une *gargouillade*... Je ne sais pas trop comment cela s'appelle. Malheureusement pour moi il a tourné la tête, et il m'a abordé avec empressement. Cela ne doit pas étonner : on tient beaucoup ici aux amis de vingt-quatre heures, et nous avons passé une journée ensemble au château de campagne de mon banquier. Il va sans dire que tout banquier doit avoir un palais à la ville et un château à la campagne. Ceux qui lui confient leurs fonds ne s'en trouvent pas mieux, mais qu'importe ?

— Comment, mon cher ami, vous êtes encore à Paris, et je ne vous ai pas vu depuis huit jours ? J'allais répondre d'une manière obligeante ; il ne m'en a pas donné le temps. — Avez-vous vu ce qu'il y a de remarquable à Paris ? — Mais... à peu près, monsieur... — Nos cercles brillants ? — Et assez tristes. — Les bibliothèques publiques ? — Sans exception, et je suis sorti enchanté des richesses qu'elles renferment et de l'ordre qui y règne. — Les monuments ? — J'ai même été chercher le portail Saint-Gervais dans son coin. — Les spectacles ? — J'ai vu les Français, l'Opéra, le Vaudeville, le... — Ta, ta, ta ! Et l'opéra *Buffa*, monsieur, l'opéra *Buffa*, le spectacle par excellence, celui qui ravit, enchante, entraîne tout Paris, vous ne l'avez pas vu puisque vous ne le placez pas-en avant de tous les autres. — Je ne sais pas l'italien. — Ni nous non plus, monsieur ; mais nous courons à l'opéra *Buffa* ; nous y avons notre loge à l'année. Un homme qui a de l'aisance ne peut se passer d'y avoir une loge, et de paraître s'y amuser beaucoup, à peine de passer pour avoir l'oreille béotienne. Je veux que vous puissiez dire en province ce que c'est que l'opéra *Buffa*. Je vais vous y conduire. — J'y consens.

Nous arrivons à l'opéra *Buffa* ; nous nous plaçons. L'assemblée est nombreuse. Je remarque, monsieur, beaucoup de personnes très-décemment mises, mais qui ne me paraissent pas dans une situation à louer des loges à l'année. — Oh ! monsieur, une de nos jouissances est d'envoyer notre loge à des amis avides de musique italienne, et qui ne peuvent payer ce plaisir-là ; qui est vraiment impayable. — Il me semble, monsieur, que la plupart des loges sont aujourd'hui données aux amis. — J'en conviens, de fait ; mais la pièce que l'on va jouer est admirable. Au reste, il résulte un grand bien de notre complaisance : le goût de l'italien se répand dans toutes les classes. Nos jeunes demoiselles ne chantent plus que de l'italien ; beaucoup d'entre elles s'essaient à le parler. A la vérité, les gens du pays n'entendent pas un mot de ce qu'elles disent ni de ce qu'elles chantent; mais l'émulation existe, et c'est beaucoup. Et puis, comptez-vous pour rien la satisfaction d'écorcher une langue étrangère devant quelqu'un qui ne la sait pas? On écoute la jeune demoiselle; on l'admire comme faisait ce paysan de son curé en chaire : Ce sermon est si beau que je n'y comprends rien. — Ni la jeune demoiselle non plus, peut-être? — Cela se peut; mais elle profitera, et en attendant elle chante de l'italien... — Comme nos sœurs grises chantent du latin. — C'est cela, c'est cela précisément. J'admire votre pénétration, et je suis sûr qu'à l'aide de quelques explications je vous ferai suivre l'action qu'on va représenter. — Et vous dites ne pas savoir l'italien! — ON! j'en sais quelques mots; d'ailleurs j'ai la traduction de la pièce dans ma poche. Tenez, voyez-vous les deux textes en regard? Vous jugez qu'on a toujours l'air de lire l'italien; mais on a l'œil sur le texte français. — Voilà donc pourquoi tous ceux qui tiennent une brochure paraissent loucher. — Vous y êtes, vous y êtes. Tout le monde ici doit savoir l'italien, ou paraître le savoir. — On semble avoir oublié le français à la porte. — Aussi je remarque que personne ne parle. — Ou si bas, si bas, que les plus proches voisins puissent supposer qu'on s'exprime dans la langue chérie — J'avais cru la langue de Racine très-supérieure à un idiome formé des débris du latin et de la langue romance. — Plus bas, plus bas, je vous en supplie; vous me feriez passer pour un profane. Racine, monsieur, a tiré le meilleur parti possible d'une langue barbare. Mais l'italien! il n'y a que des voyelles dans cette langue-là; les consonnes en sont bannies. Oh! les voyelles, monsieur, les voyelles! vous ne soupçonnez pas le charme des voyelles. Vous allez en juger. — C'est une manie que cela. — C'est ce que prétendent ceux qui ne sont au courant de rien. — C'est qu'il faut à Paris être homme à la mode d'abord. — Vous y êtes, vous y êtes. Le maître d'orchestre se place. Je vous en prie, ayez l'air enchanté. Applaudissez donc! — Avant qu'on ait commencé? — Eh, sans doute. Il en est de l'italien comme de la foi : avec ces deux choses-là on transporte les montagnes.

L'ouverture commence. J'avoue que je suis étonné de l'accord parfait, de la justesse, du goût, du brillant qui règnent dans l'exécution. Eh, je commence à prendre une certaine opinion de la musique italienne. Voyons les acteurs.

— Eh, mon Dieu, monsieur, qu'est-ce donc que cette monotone et fatigante répétition des mêmes notes? — C'est du récitatif, monsieur. — Ne pourrait-on pas le supprimer? — Non, monsieur, c'est le dialogue de la pièce. — Ne pourrait-on pas le parler? — Non, monsieur, les chanteurs italiens chantent et ne parlent jamais. — Ce dialogue est insoutenable. — En Italie, on ne l'écoute pas. — C'est bien la peine de le faire!

— Prêtez-moi votre brochure... Mais ce poëme est détestable. — En Italie, on n'écoute pas le poëme. — Cette actrice me paraît avoir un bien médiocre talent. — C'est la *quarta donna*, et en Italie, on n'écoute pas la *quarta donna*. — Et qui diable y écoute-t-on? — Les loges y sont profondes. On y cause, on y joue, et on ne se montre sur le devant que lorsqu'on entend la ritournelle de la *prima donna*, ou du *soprano* en faveur. — Les Italiens sont plus heureux que moi, qui suis condamné à tout entendre. Pourquoi cette salle n'est-elle pas construite à l'italienne!

— M. de Surville, disait un homme de la loge à droite, me tourmentait depuis un mois pour que je vinsse ici. J'ai cédé à ses instances, mais je n'y serai pas repris. — Oh, le *miserabile!* me dit mon *cicero*, peut-il *parlater* ainsi! Ne pas sentir la faveur spéciale que lui a faite M. de Surville! Il semblerait que M. de Surville ne sait que faire de sa loge.

— Madame la comtesse aura beau dire, s'écrie une jeune femme de la loge à gauche, elle ne me persuadera jamais que ce soit là un spectacle. Vive, vive l'Opéra-Comique! — Oh, quelle *abominazione!* crie mon *cicero*. Faites donc goûter, par anticipation, à ces gens-là les plaisirs *dal cielo!* La dame entendit l'exclamation, et partit d'un éclat de rire. Mon *cicero* entra dans une véritable fureur; il se contint cependant, par ménagement pour le beau sexe. Mais comment ne serait-il pas courroucé? Cet éclat de rire lui a fait perdre un *bémol* délicieux qu'il attendait depuis quinze mesures.

J'étais entièrement de l'avis de la dame et du monsieur; mais je ne disais mot, de peur de blesser mon ami à l'endroit sensible. Cependant l'ennui me gagnait peu à peu. Je le combattais, mais en vain. J'avais une réplétion de voyelles et de musique...

— Pour Dieu, monsieur, ne bâillez pas dans le temple d'Euterpe! Quelle opinion aurait-on de moi, si on voyait bâiller dans ma loge?... Tenez, voilà un ouvrage composé par un homme que je protége. Je suis du même *format* que la pièce qu'on représente; le public s'y trompera. Prenez, lisez; c'est ce qu'un sourd peut faire de mieux.

— Vous protégez cet homme, et sa brochure n'est pas coupée! — Oh! un de mes amis m'a dit que cet auteur a du mérite; il est inutile que je lise son ouvrage. Coupez-le; cela vous fera passer un moment.

Essai sur la musique. Encore de la musique! J'aimerais autant un traité d'algèbre : je n'entends pas plus à l'un qu'à l'autre. Dès la quatrième page, je m'endors profondément. Mon homme me pousse avec force. — Sortons, monsieur; feignez d'être indisposé. Je n'ai que ce moyen-là de sauver ma réputation... Soyez donc indisposé... plus que cela; ayez l'air de ne se sacrifier qu'à l'humanité souffrante le *finale* admirable qui va commencer. — Oh, monsieur, que je suis aise d'être dehors! — Gardez-vous bien de le dire.... Des sels, mesdames, des sels, de l'éther, des gouttes... Les ouvreuses se rassemblent autour de nous; toutes me présentent un flacon, vantent leurs remèdes, et sollicitent la préférence. Le chirurgien de service accourt; il veut absolument me saigner.... J'appris dans les rues à recevoir et à donner des coups de coude. J'en allonge à droite et à gauche, par-devant, par-derrière. On crie que j'ai le transport au cerveau; mais on se range; je m'enfuis; je rentre chez moi; je ferme ma porte à double tour.

BARBA, LIBRAIRE-ÉDITEUR, 7, RUE CHRISTINE, PARIS
Jules ROUFF, Successeur

Le _____ 18

Demande de M _____ Libraire à _____

pour être expédiée par _____   Signature _____

CATALOGUE POUR COMMANDES

*Les risques et périls des expéditions sont toujours à la charge du destinataire. — Les ouvrages marqués d'un * astérique sont estampillés.*

CH. PAUL DE KOCK.	FR.	C.
Monsieur Dupont	»	95
Mon Voisin Raymond	1	15
La Femme, le Mari et l'Amant	1	15
L'Enfant de ma femme	»	55
Georgette	»	95
*Le Barbier de Paris	1	15
Madeleine	»	95
Le Cocu	1	15
*Un Bon Enfant	»	95
Un Homme à marier	»	55
Gustave le mauvais sujet	»	95
André le Savoyard	»	35
La Pucelle de Belleville	1	15
Un Tourlourou	1	15
*La Maison blanche	1	35
Frère Jacques	1	15
Zizine	1	15
Ni jamais, ni toujours	»	95
Un Jeune Homme charmant	1	15
Sœur Anne	1	35
Jean	1	15
Contes et Chansons	»	95
Une Fête aux environs de Paris	»	30
*La Laitière de Montfermeil	1	35
L'Homme de la nature	1	15
Moustache	1	15
Nouvelles et Théâtre	»	75
4 vol. en	14	60

PIGAULT-LEBRUN.		
*Angélique et Jeanneton	»	55
La Folie espagnole	»	95
*Monsieur Botte	»	95
Le Garçon sans souci	»	75
*L'Officieux	»	75
Les Barons du Felsheim	»	95
L'Homme à projets	1	15
*Fanchette et Honorine	1	15
Mon oncle Thomas	1	15
Monsieur de Kinglin	»	30
Famille Luceval	1	15
Macédoine	»	95
Adélaïde de Méran	»	95
La Mouche	»	15
Métusko	»	30
Vie et avent. de Pignult	»	55
Jérôme	1	15
Monsieur Martin	»	75
Théodore	»	30
*L'Égoïsme	»	75
Adèle d'Abligny	»	30
Contes à mon petit-fils	»	75
4 vol. à 4 fr. 10 =	16	40

AUGUSTE RICARD.		
Le Vivier	»	95
Le Carême de ma tante	»	75
La Sage-Femme	»	95
La Grisette	»	95
Le Marchand de coco	1	15
Le Portier	»	95
Éternuer de mon oncle	»	55
Le Cocher de fiacre	»	95
La Vivandière	»	75
L'Ouvreuse de loges	»	95
Le Chauffeur	»	75
La Diligence	»	95
Le Forçat littéraire	»	95
Aînée et Cadette	»	95
Ni l'un, ni l'autre	»	95
Celui qu'on aime	»	95
La Chaussée d'Antin	»	95
Comme on gâte sa vie	»	95
Maison à cinq étages	»	95
3º vol. en	15	30

MAX. PERRIN.		
La Famille Tricot	»	95
Pédro le Dansour	»	75
Permission de dix heures	»	95
Mauvaises Têtes	»	95

STENDHAL.		
Le Rouge et le Noir	1	60
La Chartreuse de Parme	1	60
Physiologie de l'amour	»	95
L'Abbesse de Castro	»	55
1 vol., broché	4	10

F. COOPER.	FR.	C.
*Le dernier des Mohicans	»	95
*Les Pionniers	»	75
*Le Corsaire rouge	»	95
*Fleur-des-Bois	»	95
*L'Espion	»	95
*La Vie d'un matelot	»	20
*Le Pilote	»	95
Sur mer et sur terre	»	95
Lucie Hardinge	»	95
*Le Robinson américain	»	95
*L'Ontario	»	95
*Christophe Colomb	1	15
*L'Écumeur de mer	»	95
*Le Bravo	»	95
Œil de Faucon	»	95
*Précaution	»	75
*Le Bourreau	»	95
*Le Colon d'Amérique	»	95
*La Prairie	»	95
*Lionel Lincoln	»	95
*Le Paquebot	»	95
Ève Effingham	»	95
Feu Follet	»	95
*Le Camp des païens	»	95
*Les Deux Amiraux	»	95
*Les Lions de mer	»	95
*Satanstoë	»	95
*Le Porte-chaîne	»	95
*Ravensnel	»	95
*Les Mœurs du jour	»	95
*Les Monikins	»	75
6 vol. en	24	60

CAPITAINE MAYNE REID.		
*Les Chasseurs de chevel.	1	35
*Les Tirail. au Mexique	1	15
*Le Désert	»	95
*Les Enfants des bois	»	75
*Les Forêts vierges	»	95
*La Baie d'Hudson	1	15
*Les Chasseurs de Bisons	1	15
*Le Chef blanc	»	95
2 vol. brochés	8	20

WALTER SCOTT.		
*Quentin Durward	1	35
*Rob-Roy	1	15
*Ivanhoé	1	35
*Le Capitaine Dalgetty	»	75
*La Fiancée de Lammerm.	1	15
*Le Puritain	1	15
*La prison d'Edimbourg	1	35
*Le Pirate	1	15
*La Jolie Fille de Perth	1	35
2 vol., en	10	»

CAPITAINE MARRYAT.		
*Pierre simple	»	95
*Japhet	»	95
*Jacob Fidèle	»	95
*Rattlin le marin	»	95
*Le Vieux Commodore	»	95
1er vol. broché	4	10
*Le Pacha	»	95
*L'Aspirant	»	95
*Le Vaisseau fantôme	»	95
*Le Chien diable	»	95
*Le Pirate	»	95
2º vol., broché	4	10
*Pauvre Jak	»	95

CHARLES DICKENS.		
*Les Voleurs de Londres	»	95
*Nicolas Nickleby	1	60
*Le Marchand d'Antiquités	1	15

MARIE AYCARD.		
*Le Comte de Horn	»	95
*William Vernon	»	75
*La Saurel	»	75
*Mademoiselle Potain	»	75
*Monsieur et Mad. Saintot	»	55
*Madame de Linant	1	35
1 vol., broché	4	10

PAUL DE MUSSET.		
Le bracelet	»	95
Lauzun	»	95

COMTESSE DASH.		
Le Jeu de la Reine	»	75
*L'Écu	»	55

A. DE LAVERGNE.		
La Circassienne	»	75

ALPHONSE KARR.	FR.	C.
Clotilde	»	95
*Rose et Jean	»	20
*La Famille Alain	»	95
Feu Bressier	1	15
*Vendredi soir	»	55
*Eynerley	»	75
Une vérité par semaine	»	55
Un homme fort en thème	»	95
1 vol., broché	5	»

LOUISE COLLET.		
*La Jeunesse de Mirabeau	»	95
Folles et Saintes	»	75
Madame Hoffmann-Tanska	»	75
Madame Duchâtelet	»	55

VICTOR DUCANGE.		
Agathe	»	75
Albert	»	75
Valentine (rare)	»	»

MISS CUMMING.		
L'Allumeur de Réverb.	1	60

SOLON ROBINSON.		
Mystères de New-York	»	95

RAOUL BOURDIER.		
Mémoires de Barnum	1	35
L'Émigrant	1	15
Les Chercheurs d'or	1	15

BRANTZ MEYER.		
Le Capitaine Canot	1	35

PERCY SAINT-JOHN.		
Robinson du Nord	1	15

HIPPOLYTE CASTILLE.		
Les Oiseaux de proie	»	95
L'Ascalanite	1	15
Le Markgrave	»	75
Compagnons de la mort	»	95
Le Contrebandier	»	95
Chasse aux chimères	»	55
1 vol., broché	4	10

É. DE LABÉDOLLIÈRE.		
*Les Fabulistes populaires	»	75
*Le Dernier Robinson	»	30
Neufchâtel et les Confér. de Paris	1	35
*La Guerre de l'Inde	1	60
*Béranger	»	10
L'Attentat du 14 janvier 1858	1	35

A. ROMIEU.		
*Le Mousse	»	55

JULES LECOMTE.		
*Bras de Fer	»	95

CH. SAINT-MAURICE.		
*Gilbert	»	95

CLAUDE GENOUX.		
Mémoires d'un enfant de la Savoie	»	75

STEPHENS.		
Luxe et Misère	1	60

VICTOR PERCEVAL.		
*Mémoires d'un jeune cadet	1	30

LAS CASES.		
*Le Mém. de Ste-Hélène	5	»
Le même, relié en toile	7	»

O'MEARA.		
*Le Mém. de Ste-Hélène		
2º partie	4	10
Le même, relié	5	6
On vend séparément :		
*Napoléon en exil	2	20
*Batailles de Napoléon	2	20

BOITARD.		
*Le Jardin des Plantes	4	10
Le même, relié	5	»

LÉON PLÉE.		
*Abd-el-Kader	1	»

PERRAULT.		
*Le Cabinet des Fées	1	15

DESBAROLLES.		
*Deux Artistes en Espagne	2	15

MICHIELS.		
La Traite des Nègres	»	95

MOLIÈRE.	FR.	C.
*Œuvres complètes	5	»
10 grav. sur acier	6	10
On vend séparément :		
Vie de Molière		
L'Étourdi	»	25
Le Dépit amoureux	»	25
Don Garcie de Navarre		
Les Précieuses ridicules	»	25
L'École des maris		
Sganarelle	»	25
L'École des femmes		
La Critique de l'École des femmes	»	25
La Princesse d'Élide		
Les Fâcheux	»	25
Don Juan		
Le Mariage forcé	»	25
Le Tartuffe		
Le Misanthrope	»	25
Le Médecin malgré lui		
L'Imp. de Versailles	»	25
Le Tartuffe		
Amphitryon	»	25
L'Avare		
Georges Dandin		
L'Amour médecin	»	25
M. de Pourceaugnac		
Le Sicilien	»	25
Mélicerte		
Pastorale comique		
Les Amants magnifiques	»	25
Le Bourgeois gentilhomme	»	25
Psyché		
Les Fourberies de Scapin		
La comtesse d'Escarbagnas	»	25
Les Femmes savantes	»	25
Le Malade imaginaire		
Poésies diverses, le Val de Grâce, etc.	»	25

RACINE.		
*Œuvres complètes	2	60
On vend séparément :		
Vie de Racine, La Thébaïde	»	20
Alexandre	»	20
Andromaque	»	20
Les Plaideurs	»	20
Britannicus	»	20
Bérénice	»	20
Bajazet	»	20
Mithridate	»	20
Iphigénie	»	20
Phèdre	»	20
Esther	»	20
Athalie	»	20

CORNEILLE.		
*Œuvres complètes	2	60
On vend séparément :		
Vie de Corneille	»	20
Le Cid	»	20
Horace	»	20
Cinna	»	20
Polyeucte	»	20
Le Menteur	»	20
Pompée	»	20
Rodogune	»	20
Héraclius	»	20
Don Sanche	»	20
Nicomède	»	20
Sertorius	»	2

REGNARD.		
*Œuvres complètes		
On vend séparément :		
Notice sur Regnard		
Le Bal	»	20
Le Joueur	»	20
Le Distrait	»	20
Les Folies amoureuses		
Le Mariage de la Folie	»	20
Le Retour imprévu	»	20
Les Ménechmes	»	20
Le Légataire universel		
La Critique du Légataire	»	20
Voyages de Regnard	»	75

LA FONTAINE.		
*Fables	»	95

VOLTAIRE.		
*Histoire de Charles XII	»	75

FLORIAN. Fables... 55 **BOILEAU** Œuvres poétiques... 95 **LOUIS GARNERAY.** Voyages et Aventures... 1 60 Mes Pontons... 95 **MADAME STOWE** La Case du père Tom... 1 60 Fleur de Mai... 55 **HILDRETH.** *L'Esclave blanc... 1 15 **MADAME DE MONTOLIEU** *Le Robinson suisse... 2	*Histoire de Suède... 1 60 **HAUSSMANN.** *La Chine... 1 30 **BÉNÉDICT RÉVOIL.** *Les Aztèques... 75 **BENJAMIN GASTINEAU.** *La France en Afrique... 1 35 **AUGUSTE CHALLAMEL.** *Histoire de France... 4 10 Le même, relié ou toile... 5 » Le même, par séries séparées. Histoire de Napoléon... 1 15 Histoire de la Révolution... 1 15	*Histoire de Paris... *Histoire de France... **BRILLAT-SAVARIN.** Physiologie du goût... **HOFFMANN.** *Contes fantastiques... 1 Contes nocturnes... *L'Élixir du Diable... Contes des frères Sérapion... 1 15 *Contes mystérieux... 1 15 *Le volume broché... 5 10 **CHARLES DE BUSSY.** Hist. de St Vincent de Paul... 95 **DANIEL FOE.** *Robinson Crusoé... 1 35		Mém. du duc de RICHELIEU 1 vol. broché... Mém. sur l'IMPÉRATRICE Jo-SÉPHINE, par G. Ducrest... *Mém. de Mme de GENLIS... *MÉMOIRES CONTEMPORAINS...

*GÉOGRAPHIE UNIVERSELLE DE MALTE-BRUN
illustrée de 500 vignettes par Gustave DORÉ. — 110 cartes géographiques coloriées
L'ouvrage complet, 115 livraisons, 110 cartes. Prix, broché en 3 vol. 45 fr., relié 55 fr.

ON VEND SÉPARÉMENT PAR LIVRAISONS AVEC CARTES, PRIX, **40** CENT., ET PAR PAYS SÉPARÉS, SAVOIR :

Asie, Afrique, Amérique, Océanie, broché... 25 » Le même, relié... 30 » Europe, broché... 20 » — relié... 25 » France... 3 20	Iles Britanniques... 1 80 Espagne, Portugal... 1 » Suisse, Hollande, Belgique. 1 40 Italie... 2 » Conf. germ. 2 20 Emp. d'Allem. Prusse... 1 40	Autriche... 2 » Danemark, Suède, Norwège 1 20 Russie... 2 60 Grèce et Turquie... 1 40 Asie... 7 » Afrique... 5 »	Amérique... 8 » Océanie... 1 60 introduct. hist. générale... 7 » Par livraison séparée... 40 Par série de 5 livraisons... 2 10 Par volume séparé... 11 30

*LA FRANCE ILLUSTRÉE PAR V.-A. MALTE-BRUN
300 illustrations par J. LANGE, V. FOULQUIER. 100 cartes géographiques coloriées.
L'ouvrage complet, 108 cartes, 117 livraisons. Prix, broché, 45 fr. relié, 55 fr.

ON VEND SÉPARÉMENT PAR VOLUMES SÉPARÉS, PROVINCES ET PAR DÉPARTEMENTS, SAVOIR :

1 Cher... » 40 2 Nord... » 40 3 Seine-et-Marne... » 40 4 Loiret... » 40 5 Pas-de-Calais... » 40 6, 7 Rhône... » 80 8 Doubs... » 40 9 Bas-Rhin... » 40 10 Oise... » 40 11 Haut-Rhin... » 40 12 Indre-et-Loire... » 40 13, 14 Seine-Inférieure... » 80 15 Charente-Inférieure... » 40 16, 17, 18 Seine-et-Oise... 1 20 19 Loire-Inférieure... » 40 20 Isère... » 40 21 Eure... » 80 22 Aisne... » 40	24 Nièvre... » 40 25 Ain... » 40 26, 27 Bouches-du-Rhône... » 80 28 Calvados... » 40 29 Yonne... » 40 30 Corse... » 40 31, 32 Gironde... » 80 33 Meurthe-et-Moselle... » 40 34 Orne... » 40 35 Ille-et-Vilaine... » 40 36 Saône-et-Loire... » 40 37 Lot... » 40 38 Somme... » 40 39 Manche... » 40 40 Drôme... » 40 41 Isère... » 40 42 Vienne... » 40 43 Morbihan... » 40	55 Loir-et-Cher... » 40 56 Allier... » 40 57 Côtes-du-Nord... » 40 58 Ariège... » 40 59 Finistère... » 40 60 Hautes-Alpes... » 40 61 Basses-Pyrénées... » 40 62 Meuse... » 40 63 Tarn-et-Vienne... » 40 64 Tarn... » 40 65 Meine-et-Loire... » 40 66 Pyrénées-Orientales... » 40 67 Basses-Alpes... » 40 68 Aude... » 40 69 Haute-Marne... » 40 70 Dordogne... » 40 71 62 Côte-d'Or... » 40	63 Vaucluse... » 40 64 Ardennes... » 40 65 Mayenne... » 40 66 Sarthe... » 40 67 Vienne... » 40 68 Hérault... » 40 69 Lot-et-Garonne... » 40 70 Creuse... » 40 71 Haute-Loire... » 40 72 Eure... » 40 73 Vendée... » 40 74 Landes... » 40 75 Deux-Sèvres... » 40 76 Corrèze... » 40 77, 78 Haute-Garonne... » 80 79 Var... » 40 80 Jura... » 40 81 Loire... » 40	82 Gers... » 40 83 Vosges... » 40 84 Haute-Saône... » 40 85 Ardèche... » 40 86 Tarn-et-Garonne... » 40 87 Mrt. Vbe... » 40 88 Lozère... » 40 89 Hautes-Pyrénées... » 40 90 Cantal... » 40 91 Moselle... » 40 92 Puy-de-Dôme... » 40 94 Aveyron... » 40 95 Colonies d'Amérique... » 40 96 Colonies d'Asie et d'Afrique... » 40 97 Algérie... » 40 98, 99, 100 Seine... 1 20	101 La France, Géogr. phie. Carte physique » 40 102 La France, Histoire. Cartes par Provinces et par Départements 103 La France, Littéraire. Cartes des communications... » 40 104, 105, La France, Polit. Carte générale... 1 60 106 Savoie... » 40 107 Haute-Savoie... » 40 108 Alpes-Maritimes... » 40 Diction. des Communes » 40

ÉMILE DE LA BÉDOLLIÈRE

*LE NOUVEAU PARIS	*HISTOIRE DES ENVIRONS DE PARIS	*HISTOIRE DE LA GUERRE D'ORIENT
histoire des vingt arrondissements ILLUSTRÉE DE 50 VIGNETTES PAR G. DORÉ 20 plans divisés par arrondissement avec une carte d'ensemble 30 LIVRAISONS DE TEXTE L'ouvrage complet, br. 13 fr., relié, 15 fr. On vend séparément chaque arrondissement avec carte... » 50	ILLUSTRÉE DE 70 VIGNETTES PAR G. DORÉ 25 cartes topographiques des principales localités 27 LIVRAISONS DE TEXTE L'ouvrage complet, br., 13, relié, 15 fr. On vend séparément chaque localité avec sa carte... » 50	ILLUSTRÉE DE 240 VIGNETTES PAR J. LANGE CARTES ET PLANS TOPOGRAPHIQUES L'ouvrage complet en 3 volumes. Broché... 12 fr. On vend séparément chaque vol. et chaque brochure. 1er vol. 2e vol. 3e vol. Les Turcs et les Russes. 1 35 Inkermann... 1 35 Kinburn... » 40 La Russie et l'Europe. 1 35 Malakoff... 1 60 Le Congrès de Paris. 1 20 Sébastopol... 1 35 Histoire de Pologne.. 1 10 Histoire de Turquie.. » 60 Histoire de Crimée... » 75 2e vol., broché... 4 10 3e vol., broché... 4 » 1er vol. prix, broché 4 10
*HISTOIRE DE LA GUERRE D'ITALIE Illustrée de 180 gravures par J. LANGE CARTES ET PLANS TOPOGRAPHIQUES, 6 PORTRAITS GRAVÉS SUR ACIER L'ouvrage complet en 2 vol., broché, 14 fr. ON VEND SÉPARÉMENT : Solférino, Magenta, etc... 2 10 Naples et Palerme... 1 60 *Garibaldi... 2 10 Histoire de Savoie... 1 60 Hist. d'Italie, par Ricciardi. 1 60 Histoire de l'Indépendance Villafranca... 1 60 italienne... 1 60 ***FRANCE ET PRUSSE** Illustrations de G. Doré. Prix : 1 fr. 50	**BAZAINE ET LA CAPITULATION DE METZ** ILLUSTRÉE PAR RIBALLIER 1re série. — Prix, 1 fr. 10. **PROCÈS BAZAINE** Faisant suite à la Capitulation de Metz 2e, 3e et 4e séries. Prix : **1 fr. 10** c. la série.	**HISTOIRE DE LA GUERRE DE 1870-1871** Illustrée de 40 vignettes par ALLOUARD Avec une carte de France (Traité du 10 mai 1870). L'ouvrage complet, broché prix : **4 fr.** 1re série : Déclaration de la guerre, 1 fr. 10. — 2e série : Sedan, 1 fr. 3e série : Siège de Paris, 1 fr. 30. — 4e série : Traité de Paix, 1 fr. 10

COLLECTION IN-18 JÉSUS VÉLIN GLACÉ, A 3 FRANCS LE VOLUME

| ŒUVRES CHOISIES DE CH. PAUL DE KOCK | TOUCHARD-LAFOSSE CHRONIQUES DE L'ŒIL-DE-BŒUF des petits appartements de la Cour et des salons de Paris sous Louis XIII et Louis XIV, la Régence, Louis XV et Louis XVI. Principaux faits historiques, artistiques et littéraires, sous une forme attrayante et des plus instructives. 1er, 2e, 3e, 4e, 5e, 6e, 7e, 8e sér. 8 v. | MAINE-REYD Le Gantelet blanc... 2 v. Les Chasseurs de Chevelures 1 v. Les Tirailleurs au Mexique. 1 v. La Baie d'Hudson... 1 v. Les Chasseurs de Bisons... 1 v. **JULES CLARETIE** La France envahie... 1 v. La Vie moderne au Théâtre 2 v. **THÉODORE DE GRAVE** Les Duellistes... 1 v. **L. CHODZKO** Histoire popul. de la Pologne 1 v. | GARNERAY Aventures et Combats... 1 v. Captivité sur les Pontons. 1 v. **DESBAROLLES** Deux Artistes en Espagne. 1 v. **TIMOTHÉE TRIMM** La Vie de Paul de Kock... 1 v. **R.** Voyage dans... **BENJAMIN** Les Courtisanes... L'Impératrice... |

| *LE CUISINIER NATIONAL PAR VIART, FOURET-DELAN Manuel de bouche, 30e édition, augmentée de 300 articles nouveaux et du Glacier National, par BERNARDI, officier de bouche. Encyclopédie culinaire Un fort volume in-8°, cartonné. Prix : 5 francs. | CLICHÉS DE GRAVURES DE BERTALL, G. DORÉ, J. LANGE, GUSTAVE JANET, ETC., ETC. 0 fr. 15 le cent. carré. En plomb. 0 fr. 20 — En cuivre. MONTÉS SUR BOIS |

www.ingramcontent.com/pod-product-compliance
Lightning Source LLC
LaVergne TN
LVHW051500090426
835512LV00010B/2264